Ritter · Der Sozialstaat

Gerhard A. Ritter

Der Sozialstaat
Entstehung und Entwicklung im internationalen Vergleich

Zweite, überarbeitete und erheblich erweiterte Auflage

R. Oldenbourg Verlag München 1991

Die Deutsche Bibliothek – CIP-Einheitsaufnahme

Ritter, Gerhard A.:
Der Sozialstaat : Entstehung und Entwicklung im internationalen Vergleich / Gerhard A. Ritter. – 2., überarb. und erheblich erw. Aufl. – München : Oldenbourg, 1991
ISBN 4-486-54992-8

Umschlaggestaltung: Dieter Vollendorf, München
Gesamtherstellung: R. Oldenbourg Graphische Betriebe GmbH, München

ISBN 3-486-54992-8

Dem Andenken an den Lehrer und Freund
Hans Rosenberg

INHALT

VORWORT

In dieser kurzen Studie wird versucht, Entstehung, Entwicklung und Charakter des Sozialstaates als eines zentralen und besonders kennzeichnenden Elements moderner Industriegesellschaften durch Vergleiche verschiedener Länder herauszuarbeiten. Ein solcher Beitrag eines Historikers zu der Diskussion über den modernen Sozialstaat, die bisher fast ausschließlich von Soziologen, Nationalökonomen, Rechts- und Politikwissenschaftlern geführt wurde, erscheint mir dabei um so notwendiger, als die bisherigen Forschungen gezeigt haben, wie stark gerade die Systeme der sozialen Sicherheit und der Arbeitsbeziehungen als wesentliche Bestandteile des Sozialstaates in den einzelnen Ländern historisch geprägt sind. Auch eine Lösung der Gegenwartsprobleme dieser Systeme wird daher die bestehenden Institutionen und Traditionen berücksichtigen müssen. Allerdings konnte angesichts des schlechten Forschungsstandes, der Weite des Themas und der Bedeutung nationaler Unterschiede keine Vollständigkeit angestrebt werden. Es geht hier vielmehr nur darum, in einer ersten Skizze gleichsam das Problemfeld abzustecken und damit zu weiteren Forschungen anzuregen.

Das Buch ist hervorgegangen aus dem Eröffnungsvortrag auf dem 16. Internationalen Kongreß der Geschichtswissenschaft in Stuttgart am 25. August 1985. Nach der Veröffentlichung des Vortrages in der Historischen Zeitschrift haben mich mehrere Kollegen, u. a. Hans Rosenberg und Eberhard Kolb, angeregt, meine Studie zu einem Buch zu erweitern. Bei dem Ausbau des ursprünglichen Manuskripts wurden insbesondere die Entwicklung von der Armenhilfe zur modernen Fürsorge und Sozialhilfe, der Bereich der Arbeitsbeziehungen und die Veränderungen im System der sozialen Sicherheit in den letzten Jahrzehnten sehr viel stärker als vorher berücksichtigt.

Das Werk sollte Hans Rosenberg zu seinem 85. Geburtstag am 26. Februar 1989 gewidmet werden. Nach seinem Tod am 26. Juni 1988 kann es nun nur noch sein Andenken ehren. Ich hoffe, es wird deutlich, wieviel das Buch ihm verdankt. Es ist für ihn, der von seinen Schülern immer wieder den Mut zu internationalen Vergleichen, zur Überbrückung traditioneller Epochengrenzen und zu universalgeschichtlichen Perspektiven verlangte, geschrieben worden. Vielleicht wird es aber gerade deshalb das Interesse von Lesern finden, die – wie er – an der Herausbildung unserer modernen Welt interessiert sind. Für die Überarbeitung eines ersten Entwurfs habe ich sehr wesentliche Anregungen vor allem von Hans Günter Hockerts erhalten. Weitere wichtige Hinweise verdanke ich Hans F. Zacher, Gerald Stourzh und Karl Heinz Metz. Bei der Beschaffung von Material und der Vorbereitung des Manuskripts für den Druck waren mir Friederike Köchling und Ulrike Haerendel behilflich.

Das Manuskript der ursprünglichen deutschen Ausgabe wurde Ende Juni 1988 abgeschlossen und im Februar 1989 veröffentlicht. Das Thema des Sozialstaates hat seitdem noch an Aktualität gewonnen. In den osteuropäischen Ländern, in denen in den letzten Jahren und vor allem 1989/90 so viel in Bewegung geraten ist, hat sich fast allgemein die Auffassung durchgesetzt, daß die sozialistische Kommando- oder Planwirtschaft die Entfaltung der Wirtschaftskräfte behindert und daß sie durch Formen der Marktwirtschaft ersetzt werden sollte. Gleichzeitig besteht aber der Wunsch, den Übergang sozial abzufedern, um nicht einem ungehemmten Laissez-faire-Kapitalismus ausgesetzt zu werden. In dieser Situation bietet sich der Sozialstaat, der die Vorteile der Lenkung der Wirtschaft durch den Markt und der Gewährung von Freiheit und Demokratie mit der sozialen Absicherung der Bürger verbindet, als attraktive Alternative an.

Bei der Überarbeitung des Buches für die zweite, erheblich erweiterte Auflage habe ich neue Literatur ergänzt, einige der Daten über die jüngste Entwicklung aktualisiert und die gegenwärtigen und zukünftigen Probleme der Systeme sozialer Sicherheit intensiver behandelt. Die Frage der sozialen Dimension der Europäischen Gemeinschaft wird eingehender als bisher diskutiert, und schließlich werden die Konsequenzen der deutschen Einigung für die Systeme der Arbeitsbeziehungen und der sozialen Sicherheit im Gebiet der ehemaligen DDR angedeutet.

Allmannshausen, November 1990 *Gerhard A. Ritter*

I. EINLEITUNG

Den Charakter, die Aufgaben und den Begriff des politischen Gemeinwesens zu bestimmen, gehört zu einer großen Tradition der politischen Philosophie[1]), die bis in die Antike zurückreicht. Diese geht seit Aristoteles davon aus, daß der Mensch ein auf Gemeinschaft angelegtes politisches Wesen sei, das nur im geregelten Zusammenleben mit anderen seine Persönlichkeit entfalten und das äußere Dasein bewältigen kann.

Die politischen Gemeinschaften haben im Laufe der Geschichte vielfältige Formen angenommen, und mit diesem Wandel hat auch ihr Name immer wieder gewechselt. Aus der griechischen *Polis* und den im Mittelalter übernommenen römischen Begriffen *res publica, civitas, regnum* wurde der neuzeitliche „Staat". Zunächst bezeichnete „Staat"[2]) in der Welt der italienischen Stadtstaaten des 15. und 16. Jahrhunderts den Besitz von Macht. In den neuzeitlichen Flächenstaaten charakterisierte „Staat" dann die politische Organisation. Und schließlich diente „Staat" zur Bezeichnung für die politische Einheit, in die die Menschen zusammengefaßt wurden und deren größte Geschlossenheit man im 19. und frühen 20. Jahrhundert vielfach im Nationalstaat erreicht sah.

Um das Wesen konkreter Staaten im Kontrast zu früheren oder gleichzeitigen anderen Erscheinungsformen des Gemeinwesens näher zu bestimmen, haben politische Theoretiker, Juristen, Nationalökonomen, Soziologen und auch Historiker den Begriff Staat in den verschiedensten Verbindungen gebraucht. So unterschied man nach dem Charakter des Herrschaftssystems zwischen dem Ständestaat und dem absolutistischen Fürstenstaat, dem autoritären Obrigkeits-

[1]) Vgl. dazu *Ulrich Scheuner*, Das Wesen des Staates und der Begriff des Politischen in der neueren Staatslehre, in: ders., Staatstheorie und Staatsrecht. Gesammelte Schriften. Hrsg. v. Joseph Listl u. Wolfgang Rüfner. Berlin 1978, 45–80.

[2]) Zur Vielschichtigkeit und zum Wandel des aus dem lateinischen *status* abgeleiteten Wortes „Staat" und der parallelen Begriffe in anderen europäischen Staaten vgl. die sorgfältige Untersuchung von *Paul-Ludwig Weihnacht*, Staat. Studien zur Bedeutungsgeschichte des Wortes von den Anfängen bis ins 19. Jahrhundert. Berlin 1968.

staat und dem demokratischen Volksstaat, dem totalitären und dem pluralistischen Staat; nach der Form der Rechtsordnung zwischen dem Willkür- und dem Rechts- und Verfassungsstaat; nach dem Charakter der Wirtschaft zwischen dem Agrar- und Industriestaat; nach der Intensität der Eingriffe in das soziale und wirtschaftliche Leben zwischen dem vor allem mit der Krise der Domänenwirtschaft und den steigenden Kosten der Kriegführung aufgekommenen Steuerstaat[3]), dem geschlossenen merkantilistischen Handelsstaat, dem älteren reglementierenden Polizeistaat, dem liberalen Nachtwächterstaat und dem modernen Interventions- und Leistungsstaat[4]); nach der Legitimationsgrundlage der Politik und der Stärke bestimmter Institutionen zwischen dem Beamten- und Verwaltungsstaat, dem parlamentarischen Staat und dem Parteien- und Verbändestaat.

In der Analyse des Verhältnisses von Gesellschaft und Staat wurde besonders in der deutschen Staatstheorie die Ideologie, daß der Staat neutral sei und über den Parteien stehe, entwickelt und weitgehend von der hohen Beamtenschaft übernommen. Dieser Auffassung setzte Karl Marx seine Deutung entgegen, daß der Staat ein Instrument der jeweils herrschenden Klasse sei. Damit wird bei ihm das Wesen des – nach Verwirklichung der klassenlosen Gesellschaft überflüssigen – Staates auf den Machtaspekt reduziert. In diesem Punkt deckt sich die Auffassung von Marx mit derjenigen der Anhänger des Begriffs des Machtstaates, der im allgemeinen von erbitterten Gegnern des Marxismus vertreten wird. Der Begriff des Machtstaates ist schließlich im 19. und 20. Jahrhundert eine enge, wenn auch nicht spannungsfreie Verbindung mit dem Konzept des Nationalstaates eingegangen.

Die modernen Begriffe des Wohlfahrtsstaates oder Sozialstaates, die natürlich nicht den gesamten Charakter des Staates oder seiner Tätigkeit erfassen, werden vor allem aus der Frage nach den

[3]) Vgl. dazu die Betonung der finanziellen Bedürfnisse als wesentlicher Ursache für die Schaffung des modernen Staates bei *Joseph A. Schumpeter,* Die Krise des Steuerstaates [zuerst veröffentlicht 1918], in: ders., Aufsätze zur Soziologie. Tübingen 1953, bes. 6–17.

[4]) Die relative Autonomie des Politischen sowie die Ambivalenz des Interventionsstaates, der besonders in Deutschland von durchaus unterschiedlichen Kräften instrumentalisiert wurde, betont *Lothar Gall,* Zu Ausbildung und Charakter des Interventionsstaates, in: Werner Pöls (Hrsg.), Staat und Gesellschaft im politischen Wandel. Beiträge zur Geschichte der modernen Welt. Stuttgart 1979, 1–16.

Aufgaben des Gemeinwesens abgeleitet. Diese wurden in einer bis in die Antike zurückreichenden Tradition in der Förderung des *bonum commune,* des Allgemeinwohls, oder, konkreter, in der Wahrung von Frieden, Ordnung und Gerechtigkeit gesehen. Aus dem Zweck des Gemeinwesens ergaben sich auch die Pflichten des Herrschers, die in Herrschereiden und Fürstenspiegeln niedergelegt wurden. In eindringlicher Zusammenfassung spätmittelalterlicher christlicher Vorstellungen von den Pflichten des Herrschers hat der Wiener Theologe Nikolaus von Dinkelsbühl auf dem Konzil von Konstanz 1414 vor König Sigismund dargelegt, daß es die Aufgabe des Kaisers sei, *pax et tranquillitas, commodum et salus* der Welt sowie die *felicitas* des Volkes zu fördern.[5]) Diese allgemeine Verantwortung des geistlich-weltlichen Hirtenamtes erstreckte sich zunächst vor allem auf das Seelenheil der Untertanen.

Später wurden die Staatszwecke säkularisiert. Aus den Aufgaben, den äußeren und inneren Frieden aufrechtzuerhalten, die Gerechtigkeit zu wahren, vor allem aber aus der generellen Verpflichtung, für das Glück der Untertanen zu sorgen, konnte eine aktive Politik zur Förderung der materiellen Wohlfahrt der Untertanen abgeleitet werden. Die Verwirklichung dieser Auffassung wurde unterstützt durch die Ausweitung der Machtmittel und die Intensivierung der Regierungstätigkeit des frühmodernen Staates.

Gewiß war diese Anschauung von den Aufgaben der rechten Obrigkeit zunächst stark paternalistisch geprägt. Seit der zweiten Hälfte des 18. Jahrhunderts wurde daher – mit der allmählichen Umwandlung der Untertanen zu Staatsbürgern – vielfach die Förderung der Wohlfahrt als Staatszweck grundsätzlich abgelehnt. Man sah darin einen Gegensatz zu den Forderungen nach Selbstbestimmung, Emanzipation und Freiheit. Diese Konsequenz war allerdings keineswegs notwendig. Die in der gleichen naturrechtlichen Tradition wurzelnde Auffassung von den unveräußerlichen Grundrechten des Menschen, zu denen in den Worten der amerikanischen Unabhängigkeitserklärung von 1776 neben Leben und Freiheit auch

[5]) *Joannes Dominicus Mansi,* Sacrorum Conciliorum Nova et Amplissima Collectio. Bd. 28. Graz 1961, 516–519. Zu der durch die Jahrhunderte gehenden Geltung der Begriffe *pax* und *tranquillitas* und *felicitas* bei der Bestimmung der Staatszwecke vgl. *Ulrich Scheuner,* Der Verfassungsschutz im Bonner Grundgesetz, in: Um Recht und Gerechtigkeit. Festgabe für Erich Kaufmann. Stuttgart/Köln 1950, 313–330, bes. 322f., sowie *ders.,* Der Bereich der Regierung, in: ders., Staatstheorie, 455–499, bes. 470f.

das Recht auf „pursuit of happiness“ gehörte, konnte auch zur Rechtfertigung einer weitgespannten Staatstätigkeit im Interesse des einzelnen und der Gesamtheit führen. Neben das Recht auf Freiheit vom Staat und auf politische Mitwirkungsrechte im Staat konnte die Gewährleistung gewisser sozialer Grundrechte, darunter das Recht auf Unterhalt oder Arbeit, als Forderung an den Staat treten. Als „Freiheit vom Mangel“ sind solche sozialen Grundrechte in die Atlantik-Charta von 1941 eingegangen und haben in der Charta der Vereinten Nationen ihren Niederschlag gefunden, die die Förderung des „sozialen Fortschritts und eines höheren Lebensstandards bei größerer Freiheit“ zu ihren Zwecken zählt.[6])

Vor allem in West- und Mitteleuropa ist seit dem Zweiten Weltkrieg die ältere macht- und nationalstaatliche Legitimierung politischer Herrschaft durch eine sozialstaatliche ergänzt worden. Das gilt im besonderen Maße für die Bundesrepublik. Der Machtstaat war durch den Nationalsozialismus völlig diskreditiert worden. Der Nationalstaat schien durch die über vier Jahrzehnte dauernde Spaltung Deutschlands verloren und wird auch nach der deutschen Einigung nicht mehr in alter Form wiedererstehen, da Deutschland inzwischen fest in übernationale Organisationen eingebunden ist, an die es einen Teil der staatlichen Souveränität abgetreten hat. Besonders in den ersten zehn Jahren nach ihrer Gründung 1949 hat die Bundesrepublik ihre Legitimation wesentlich aus dem wirtschaftlichen Aufschwung und den sozialen Leistungen für den einzelnen und die Familie bezogen.

Das Vordringen der *Begriffe des Wohlfahrts- oder Sozialstaates* entspricht dieser neuen Betonung der sozialen Aufgaben des Staates. In der internationalen Forschung hat sich dabei weitgehend der Begriff des Wohlfahrtsstaates oder Welfare State durchgesetzt. Der Begriff, den schon 1879 in Deutschland der „Kathedersozialist“ und Finanzwissenschaftler Adolph Wagner mit positivem Akzent gebrauchte[7]), wurde in der Endphase der Weimarer Republik von der Regierung Papen in eindeutig negativem Sinn verwandt. So heißt es in einer Kundgebung der Reichsregierung von Papen vom

[6]) Abdruck der Atlantik-Charta und der Charta der Vereinten Nationen, in: Die Organisation der Vereinten Nationen. Dokumente, Teil I. Berlin [O] 1961, 25f., 67–171, hier 69.
[7]) Vgl. unten, 76f.

4. Juni 1932: „Die Nachkriegsregierungen haben geglaubt, durch einen sich ständig steigernden Staatssozialismus die materiellen Sorgen dem Arbeitnehmer wie dem Arbeitgeber in weitem Maße abnehmen zu können. Sie haben den Staat zu einer Art Wohlfahrtsstaat zu machen versucht und damit die moralischen Kräfte der Nation geschwächt.“[8]) In einer Rede vom 12. Oktober 1932, bei einer Tagung des bayerischen Industriellenverbandes, hat Papen diese Verurteilung des „Wohlfahrtsstaates“, den er nun mit dem „Versorgungsstaat“ gleichsetzte, wiederholt und erklärt: „An die Stelle des marxistischen Begriffes der staatlich reglementierten Fürsorge für jeden Bürger setzen wir den Begriff einer wahren und christlichen Volksgemeinschaft.“[9]) Die wahre Volksgemeinschaft, die an die Stelle der durch Interessenkonflikte zerrissenen Weimarer Republik treten sollte, war auch eines der Schlagwörter, mit dem die Nationalsozialisten immer größere Wählermassen für sich mobilisieren konnten.

In Großbritannien wird der Begriff „welfare“ schon um 1900 relativ häufig in einem neuen Sinn gebraucht. So spricht man von der Sozialarbeit als „Welfare Work“ oder „Social Work“, und die „Neuen Liberalen“, wie z. B. der britische Wirtschaftswissenschaftler J. A. Hobson, gebrauchen bereits den Begriff „Welfare Policy“ durchaus modern im Sinne staatsinterventionistischer Politik zur Verbesserung des Loses der arbeitenden Klasse außerhalb bzw. oberhalb von Armenpflege. Allerdings werden noch häufig die bedeutungsgleichen Begriffe „social policy“ oder vor allem „social reform“ angewandt. Die neuen Begriffe sind noch in der Inkubationszeit, wie das ganze Konzept der Wohlfahrtspolitik.[10])

Die Diskussion über die Frage, ob die Förderung der Wohlfahrt eine Staatsaufgabe sei, hat dann 1937 den bedeutenden britischen Politikwissenschaftler Ernest Barker veranlaßt, auf das Vordringen des Wortes „Wohlfahrt“ in der Weimarer Republik und in England hinzuweisen: „Perhaps the word holds a key to the future; and the State, which has risen from poor relief to factory legislation, and from factory legislation to social insurance, may rise to some

[8]) Kundgebung der Reichsregierung von Papen vom 4. Juni 1932, abgedruckt in: *Ernst Rudolf Huber* (Hrsg.), Dokumente zur deutschen Verfassungsgeschichte. Bd. 3. Stuttgart/Berlin/Köln/Mainz 1966, 486f.

[9]) Tonbandaufzeichnung der Rede.

[10]) Ich verdanke die Hinweise auf die mit dem neuen Konzept der Wohlfahrtspolitik um 1900 aufkommenden Begriffe Herrn *Karl Heinz Metz*.

new service of public welfare. But the State is not all; and we have to reflect that voluntary social self-help, which has always gone hand in hand with the State, has its own sphere of activity, and may even be the better organ for much of the service of welfare. If we make the State a Pandora, the source of ‚all gifts', we may be surprised at some of the results which emerge from Pandora's box."[11]) Im angelsächsischen Bereich hat Sir Alfred Zimmern, der erste Inhaber des Oxforder Lehrstuhls für internationale Beziehungen und zeitgenössische Experte für den Völkerbund, erstmals den Begriff „welfare" als Staatsbestimmung in Abgrenzung zum Faschismus und als künftige Aufgabe der Demokratien gebraucht.[12]) Er lehnte sich mit der Gegenüberstellung von „welfare" und „power" an die Unterscheidung von „industrial" und „militant society" durch den englischen Philosophen und Soziologen Herbert Spencer an. Die entscheidende Rolle in der positiven Ausprägung des Begriffes Wohlfahrtsstaat spielte schließlich einer der führenden Vertreter des christlichen Sozialismus in England, der Erzbischof von York (1929–42) und spätere Erzbischof von Canterbury und Primas der anglikanischen Kirche (1942–44) William Temple. Er wollte mit diesem Begriff, den er 1941 in seinem Buch „Citizen and Churchman" popularisierte[13]), bewußt den Gegensatz zu den Machtstaaten Hitlers und Stalins herausarbeiten. Der Begriff Wohlfahrtsstaat wurde schließlich mit dem berühmten, 1942 dem britischen Parlament vorgelegten Plan zur Neuordnung des Systems der sozialen Sicherheit in Großbritannien von Sir William Beveridge und der sozialen Gesetzgebung der Labour-Regierungen von 1945–1951, die teilweise

[11]) *Ernest Barker,* The Development of Administration, Conscription, Taxation, Social Services and Education, in: Edward Eyre (Ed.), European Civilization. Its Origin and Development. 7 Bde. Bd. 5: Economic History of Europe since the Reformation. London 1937, 994–1086, Zit. 1071.

[12]) *Alfred Zimmern,* The prospects of civilization. Oxford 1939, 6f., 30f.

[13]) *William Temple,* Citizen and Churchman. London 1941, bes. 26–36. Vgl. weiter *Maurice Bruce,* The Coming of the Welfare State. London 1961, IX. Erzbischof Temple hatte schon lange davor die komplementären Rollen von Staat und Kirche und das Recht der Kirche, maßgeblichen Einfluß auf die Bestimmung der Prinzipien staatlicher Sozialpolitik zu nehmen, betont. Dazu: *Arnold J. Heidenheimer,* Secularization Patterns and the Westward Spread of the Welfare State, 1883–1983: Two Dialogues about how and why Britain, the Netherlands and the United States Differed, in: Richard F. Tomasson (Ed.), The Welfare State, 1883–1983, in: Comparative Social Research 6, 1983, 3–38, hier 24.

auf diesem Plan beruhte, in Verbindung gebracht. Von Großbritannien ausgehend, ist der Begriff von immer weiteren Ländern übernommen worden und hat seit dem Zweiten Weltkrieg seinen Siegeszug in der Welt angetreten.

In der Bundesrepublik hatte der Begriff Wohlfahrtsstaat allerdings noch bis weit in die 1950er Jahre eine negative Bedeutung. Erst Theodor Blank, als Bundesminister für Arbeit und Sozialordnung, hat in einer Rede vom 15. September 1958 über „Die Freiheit im Wohlfahrtsstaat" versucht, dem Begriff zur Akzeptanz zu verhelfen. „Was nun den Wohlfahrtsstaat betrifft, so gehört es schlechterdings zum Wesen des Staates, daß er für die Wohlfahrt seiner Bürger sich verwendet. Das pauschale Verdammungsurteil über den Wohlfahrtsstaat kann nicht unterschrieben werden. Man muß zu unterscheiden wissen zwischen dem, was richtig und notwendig ist am Wohlfahrtsstaat, und dem, was gefährlich ist, und man muß dieses zweite anders bezeichnen, nämlich als Versorgungsstaat."[14])

Der Begriff Wohlfahrtsstaat ist allerdings nicht präzis.[15]) Er wurde daher auch von Beveridge selbst abgelehnt, der ihn durch „social service state" ersetzen wollte.[16])

Im Jahre 1977 haben die Sozialwissenschaftler Norman Furniss und Timothy Tilton versucht, gegenüber dem vagen Gebrauch des Begriffes Welfare State zu einer genaueren Bestimmung seines Charakters zu kommen.[17]) Sie unterscheiden drei Typen interventionistischer Staaten:

[14]) Bericht über die Rede in: Sozialer Fortschritt 7, 1958, 228–230. Wie mir *H. G. Hockerts* mitteilte, geht aus Archivakten hervor, daß Blank kurz nach seiner Ernennung zum Bundesminister für Arbeit und Sozialordnung 1957 auch intern darauf gedrungen hat, daß die Bundesregierung ihre bisherige Distanz zum Begriff des Wohlfahrtsstaates aufgebe. Der einfache Bürger könne nicht verstehen, was daran schlecht sein solle, wenn der Staat für Wohlfahrt sorge. Er schlug – wie in der zitierten Rede – vor, für die negativen Seiten des Wohlfahrtsstaates nur noch den Begriff „Versorgungsstaat" zu benutzen.

[15]) Vgl. dazu *Peter Flora/Arnold J. Heidenheimer,* The Historical Core and Changing Boundaries of the Welfare State, in: dies. (Eds.), The Development of Welfare States in Europe and America. New Brunswick/London 1981, 17–34.

[16]) Vgl. *José Harris,* William Beveridge: A Biography. Oxford 1977, 448, 459. Damit wollte Beveridge u. a. deutlich machen, daß die Bürger nicht nur Rechte, sondern auch Pflichten hatten.

[17]) *Norman Furniss/Timothy Tilton,* The Case for the Welfare State. From Social Security to Social Equality. Bloomington/London 1977, bes. 1–21.

1. den „Positive State“, der das Sozialversicherungswesen betont, auf Individualismus und Schutz korporativer Interessen beruht, keine Form des Besitzersatzes (surrogate forms of property) für alle Bürger garantiert, Arbeitnehmer ohne feste Anstellung faktisch ausschließt und Sozialversicherung als Mittel sozialer Kontrolle benutzt;

2. den „Social Security State“, der eine Vollbeschäftigungspolitik verfolgt, allen Bürgern (einschließlich der nicht Versicherungsfähigen) ein nationales Mindesteinkommen als Rechtsanspruch garantiert und Chancengleichheit, nicht materielle Gleichheit, anstrebt. Die Autoren sehen darin „a modern and noble version of the liberal ideal“;

3. den „Social Welfare State“, der auf den Prinzipien der Gleichheit, Kooperation und Solidarität beruht, Sozialversicherungs- und Sozialhilfeprogramme weitgehend durch öffentliche soziale Dienste, die für alle gleich sind, ersetzt, Unterschiede im Lohnniveau zu verringern versucht, Vollbeschäftigung durch Kooperation zwischen Regierung und Gewerkschaften – die Rolle der Unternehmer wird offenbar im Gegensatz zum Konzept des Sozialstaates rein negativ gesehen – erstrebt und sich bemüht, den Arbeitnehmern einen dominierenden politischen Einfluß zu geben.

Als Beispiele für diese drei Typen von Staaten werden die Vereinigten Staaten, Großbritannien und Schweden genannt. Während für den „Positive State“ der Begriff „Welfare State“ ausdrücklich abgelehnt wird, wird bei der Beschreibung des britischen „Social Security State“ auch der Begriff „Welfare State“ gebraucht. M. E. werden die drei Staatstypen zu scharf voneinander abgegrenzt. So wird z. B. in der Bezeichnung Großbritanniens als „Social Security State“ nicht berücksichtigt, daß für das britische System der sozialen Sicherheit gerade der National Health Service – ein für alle Bürger zu gleichen Bedingungen zugänglicher öffentlicher sozialer Dienst, der sonst als kennzeichnend für den „Social Welfare State“ angesehen wird – eine zentrale Bedeutung hat. Die Bundesrepublik würde wegen der Betonung der Sozialversicherung in der Terminologie der Verfasser sicher dem Typ des „Positive State“ zugeordnet werden. Auch hier werden aber über die gesetzliche Krankenversicherung, die die weit überwiegende Mehrheit der Bevölkerung erfaßt, allen Mitgliedern und ihren Angehörigen unabhängig von ihrem Versicherungsbeitrag umfassende medizinische Leistungen zu den gleichen Bedingungen gewährt. Das Sozialversicherungswesen wird viel zu negativ beurteilt, seine entscheidenden Abweichungen vom Prinzip privater Versicherungen werden nicht berücksichtigt. Auch wird der Begriff des „Social Welfare State“ – d. h. des Welfare State im eigentlichen Sinne – zu eng definiert.

Trotz dieser und anderer Versuche zu einer Umschreibung bleibt der Begriff Wohlfahrtsstaat in der Forschung und noch stärker im populären Gebrauch vieldeutig und schillernd. Er beinhaltet offenbar in jedem Fall die Modifizierung der Marktkräfte durch staatliche Förderung der sozialen Sicherheit des einzelnen.[18]) Dagegen ist es unklar, inwieweit etwa auch die Arbeiterschutzgesetzgebung, das Streik- und Koalitionsrecht, das Arbeitsrecht, der soziale Wohnungsbau und das staatliche Bildungswesen als konstituierende Elemente des Wohlfahrtsstaates aufzufassen sind.

Der moderne Wohlfahrtsstaat wird häufig auch als Antwort auf zunehmende Forderungen nach sozio-ökonomischer Gleichheit mit der Entwicklung der modernen Massendemokratie in Zusammenhang gebracht.[19]) Es ist aber zu fragen, ob es wirklich zweckmäßig ist, dann einen Begriff zu verwenden, der unbeabsichtigt Anklänge an die administrative Wohlfahrtspflege des aufgeklärten Absolutismus enthält und zumindest für Kontinentaleuropa eine Unterscheidung zwischen älteren und neuen Wohlfahrtsstaaten erschwert. Gegen den Gebrauch des Begriffes scheint mir auch zu sprechen, daß er dazu verleiten kann, den auf die Sondersituation des Zweiten Weltkrieges und der „Austerity Society“ der unmittelbaren Nachkriegszeit zurückgehenden, von spezifischen historischen Traditio-

[18]) Kennzeichnend dafür ist die viel zitierte Definition des Wohlfahrtsstaates durch den bekannten britischen Historiker *Asa Briggs*, die allerdings m. E. zu einseitig von den britischen Verhältnissen der unmittelbaren Nachkriegszeit bestimmt wird: „A ‚welfare state‘ is a state in which organized power is deliberately used (through politics and administration) in an effort to modify the play of market forces in at least three directions – first, by guaranteeing individuals and families a minimum income irrespective of the market value of their work or their property; second, by narrowing the extent of insecurity by enabling individuals and families to meet certain ‚social contingencies‘ (for example, sickness, old age and unemployment) which lead otherwise to individual and family crises; and third, by ensuring that all citizens without distinction of status or class are offered the best standards available in relation to a certain agreed range of social services.“ *Asa Briggs*, The Welfare State in Historical Perspective, in: Archives Européennes de Sociologie 2, 1961, 221–258, hier 228.

[19]) Vgl. z. B. *Peter Flora* und *Arnold J. Heidenheimer* in ihrer Einleitung zu dem in der Anmerkung 15 erwähnten Band, 8.

nen geprägten, demokratischen britischen Wohlfahrtsstaat nach 1945 als das Modell des Wohlfahrtsstaates schlechthin anzusehen. Damit werden aber die Kontinuitäten in der Entwicklung der sozialen Aufgaben des Staates und die ihnen zugrundeliegenden Ideen, Kräfte und Institutionen vernachlässigt. Wenn man die Verbindung von Wohlfahrtsstaat und moderner Massendemokratie betont, sollte man schließlich auch nicht übersehen, daß ein wesentliches Element des Wohlfahrtsstaates, die Modifizierung der Marktkräfte durch sozio-ökonomische Interventionen des Staates, auf viele autoritäre Regierungen zutrifft und auch die den Markt ausschaltenden sozialistischen Staaten mit zentraler Planwirtschaft Wohlfahrtspolitik betreiben.

Es soll daher hier bewußt vom deutschen Begriff des *Sozialstaates,* der auch in Art. 1 der spanischen Verfassung von 1978 seinen Niederschlag gefunden hat[20]), ausgegangen werden.[21]) Auch der

[20]) Die Formulierung, nach der Spanien „ein sozialer und demokratischer Rechtsstaat" ist, knüpft offenbar an Art. 20 und 28 des Grundgesetzes der Bundesrepublik Deutschland von 1949 (vgl. unten, 161) an. Zum Einfluß der deutschen verfassungsrechtlichen Diskussion über den Sozialstaat und soziale Grundrechte sowie der Rechtsprechung des Bundesverfassungsgerichts auf Spanien vgl. *Garcia Pelayo,* La transformaciones del Estado contemporaneo. Madrid 1977; hier beschäftigt sich der Verf. auch eingehend mit der Entstehung des Begriffs Sozialstaat. Vgl. weiter *Hans-Joachim Reinhard,* Sozialstaatsprinzip und soziale Grundrechte in Spanien. – Ein Vergleich mit der Bundesrepublik Deutschland, in: Zeitschrift für ausländisches und internationales Arbeits- und Sozialrecht, 2. Jg., April–Juni 1988, 169–184.

[21]) Zum Begriff des Sozialstaates, zu seiner Zuordnung zur industriellen Gesellschaft und seiner Abgrenzung vom „sozialen Fürsorgestaat" sowie vom „sozialen Versorgungsstaat" oder „Wohlfahrtsstaat" vgl. *Ernst Rudolf Huber,* Rechtsstaat und Sozialstaat in der modernen Industriegesellschaft, in: ders., Nationalstaat und Verfassungsstaat. Studien zur Geschichte der modernen Staatsidee. Stuttgart 1965, 249–272, bes. 254–257. Huber definiert Sozialstaat als „Staat des modernen Industriezeitalters, der den Widerstreit zwischen überlieferter Staatlichkeit und industrieller Klassengesellschaft durch soziale Integration zu überwinden sucht" (257). Als Grundwerte des Sozialstaates bezeichnet er „Existenzsicherheit, Vollbeschäftigung und Erhaltung der Arbeitskraft im Interesse der breiten abhängigen Massen" (258) und sieht als seine drei großen Aufgaben soziale Fürsorge, soziale Vorsorge und soziale Befriedung an (265f., 270). Hubers Auffassung vom Sozialstaat scheint mir zu einseitig vom Staat und seinen Ordnungsfunktionen her gesehen. Die Selbstregulierung sozialer Kräfte, die m. E. ein zentraler Aspekt des Sozialstaates ist, hat in seinem Konzept keinen Platz. In einer späteren, erweiterten Definition wird auch „die tätige Teilhabe der sozialen Klassen an

Sozialstaat ist wie der moderne Wohlfahrtsstaat bei voller Ausprägung eine besondere Form der Massendemokratie. Das Soziale und die Demokratie haben in der Legitimation der Herrschaft als „Herrschaft durch das Volk" und „Herrschaft für das Volk" eine gemeinsame Wurzel.[22]) Einzelne Elemente des Sozialstaates – besonders im Bereich der sozialen Sicherheit und Fürsorge – können aber bereits in vordemokratischen Staaten in unterschiedlichem Ausmaß enthalten sein und auch konstituierende Bestandteile zentralwirtschaftlicher sozialistischer Staaten, autoritärer Staaten oder auch faschistischer Diktaturen bilden. Der Begriff Sozialstaat läßt sowohl die Erörterung der Kontinuität mit älteren Formen gesellschaftlicher und staatlicher Daseinsvorsorge und sozialer Teilhaberechte zu als auch die Herausarbeitung von Unterschieden und Gemeinsamkeiten im Hinblick auf nichtdemokratische zeitgenössische Staaten, die sich um die Förderung der Wohlfahrt ihrer Bürger bemühen.

Der Begriff des Sozialstaates geht in Deutschland offenbar auf Lorenz von Stein zurück, der bereits in der Mitte des 19. Jahrhunderts den Terminus „soziale Demokratie"[23]) und später den des „sozialen Staates" verwendete: Der Staat müsse „die absolute Gleichheit des Rechts gegenüber allen jenen Unterschieden [der Klassen] für die einzelne selbstbestimmte Persönlichkeit durch seine Gewalt aufrecht halten, und in diesem Sinne nennen wir ihn den *Rechtsstaat*. Er muß aber endlich mit seiner Macht wirthschaftlichen und gesellschaftlichen Fortschritt *aller* seiner Angehörigen fördern, weil zuletzt die Entwicklung des Einen stets die Bedingung und eben so sehr die Consequenz der Entwicklung des Andern ist; und in diesem Sinne sprechen wir von dem *gesellschaftlichen* oder dem *socialen* Staate."[24])

Fortsetzung Fußnote von Seite 10
der Bewältigung der sozialen Frage" als Mittel sozialer Integration erwähnt (*ders.*, Deutsche Verfassungsgeschichte seit 1789. Bd. 4. Stuttgart etc. 1969, 1132f.). Der qualitative Unterschied zwischen den sozialstaatlichen Elementen der konstitutionellen Monarchie und dem demokratischen Sozialstaat der Weimarer Republik wird jedoch weiter nicht klar gesehen.

[22]) *Hans F. Zacher*, Das soziale Staatsziel, in: Josef Isensee/Paul Kirchhof (Hrsg.), Handbuch des Staatsrechts der Bundesrepublik Deutschland. Bd. 1: Grundlagen von Staat und Verfassung. Heidelberg 1987, 1045–1111, hier 1096.

[23]) Vgl. unten, 71.

[24]) *Lorenz von Stein*, Gegenwart und Zukunft der Rechts- und Staatswissenschaften Deutschlands. Stuttgart 1876, 215 (Hervorhebungen im Original).

Am Ende des 19. Jahrhunderts wurden von dem Rechtswissenschaftler Julius Ofner Demokratie, Rechtsstaat und Sozialstaat gedanklich verbunden, und dem Sozialstaat wurde die Aufgabe einer gerechteren, „auf Gleichheit Aller fussende[n] Verteilung von Vorteilen und Lasten“ zuerkannt.[25]) In der Weimarer Republik wurde der Begriff Sozialstaat oder sozialer Rechtsstaat neben dem offenbar noch häufiger verwendeten Terminus „sozialer Volksstaat“ positiv von Politikern, Ökonomen und Juristen verwandt, um die Weiterentwicklung von der politischen zur wirtschaftlichen Demokratie zu charakterisieren oder als Forderung für die Zukunft aufzustellen.[26]) Unter den Staatsrechtslehrern der Weimarer Republik hat besonders Hermann Heller, der die ‚soziale Idee‘ als „folgerichtige Fortführung der politischen zur wirtschaftlichen Demokratie“ bezeichnete[27]), in seiner soziologisch fundierten Staatstheorie die Entscheidung für den sozialen Rechtsstaat wissenschaftlich und politisch begründet[28]).

Eine weitere bedeutende theoretische Grundlegung des Sozialstaates – der Begriff wurde allerdings nicht verwendet – erfolgte in der Weimarer Zeit durch den Wirtschaftswissenschaftler und reli-

[25]) *Julius Ofner,* Studien sozialer Jurisprudenz. Wien 1894, 76: *Die Demokratie verlangt grundsätzlich den Sozialstaat,* einen Organismus, der dem Rechtsstaat ähnelt, sich aber nicht wie dieser darauf beschränkt, das Mein und Dein zu erhalten, während er dessen Bildung dem Spiel der Gewalt und des Zufalls überlässt, sondern die gerechte, auf Gleichheit Aller fussende Verteilung von Vorteilen und Lasten in ihrer Gesamtheit zum Gegenstand seiner Fürsorge nimmt.“ (Hervorhebung im Original). Hinweise auf die Verwendung des Wortes Sozialstaat im 19. Jahrhundert in: *Zacher,* Das soziale Staatsziel, 1056f.

[26]) *Werner Abelshauser,* Die Weimarer Republik – ein Wohlfahrtsstaat?, in: ders. (Hrsg.), Die Weimarer Republik als Wohlfahrtsstaat. Zum Verhältnis von Wirtschafts- und Sozialpolitik in der Industriegesellschaft. Stuttgart 1987, 10f. Kennzeichnend für die positive Verwendung des Begriffs Sozialstaat ist es, daß Reichsfinanzminister Matthias Erzberger vor der deutschen Nationalversammlung am 3. Dezember 1919 äußerte, daß man dem „Sozialstaat der Zukunft“, der für ihn in den Mittelpunkt des Streits politischer Weltanschauungen rückte, mit den Mitteln der Finanz- und Steuerpolitik machtvoll zum Durchbruch verhelfen wolle (Verhandlungen der verfassunggebenden Deutschen Nationalversammlung, Stenographische Berichte. Bd. 331, 3843).

[27]) *Hermann Heller,* Grundrechte und Grundpflichten, in: ders., Gesammelte Schriften, 3 Bde. Leiden 1971, Bd. 2, 291.

[28]) Vgl. dazu *Wolfgang Schluchter,* Entscheidung für den sozialen Rechtsstaat. Herman Heller und die staatstheoretische Diskussion in der Weimarer Republik. Köln/Berlin 1968.

giösen Sozialisten Eduard Heimann in dessen Werk über die „Soziale Theorie des Kapitalismus. Theorie der Sozialpolitik". Die soziale Theorie des Kapitalismus ist für ihn die „Theorie der sozialen Bewegung, ... die sich im Kapitalismus vollzieht und ihn selbst ergreift und verwandelt". Die soziale Bewegung ist Trägerin der „sozialen Idee", unter der Heimann die Durchsetzung der liberalen Freiheitsrechte und der Menschenwürde auch für den Arbeiter versteht; der „institutionelle Niederschlag der sozialen Idee im Kapitalismus" ist die Sozialpolitik. Sie ist „Fremdkörper" und zugleich „Bestandteil" des kapitalistischen Systems[29]), das durch die soziale Bewegung, die soziale Idee und die Sozialpolitik zugleich stabilisiert und allmählich transformiert wird. In dieser Theorie, die faktisch den Wandel der kapitalistischen Gesellschaft zum Sozialstaat zum Gegenstand hat, wird – anders als bei Lorenz von Stein – nicht die Rolle der Führungseliten und der Verwaltung, sondern die der gesellschaftlichen Kräfte und der sozialen Dynamik des Kapitalismus selbst betont.

Nach dem Zweiten Weltkrieg ist der Begriff Sozialstaat im deutschsprachigen Raum Allgemeingut geworden; seiner internationalen Anerkennung stand allerdings entgegen, daß bisher keine adäquate Übertragung vor allem ins Englische gefunden wurde.

Eine wörtliche Übersetzung mit „social state" ist schon deshalb kaum möglich, weil im angelsächsischen Denken damit der „Zustand der Vergesellschaftung", dem alle Menschen seit der Überwindung des Naturzustandes (state of nature) angehören, bezeichnet wird. Zwar wird im frühen 19. Jahrhundert der Begriff des „social state" in Weiterentwicklung paternalistischen Gedankenguts bei den Sozialkonservativen auch zur Bezeichnung einer Gesellschaft verwendet, die durch wohlfahrtsstaatliche Politik, die soziale Verantwortung der Menschen füreinander und die gegenseitige Hilfe aller in einer durch Rechte und Pflichten bestimmten, eng verbundenen Gemeinschaft gekennzeichnet ist.[30]) Diese Begriffsbestimmung setzte sich aber nicht durch und enthält auch nicht die für den modernen Sozialstaat wesentlichen demokratischen Elemente der Gleichheit und Selbstbestimmung der Staatsbürger.

[29]) *Eduard Heimann,* Soziale Theorie des Kapitalismus. Theorie der Sozialpolitik. Tübingen 1929, bes. 1, 118f.

[30]) Vgl. *Karl H. Metz,* The Social Chain of Respect. Zum Typus des sozialen Konservativismus und zur Entstehung des Gedankens der sozialen Verantwortung im Großbritannien der industriellen Revolution, in: Archiv für Kulturgeschichte 68, 1986, 151–183, bes. 154f.

Für die Verwendung des Begriffs Sozialstaat spricht, daß er weiter und eindeutiger gefaßt ist als der Begriff des Wohlfahrtsstaates. Er vermeidet sowohl die Anklänge an die bürgerliche Freiheiten beschränkende paternalistische Wohlfahrt absolutistischer Staaten wie auch die Mißverständnisse, die sich aus der in den Vereinigten Staaten inzwischen üblichen Unterscheidung zwischen „Welfare", der oft als unerwünschte Notwendigkeit verstandenen Sozialhilfe für Bedürftige, und der meist positiv beurteilten „Social Security" (soziale Sicherheit), der auch auf eigenen Beitragsleistungen beruhenden Sozialversicherung, ergeben.[31])

Im allgemeinen wird der Begriff der *sozialen Sicherheit* sehr viel breiter angewandt. Von seiner prominenten Verwendung in einer Rede des amerikanischen Präsidenten Franklin D. Roosevelt vom 30.9.1934[32]) bis 1948 hat er einen „geradezu meteorhaften Aufstieg aus dem Nichts zu einem der Grundrechte der Menschheit" durchgemacht[33]) und in den meisten Ländern der Welt den Begriff der Sozialversicherung ersetzt. In Abwendung von der puritanisch-individualistischen Tradition der Vereinigten Staaten beruhte der Begriff „soziale Sicherheit" auf der durch das Massenelend der Weltwirtschaftskrise vermittelten Einsicht, daß soziale Not nicht durch persönliches Versagen, sondern durch gesellschaftliche Umstände herbeigeführt werde und daher auch durch öffentliche kollektive Maßnahmen zu bekämpfen sei. Soziale Sicherheit bezeich-

[31]) Die Unterscheidung zwischen „welfare" und „social security" war bei der Verabschiedung des Social Security Act von 1935, der sowohl Sozialhilfe wie Arbeitslosen- und Altersversicherung behandelt, noch nicht gegeben, hat sich aber inzwischen scharf herausgebildet. Vgl. *Theda Skocpol/John Ikenberry,* The Political Formation of the American Welfare State in Historical and Comparative Perspective, in: Tomasson (Ed.), Welfare State, 133–139.

[32]) Vgl. The Public Papers and Addresses of Franklin D. Roosevelt. With a Special Introduction and Explanatory Notes by President Roosevelt. Hrsg. u. zusgest. v. Samuel I. Rosenman. Bd. 3: The Advance of Recovery and Reform 1934. New York 1969, 421. Schon vorher hatte Roosevelt in einer Botschaft an den amerikanischen Kongreß vom 8.6.1934 die Absicht verkündet, die Sicherheit des Bürgers und seiner Familie durch eine Sozialversicherung (social insurance) zu fördern: „These three great objectives – the security of the home, the security of livelihood, and the security of social insurance – are, it seems to me, a minimum of the promise that we can offer to the American people" (ebd. 292).

[33]) Vgl. *Franz-Xaver Kaufmann,* Sicherheit als soziologisches und sozialpolitisches Problem. Untersuchungen zu einer Wertidee hochdifferenzierter Gesellschaften. Stuttgart 1970, 115f.

nete somit sowohl ein mit der Wirtschaftspolitik des New Deal eng verbundenes gesellschaftspolitisches Programm wie auch die konkreten sozialpolitischen Regelungen im Social Security Act von 1935. Der Begriff hat sich außerhalb des deutschen Sprachraums weitgehend durchgesetzt. Er wurde schon in der Atlantik-Charta von 1941 in dem weiteren Sinn der Schaffung einer neuen, von „Furcht und Not" befreiten Gesellschaft gebraucht.[34]) Ähnlich heißt es im Artikel 22 der Allgemeinen Erklärung der Menschenrechte der Vereinten Nationen von 1948: „Jeder Mensch hat als Mitglied der Gesellschaft Recht auf soziale Sicherheit; er hat Anspruch darauf, durch innerstaatliche Maßnahmen und internationale Zusammenarbeit unter Berücksichtigung der Organisation und der Hilfsmittel jedes Staates in den Genuß der für seine Würde und die freie Entwicklung seiner Persönlichkeit unentbehrlichen wirtschaftlichen, sozialen und kulturellen Rechte zu gelangen."[35]) In seiner weiten Bedeutung wurde soziale Sicherheit auch zum Zentralbegriff des Beveridge-Planes von 1942, der breites politisches Echo auch außerhalb Großbritanniens fand.[36])

Seit dem Ende des Zweiten Weltkrieges ist jedoch im internationalen Sprachgebrauch eine weitgehende Verengung des Begriffes soziale Sicherheit zum einen auf die Zielvorgabe sozialpolitischer Programme und zum anderen auf die institutionellen Träger von Sozialleistungen zu verzeichnen.

In der Bundesrepublik hat der Begriff soziale Sicherheit oder auch „soziale Sicherung" das Wort „Sozialreform", als zusammenfassende Bezeichnung für eine umfassende Neuregelung der Sozialgesetzgebung[37]), oder den Begriff „Sozialversicherung", als Bezeich-

[34]) Die Organisation der Vereinten Nationen (Anm. 6), 25 f.

[35]) In den folgenden Artikeln 23–27 werden dann im einzelnen das Recht auf Arbeit, auf Erholung und Freizeit, auf angemessene Lebenshaltung, Mütter- und Kinderschutz, auf Bildung und Teilnahme am kulturellen Leben aufgeführt.

[36]) Vgl. unten, 150–156.

[37]) Dieser ältere Begriff, der in engem Zusammenhang mit dem der „Sozialpolitik" steht, spielt eine zentrale Rolle in einem programmatischen Vortrag von Gerhard Mackenroth vor dem Verein für Socialpolitik am 19.4.1952, der einen entscheidenden Anstoß zur wissenschaftlichen Diskussion der Reform der deutschen Sozialgesetzgebung gab: *Gerhard Mackenroth,* Die Reform der Sozialpolitik durch einen deutschen Sozialplan, zuerst in: Schriften des Vereins für Socialpolitik. N.F. Bd. 4. Berlin 1952, 39–76. Für die historische Entwicklung und den nuancenreichen und z. T. widersprüchlichen Gebrauch

nung des wesentlichen, wenn auch nicht alleinigen institutionellen Trägers der sozialen Sicherheit, nicht allgemein ersetzen können. „Soziale Sicherheit" wird aber in der wissenschaftlichen Literatur der Bundesrepublik zunehmend verwandt. Auch in dem heute üblichen eingeschränkten Verständnis des Begriffs als eines sozialpolitischen Programms geht „soziale Sicherheit" – mit allerdings wesentlichen Ausnahmen wie in den Vereinigten Staaten – über die Sozialversicherung hinaus, etwa, indem sie Sozialhilfe, Leistungen für Familien und soziale Dienste wie das öffentliche Gesundheitswesen einzelner Länder miteinbezieht. Der Begriff soziale Sicherheit ist aber eindeutig enger als der des Sozialstaates.

Zu den *Aufgaben des Sozialstaates* gehört nicht nur der Schutz der sozialen Sicherheit des einzelnen aufgrund von Maßnahmen der Einkommenssicherung bei Alter, Invalidität, Krankheit, Unfall und Arbeitslosigkeit, durch Hilfe für große Familien, Gesundheitsfürsorge und sozialen Wohnungsbau. Kennzeichen des Sozialstaates sind auch die Versuche zum Ausgleich unterschiedlicher Startchancen des einzelnen durch ein staatliches Erziehungs- und Bildungswesen und die partielle Umverteilung von Einkommen durch das Steuersystem, ferner die Regulierung des Arbeitsmarktes und der Arbeitsbedingungen durch Maßnahmen des Schutzes für Arbeitnehmer. Der Begriff des Sozialstaates betont die Bedeutung von Selbsthilfeorganisationen der am Wirtschaftsprozeß Beteiligten, indem er u.a. das Koalitions- und Streikrecht garantiert. Ob darüber hinaus der Staat eine Mitsprache- oder gar eine Schiedsrichterfunktion bei Auseinandersetzungen zwischen Arbeitgebern und Arbeitnehmern in Anspruch nimmt oder wenigstens durch die Gesetzgebung und Rechtsprechung den Rahmen von Arbeitskämpfen und Tarifverträgen festlegt oder diese ganz der Autonomie der Parteien im Wirtschaftsprozeß überläßt, ist in den verschiedenen Sozialstaaten unterschiedlich geregelt worden. Das gleiche gilt von der betrieblichen

Fortsetzung Fußnote von Seite 15

vor allem der Begriffe „Sozialrecht" und „soziale Sicherheit", besonders in Deutschland, Frankreich und der Schweiz, mit Hinweisen auf Österreich, Belgien, Italien, Großbritannien und internationale und supranationale Organisationen, vgl. die vor allem auf einer Beschreibung und Analyse rechtswissenschaftlicher Literatur beruhende, rechtsvergleichene Studie von *Felix Schmid,* Sozialrecht und Recht der sozialen Sicherheit. Die Begriffsbildung in Deutschland, Frankreich und der Schweiz. Berlin 1981.

oder überbetrieblichen Mitbestimmung, die die Arbeitnehmer gegenüber den Unternehmern stärken soll, die aber auch als Instrument zur Entschärfung von Klassengegensätzen, zur Förderung der Sozialpartnerschaft von Unternehmern und Arbeitnehmern sowie zur Ergänzung der politischen durch eine wirtschaftliche Demokratie angesehen wird.

Der Sozialwissenschaftler Franz-Xaver Kaufmann umschreibt die Aufgaben des Sozialstaates durch die Herausarbeitung und Unterscheidung von vier Typen sozialpolitischer Intervention nach den Bedingungen ihrer Wirkungsweise: 1. Rechtliche Intervention zur Verbesserung des rechtlichen Status von Personen (z. B. im Arbeitsrecht). 2. Ökonomische Intervention zur Verbesserung der Einkommensverhältnisse von Personen. 3. Ökologische Intervention zur Verbesserung der materiellen und sozialen Umwelt von Personen (Infrastruktur, Verkehrsbetriebe, Krankenhausversorgung). 4. Pädagogische Intervention zur Verbesserung der Handlungsfähigkeit von Personen durch bildende, beratende und informative Anstrengungen usw.[38])

[38]) *Franz-Xaver Kaufmann,* Elemente einer soziologischen Theorie sozialpolitischer Intervention, in: ders. (Hrsg.), Staatliche Sozialpolitik und Familie. München/Wien 1983, 49–86. *Kaufmann* hält es „angesichts der heute vorherrschenden international vergleichenden Perspektive" für sinnvoll, daß sich der Begriff des Wohlfahrtsstaates und nicht der des Sozialstaates durchgesetzt habe. „Sozialstaatlichkeit ist dieser Terminologie nach die deutsche Variante wohlfahrtsstaatlicher Programmatik". Auf den „kürzesten Begriff gebracht" versteht er unter Wohlfahrtsstaat einen Staatstypus, „der die Verantwortung der Gewährleistung menschenwürdiger Lebensbedingungen für alle ihm Angehörenden in expliziter Form übernimmt". Der Wohlfahrtsstaat erscheine heute „als eine bestimmte Form gesellschaftlicher Organisation, die gekennzeichnet ist durch die Verbindung von demokratischer Staatsform und privatkapitalistischer Wirtschaftsform mit einem ausgebauten, zentralstaatlich regulierten Sozialsektor, auf dessen Leistungen ein staatlich verbürgter Anspruch nach rechtlich definierten Bedarfskriterien für jedermann besteht. So formuliert erscheint der Wohlfahrtsstaat als eine bestimmte Form politisch veranstalteter Vergesellschaftung: Sie beruht auf dem Grundprinzip staatlich gewährleisteter Teilhabechancen für jedermann an allen für gesellschaftspolitisch relevant erachteten Funktionsbereichen: Familie, Bildung, Arbeit, Gesundheitswesen, soziale Sicherung, Kultur – um nur die wichtigsten zu nennen." (Christentum und Wohlfahrtsstaat, in: Zeitschrift für Sozialreform 34, 1988, 65–88, hier 69 f.). Für Kaufmanns Auffassung des Wohlfahrtsstaates vgl. weiter: *ders.,* Major Problems and Dimensions of the Welfare State, in: S. N. Eisenstadt/Ora Ahimeir (Eds.), The Welfare State and its Aftermath. London/Sidney 1985, 44–56, bes. 44–47.

Weiterführend ist auch der Versuch des langjährigen Direktors des Max-Planck-Instituts für ausländisches und internationales Sozialrecht, Hans F. Zacher, eine inhaltliche Bestimmung des Sozialstaates von den „sozialen Staatszielen“ her zu geben. Er unterscheidet dabei vier zentrale Ziele:

1. „Hilfe gegen Not und Armut und ein menschenwürdiges Existenzminimum für jedermann“;
2. „Mehr Gleichheit durch den Abbau von Wohlstandsdifferenzen und die Kontrolle von Abhängigkeitsverhältnissen“;
3. „Mehr Sicherheit gegenüber den Wechselfällen des Lebens“;
4. „Hebung und Ausbreitung des Wohlstandes“.

Für Zachers Auffassung vom freiheitlichen Sozialstaat ist zentral, daß im Gegensatz zu zentralwirtschaftlichen sozialistischen Staaten das Gegenüber von Staat und Gesellschaft nicht aufgehoben wird, der Staat also kein Monopol auf das Soziale hat; die „Dialektik der sozialen Verantwortung des Staates auf der einen und der sozial konditionierten Autonomie der Gesellschaft auf der anderen Seite“ sei ein konstituierendes Merkmal demokratischer sozialstaatlicher Gemeinwesen.[39])

Die in diesem Buch vertretene Auffassung des Sozialstaates ist vor allem dadurch gekennzeichnet, daß der gesamte Bereich der Arbeitsbeziehungen und der sie tragenden autonomen Organisationen der Arbeitgeber und Arbeitnehmer einbezogen wird. In der Rechtswissenschaft haben sich das Sozialrecht, die für den Wohlfahrts- oder Sozialstaat in erster Linie zuständige Rechtsdisziplin, und das Arbeitsrecht weitgehend auseinanderentwickelt. Obwohl angesichts der zunehmenden Komplexität der behandelten Sachverhalte und des allgemeinen Trends zur wissenschaftlichen Spezialisierung die Aufspaltung von Sozialrecht und Arbeitsrecht wohl unvermeidlich ist, kann doch damit das Bewußtsein der gemeinsamen historischen

[39]) *Hans F. Zacher,* Das soziale Staatsziel, 1060f., sowie *ders.,* 40 Jahre Sozialstaat – Schwerpunkte der rechtlichen Ordnung, in: Norbert Blüm/Hans F. Zacher (Hrsg.), 40 Jahre Sozialstaat Bundesrepublik Deutschland, Baden-Baden 1989, 19–129, hier 29f. Vgl. weiter Zachers Definition des Sozialstaates als eines Staates, „der den wirtschaftlichen und wirtschaftlich bedingten Verhältnissen auch in der Gesellschaft wertend, sichernd und verändernd mit dem Ziel gegenübersteht, jedermann ein menschenwürdiges Dasein zu gewährleisten, Wohlstandsunterschiede zu verringern und Abhängigkeitsverhältnisse zu beseitigen oder zu kontrollieren“. *Hans F. Zacher,* Artikel „Sozialstaatsprinzip“, in: Handwörterbuch der Wirtschaftswissenschaft. Bd. 7. Stuttgart etc. 1977, 152–160, hier: 154.

Wurzel der beiden Rechtssysteme – wie auch der Systeme sozialer Sicherheit und der Arbeitsbeziehungen – in der „sozialen Frage" und ihrer weiterhin engen Verbindung verlorengehen.[40])

Der Begriff des Sozialstaates erlaubt es, die Bedeutung der unterschiedlichen Komponenten – etwa die staatlichen und kommunalen Maßnahmen der Daseinsvorsorge und der Kontrolle des Arbeitsmarktes, die Rolle der Selbsthilfeorganisationen, die Funktion der Gesetzgebung bei der Regulierung der individuellen Arbeitsverhältnisse und der Beziehungen der Tarifparteien, das Ausmaß der Bereitstellung sozialer Dienste, die Angleichung von Lebenschancen oder die Umverteilung von Einkommen – in den einzelnen Staaten herauszuarbeiten. Die jeweilige Rolle dieser Elemente des Sozialstaates ist ein wichtiges Kennzeichen für die Bestimmung des Charakters der politischen, sozialen und ökonomischen Systeme einzelner Länder. Weiter gilt es zu unterscheiden, ob soziale Leistungen auf einige Bevölkerungsgruppen begrenzt oder universal sind.

Während die Anfänge des Sozialstaates mit der zunehmenden öffentlichen Verantwortung für die aus den ursprünglichen Solidargemeinschaften herausfallenden Armen zusammenhängen, ist die weitere Entwicklung des Sozialstaates im 19. Jahrhundert vor allem durch die „soziale Frage" vorangetrieben worden. Nachdem die Diskussion dieser Frage zunächst in den 1820er und 1830er Jahren durch das noch weitgehend vorindustrielle Pauperismusproblem bestimmt worden war, konzentrierte sie sich danach immer mehr auf die sogenannte „Arbeiterfrage". Man war in den Kreisen der Sozialreformer der Ansicht, daß die Eingliederung oder Einbürgerung des durch Kapitalismus und Industrialisierung geschaffenen Proletariats „in die Kulturgemeinschaft der modernen Staaten als neues selbständiges Element, ein unabweisliches Problem aller staatlichen Politik geworden sei".[41]) Später dehnte sich diese Politik auf immer weitere Bevölkerungsgruppen (Angestellte, Bauern, Handwerker, freie Berufe, Siedler, Jugendliche, Studenten, Mieter, kinderreiche

[40]) Der enge Zusammenhang der beiden Rechtsdisziplinen wird dagegen deutlich in der „klassischen" historisch-systematischen Gesamtdarstellung des österreichischen Arbeits- und Sozialrechts von *Max Lederer:* Grundriß des österreichischen Sozialrechts. 2. Aufl. Wien 1932.

[41]) Vgl. das programmatische Geleitwort der Herausgeber (Edgar Jaffé, Werner Sombart, Max Weber) des Archivs für Sozialwissenschaften und Sozialpolitik 1, 1904, IV.

Familien, Flüchtlinge, Kriegsopfer etc.) und immer weitere Lebensbereiche neben der sozialen Sicherheit aus und erfaßt heute – wenn auch in unterschiedlichem Grade – die Gesamtbevölkerung moderner Industriegesellschaften. Im Unterschied zur politischen Partizipation, die im Zuge der Demokratisierung der Gesellschaften – u. a. mit der allmählichen Ausdehnung des Wahlrechts – von den sozial führenden Gruppen zu den Mittel- und Unterschichten von oben nach unten ging, weitete sich die Verantwortung des Staates für die Bereitstellung sozialer Leistungen – etwa durch Sozialversicherung oder Staatsbürgerversorgung – von unten nach oben aus.[42])

Der Sozialstaat ist eine Antwort auf den steigenden Bedarf nach Regulierung der im Gefolge von Industrialisierung und Urbanisierung immer komplizierter gewordenen sozialen und wirtschaftlichen Verhältnisse, auf die geringere Bedeutung der traditionellen Formen der Daseinsvorsorge vor allem in der Familie und auf die Zuspitzung von Klassengegensätzen. Sein Ziel ist es, durch soziale Sicherheit, vermehrte Gleichheit und politisch-soziale Mitbestimmung die Bevölkerung zu integrieren und die bestehenden politischen, sozialen und wirtschaftlichen Systeme durch einen Prozeß ständiger Anpassung gleichzeitig zu stabilisieren und evolutionär zu verändern. Der Sozialstaat setzt zu seiner Verwirklichung ein umfassendes System der Kommunikation voraus und tendiert zur Angleichung der Lebensverhältnisse, zu Zentralisierung und Uniformität. Das schließt allerdings nicht aus, daß in föderalistischen Staaten, wie der Bundesrepublik oder den Vereinigten Staaten, wesentliche soziale Leistungen – etwa im Bildungswesen – von den Ländern erbracht werden, die Gemeinden oft erhebliche soziale Aufgaben wahrnehmen und (z. B. in den Vereinigten Staaten, Großbritannien, aber auch in der Bundesrepublik Deutschland und Frankreich) die freien Wohlfahrtsverbände einen bedeutenden, wenn auch insgesamt zurückgehenden Beitrag zur sozialen Sicherheit leisten. Die gegenwärtige intensive Diskussion der „neuen Subsidiarität" als möglicher Leitidee einer zukünftigen Sozialpolitik und besonders die steigende Bedeutung von Selbsthilfegruppen im Gesundheitswe-

[42]) *Peter Flora*, Krisenbewältigung oder Krisenerzeugung? Der Wohlfahrtsstaat in historischer Perspektive, in: Wolfgang J. Mommsen in Zusammenarbeit mit Wolfgang Mock (Hrsg.), Die Entstehung des Wohlfahrtsstaates in Großbritannien und Deutschland 1850–1950. Stuttgart 1982, 353–398, hier 365.

sen[43]) sind ein Ausdruck des Unbehagens über die insgesamt noch immer dominierenden Tendenzen zur Zentralisierung, Uniformierung und Bürokratisierung sozialer Leistungen, die natürlich auch mit deren zunehmender Verrechtlichung zusammenhängen.

Der Grundsatz der sozialen Sicherheit für alle und die Förderung nicht nur rechtlicher, sondern auch materieller Gleichheit stehen in einem Spannungsverhältnis, wenn auch nicht notwendig in einem Gegensatz, zur Idee der Freiheit und zum Konzept des Rechtsstaates, die die freie Verfügung über die eigene Person und die von ihr erwirtschafteten Güter sowie die Begrenzung der Staatsmacht betonen. Der Sozialstaat knüpft im Konzept der sozialen Sicherheit auch an die voremanzipatorische ältere Idee der Fürsorge für den gehorsamen Untertanen an. Er kann ebenso zur verschärften sozialen Kontrolle über den einzelnen oder als Mittel zur Steuerung der Gesellschaft von oben mißbraucht wie auch als Instrument zunehmender Selbstbestimmung in der Gesellschaft unter Verringerung der sozialen Abhängigkeit und Zunahme realer Freiheit durch die Freiheit von Not benutzt werden. In der Dualität von Fürsorge und Partizipation, in der Ambivalenz seiner Funktionen und Wirkungen liegen zugleich Gefährdungen und Chancen des Sozialstaats.

In dieser Studie soll versucht werden, die Kontinuitäten und Brüche zur älteren vorindustriellen Tradition sozialer Intervention des Staates und der sie bestimmenden sozialen und wirtschaftlichen Ideen aufzuzeigen sowie bestimmte Zäsuren in der Entwicklung des Sozialstaates herauszuarbeiten. Zudem soll an einigen Beispielen deutlich gemacht werden, wie trotz der universellen Tendenzen zum Ausbau staatlicher Daseinsvorsorge, die wir gleichermaßen in kapitalistischen, westlichen Industrieländern wie in sozialistischen Staaten mit zentraler Planwirtschaft und – in Ansätzen – auch in Entwicklungsländern beobachten können, selbst in den westlichen Industriestaaten sehr unterschiedliche Regelungen der sozialen Sicherheit gefunden wurden. Das gleiche gilt für den Bereich der Arbeits-

[43]) *Rolf G. Heinze* (Hrsg.), Neue Subsidiarität: Leitidee für eine zukünftige Sozialpolitik? Opladen 1986; *Bernhard Badura/Christian von Ferber* (Hrsg.), Selbsthilfe und Selbstorganisation im Gesundheitswesen. Die Bedeutung nicht-professioneller Sozialsysteme für Krankheitsbewältigung, Gesundheitsvorsorge und die Kostenentwicklung im Gesundheitswesen. München/Wien 1981; *Fritz Vilmar/Brigitte Runge*, Auf dem Weg zur Selbsthilfegesellschaft? 40000 Selbsthilfegruppen: Gesamtüberblick. Politische Theorie und Handlungsvorschläge. Essen 1986.

beziehungen trotz der generellen Tendenz zu deren zunehmender Verrechtlichung.

Wenn *Deutschland* in diesem notwendig kursorischen Überblick einen Schwerpunkt bildet, so hängt das nicht nur mit den begrenzten Kenntnissen und den besonderen Interessen des Verfassers zusammen, sondern auch damit, daß

1. in der deutschen Tradition die Kontinuität zwischen dem modernen Sozialstaat und dem älteren Wohlfahrtsstaat besonders deutlich ist;
2. mit der staatlichen Sozialversicherungsgesetzgebung Bismarcks in den 1880er Jahren das erste moderne System sozialer Sicherheit geschaffen wurde;
3. in der Weimarer Republik ein qualitativ neuer Schritt in der Entwicklung des Sozialstaates getan wurde: zum einen durch die Verankerung sozialer Grundrechte in der Weimarer Verfassung; zum anderen mit den (in der Praxis allerdings nur ansatzweise realisierten) Versuchen, das bestehende regionale System der Repräsentation durch das politische Parlament zu ergänzen durch die Organisation der Kräfte des Wirtschaftslebens in einem Reichswirtschaftsrat – also durch ein funktionales Repräsentationssystem;
4. mit der Mitbestimmung, dem Konzept der Arbeitsgemeinschaften von Unternehmerverbänden und Gewerkschaften und der bewußten Entwicklung des Arbeitsrechts als Mittel zur Konfliktentschärfung (wie auch in Österreich) rechtlich-institutionelle Möglichkeiten zum Ausgleich der Spannungen zwischen Arbeitgebern und Arbeitnehmern besonders stark entwickelt wurden und
5. 1957 mit der Einführung der dynamischen Rente der Grundsatz, die nicht mehr im Erwerbsleben stehenden Arbeitnehmer am Wirtschaftswachstum zu beteiligen, akzeptiert und ein auch für andere Länder beispielhafter Versuch zur Überwindung der traditionellen Altersarmut gemacht wurde.

Die besondere Rolle Deutschlands in der Entwicklung des modernen Sozialstaates ist schon 1960 von dem deutsch-amerikanischen Politikwissenschaftler Ernst Fraenkel unterstrichen worden. Er wies darauf hin, daß man sich „in überraschend vielen glänzenden zeitgeschichtlichen und politologischen Publikationen des Auslandes darüber einig“ sei, „daß das Deutschland des ausgehenden 19. und des ersten Drittels des 20. Jahrhunderts einen bedeutsamen und bleibenden Beitrag zur Entwicklung des Staats- und Gesellschaftstyps beigesteuert hat, den man als ‚westliche Demokratie' zu bezeichnen pflegt: den Gedanken der sozialen Geborgenheit". Er fügte hinzu, daß es „mehr als eine rhetorische Frage" sei, „ob die diesem Gedanken zugrundeliegenden Prinzipien in der Gegenwart nicht bereits die Gültigkeit von Sätzen des Naturrechts beanspruchen können".[44]) Man wird diese positive Bewertung von Fraenkel nicht unkritisch übernehmen dürfen. Es ist richtig, daß in Deutschland die Staats- und Verwaltungswissenschaft, die Beamtenschaft und auch die Gesetzgebung besonders frühzeitig auf die Probleme der modernen kapitalistischen Industriegesellschaft reagierten, daß soziale Gerechtigkeit und soziale Sicherheit als Staatsziele auf eine starke und ungebrochene Tradition zurückblicken konnten. Das war jedoch vor der Weimarer Republik, deren Versuch zur Verwirklichung eines Sozialstaates an der Schärfe der Klassen- und Interessengegensätze scheiterte, nicht mit der Übernahme westlich-demokratischer Ideen verbunden. Es war sogar im Kaiserreich eher als ein – allerdings fehlgeschlagenes – Bemühen zu werten, durch eine von konservativen Vorstellungen bestimmte, paternalistische Politik das Bedürfnis nach sozialer Sicherheit zu befriedigen, um damit den Druck, die Unterschichten sozial und politisch zu emanzipieren, abzulenken und die Umwandlung einer stark obrigkeitsstaatlich geprägten konstitutionellen Monarchie in eine moderne Demokratie nach westlichem Muster zu verhindern. Es ist daher typisch, daß der starken und frühen Entwicklung der Sozialversicherung bis zur Weimarer Republik im Vergleich zu anderen westlichen Staaten ein Zurückbleiben auf dem Gebiet des Arbeiterschutzes, des Koalitionsrechts und des kollektiven Arbeitsrechts in Deutschland gegenübersteht.

Auf dem Internationalen Historikertag in Wien 1965 hat der im Oktober 1984 verstorbene Historiker Theodor Schieder die Geschichtswissenschaft aufgerufen, den Nationalstaat und das Phänomen der Nation nicht in ihrer nationalen Vereinzelung, sondern als universalhistorische Erscheinung zu begreifen, deren historischen Standort und deren Bedeutung man durch vergleichende Untersuchungen bestimmen solle.[45]) Hier soll in ähnlicher Weise dafür plä-

[44]) *Ernst Fraenkel,* Deutschland und die westlichen Demokratien, in: ders., Deutschland und die westlichen Demokratien. Stuttgart 1964, 32–47, Zit. 33.
[45]) *Theodor Schieder,* Typologie und Erscheinungsformen des Nationalstaates in Europa, in: Historische Zeitschrift 202, 1966, 58–81.

diert werden, die Herausbildung des Sozialstaates oder doch wesentlicher Elemente desselben als universale Tendenz moderner Industriegesellschaften zu bestimmen und seinen Charakter, seinen Formenreichtum und seine Auswirkungen auf das Leben des einzelnen und der Gesamtheit zum Gegenstand vergleichender historischer Forschung zu machen.

Vergleichende *Forschungen* zur Geschichte und zum Charakter des Sozialstaates (bzw. Wohlfahrtsstaates) sind seit mehr als einem Jahrzehnt intensiviert worden. Wichtige Impulse gingen dabei von einer Forschungsgruppe über „Historische Indikatoren der Westeuropäischen Demokratie" (HIWED-Projekt) an den Universitäten Mannheim und Köln aus, die von Peter Flora geleitet wird. Den Ausgangspunkt ihrer Forschungen, die stark von modernisierungstheoretischen Fragestellungen bestimmt werden, bildet ein komparativer politikwissenschaftlicher Ansatz, wie er vor allem von dem bedeutenden norwegischen Sozialwissenschaftler Stein Rokkan (1921–1979) entwickelt wurde. Eine andere, lokker strukturierte Gruppe von Forschern konstituierte sich in den Vereinigten Staaten als „Social Policy Research Group of the Council for European Studies". Beide Forschergruppen haben auch eine gemeinsame Publikation vorgelegt.[46]) Speziell die Ent-

[46]) *Flora/Heidenheimer,* Historical Core. Vgl. weiter zu den Arbeiten des HIWED-Projekts: *Peter Flora,* Quantitative Historical Sociology. A Trend Report and Bibliography, in: Current Sociology 23, 1975, No. 2, 3–249; *ders.,* Krisenbewältigung oder Krisenerzeugung? Der Wohlfahrtsstaat in historischer Perspektive, in: Sozialer Wandel in Westeuropa. Hrsg. v. Joachim Matthes. Frankfurt am Main/New York 1979, 82–136; *Peter Flora/Jens Alber/Jürgen Kohl,* Zur Entwicklung der westeuropäischen Wohlfahrtsstaaten, in: Politische Vierteljahresschrift 18, 1977, 702–772; *Peter Flora* u.a., State, Economy, and Society in Western Europe 1815–1975. A Data Handbook in two Volumes. Vol. I: The Growth of Mass Democracies and Welfare States; Vol. II: The Growth of Industrial Societies and Capitalist Economies. Frankfurt am Main/London/Chicago 1983/1987; *Jens Alber,* Vom Armenhaus zum Wohlfahrtsstaat. Analysen zur Entwicklung der Sozialversicherung in Westeuropa. Frankfurt am Main/New York 1982; *Jürgen Kohl,* Staatsausgaben in Westeuropa. Analysen zur langfristigen Entwicklung der öffentlichen Finanzen. Frankfurt am Main/New York 1985. Die Ergebnisse der bisherigen Forschungen des HIWED–Projekts werden zusammengefaßt in dem auf fünf Bände angelegten Sammelwerk von *Peter Flora* (Ed.), Growth to Limits. The Western European Welfare States Since World War II. Berlin/New York 1986/87, von dem bisher die Bände 1, 2 und 4 erschienen sind. Es wird die wohlfahrtsstaatliche Entwicklung vor allem von 1950 bis 1980 in 12 west-

stehung und Entwicklung der Sozialversicherung, besonders in Deutschland, Österreich, Frankreich, Großbritannien und der Schweiz, behandelt das Forschungsvorhaben „Ein Jahrhundert Sozialversicherung – Bismarcks Sozialgesetzgebung im europäischen Vergleich", das unter der Federführung des von Hans F. Zacher geleiteten Max-Planck-Instituts für ausländisches und internationales Sozialrecht steht.[47]) Auch weitere vergleichende Untersuchungen einzelner Autoren zur Geschichte des Wohlfahrtsstaates befassen sich vor allem mit der Sozialversicherung[48]), ohne daß

Fortsetzung Fußnote von Seite 24
europäischen Ländern (Belgien, Bundesrepublik Deutschland, Dänemark, Finnland, Irland, Italien, die Niederlande, Österreich, Norwegen, Schweden, Schweiz und das Vereinigte Königreich von Großbritannien und Nordirland) nach gemeinsamen Fragestellungen und Methoden untersucht. Der Beitrag über die Bundesrepublik Deutschland liegt auch in einer überarbeiteten Fassung als selbständiges Buch vor: *Jens Alber,* Der Sozialstaat in der Bundesrepublik 1950–1983, Frankfurt/New York 1989. Das Werk von Flora geht von einem recht weiten Begriff des Wohlfahrtsstaates aus, der neben dem im Kern stehenden Bereich der sozialen Sicherheit auch die Familienpolitik, das Gesundheitswesen, das Wohnungswesen und das Erziehungswesen einschließt. Der Bereich des Arbeitsrechts und der Arbeitsbeziehungen wird allerdings ausgeklammert. Im Vordergrund stehen die quantitative Beschreibung des Wachstums der Sozialausgaben und der Bevölkerungsteile, die von den sozialen Programmen und Leistungen erfaßt werden, die Bewertung der Leistungen und Lücken des Sozialstaates, die Erklärung der Ursachen seiner Expansion und die Erörterung seiner zeitgenössischen Probleme und Entwicklungschancen.

[47]) Aus diesem interdisziplinär ausgerichteten, wenn auch vor allem von Juristen getragenen Forschungsprojekt sind bereits die folgenden Sammelbände hervorgegangen: *Hans F. Zacher* (Hrsg.), Bedingungen für die Entstehung und Entwicklung von Sozialversicherung. Colloquium der Projektgruppe für Internationales und Vergleichendes Sozialrecht der Max-Planck-Gesellschaft. Berlin 1979; *Peter A. Köhler/Hans F. Zacher* (Hrsg.), Ein Jahrhundert Sozialversicherung in der Bundesrepublik Deutschland, Frankreich, Großbritannien, Österreich und der Schweiz. Berlin 1981; *dies.* (Hrsg.), Beiträge zu Geschichte und aktueller Situation der Sozialversicherung. Colloquium des Max-Planck-Instituts für ausländisches und internationales Sozialrecht. Berlin 1983.

[48]) Einen Überblick über den Stand der Sozialversicherung am Anfang des 20. Jahrhunderts gibt *Dr. G[eorg] Zacher* (Bearb.), Die Arbeiter-Versicherung im Auslande. 5 Bde. Berlin 1900–1908. Eine glänzende Analyse der weltgeschichtlichen Bedeutung der Sozialversicherung und des Wohlfahrtsstaates enthält das bedeutende Werk von *François Ewald,* L'Etat Providence. Paris 1986. Für Studien vor allem zur sozialen Sicherheit und zur Sozialversicherung, die mehr als ein Land behandeln, vgl. weiter *Gaston V. Rimlinger,*

Fortsetzung Fußnote von Seite 25
Welfare Policy and Industrialization in Europe, America and Russia. New York etc. 1971; *Detlev Zöllner,* Öffentliche Sozialleistungen und wirtschaftliche Entwicklung. Ein zeitlicher und internationaler Vergleich. Berlin 1963; *Tomasson* (Ed.), Welfare State; *Carmelo Mesa-Lago,* Social Security in Latin America. Pressure Groups, Stratification and Inequality. Pittsburgh, Pa. 1978. *John Dixon* (Ed.), Social Welfare in Africa. London etc. 1987; *ders.* (Ed.), Social Welfare in the Middle East. London etc. 1987; *ders./Hyung Shik Kim* (Eds.), Social Welfare in Asia. London etc. 1985; *John Dixon/Robert P. Scheurell* (Eds.), Social Welfare in Developed Market Countries. London/New York 1989. Mit zwei weiteren Bänden über Lateinamerika und sozialistische Länder sollen insgesamt etwa 55 Länder durch Artikel verschiedener Autoren erfaßt werden. *Furniss/Tilton,* Case for the Welfare State; *Mommsen/Mock* (Hrsg.), Entstehung; *Gerhard A. Ritter,* Sozialversicherung in Deutschland und England. Entstehung und Grundzüge im Vergleich. München 1983 (Erheblich erweiterte englische Fassung unter dem Titel: Social Welfare in Germany and Britain. Origins and Development. Leamington Spa/New York 1986); *Hugh Heclo,* Modern Social Politics in Britain and Sweden. From Relief to Income Maintenance. New Haven/London 1974; *Richard Rose/Rei Shiratori* (Eds.), The Welfare State East and West. New York/Oxford 1986; *Robert R. Friedmann/Neil Gilbert/Moshe Sherer* (Eds.), Modern Welfare States. A Comparative View of Trends and Prospects. New York 1987. *Manfred G. Schmidt,* Wohlfahrtsstaatliche Politik unter bürgerlichen und sozialdemokratischen Regierungen. Ein internationaler Vergleich. Frankfurt a. M./New York 1982, behandelt vor allem die Zeit seit den 1960er Jahren. Schmidt betont die Bedeutung außerparlamentarischer Kräfte und der Integration in den Weltmarkt für die unterschiedliche Entwicklung des Steuer- und Sozialstaates, der Arbeitsmarktpolitik und der Arbeitslosen- und Inflationsraten in 21 industriell-kapitalistischen Demokratien. Vgl. von demselben Autor weiter: Sozialpolitik. Historische Entwicklung und internationaler Vergleich. Opladen 1988. Das politikwissenschaftlich ausgerichtete Buch wertet im wesentlichen die Ergebnisse des HIWED-Projekts aus und beschränkt sich auf die Behandlung der staatlich geregelten Systeme der sozialen Sicherheit. Der relativ eingehenden Darstellung der deutschen Entwicklung folgen eine von fünf Themenkomplexen ausgehende vergleichende Analyse zwölf weiterer westeuropäischer Industrieländer und eine kurze Erörterung der Sozialpolitik sozialistischer Länder und von Ländern der Dritten Welt. Die Bedeutung politischer Interessen und Allianzen für die Entstehung und Umformung *nationaler* Programme sozialer Sicherheit in Großbritannien, Frankreich, Deutschland und den USA vor allem seit den 1930er Jahren untersuchen die Beiträge in dem Sammelband von *Douglas E. Ashford/E. W. Kelley* (Eds.), Nationalizing Social Security in Europe and America. Greenwich, Conn./London 1986. Die Studie von *Douglas E. Ashford,* The Emergence of the Welfare States. Oxford 1986, analysiert vor allem für Frankreich und Großbritannien die Anpassung politischer und administrativer Strukturen an die neuen sozialen Aufgaben des Staates und der Kommunen. *Daniel Levine,* Poverty and Society.

Fortsetzung Fußnote von Seite 26
The Growth of the American Welfare State in International Comparison. New Brunswick/London 1988, konzentriert sich in seiner historisch angelegten Studie über die Entstehung und Entwicklung des Wohlfahrtsstaates in Deutschland, Dänemark, Großbritannien und den Vereinigten Staaten seit dem 19. Jahrhundert vor allem auf den Wandel des sozialen Denkens. Leider ist das Werk nicht frei von nationalen Stereotypen und enthält eine relativ große Zahl sachlicher Fehler. *Peter Michael Baldwin* untersucht in seiner höchst anregenden Studie: The Politics of Social Solidarity. Class Bases of the European Welfare State 1875–1975. Cambridge etc. 1990, mit dem eindeutigen Schwergewicht auf der Zeit seit dem Zweiten Weltkrieg, die Entstehung und Entwicklung vor allem der öffentlichen Altersversorgung, in geringerem Umfang auch der öffentlichen Gesundheitsleistungen in Deutschland, Schweden, Dänemark, Großbritannien und Frankreich. Die Arbeit zeichnet sich vor allem durch die gelungene Verbindung systematischer Fragestellungen mit der intensiven Auswertung eines ungewöhnlich breiten Quellenmaterials und durch die konsequente Anwendung einer vergleichenden Betrachtungsweise aus. Im Mittelpunkt steht die Frage, inwieweit es sich um eine solidarische, auf dem Konzept der sozialen Staatsbürgerschaft und der Förderung der Gleichheit beruhende Politik oder nur um eine den sozialen status quo nicht in Frage stellende Bildung von spezifischen Risikogemeinschaften gleicher oder doch verwandter sozialer Gruppen handelt. Als Maßstab zur Beurteilung des solidarischen Charakters der Politik dient ihm dabei vor allem die Universalität des sozialen Schutzes. Das Buch analysiert, ob und aus welchen Gründen die Gesamtbevölkerung eingeschlossen wurde bzw. welche Kräfte und Interessen darauf hinwirkten, daß immer neue soziale Gruppen in die zunächst auf bestimmte Schichten begrenzten Sicherheitssysteme einbezogen wurden. Weiter wird gefragt, ob die Leistungen egalitären oder nicht-egalitären Charakter hatten, abhängig davon, ob sie etwa als Einheitsrente oder als lohnbezogene, differenzierte Leistungen konzipiert waren, und inwieweit sie aus Steuern von der Gesamtheit oder aber aus Beiträgen, die die Ärmeren stärker belasteten, finanziert wurden. Im Rahmen seines Ansatzes setzt sich Baldwin kritisch mit der sogenannten ‚sozialen Interpretation des Wohlfahrtsstaates' und der einseitigen Orientierung der Forschung zum modernen Wohlfahrtsstaat am Modell Großbritanniens und der skandinavischen Länder auseinander. Er kritisiert insbesondere, daß der Wohlfahrtsstaat meist einseitig zurückgeführt werde auf die wachsende Macht der Arbeiterklasse und ihre Tätigkeit zur Durchsetzung einer universalistischen, egalitären Politik der sozialen Sicherheit. Baldwin betont demgegenüber, daß etwa – wie bei der Entstehung der modernen Systeme sozialer Sicherheit in Dänemark und Schweden – die Bauern oder später andere Gruppen von Selbständigen vor allem als Konsequenz der Schwächung ihrer Stellung durch den Wandel der wirtschaftlichen und sozialen Verhältnisse ein massives Interesse an der Ausweitung der Sozialleistungen über den Kreis der Arbeitnehmer hinaus haben konnten. Man darf daher seiner Ansicht nach nicht von zwei polarisierten Klassen ausgehen, sondern muß die nach Ländern und Zeitepochen stark divergierenden Interessen der ver-

dieser Forschungsgegenstand bisher auch nur annähernd erschöpfend behandelt wurde.

Für die stärkere Einbeziehung rechtlicher Probleme, der Institutionengeschichte der sozialen Sicherheit und des Bereichs der Arbeitsbeziehungen plädiert der österreichische Historiker Gerald Stourzh in einem von ihm und Margarete Grandner herausgegebenen Sammelband über „Historische Wurzeln der Sozialpartnerschaft".[49]) Fragen des kollektiven Arbeitsrechts und der sozialen Sicherheit vom 19. Jahrhundert bis zum Zweiten Weltkrieg bilden den Gegenstand des Sammelbandes „Wege zur Arbeitsrechtsgeschichte", mit dem der Rechtshistoriker Harald Steindl „die Rechtsdisziplinen mit ihren Nachbarwissenschaften erneut ins Gespräch" bringen will.[50]) Abgesehen von diesen beiden Bänden, deren Beiträge sich zudem auf Deutschland und Österreich beschränken, und einigen Veröffentlichungen für die Zeit nach dem Zweiten Weltkrieg, ist die Geschichte der Arbeitsbeziehungen und des Arbeitsrechts noch nicht vergleichend untersucht worden. Im Bereich der Geschichte der sozialen Sicherheit ist das weite Feld der Armenfürsorge und der Sozialhilfe von der vergleichenden Forschung noch kaum beackert worden.[51])

Insgesamt sind die vergleichenden Forschungen zum Sozialstaat bisher vor allem von Soziologen, Rechtswissenschaftlern, Nationalökonomen und Politikwissenschaftlern ausgegangen. Quanti-

Fortsetzung Fußnote von Seite 27

schiedenen Risikogruppen und ihre Bündnisse untereinander berücksichtigen. Auch die Entscheidungen in der Entstehungsphase hatten ihm zufolge wesentlichen Einfluß auf den jeweiligen Charakter der nationalen Systeme sozialer Sicherheit.

[49]) *Gerald Stourzh,* Zur Institutionengeschichte der Arbeitsbeziehungen und der sozialen Sicherheit – Eine Einführung, in: ders./Margarete Grandner (Hrsg.), Historische Wurzeln der Sozialpartnerschaft. München 1986, 13–37.

[50]) *Harald Steindl* (Hrsg.), Wege zur Arbeitsrechtsgeschichte. Frankfurt a. M. 1984.

[51]) Zum speziellen Problem der Rolle der freien Wohlfahrtsverbände in 10 Ländern (Österreich, Frankreich, Italien, Niederlande, Großbritannien, USA, Schweden, Japan, Türkei und Irland) vgl. *Rudolph Bauer/Anna-Maria Thränhardt* (Hrsg.), Verbandliche Wohlfahrtspflege im internationalen Vergleich, Opladen 1987. – Die Studie von *Wolf Rainer Wendt,* Geschichte der sozialen Arbeit. Von der Aufklärung bis zu den Alternativen und darüber hinaus, 3. Aufl., Stuttgart 1990, versucht unter Konzentration auf das Selbstverständnis der Träger sozialer Arbeit deren historische Identität zu bestimmen. Sie bezieht neben Deutschland vor allem auch England und die Vereinigten Staaten ein.

tative Untersuchungen und die Frage nach den Determinanten des Wachstums von Sozialleistungen stehen eindeutig im Vordergrund. Die Beiträge von Historikern haben sich weitgehend auf Studien über Teilgebiete im Rahmen der Geschichte einzelner Staaten konzentriert. Das hat zur Folge, daß die Rolle von Ideen, Personen, sozialen und politischen Institutionen, die Frage nach den Kontinuitäten und Diskontinuitäten von älteren und neueren Einrichtungen der Wohlfahrtsförderung wie auch der konkrete ökonomische und politische Kontext wichtiger Entscheidungen zum Ausbau des Sozialstaates sowie die weitgehend aus den spezifischen Traditionen einzelner Länder zu erklärenden Phasenverschiebungen in dessen Entstehung und Entwicklung und dessen unterschiedliche Ausprägungen noch kaum untersucht wurden.

II. ARMENPFLEGE UND ALLGEMEINE WOHLFAHRT VOM MITTELALTER BIS ZUM ENDE DES 18. JAHRHUNDERTS

Die Idee der Freiheit von Furcht und Not und der Glückserfüllung auf Erden durch einen, oft nach den kommunistischen Prinzipien des Gemeineigentums und der absoluten Gleichheit aller, organisierten Idealstaat ist ein uralter Traum der Menschheit, der immer wieder in der literarischen Gattung der Utopien seinen Niederschlag fand.

In der Realität reichten aber Institutionen und Ressourcen des Gemeinwesens im *Mittelalter* und der frühen Neuzeit nicht aus, um – zumal unter dem Druck von Agrarkrisen, säkularen Schwankungen des Ernährungsspielraums, Seuchen und Kriegen – soziale Sicherheit zu gewährleisten. Die Betreuung der Alten, Kranken, Witwen und Waisen, wie überhaupt der Armen, lag im Mittelalter in erster Linie bei den Familien und der Verwandtschaft. Daneben gab es eine Schutzverpflichtung des Grundherren und Arbeitgebers für die von ihm Abhängigen, die Fürsorgepflichten der Herrscher, der Adligen und Ritter für die Armen und „Schwachen" und die auf dem Prinzip der Solidarität beruhenden sozialen Hilfseinrichtungen der Gilden und Zünfte für die ihnen angehörigen Berufsgenossen. Für die von diesen sozialen Netzen nicht erfaßten Armen und Arbeitsunfähigen waren in erster Linie die Kirchen, vor allem die Pfarreien und die Klöster, zuständig.[1]) Durch wohltätige Stiftungen wurden auch die für die mittelalterliche Armenfürsorge so wichtigen

[1]) Vgl. zur Armut und Armenfürsorge im Mittelalter jetzt zusammenfassend *Michel Mollat,* Die Armen im Mittelalter. München 1984. Besonders zu den verschiedenen Phasen der Geschichte der Armut und ihrer Beurteilung sowie zum spannungsreichen Verhältnis von Armut und Arbeit im mittelalterlichen Europa vgl. weiter *Otto Gerhard Oexle,* Armut, Armutsbegriff und Armenfürsorge im Mittelalter, in: Christoph Sachße/Florian Tennstedt (Hrsg.), Soziale Sicherheit und soziale Disziplinierung. Beiträge zu einer historischen Theorie der Sozialpolitik. Frankfurt am Main 1986, 73–100.

Hospitäler[2]) unterhalten. In ihnen wurden sowohl durchreisende Arme vorübergehend wie eine feste Anzahl einheimischer Armer, aber auch sogenannte Pfründner, die ihr Vermögen gegen die Gewährung von Unterhalt bei Alter und Krankheit einbrachten, ständig versorgt. Während manche dieser Spitäler sich auf Waisenkinder, Alte, Invalide oder Irre spezialisierten, blieben andere für alle Gruppen von Bedürftigen offen.

Extreme Armut war ein Massenphänomen. Sie erfaßte neben Arbeitslosen, Kranken, Waisen, Alten, Schwachsinnigen, Arbeitsscheuen, durch uneheliche Geburt, Verurteilung wegen krimineller Delikte oder aus anderen Gründen Deklassierten erhebliche Teile der ländlichen Tagelöhner, hörigen Bauern, der Heimarbeiter und städtischen Lohnarbeiter, Gesellen, aber auch viele unterbeschäftigte selbständige Gewerbetreibende – vor allem Alleinmeister oder ältere Handwerker – und besonders viele verwitwete oder von ihren Männern verlassene Frauen.[3]) Im Spätmittelalter waren in oberdeutschen Städten nach vorliegenden Schätzungen ca. 10 bis 20% der ortsansässigen Bevölkerung auf Almosen und Fürsorgeeinrichtungen angewiesen.[4]) Mindestens 50% der Bevölkerung lebten an der Armutsgrenze „von der Hand in den Mund"[5]) und konnten bei Krankheit, Alter, Verwitwung, Mißernten, Teuerung oder Arbeitslosigkeit den Kreis der Almosenempfänger ausweiten.

[2]) Einen Überblick über Forschungen zur Geschichte der Hospitäler gibt *Uta Lindgren*, Europas Armut. Probleme, Methoden, Ergebnisse einer Untersuchungsserie, in: Saeculum 28, 1977, 396–418; vgl. weiter *Mollat*, Die Armen, bes. 86–88, 132–139; *Heinrich Schipperges*, Der Garten der Gesundheit. Medizin im Mittelalter. München/Zürich 1985, 203–233.

[3]) Vgl. die Typologie der Unterschichten, deren Angehörige mindestens zu den potentiellen Armen gehörten, und der Armen in *Erich Maschke*, Die Unterschichten der mittelalterlichen Städte Deutschlands, in: ders./Jürgen Sydow (Hrsg.), Gesellschaftliche Unterschichten in den südwestdeutschen Städten. Stuttgart 1967, 1–74; *Mollat*, Die Armen, bes. 211–228; *Thomas Fischer*, Städtische Armut und Armenfürsorge im 15. und 16. Jahrhundert. Sozialgeschichtliche Untersuchungen am Beispiel der Städte Basel, Freiburg i. Br. und Straßburg. Göttingen 1979, bes. 82–91.

[4]) *Maschke*, Unterschichten, 58.

[5]) *Ulf Dirlmeier*, Untersuchungen zu Einkommensverhältnissen und Lebenshaltungskosten in oberdeutschen Städten des Spätmittelalters (Mitte 14. bis Anfang 16. Jahrhundert). Heidelberg 1978, 509, 511; *Bernhard Kirchgässner*, Probleme quantitativer Erfassung städtischer Unterschichten im Spätmittelalter, besonders in den Reichsstädten Konstanz und Eßlingen, in: Maschke/Sydow (Hrsg.), Gesellschaftliche Unterschichten, 75–89, meint sogar, daß

Die Armut wurde als „konstantes Phänomen“[6]), als „ebenso natürlich und unvermeidbar wie Naturkatastrophen“[7]), als Schicksal der Betroffenen, seit dem 13. Jahrhundert zunehmend auch als ein bedrohliches, furchtauslösendes soziales Problem angesehen. Möglicherweise als Reaktion auf die Demütigung und Verachtung der Armen und das steigende Mißtrauen gegen sie[8]) kam es bereits im Zeitalter des Reformpapsttums im 11. und 12. Jahrhundert und verstärkt im 13. Jahrhundert in einer Reihe von Laienbewegungen und in Orden wie denen der Zisterzienser und Prämonstratenser, der Franziskaner und Dominikaner zu einer Idealisierung der Armut und besonders der „pauperes christi“, die freiwillig Armut auf sich nahmen[9]), zur Bereitschaft, in Armut wie Christus und seine Apostel zu leben. Die urchristliche Abwendung von der Welt verband sich eschatologisch mit dem Gedanken, das Leben nach der Wiederkehr Christi schon auf Erden vorwegzunehmen. Gleichzeitig mit der Wendung gegen die Abwertung der Armut wurde verstärkt die Forderung erhoben, daß zumindest die ehrbaren Armen, die unverschuldet in Armut geraten waren, einen Anspruch auf die Fürsorge der Vermögenden, der „potentes“, hätten, die sich damit die Fürbitte der Armen vor Gott sichern und so auch ihr eigenes Seelenheil fördern könnten.

Armut im Sinne der völligen Abhängigkeit von Ernteausgang und Wirtschaftslage für „weit mehr als die Hälfte der städtischen Bevölkerung die Regel“ gewesen sei (81). Über den Umfang sekundärer und primärer Armut und deren fließenden Übergang zur Bedürftigkeit in spätmittelalterlichen Städten vgl. weiter *Fischer,* Städtische Armut, 58–58. Zu den Institutionen der Armenfürsorge vgl. *Werner Moritz,* Die bürgerlichen Fürsorgeanstalten der Reichsstadt Frankfurt im späten Mittelalter. Frankfurt am Main 1981.

[6]) *Mollat,* Die Armen, 9.

[7]) *Ders.* (Hrsg.), Études sur l'Histoire de la Pauvreté. 2 Bde. Paris 1974, Bd. 1, 25.

[8]) *Wolfram Fischer,* Armut in der Geschichte. Erscheinungsformen und Lösungsversuche der „Sozialen Frage“ in Europa seit dem Mittelalter. Göttingen 1982, 27.

[9]) Vgl. *Karl Bosl,* Potens und Pauper. Begriffsgeschichtliche Studien zur gesellschaftlichen Differenzierung im frühen Mittelalter und zum „Pauperismus“ des Hochmittelalters, in: Historisches Seminar der Universität Hamburg (Hrsg.), Alteuropa und die moderne Welt. Festschrift für Otto Brunner. Göttingen 1967, 60–87; *ders.,* Das Problem der Armut in der hochmittelalterlichen Gesellschaft. Wien 1974; *Ernst Werner,* Pauperes Christi. Studien zu sozial-religiösen Bewegungen im Zeitalter des Reformpapsttums. Leipzig 1956.

Weder das ungeregelte System der kirchlich-klösterlichen, obrigkeitlichen, genossenschaftlichen und privaten Armenfürsorge, bei der an einer Stelle zu viel, an anderer gar nichts gegeben wurde, noch die teilweise Aufwertung der Armut in der christlichen Ethik konnten die Not der Armen durch Massenhungersnöte – vor allem in Zeiten von Mißernten – verhindern. Im Spätmittelalter und im 16. Jahrhundert stieg mit den großen Bevölkerungsverschiebungen, der Landflucht, verstärkter Arbeitsteilung und dem Verfall der Reallöhne[10]) die Zahl der Menschen, die etwa als Tagelöhner, Heimarbeiter oder Söldner nicht mehr in die überkommenen naturalwirtschaftlichen Familien-, Gemeinde- und grundherrlichen Verbände oder die Zünfte eingegliedert waren und keine Rücklagen für Zeiten der Not und Arbeitslosigkeit machen konnten. Aus diesen Gruppen, wie aus Kranken, Siechen, Arbeitsunfähigen und Arbeitsscheuen, rekrutierten sich die herumziehenden Bettlerscharen, die in den Quellen aus dem 15. und 16. Jahrhundert als eine förmliche Landplage, aber auch als Gefahr für die Gesellschaft, als Ordnungs- und Sicherheitsproblem, angesehen wurden.

Besonders betroffen waren die übervölkerten Städte. Sie versuchten der neuen Situation zu begegnen, indem sie Armen- und Bettelordnungen aufstellten und sich bemühten, die *Armenfürsorge* effizienter zu machen. Ferner wurde jetzt stärker zwischen den verschiedenen Ursachen der Armut unterschieden. Man diskriminierte arbeitsfähige „unwürdige" Arme, die meist als Müßiggänger und Vagabunden angesehen wurden, gegenüber den unverschuldet in Not geratenen „würdigen" Armen – Alte, Behinderte, Krüppel, Kranke, Witwen mit kleinen Kindern. Zudem konzentrierte man die Unterstützung auf die ortsansässigen Armen und schreckte fremde Arme ab. Während anfangs, neben der zunehmenden obrigkeitlichen Kontrolle der Bedürftigkeit nach möglichst objektiven Unterstützungskriterien, die Verwaltung und Verteilung der Almosen weiter bei kirchlichen Institutionen blieb, gab es seit den 1520er Jahren, ausgehend von humanistischen Zirkeln und kirchenreformerischen Kreisen, zunächst in den Städten Ansätze zu einer grundsätzlichen Reform der Armenpflege. Die Zentralisierung der Unterstützung in städtischen Armenfonds, die allerdings weiterhin vor al-

[10]) Vgl. *Wilhelm Abel,* Agrarkrisen und Agrarkonjunktur. 3. Aufl. Hamburg/Berlin 1978, 138–144.

lem auf Stiftungen und erst in zweiter Linie auf Armensteuern beruhten[11]), drängte die kirchliche Armenfürsorge zurück. Armenhilfe war nicht mehr nur ein Mittel zur Linderung individueller Not; Armenpolitik wurde vielmehr zu einem Instrument, mit dem man generelle soziale Probleme zu lösen suchte.

Der Straffung der Armenpolitik in den Städten, die durch die Entwicklung der städtischen Magistrate zu Obrigkeiten gefördert wurde, entsprachen die meist vom Beispiel der Städte beeinflußten Versuche der modernen Flächenstaaten, das Armen- und Bettlerwesen zu reglementieren und durch die Gesetzgebung die Gemeinden zur Versorgung der ortsansässigen Armen anzuhalten.[12]) Gustav Schmoller hat in der „Übertragung der Hilfe für Verunglückte und Verarmte von den engsten und kleinsten socialen Organen auf die grössten und leistungsfähigen ... eine der großen, Staats- und Volkswirtschaft von Grund aus umgestaltenden Institutionen, ... eine der wichtigsten Verstaatlichungsmassregeln wirtschaftlicher Einrichtungen“ gesehen.[13])

Obwohl die Säkularisierung von Kirchengut in der Reformation die Entwicklung in protestantischen Gebieten beschleunigte und verstärkte, setzten sich die neuen, in starkem Maße auf Zwang,

[11]) Vgl. dazu für England *W. K. Jordan,* Philanthropy in England 1480–1660. A Study of the Changing Pattern of English Social Aspirations. London 1959, Reprint Westport, Conn. 1978, bes. 140, 240ff.

[12]) Die Untersuchung von *Bronislaw Geremek,* Geschichte der Armut. Elend und Barmherzigkeit in Europa. München/Zürich 1988, behandelt die ständige Verlagerung der Armenhilfe vom privaten und kirchlichen Bereich zu städtischen und staatlichen Institutionen. Im Zentrum dieser vor allem mentalitätsgeschichtlichen Untersuchung stehen die sich wandelnde Einstellung und gesellschaftliche Praxis im Umgang mit der Armut im Spätmittelalter und in der frühen Neuzeit. Der eigentliche Wendepunkt der Armenpolitik, den Geremek vor allem am Beispiel von Paris, Venedig und Ypern aufzeigt, liegt für ihn in den zwanziger Jahren des 16. Jahrhunderts (vgl. bes. 153ff.). Vgl. für die besonders gut erforschte frühe englische Armengesetzgebung und ihre Anwendung in der Praxis *E. M. Leonard,* The Early History of English Poor Relief. Cambridge 1900, Reprint London 1965; *Sidney* und *Beatrice Webb,* English Poor Law History. Part I: The Old Poor Law. London 1927, Reprint London 1963, bes. 44ff., 62ff.; *A. L. Beier,* Masterless Men. The Vagrancy Problem in England, 1560–1640. London/New York 1985; *Paul Slack,* Poverty and Policy in Tudor and Stuart England, London/New York 1988.

[13]) *Gustav Schmoller,* Entstehung, Wesen und Bedeutung der neueren Armenpflege, in: Sitzungsberichte der Königlich Preußischen Akademie der Wissenschaften zu Berlin 1902, XXXIX, 915–925, Zit. 924.

sozialer Kontrolle und genauerer Prüfung der individuellen Bedürftigkeit beruhenden Methoden und Institutionen des Armenwesens ungeachtet konfessioneller Grenzen fast überall im Europa des 16. Jahrhunderts durch.[14]) Sie sind nicht nur Konsequenzen neuer sozialer Bedürfnisse und Probleme, sondern auch ein Aspekt der fundamentalen „Sozialdisziplinierung"[15]), die mit dem Aufkommen des absolutistischen frühmodernen Staates und seines Anspruchs auf grundsätzliche Zuständigkeit für alle Bereiche des sozialen Lebens verbunden war. Die Armut der arbeitsfähigen Armen galt nicht mehr – wie zunächst im Mittelalter – als Schicksal oder gar Ausdruck der besonderen Gottesnähe und noch nicht – wie seit der Wende zum 20. Jahrhundert – als Ergebnis der sozialen Verhältnisse, sondern als Konsequenz von Müßiggang, Verschwendung oder mangelnder Vorsorge, also als moralischer Defekt des einzelnen, den man zu korrigieren versuchte. Als Mittel zur Lösung des Problems der Armut, aber auch zur Bestrafung oder Erziehung des einzelnen, besonders auch der Armenkinder, zur wirtschaftlichen Selbständigkeit erhielt der Zwang zur Arbeit eine zentrale Bedeu-

[14]) Vgl. *Robert Jütte,* Poor Relief and Social Discipline in Sixteenth-Century Europe, in: European Studies Review 11, 1981, 25–52; *ders.,* Obrigkeitliche Armenfürsorge in deutschen Reichsstädten der frühen Neuzeit. Städtisches Armenwesen in Frankfurt am Main und Köln. Köln 1984; *Fischer,* Städtische Armut, bes. 261 f.; *Martin Dinges,* Stadtarmut in Bordeaux 1525–1675. Alltag–Politik–Mentalitäten. Bonn 1988; *L. Feuchtwanger,* Geschichte der sozialen Politik und des Armenwesens im Zeitalter der Reformation, in: Jahrbuch für Gesetzgebung, Verwaltung und Volkswirtschaft im Deutschen Reich [=Schmollers Jahrbuch] NF. 32, 1908, 1423–1460; 33, 1909, 191–228; *Stuart Woolf,* The Poor in Western Europe in the Eighteenth and Nineteenth Centuries. London/New York 1986, bes. 20–31; *Karl H. Metz,* Staatsraison und Menschenfreundlichkeit. Formen und Wandlungen der Armenpflege im Ancien Régime Frankreichs, Deutschlands und Großbritanniens, in: Vierteljahrschrift für Sozial- und Wirtschaftsgeschichte 72, 1985, 1–26. Vor allem zur Beurteilung der Armut in der Gesellschaft von 1350 bis Ende des 18. Jahrhunderts vgl. *Volker Hunecke,* Überlegungen zur Geschichte der Armut im vorindustriellen Europa, in: Geschichte und Gesellschaft 9, 1983, 480–512.

[15]) Vgl. zu diesem Begriff und seiner Bedeutung *Gerhard Oestreich,* Strukturprobleme des europäischen Absolutismus, in: ders., Geist und Gestalt des frühmodernen Staates. Ausgewählte Aufsätze. Berlin 1969, bes. 187 ff.; sowie neuerdings den u.a. auf einer Zusammenstellung der nachgelassenen Skizzen und Fragmente Oestreichs durch Brigitta Oestreich basierenden Aufsatz von *Winfried Schulze,* Gerhard Oestreichs Begriff der „Sozialdisziplinierung in der frühen Neuzeit", in: Zeitschrift für historische Forschung 14, 1987, 265–302.

tung. Die Empörung über die Bauernaufstände und die Bewegung der Wiedertäufer, die die Bereitschaft der Reichen zu Stiftungen und Spenden verringerte, generelle Finanzknappheit, Mängel der Verwaltung der Armengelder sowie die Zunahme des Bettlerwesens infolge eines seit der Mitte des 16. Jahrhunderts beschleunigten Preisverfalls haben die emanzipatorischen und fürsorgerischen Aspekte der Reformmaßnahmen immer mehr zugunsten der repressiven Elemente der neuen Politik und einer restriktiven Auslegung von Bedürftigkeit zurückgedrängt.

Besonders deutlich ist das in der Zeit des Merkantilismus, als die staatliche und gemeindliche Armenpolitik auch dazu diente, den neuen Manufakturen dringend benötigte, streng reglementierte Arbeitskräfte zwangsweise zuzuführen. Die Repression von Bettelei und Landstreicherei als Sicherheitsproblem, Sozialdisziplinierung und Korrektur von Charakterschwächen durch Arbeit sowie erhoffter ökonomischer Gewinn kamen so bei der Errichtung von Zucht- und Arbeitshäusern[16]), deren Insassen vielfach Arbeitgebern zur Ausbeutung überlassen wurden, zusammen. In den protestantischen Ländern wurde die Armenpflege – auch angesichts des Scheiterns aller weitergehenden Bemühungen der Kirche – zu einer oft nur widerwillig wahrgenommenen Pflicht der Gemeinden und des Staates; in katholischen Gebieten hingegen wurde in Reaktion auf die Reformation die Armenhilfe als kirchlich-religiöse Aufgabe erneut hervorgehoben, was u. a. in den karitativen Bestrebungen der Bischöfe und den sozialen Hilfswerken der Jesuiten, Theatiner und Barmherzigen Schwestern seinen Niederschlag fand.[17])

Sehr viel später wurde um 1700 auch im Rahmen des Protestantismus durch den *Pietismus* in Preußen ein Versuch unternommen, den in der Armenpolitik der letzten 150 Jahre in den Hintergrund getretenen christlich-fürsorgerischen Charakter der Armenhilfe neu zu beleben. Nach Luther sollte einzig das Existenzminimum der –

[16]) Vgl. für Deutschland *Christoph Sachße/Florian Tennstedt,* Geschichte der Armenfürsorge in Deutschland. [Bd. 1:] Vom Spätmittelalter bis zum Ersten Weltkrieg. Stuttgart etc. 1980, 112ff., 159ff. Allerdings wurde immer nur ein kleiner Teil der Armen von der Internierungsbewegung erfaßt, die vielfältige Wurzeln und Motive hatte und etwa in den französischen Generalspitälern vielfach gerade der Versorgung der hilfsbedürftigen, „würdigen Armen" diente. Vgl. *Hunecke,* Überlegungen, bes. 498–501.

[17]) *Feuchtwanger,* Geschichte, 215ff.

nach strengen Kriterien ausgesonderten – wirklichen Armen gesichert werden[18]), und seine Lehre von der Rechtfertigung nur aus dem Glauben hatte unter anderem zur Folge, daß ein wichtiges Motiv für das Almosengeben, nämlich die Sorge für das eigene Seelenheil, entfiel. Jetzt forderten die Pietisten ein tätiges Christentum in der Arbeit für den Nächsten und besonders für den Armen. Dies galt ihnen als Ausdruck des Glaubens, als Medium der Bewährung des wiedergeborenen Menschen vor Gott. Auch für die Pietisten stand der Gedanke der Arbeitsbeschaffung und der Erziehung zur Selbständigkeit, nicht der der Gewährung von Almosen, im Mittelpunkt der Vorschläge zur Behebung der Armut.[19]) So schuf man Armenschulen, Waisenhäuser und Altersheime und errichtete Manufakturen zur nützlichen Beschäftigung der Armen. Darin lag ein zentrales Anliegen der von August Hermann Francke gegründeten Franckeschen Stiftung in Halle, die das Zentrum des Pietismus bildete. Trotz der Verbindung des Pietismus mit dem Frühkapitalismus, die sich darin abzeichnet, lehnten die Pietisten aber die Maximierung individuellen Gewinns ab; sie forderten dagegen, daß Gewinne zu gemeinnützigen Zwecken verwendet und der Reichtum als ein nur zur „Verwaltung verliehenes Gut" angesehen werde.[20]) Letztes Ziel der konkreten sozialen Arbeit und der systematischen Erziehung und Erweckung aller Stände durch ein Erziehungssystem, das von der Armenschule bis zur Universität reichte, war die Errichtung „christlicher Staaten mit einem Minimum an sozialer Problematik, ... zwischen denen Krieg einmal unnötig werden, in denen Armut und Bedrückung abgeschafft" sein würden.[21])

Während Francke sich den Staat gewissermaßen als „Vollzugsorgan der pietistischen Reformpartei" dachte[22]), hat in Wirklichkeit

[18]) Über deren Versorgung schrieb er in seiner Schrift „An den Christlichen Adel deutscher Nation von des Christlichen standes besserung" (1520): „Es ist gnug, das zimlich die armen vorsorgt sein, da bey sie nit hungers sterben noch erfrieren, Es fugt sich nit, das einer aufs andern erbeit mussig gehe ..." Zitiert nach: D. Martin Luthers Werke. Kritische Gesammtausgabe. Bd. 6. Weimar 1888, 451. Zu Luthers scharfer Ablehnung der Bettler und seinen konkreten Vorschlägen für die Organisation der Sozialfürsorge in den Städten vgl. *Geremek*, Geschichte der Armut, 225–230.

[19]) Vgl. dazu die grundlegende Studie von *Carl Hinrichs*, Preußentum und Pietismus. Göttingen 1971, 18.

[20]) Ebd. 323f.

[21]) Ebd. 89.

[22]) Ebd.

der preußische Staat in der Regierungszeit Friedrich Wilhelms I., unter dem der Pietismus zu einer Art Staatsreligion wurde, sich der Kräfte des Pietismus und der Franckeschen Anstalten bedient, um – deren weiterreichende „universale und ökumenische Zielsetzungen" ignorierend – die Macht des Staates zur Regulierung von Gesellschaft und Wirtschaft und zur Unterdrückung der Opponenten absoluter Herrschaft zu stärken.[23])

Die soziale Ethik des Pietismus, von der in der ganz auf ökonomischen Gewinn ausgerichteten Praxis der Arbeits- und Zuchthäuser Preußens im 18. Jahrhundert[24]) wenig zu spüren war, ist über den pietistisch geprägten Johann Hinrich Wichern und die von ihm begründete Innere Mission in die evangelische Sozialbewegung des 19. Jahrhunderts eingegangen. Diese Ethik hat über einige Sozialwissenschaftler und höhere Beamte einen wesentlichen Einfluß noch auf die soziale Gesetzgebung des späten 19. Jahrhunderts ausgeübt.[25]) Man denke etwa an Bismarcks wichtigsten sozialpolitischen Mitarbeiter und auch Gegenspieler, Theodor Lohmann. Er wurde nach seinem Bruch mit Bismarck im Herbst 1883 Mitglied des Central-Ausschusses der Inneren Mission, an deren zunehmendem Engagement in sozialpolitischen Fragen in den folgenden Jahren er einen wesentlichen Anteil hatte.[26])

Andere Elemente der Kontinuität von älteren Ideen der Wohlfahrtsförderung zu moderneren Ideen des Sozialstaates sind einerseits von der Rationalisierung des *Naturrechts* seit dem 17. Jahrhundert und dem davon stark beeinflußten angelsächsischen und auch deutschen Staatsdenken, andererseits von der Bewahrung thomisti-

[23]) Ebd. 174ff., bes. 175.

[24]) Vgl. neben *Sachße/Tennstedt,* Geschichte, [Bd. 1], 168ff., u. a. *Helga Eichler,* Zucht- und Arbeitshäuser in den mittleren und östlichen Provinzen Brandenburg-Preußens. Ihr Anteil an der Vorbereitung des Kapitalismus. Eine Untersuchung für die Zeit vom Ende des 17. bis zum Ausgang des 18. Jahrhunderts, in: Jahrbuch für Wirtschaftsgeschichte 1970/I, 127–147.

[25]) Vgl. *Kaufmann,* Christentum und Wohlfahrtsstaat, bes. 79f.

[26]) So stammte deren 1884 veröffentlichte Denkschrift „Die Aufgaben der Kirche und ihrer inneren Mission gegenüber den wirtschaftlichen und gesellschaftlichen Kämpfen der Gegenwart" im wesentlichen von Lohmann (*Hans Rothfels,* Theodor Lohmann und die Kampfjahre der staatlichen Sozialpolitik (1871–1905). Nach ungedruckten Quellen. Berlin 1927, 94). Vgl. weiter für Lohmanns Verbindung zum Pietismus und zur Inneren Mission ebd. 10f., 20f.

schen Naturrechtsdenkens in katholischen Staatsvorstellungen West- und Südeuropas ausgegangen.

Im Katholizismus ist soziales Denken in Rekurs auf das Naturrecht unter dem Druck des Pauperismus zu Beginn des 19. Jahrhunderts wiederbelebt worden und hat zu einer sehr bewußten Wahrnehmung der sozialen Verpflichtung des einzelnen und der Gesellschaft geführt. Aus dem rationalen Naturrecht hingegen konnte sich, wie z. B. in den Vereinigten Staaten, eine stark individualisierende Perspektive des Weges zur Glückseligkeit entwickeln. Auf dem rationalen Naturrecht gründete schließlich auch die *Kameralistik* als die zeitweise zentrale Staats- und Verwaltungswissenschaft in Deutschland und Österreich.

Im Mittelpunkt der Staats- und Gesellschaftslehre der jüngeren Kameralisten, die auf die Auffassung der Staatszwecke und auf die Praxis der Verwaltung des aufgeklärten Absolutismus in den größeren deutschen Territorialstaaten und Österreich einen wesentlichen Einfluß hatte, stand der Topos der „Glückseligkeit".[27]) Aufgabe jedes politischen Gemeinwesens und tiefere Ursache des Strebens des Staates nach Macht und Reichtum war es danach, die gemeinschaftliche und individuelle Glückseligkeit zu fördern. Damit wurde die wohlfahrtsstaatliche Omnipotenz einer in den naturrechtlich-staatstheoretischen Denkformen des aufgeklärten Absolutismus begrenzten Obrigkeit begründet und mit der Erweiterung der Staatsaufgaben auch der Ausbau der staatlichen Verwaltung[28]) gerechtfertigt.

Johann Heinrich Gottlob von Justi (1717–1771), der einen der wichtigsten sozial- und staatswirtschaftlichen Systementwürfe der späten Kameralistik vorlegte, stützte sich ganz auf die Fundamente der Naturrechtslehre, die Staatsvertragstheorie des Aristoteles und die Philosophie der Aufklärung. Im Anschluß an den bedeutenden

[27]) Vgl. *Ulrich Engelhardt,* Zum Begriff der Glückseligkeit in der kameralistischen Staatslehre des 18. Jahrhunderts (J. H. G. v. Justi), in: Zeitschrift für historische Forschung 8, 1981, 37–79.

[28]) Vgl. *Ulrich Scheuner,* Die Staatszwecke und die Entstehung der Verwaltung im deutschen Staat des 18. Jahrhunderts, in: Beiträge zur Rechtsgeschichte. Gedächtnisschrift für Hermann Conrad. Hrsg. v. Gerd Kleinheyer u. Paul Mikat. Paderborn 1979, 467–489. Vgl. auch die Ausführungen über den Kameralismus als ‚Verwaltungs- und Wohlfahrtstheorie des aufgeklärten Absolutismus', in: *Detlef Baum,* Bürokratie und Sozialpolitik. Zur Geschichte staatlicher Sozialpolitik im Spiegel der älteren deutschen Staatsverwaltungslehre. Ein Beitrag zu einer historisch-soziologischen Begründung der Bürokratisierung der Sozialpolitik. Berlin 1988, 112–165.

Naturrechtslehrer Samuel Pufendorf und dessen Zeitgenossen Christian Wolff sprach er sich für eine durch Grundgesetze gemilderte absolute Monarchie als ideale Staatsform aus, in der Fürst und Volk füreinander da seien. In Übereinstimmung mit diesen Ideen steht in der älteren deutschen Staatslehre nicht die Distanz zum Staate und das „Messen des Staats an einer über ihm stehenden Ordnung", sondern vielmehr die vorwiegend in der Polizeiwissenschaft ausgeformte Lehre von den Staatszwecken – die Schaffung „gemeiner Wohlfahrt" und „guter Policey" – im Vordergrund. So versteht Justi unter Policey „alle Maßregeln in innerlichen Landesangelegenheiten, wodurch das allgemeine Vermögen des Staates dauerhafter gegründet und vermehrt, die Kräfte des Staats besser gebrauchet und überhaupt die Glückseligkeit des gemeinen Wesens befördert werden kann; und in diesem Verstande sind die Commercien-Wissenschaft, die Stadt- und Landoeconomie, die Verwaltung der Bergwerke, das Forstwesen und dergleichen mehr, in so fern die Regierung ihre Vorsorge darüber nach Maßgebung des allgemeinen Zusammenhanges der Wohlfahrth des Staates einrichtet, zu der Policey zu rechnen".[29]) Man denkt in Deutschland und Österreich weniger als in der westlichen Naturrechtslehre über den Staat hinaus, den man als selbstverständliche Ordnungsform akzeptiert, als aus dem Staat heraus. Es entsprach diesem Denkansatz, daß Staatslehre und Staatsverwaltungslehre häufig eine enge Symbiose eingingen.[30])

Wie die Kameralisten, die in der Tradition des aufgeklärten Absolutismus standen, waren die Vertreter der *Aufklärung* allgemein der Auffassung, daß die Armut nicht ein ewiges, unausrottbares Übel sei. Das Problem der Armut sollte im Einklang mit dem generellen Fortschrittsglauben der Aufklärer im Sinne einer rationalen Humanität von der objektiven Seite durch Beseitigung der Ursachen der Armut, durch die Erweiterung der Produktions- und Arbeitsmöglichkeiten und von der subjektiven Seite der Armen durch die bessere Erziehung, vor allem der Jugendlichen, gelöst werden. An

[29]) *Johann Heinrich Gottlob von Justi,* Grundsätze der Policey-Wissenschaft. 2. Aufl. Göttingen 1759, 4. Vgl. weiter *Franz-Ludwig Knemeyer,* Polizei, in: Otto Brunner/Werner Conze/Reinhart Koselleck (Hrsg.), Geschichtliche Grundbegriffe. Historisches Lexikon zur politisch-sozialen Sprache in Deutschland. Bd. 4. Stuttgart 1978, 875–897.

[30]) Vgl. dazu *Hans Maier,* Die ältere deutsche Staats- und Verwaltungslehre. 2. Aufl. München 1980, bes. 288f., 293.

die Stelle der alten repressiven Armenpolitik, die mit den Vaganten und Bettlern als Hauptzielgruppe die Bestrafung, Disziplinierung und Zucht der Armen durch den Zwang zur Arbeit unter meist entwürdigenden Bedingungen in den Vordergrund gestellt hatte, traten Tendenzen zu einer auf dem Gedanken mitmenschlicher Solidarität beruhenden, philanthropischen Armenpolitik. Hinter diesen neuen sozialreformerischen Tendenzen der Armenpflege stand ein neues Menschenbild, das die Würde des Menschen, das Menschenrecht auf Glück und auf Unterstützung in Notlagen betonte und die christliche Caritas durch das soziale Gefühl des Mitleidens, des Widerwillens, einen anderen Menschen leiden zu sehen, ersetzte.[31])

Für die deutsche Aufklärung des späten 18. Jahrhunderts ist zunächst die Mobilisierung der gesellschaftlichen Kräfte zur Unterdrückung der Armut kennzeichnend. Träger der neuen Tendenzen sind vor allem gemeinnützige, patriotische und philanthropische Gesellschaften wie etwa die Hamburger Patriotische Gesellschaft, die Lübecker Gesellschaft zur Beförderung gemeinnütziger Tätigkeit, die Kieler Gesellschaft freiwilliger Armenfreunde oder der Dresdner Verein zu Rat und Tat. Auch die neu entstehenden Industrie- und Armenschulen sowie die Bestrebungen Pestalozzis und anderer Reformpädagogen, die die Bedeutung helfender Fürsorge auf pädagogischem Gebiet betonen, sind in diesem Zusammenhang zu sehen. Typisch war die aktive ehrenamtliche Mitwirkung der Bürger bei der Betreuung der Armen, das Bemühen um die Individualisierung der Armenpflege und das Konzept, den Armen vor allem durch die Hilfe zur Selbsthilfe zur wirtschaftlichen Unabhängigkeit zu führen. Die Verschlechterung der wirtschaftlichen Situation, die damit zusammenhängende Beschränkung der Finanzmittel, aber auch die erneute starke Zunahme der Bettelei seit der Wende zum 19. Jahrhundert haben diese Ansätze zu einer Reform der Armenpflege jedoch wieder zurückgedrängt.[32])

Die ältere Tradition einer generellen Verantwortung des Staates für die Wohlfahrt und soziale Sicherheit seiner Untertanen verband

[31]) Vgl. *Metz,* Staatsraison, 1–26.

[32]) Vgl. für die besonders interessante Entwicklung in Hamburg *Franklin Kopitzsch,* Die Hamburger Aufklärung und das Armenproblem; *Mary Lindemann,* Unterschichten und Sozialpolitik in Hamburg, 1799–1814, beide Aufsätze in: Arno Herzig/Dieter Langewiesche/Arnold Sywottek (Hrsg.), Arbeiter in Hamburg. Unterschichten, Arbeiter und Arbeiterbewegung seit dem ausgehenden 18. Jahrhundert. Hamburg 1983, 51–59, 61–70.

sich mit neuen aufklärerischen Ideen in der Regelung des Armenwesens im *Allgemeinen Preußischen Landrecht von 1794*. Durch dieses wurde die Verpflichtung des Staates festgelegt, „für die Ernährung und Verpflegung derjenigen Bürger zu sorgen, die sich ihren Unterhalt nicht selbst“ oder über unterhaltspflichtige Privatpersonen verschaffen können, und „denjenigen, welchen es nur an Mitteln und Gelegenheit“ zum Verdienst ihres Unterhalts mangelt, Arbeiten nach „ihren Fähigkeiten und Kräften“ anzuweisen.[33])

Allerdings gab es kein einklagbares Recht der Armen auf Arbeit oder Unterhalt, sondern es handelte sich um Verpflichtungen etwa der Arbeitgeber oder der Gemeinden gegenüber dem Staat. In die Zukunft weisend war erstens der Grundsatz, daß niemand vom Schutz bei Armut ausgenommen werden sollte. Dies verhinderte den totalen Ausschluß von Personen, die nicht unter den Schutz der primären Institutionen der sozialen Sicherheit – z. B. Groß- und Kleinfamilie, Gut, Haushalt des Arbeitgebers, Zunft oder Geburtsgemeinde – fielen. Im Einklang mit der aus christlichem und aufklärerischem Gedankengut zu begründenden Überzeugung von der Würde aller Menschen war das ein wichtiger Schritt zur Durchsetzung einer gesamtgesellschaftlichen Verantwortung für die Lebensmöglichkeiten aller Mitglieder der Gesellschaft.

Wichtig war zweitens die Regelung, daß die primär für die öffentliche Armenpflege zuständigen Gemeinden nur für ihre eigenen Bürger sorgen sollten. Für die Betreuung der anderen Armen sollten Landesarmenverbände errichtet werden, die auch gemeinsame größere Aufgaben – wie z. B. die Errichtung von Blindeninstituten und Krankenhäusern – übernahmen. Damit wurde die praktische Durchsetzung des Prinzips der Freizügigkeit gefördert. Neben dieser „subsidiären Verpflichtung“ des Staates zur allgemeinen Daseinsvorsorge[34]) und der bewußten Anerkennung, daß die Förderung des Wohlstands des einzelnen zu den Staatszwecken gehöre, enthielt das

[33]) §§ 1 und 2 des 19. Titels im 2. Teil des Allgemeinen Landrechts, abgedruckt in: *Hans Hattenhauer* (Hrsg.), Allgemeines Landrecht für die Preußischen Staaten. Frankfurt am Main/Berlin 1970, 663. Allerdings gab es kein individuelles Recht auf Arbeit, sondern es wurden lediglich bestimmte Personen und Korporationen vom Staat verpflichtet, Bedürftigen gegen die Verrichtung von Arbeit Unterhalt zu gewähren.

[34]) *Reinhart Koselleck*, Staat und Gesellschaft in Preußen 1815–1848, in: Werner Conze (Hrsg.), Staat und Gesellschaft im deutschen Vormärz, 1815–1849. 2. Aufl. Stuttgart 1970, 83f.

Allgemeine Landrecht aber auch bereits Bestimmungen, die eine „klare Tendenz der Beschränkung der staatlichen Macht, der Festigung des Rechts und der Sicherung des einzelnen“ zum Ziel hatten.[35])

Nachdem bereits Kant die Förderung der Glückseligkeit als Endzweck des Staates abgelehnt und den Staat als „die Vereinigung einer Menge von Menschen unter Rechtsgesetzen“ bezeichnet hatte[36]), beschränkte schließlich Wilhelm von Humboldt die Aufgaben des Staates ausdrücklich auf die Gewährleistung der äußeren und inneren Sicherheit.[37]) In einem Brief an Gentz vom August 1791 verwarf er das „Prinzip, daß die Regierung für das Glück und das Wohl, das physische und das moralische, der Nation“ zu sorgen habe, als „ärgsten und drückendsten Despotismus“.[38])

Während sich so in Deutschland in der Wendung gegen den paternalistischen, reglementierenden Wohlfahrtsstaat und als Konsequenz der späteren Freisetzung der Wirtschaftsgesellschaft aus ständischen Schranken seit der Reformzeit[39]) Staat und Gesellschaft tendenziell auseinanderentwickelten, wurde in der Französischen Revolution das liberale, meist die Freiheiten des Bürgers gegenüber dem Staat betonende Konzept der Menschen- und Bürgerrechte mit der Vorstellung eines aktiv in die sozialen Verhältnisse intervenierenden Staates verbunden. Mit der intensiven Diskussion sozialer

[35]) So *Ulrich Scheuner,* Hegel und die deutsche Staatslehre des 19. und 20. Jahrhunderts, in: ders., Staatstheorie, 84. Zum ambivalenten Charakter des Allgemeinen Landrechts und seinen Wirkungen vgl. weiter *Reinhart Koselleck,* Preußen zwischen Reform und Revolution. Allgemeines Landrecht, Verwaltung und soziale Bewegung von 1791 bis 1848. Stuttgart 1967, bes. 1–149.

[36]) *Immanuel Kant,* Die Metaphysik der Sitten (1797), in: Kant's gesammelte Schriften. Hrsg. v. der Königlich Preußischen Akademie der Wissenschaften zu Berlin. I. Abt., Bd. VI. Berlin 1907, § 45, 313.

[37]) *Wilhelm von Humboldt,* Ideen zu einem Versuch, die Gränzen der Wirksamkeit des Staates zu bestimmen (1792), in: ders., Werke. Hrsg. v. Andreas Flitner u. Klaus Giel. Bd. 1. Darmstadt 1960, 90.

[38]) Veröffentlicht unter dem Titel: Ideen über Staatsverfassung, durch die Französische Constitution veranlaßt. Aus einem Briefe an einen Freund vom August 1791, in: ebd. 33–42, Zit. 40.

[39]) Vgl. dazu die Untersuchung der verschiedenen Wege zur „Gewerbefreiheit“ in Frankreich, Preußen und Österreich und deren Konsequenzen für die Mobilisierung des Produktionsfaktors Arbeit, in: *Harald Steindl,* Entfesselung der Arbeitskraft, in: ders. (Hrsg.), Wege, 29–135.

Grundrechte des Bürgers wurde ein neues Kapitel in der Geschichte des Sozialstaates aufgeschlagen.

Unter dem Einfluß der Ideen der Aufklärung hatten sich bereits die französischen Staatsmänner Anne Robert Jacques Turgot und Jacques Necker vor der Revolution bemüht, die bestehende repressive Praxis der französischen Armenhilfe durch humanitärere Methoden zu ersetzen.[40]) Vereinzelt waren zudem im vorrevolutionären Schrifttum soziale Grundrechte aus dem Prinzip der „Brüderlichkeit" abgeleitet worden.[41]) Die in der Revolution sofort aufgenommene Forderung nach Ausdehnung der sozialen Verantwortung des Staates fand zunächst in der Ergänzung der Menschenrechtserklärung in der Verfassung vom September 1791 ihren Niederschlag. Danach sollte „eine allgemeine Einrichtung für öffentliche Hilfe geschaffen und organisiert werden, um ausgesetzte Kinder zu erziehen, arme Kranke zu unterstützen und armen Gesunden, die sich keine Arbeit verschaffen konnten, Arbeit zu verschaffen". Ferner sollte ein im Elementarschulbereich kostenloses öffentliches Schulwesen errichtet werden.[42])

Auf Drängen der Jakobiner wurden schließlich zentrale soziale Grundrechte des einzelnen in die Verfassung von 1793 aufgenommen. Diese legte ausdrücklich fest, daß die Gesellschaft ihren unglücklichen Bürgern den Unterhalt schuldet, „sei es, daß sie ihnen Arbeit verschafft, sei es, daß sie denen, welche zu arbeiten außerstande sind, die Existenzmittel gewährt".[43])

[40]) *Rimlinger,* Welfare Policy, 27–30. Zur Repression der Armen im Frankreich des 18. Jahrhunderts, zu den zugrundeliegenden Anschauungen und politischen Interessen und zur Reaktion der Betroffenen vgl. die ausgezeichnete Studie von *Robert M. Schwartz,* Policing the Poor in Eighteenth-Century France. Chapel Hill 1988.

[41]) *Peter Krause,* Die Entwicklung der sozialen Grundrechte, in: Günter Birtsch (Hrsg.), Grund- und Freiheitsrechte im Wandel von Gesellschaft und Geschichte. Beiträge zur Geschichte der Grund- und Freiheitsrechte vom Ausgang des Mittelalters bis zur Revolution von 1848. Göttingen 1981, 402–431, bes. 405f.

[42]) *Léon Duguit/Henry Monnier,* Les constitutions et les principales lois politiques de la France depuis 1789. 4. Aufl. Paris 1925, 5. Für die Übersetzung vgl. *Sigmar-Jürgen Samwer,* Die französische Erklärung der Menschen- und Bürgerrechte von 1789/91. Hamburg 1970, 228.

[43]) Ebd. 68. Übersetzung nach *Dr. Uhlhorn* u. *E. Münsterberg,* Geschichte der öffentlichen Armenpflege, in: Handwörterbuch der Staatswissenschaften. 3. Aufl. Bd. 2. Jena 1909, 6–30, hier 20.

Wenn auch diese Verfassungsbestimmung reine Programmatik blieb und die bedürftigen Bürger keinen rechtlich einklagbaren Anspruch auf Unterstützung erhielten, so haben doch die Menschenrechtsideen der Jakobiner vor allem über eine 1834 in Paris erschienene Schrift mit dem Titel „Erklärung der Menschen- und Bürgerrechte" auf die Ideenwelt der deutschen Arbeitervereine im Ausland und die proletarische Vorgeschichte der deutschen Revolution von 1848 eingewirkt und einen Ausgangspunkt der Diskussion sozialer Grundrechte in Deutschland gebildet.[44])

Die praktische Politik der Revolutionsregierungen zur Linderung der Not war allerdings wenig effektiv. Die in Paris und den Provinzen eingerichteten Werkstätten erwiesen sich als Zentren sozialer Unruhen und versagten weitgehend als Instrumente zur Arbeitsbeschaffung. Auch die oft wenig realistischen und widersprüchlichen Pläne und Gesetze zur Reform der Armenhilfe blieben ohne größere Bedeutung, weil die unterschiedlichen lokalen Bedingungen nicht berücksichtigt wurden, geeignete Verwaltungsinstitutionen für die Ausführung der Programme fehlten und weil, angesichts der wachsenden Bedürfnisse des Krieges, die finanziellen Mittel für eine großzügige Armenpolitik nicht ausreichten.[45])

[44]) Die aus 53 Artikeln bestehende Erklärung ist eine Kompilation aus der berühmten Erklärung Robespierres an den Konvent vom 24.4.1793 und der Deklaration der Menschenrechte in der französischen Verfassung vom 24. 6. 1793. Der Text der ohne Orts- und Herkunftsangabe im Januar oder Februar 1834 veröffentlichten Erklärung wurde von Charles Antoine Teste, einem der Führer der radikal-republikanischen „Société des droits de l'homme et du citoyen", übernommen. Dieser hatte sie einem von ihm im Februar 1833 veröffentlichten Verfassungsentwurf vorangestellt. Vgl. *Wolfgang Schieder,* Anfänge der deutschen Arbeiterbewegung. Die Auslandsvereine im Jahrzehnt nach der Julirevolution von 1830. Stuttgart 1963, 180–191; Text der Erklärung ebd. 316–319. Vgl. weiter *Frolinde Balser,* Zur „Erklärung der Menschen- und Bürgerrechte". Ein Beitrag zur Rolle der „Menschenrechte" im vormärzlichen Deutschland und in den frühen Arbeitervereinen, in: Die frühsozialistischen Bünde in der Geschichte der deutschen Arbeiterbewegung. Vom „Bund der Gerechten" zum „Bund der Kommunisten" 1836–1847. Ein Tagungsbericht. Bearb. u. hrsg. v. Otto Büsch u. Hans Herzfeld in Verbindung mit Stefi Jersch-Wenzel, Monika Wölk, Wolfgang Wölk. Berlin 1975, 94–98.

[45]) Vgl. *Alan Forrest,* The French Revolution and the Poor. New York 1981, bes. 172–176.

III. DER WANDEL DES ARMENWESENS UND DIE ENTSTEHUNG NEUER FORMEN KOLLEKTIVER SELBSTHILFE BEIM ÜBERGANG ZUR INDUSTRIEGESELLSCHAFT

1. Frühindustrialisierung, Pauperismus und die Krise der traditionellen Armenhilfe

Die Diskussionen über die Reform des bestehenden Systems der Armenfürsorge in einer Reihe von europäischen Ländern im frühen 19. Jahrhundert stehen bereits unter dem Einfluß der Folgen der Industrialisierung, die von England seit der 2. Hälfte des 18. Jahrhunderts ausging und immer mehr Gebiete in West- und Mitteleuropa erfaßte. Zu den beherrschenden Erfahrungen der Zeit der Frühindustrialisierung gehört der Pauperismus, die Massenarmut, die schließlich nach der Jahrhundertmitte überwunden werden konnte durch den Produktivitätszuwachs in Landwirtschaft und Industrie, erhöhtes Arbeitsplatzangebot, Verbesserung der Transportmöglichkeiten und die Schaffung überlokaler und überregionaler Märkte. Der Pauperismus des frühen 19. Jahrhunderts war einerseits ein Ausläufer der alten, vorindustriellen Armut, die durch die rapide Bevölkerungsvermehrung in der ersten Hälfte des 19. Jahrhunderts gesteigert wurde; andererseits war er die Konsequenz einer Struktur- und Anpassungskrise ungeahnten Ausmaßes, die sich mit einer verstärkten Sensibilität für soziale Fragen, mit der Herausbildung neuer Werte und Verhaltensnormen verband.

Die Antworten auf den Pauperismus konnten dabei durchaus unterschiedlich ausfallen. In Frankreich und besonders in England, wo die neue Form der Massenverelendung in den Industriezentren am stärksten auftrat, wurde der Ausweg zunächst im Sinne des Wirtschaftsliberalismus gesucht, indem die öffentliche Armenhilfe vermindert und damit der Zwang zur Arbeit verschärft wurde. Unter dem Druck konkreter sozialer Probleme – wie der großen Choleraepidemien der Zeit – und der zunehmenden Komplexität des Zusammenlebens großer Bevölkerungsmassen in den urbanen Ballungszentren stieg jedoch der Bedarf nach staatlicher und kommunaler Regulierung der wirtschaftlichen und sozialen Verhältnisse und schließlich auch das Bestreben, durch gesetzgeberische Maßnahmen die Selbstheilungskräfte der Gesellschaft zu stärken.

In den *deutschen Staaten* war trotz der besonders in Preußen seit den Reformen des frühen 19. Jahrhunderts verfolgten Bestrebungen zur Befreiung der Wirtschaft von staatlicher Gängelung der Staat von vornherein als Instrument zur Lösung der neuen sozialen Probleme stärker gefordert worden. In allen deutschen Ländern wirkten ältere Vorstellungen, Traditionen und Ordnungssysteme neben neuen Elementen fort.

Die Antwort auf die mit der Industrialisierung und Urbanisierung verbundenen neuen sozialen Probleme und die Gefährdung der Gesellschaft durch potentiell revolutionäre neue soziale Bewegungen wurde vor allem auf zwei Wegen gesucht, die allerdings in der politischen Theorie und der praktischen Arbeit eng verschränkt waren. Erstens wurde im Anschluß an Hegel, Robert von Mohl und Lorenz von Stein das absolutistische Konzept einer „guten Policey“, die für Wohlfahrt, Glückseligkeit und Sicherung der gesellschaftlichen Ordnung verantwortlich war, weiterentwickelt zum Konzept eines modernen sozialen Rechtsstaates; dieser sollte sich bewußt zum Ziel setzen, die gesellschaftliche Entwicklung zu steuern und die Wohlfahrt der Bürger durch soziale Politik und soziale Verwaltung zu fördern.[1]) Diese soziale Tätigkeit des Staates sollte allerdings zweitens auf der gesellschaftlichen Ebene ergänzt werden durch das komplementäre Wirken freier Vereine, den Ausbau der Selbstverwaltung und die Teilnahme aller an der Lösung sozialer Probleme. Tatsächlich formte sich bereits in der ersten Hälfte des 19. Jahrhunderts „innerhalb der bürgerlichen Gesellschaft ein ‚freies‘ Feld caritativer, philanthropischer, aber auch sozialistischer ‚Unternehmungen‘ und ‚Vereinigungen‘ “; diese wurzelten zum Teil noch in den „aus ständischer Ordnung erwachsenen ‚Corporationen‘ einer genossenschaftlichen und gemeinschaftlich getragenen Armenpflege der Kirchen und Bürgergemeinden“[2]), führten jedoch aufgrund der Dynamik der sozialen Bewegung zu vielfältigen neuen Formen sozialen und karitativen Engagements neuer kirchlicher Or-

[1]) Vgl. unten, 71 f.

[2]) *Eckart Pankoke,* Von „guter Policey“ zu „socialer Politik“. „Wohlfahrt“, „Glückseligkeit“ und „Freiheit“ als Wertbindung aktiver Sozialstaatlichkeit, in: Sachße/Tennstedt (Hrsg.), Soziale Sicherheit, 148–177, bes. 158.

ganisationen[3]), freier Assoziationen und der von ihnen getragenen sozialen Einrichtungen.

Auch die staatliche Politik beschränkte sich nicht auf die allerdings noch im Vordergrund stehende scharfe Unterdrückung sozialer Proteste und emanzipatorischer Bestrebungen der zunehmend proletarisierten Unterschichten, sondern traf erste Maßnahmen zum Schutz der „arbeitenden Classen" und zur Entschärfung sozialer Spannungen etwa durch die gesetzliche Einschränkung der Kinderarbeit[4]) und vereinzelte Arbeitsbeschaffungsmaßnahmen in Notstandsgebieten.[5])

Im preußischen Armenwesen übertrugen zwei eng miteinander verbundene Gesetze von 1842 „über die Verpflichtung zur Armenpflege" und „über die Aufnahme neu anziehender Personen" die Verantwortung zur Armenversorgung von den Geburts- auf die Wohngemeinden und beseitigten weitgehend die bisherigen Einschränkungen der Freizügigkeit.[6]) Diese Regelung wurde später durch die Übernahme des Gesetzes des Norddeutschen Bundes über den Unterstützungswohnsitz von 1870 auch für die anderen Staaten des Deutschen Reiches (mit Ausnahme Bayerns und des Reichslandes Elsaß-Lothringen) verbindlich.[7]) Damit wurden die Konsequen-

[3]) *Michael Seidel,* Die Anfänge der katholischen und protestantischen sozialen Bewegung im Vormärz mit besonderer Berücksichtigung Preußens und des Mittelrheins. Eine vergleichende Studie. Diss. phil. Hamburg 1970.

[4]) Vgl. *Günther K. Anton,* Geschichte der preußischen Fabrikgesetzgebung bis zu ihrer Aufnahme durch die Reichsgewerbeordnung. Neu hrsg. u. eingeleitet v. H. Bülter. Berlin 1953, bes. 74–76; *Joachim Kermann,* Vorschriften zur Einschränkung der industriellen Kinderarbeit in Bayern und ihre Handhabung in der Pfalz. Ein Beitrag zur Entwicklung der bayerischen Arbeiterschutzgesetzgebung im 19. Jahrhundert, in: Jahrbuch für westdeutsche Landesgeschichte 2, 1976, 311–374.

[5]) Vgl. *Helmut Godehardt,* Die Lage der Arbeiter des Eichsfeldes zum Zeitpunkt des Aufstandes der schlesischen Weber im Jahre 1844, in: Beiträge zur Lage und zum Kampf der Arbeiter des Eichsfeldes. Hrsg. v. dems. u. a. Worbis o. J. [1967], 22ff.

[6]) Gesetz-Sammlung für die Königlichen Preußischen Staaten. Berlin 1843, 5–14. Zur Entstehung, zu den Motiven und den Absichten der Gesetze vgl. *Harald Schinkel,* Armenpflege und Freizügigkeit in der preußischen Gesetzgebung im Jahre 1842, in: Vierteljahrschrift für Sozial- und Wirtschaftsgeschichte 50, 1963, 459–479.

[7]) Vgl. *Wilh. Wohlers,* Das Reichsgesetz über den Unterstützungswohnsitz vom 6. Juni 1870, erläutert nach den Entscheidungen des Bundesamtes für das Heimathwesen. 7. vermehrte Aufl. Bearb. v. J. Krech. Berlin 1896.

zen aus dem Zerfall der ständischen Ordnung und der größeren Mobilität der Bevölkerung gezogen und durch die damit verbundene Förderung der Herausbildung leistungsfähiger Arbeitsmärkte die Industrialisierung Deutschlands beschleunigt.

Schon vorher hatten die Staaten des Deutschen Bundes, zunächst durch bilaterale Vereinbarungen, schließlich auch durch zwei multilaterale Konventionen, sich zu einer gewissen Zusammenarbeit im Armenwesen entschlossen. Durch das Gothaer Übereinkommen von 1851, in dem sich bereits die Vision eines allgemeinen deutschen Heimatrechts andeutete, wurde die Ausweisung und Übernahme von Heimatlosen im Sinne eines stärkeren Schutzes der Betroffenen geregelt. Die Eisenacher Übereinkunft vom 11. 7. 1853 hatte mit gleicher Zielsetzung die Behandlung und Pflege erkrankter sowie die Bestattung verstorbener Angehöriger der anderen deutschen Staaten zum Gegenstand.[8]) Der Deutsche Bund war also bereits seit den 1850er Jahren eine allerdings nur rudimentäre Sozialgemeinschaft; dem Bund kommt damit in der Entwicklung des internationalen Sozialrechts, die bereits vor dem Ersten Weltkrieg einsetzte, ein „historisches Verdienst" zu[9]), denn er zeigte einen Weg zur Koordination von Rechtsvorschriften des sozialen Schutzes zwischen verschiedenen Staaten.

In *Frankreich* verschlechterte sich – als Ergebnis der Revolution, die den fast völligen Zusammenbruch der kirchlichen Fürsorge bewirkte – im 19. Jahrhundert faktisch die Situation der Armen. Sie waren weitgehend auf freiwillige, private und kommunale Unterstützungen, die aber praktisch nur Gemeindemitgliedern gewährt wurden, angewiesen. Neben der Fürsorge und Patronage der Oberschichten, die zur sozialen Abhängigkeit führte, und neben den vor allem in ärmeren Gemeinden entwickelten Formen solidarischer Hilfe durch die Nachbarschaft blieb das System der öffentlichen

[8]) *Hans F. Zacher,* Grundfragen des internationalen Sozialrechts, in: Mitteilungen der Landesversicherungsanstalt Oberfranken und Mittelfranken 25, 1983, 481–492, bes. 481 f. Vgl. weiter *Rudolf Scharpff* (Hrsg.), Handbuch des Armenrechts. Eine mit Erläuterungen versehene Zusammenstellung der reichs- und württembergischen landesgesetzlichen Bestimmungen über das Armenwesen. 2. Aufl. bearb. v. Friedrich Haller. Stuttgart 1909, 641–651 u. 658–660.

[9]) So *Guy Perrin,* Die Ursprünge des internationalen Rechts der sozialen Sicherheit. München 1983, 9.

Fürsorge im Vergleich etwa zu Großbritannien, Preußen und Bayern unterentwickelt. Die Gründe dafür wird man vor allem im Interesse der dominierenden sozialen Schichten sehen müssen, die Steuerforderungen und die Bürokratie des Staates möglichst gering zu halten. Die Hauptinstitution öffentlicher Armenpflege waren die sogenannten bureaux de bienfaisance, die, wesentlich von lokalen Notabeln kontrolliert und finanziert, begrenzte staatliche Hilfe erhielten. Sie bestanden aber 1847 nur in einem Viertel der französischen Gemeinden, in denen etwa vier Neuntel der Bevölkerung lebten.[10]) Als ideologische Rechtfertigung der staatlichen Abstinenz diente schließlich die weit verbreitete Auffassung, daß eine geregelte öffentliche Fürsorge den Grundsätzen des laissez faire und des freien Wettbewerbs auf dem Arbeitsmarkt widerspreche, den Willen zur Selbsthilfe und den Anreiz zur Arbeit nehme und daher das Ausmaß der Armut nur erhöhen würde.[11])

Ähnliche Auffassungen von den negativen sozialen Konsequenzen einer großzügigen öffentlichen Armenhilfe liegen auch dem berühmten *britischen Armengesetz von 1834* zugrunde, das einen tiefen Einschnitt in der Geschichte des britischen Armenwesens markiert. Das Gesetz war ein Versuch, die Fehlentwicklung der britischen Armenhilfe in den vorhergehenden Jahrzehnten zu korrigieren und eine den vorherrschenden liberalen und utilitaristischen Auffassungen der Zeit entsprechende neue Antwort auf das durch den Pauperismus verschärfte Problem der Überwindung oder Verminderung der Armut zu geben. Seit dem letzten Jahrzehnt des 18. Jahrhunderts war die englische Armenpolitik zunehmend dazu übergegangen, die vor allem auf dem Lande unter dem Existenzminimum liegenden Löhne der Arbeiter durch Zuschüsse aus den Armensteuern zu ergänzen. Deren Höhe wurde nach der Größe der Familie und den schwankenden Brotpreisen berechnet. Dieses System – ein Ausdruck der strukturellen Unterbeschäftigung – erschwerte die Mobilität der Arbeiter und die Abwanderung von der Landwirtschaft in die Industrien. Es bot nach Meinung der Zeitge-

[10]) *Roger Price,* Poor Relief and Social Crisis in Mid-Nineteenth-Century France, in: European Studies Review 13, 1983, 423–454.
[11]) *Rimlinger,* Welfare Policy, 44–46.

nossen[12]) keinen Anreiz zu höherer Arbeitsleistung, Sparsamkeit und Vorsorge, bevorzugte die schlechten Arbeitgeber, die ein Großteil ihrer Lohnkosten auf die Gemeinden abwälzen konnten, wie auch die schlechten Arbeiter, demoralisierte die Arbeiter und trieb zudem die Ausgaben für das Armenwesen in die Höhe. Die zeitgenössische Kritik an diesem System sah zudem unter dem Einfluß von Thomas Robert Malthus einen engen Zusammenhang zwischen der Praxis, Familienbeihilfen zu gewähren, und der starken Bevölkerungsvermehrung, die vielfach als eigentliche Ursache der Verelendung der Massen angesehen wurde. Malthus setzte sich an die Spitze einer Bewegung, die für die völlige Abschaffung der öffentlichen Armenhilfe eintrat. Malthus' Ablehnung des bestehenden Systems der britischen Armenhilfe ergab sich aus seiner pessimistischen Auffassung, daß bei einer ungebremsten Bevölkerungsvermehrung die Versorgung mit Nahrungsmitteln, die sehr viel langsamer als die Bevölkerungszunahme gesteigert werden könne, nicht ausreichen würde. Daher würden Maßnahmen der Armenhilfe, besonders aber die Unterstützung kinderreicher Familien, durch Vermehrung der Zahl der Armen nur zur Vergrößerung des Elends führen.[13]) Die Ideen von Malthus, die zum Teil heute im Neo-Malthusianismus neu belebt werden, haben sofort größte Beachtung – wenn auch keineswegs generelle Zustimmung – gefunden und die Diskussion über Armut in Großbritannien (und teilweise auch in anderen Ländern) in der ersten Hälfte des 19. Jahrhunderts bestimmt.[14])

[12]) Zur zeitgenössischen Diskussion des Armenwesens und der Armut vgl. die grundlegende Untersuchung von *Gertrude Himmelfarb,* The Idea of Poverty. England in the Early Industrial Age. New York 1984, bes. Kap. II–VI.
[13]) Hungersnot, Krankheiten und Krieg, später auch verzögerte Heirat und sexuelle Zurückhaltung werden von Malthus als Hemmungen der Bevölkerungsvermehrung, deren beträchtlichen Umfang im Großbritannien seiner Zeit er unterschätzte, angesehen. Malthus hat seine Ideen zuerst 1798 in seinem Buch „An Essay on the Principle of Population, as it affects the Future Improvement of Society, with Remarks on the Speculations of Mr. Godwin, Mr. Condorcet and other Writers" niedergelegt. Die zweite, erheblich erweiterte Auflage von 1803 wurde – wie alle späteren Auflagen – unter dem Titel „An Essay on the Principle of Population, or, A View of its Past and Present Effects on Human Happiness, with an Inquiry into our Prospects Respecting the Future Removal or Mitigation of the Evil, which it Occasions" veröffentlicht.
[14]) Vgl. *Himmelfarb,* Idea of Poverty, 100ff.

Die neuere englische Forschung hat gezeigt, daß die zeitgenössische Kritik an der Praxis des Armenwesens vor 1834, die weitgehend in den ungemein einflußreichen, aber die tatsächlichen Verhältnisse verzerrenden „Poor Law Commissioners' Report" von 1834 eingegangen ist, vielfach unberechtigt war und die kritisierten Übel weitgehend andere Ursachen hatten. Der Nationalökonom Mark Blaug wies zudem nach, daß das System der generellen Lohnsubventionierung, das während der napoleonischen Kriege seine größte Verbreitung hatte, im Unterschied zu der Gewährung von Unterstützung für kinderreiche Familien, zur Zeit der Abfassung des Poor Law Report 1834 bereits weitgehend aufgegeben worden war. Nach seiner Ansicht sei das alte Armenwesen mit der Gewährung von Armenhilfe außerhalb von Arbeitshäusern zur Unterstützung der Unterbezahlten und Arbeitslosen eine den Bedingungen der Zeit angemessene Einrichtung gewesen: „The old Poor Law ... was, in essence, a device for dealing with the problem of surplus labour in the lagging rural sector of a rapidly expanding but still underdeveloped economy. And considering the quality of social administration in the day, it was by no means an unenlightened policy."[15])

Das schließlich verabschiedete Gesetz von 1834, das entscheidend durch vorangegangene erfolgreiche Experimente auf lokaler Ebene beeinflußt worden war[16]), sah zwar – in bewußter Abwei-

[15]) *Mark Blaug,* The Myth of the Old Poor Law and the Making of the New, in: Journal of Economic History 23, 1963, 151–184, Zit. 176f. Vgl. weiter *ders.,* The Poor Law Report Reexamined, in: Journal of Economic History 24, 1964, 229–245. Zu einer Unterstützung der revisionistischen Ansichten Blaugs kommt *George R. Boyer* in seiner Untersuchung der ökonomischen Rolle des Systems der Armenhilfe im frühen 19. Jahrhundert: The Old Poor Law and the Agricultural Labor Market in Southern England: An Empirical Analysis, in: Journal of Economic History 46, 1986, 113–135. Zur Kritik an den Thesen von Blaug, seiner Analyse des Materials und seiner zu engen Auffassung der Aufgaben des alten Armenwesens vgl. *James Stephen Taylor,* The Mythology of the Old Poor Law, in: Journal of Economic History 29, 1969, 292–297; *Karel Williams,* From Pauperism to Poverty. London etc. 1981, bes. 21f., 25f., 28–30, 39, 43, 49f., 56, 147f.

[16]) Vgl. *J. R. Poynter,* Society and Pauperism. English Ideas on Poor Relief 1795–1834. London/Toronto 1969, bes. 310ff. Zur Entstehung des Gesetzes und seiner Durchführung vgl. *Anthony Brundage,* The Making of the New Poor Law. The Politics of Inquiry, Enactment and Implementation, 1832–39. London 1978.

chung von den Forderungen von Malthus – keine Abschaffung der öffentlichen Armenhilfe vor, machte aber deren Gewährung von rigoros erschwerten Bedingungen abhängig. Die Armenhilfe sollte in jedem Fall weniger wünschenswert als die Lohnarbeit sein. Um das sicherzustellen, sollte Armenhilfe für arbeitsfähige Arme grundsätzlich nur in streng disziplinierten Arbeitshäusern gewährt werden; deren Verwaltungen durften allerdings keinen notleidenden Insassen verhungern lassen, da ihnen sonst eine Mordanklage drohte.

Diesen Grundsätzen, die in der Praxis der Armenhilfe schon wegen des Fehlens einer genügenden Zahl von Arbeitshäusern nicht überall durchgesetzt werden konnten[17]), lag eine von liberalen und rational-utilitaristischen Vorstellungen geprägte Sozialphilosophie zugrunde. Die abschreckende Wirkung der Armenhilfe war als Mittel der Erziehung zur Selbständigkeit, zur Emanzipation, zur Arbeitsdisziplin und zur freien, marktgerechten Verfügung der eigenen Arbeitskraft gedacht.[18]) Die Arbeiter und die Almosenempfänger (paupers) wurden streng geschieden. Gleichzeitig sollten die Arbeiter durch die neue Regelung der Armenhilfe zur Sicherung ihrer Unabhängigkeit und moralischen Integrität und, um ihre Pauperisierung zu verhindern, zur Sparsamkeit und zur Vorsorge für Alter, Krankheit und Arbeitslosigkeit angehalten werden. Indem das Gesetz angebliche Charakterdefekte zur Hauptursache für die Armut von Arbeitsfähigen erklärte, wurde es den vielfältigen wirtschaftlichen und sozialen Gründen der Armut nicht gerecht. Zu diesen gehörten vor allem der Mangel an ausreichenden Verdienstmöglichkeiten auf dem Lande und die konjunkturelle und saisonale Arbeitslosigkeit in den Industriebezirken. Auch war es für die Masse der ungelernten und angelernten Arbeiter angesichts der niedrigen und zudem oft unregelmäßig gezahlten Löhne nicht möglich, Rücklagen für die Zeiten der Not oder gar des Alters zu machen.

[17]) Die Differenzen zwischen den Grundsätzen des Gesetzes und ihrer lokal und regional sehr unterschiedlichen Anwendung sind in einer großen Zahl vor allem lokalhistorischer Studien eingehend untersucht worden.

[18]) *Karl Heinz Metz,* Industrialisierung und Sozialpolitik. Das Problem der sozialen Sicherheit in Großbritannien 1795–1911. Göttingen/Zürich 1988, bes. 36ff. Die Bedeutung des Neuen Armengesetzes für die Entwicklung der Marktwirtschaft und die Einbeziehung der „landed gentry" in dieses System betont *Peter Mandler,* The Making of the New Poor Law Redivivus, in: Past & Present 117, 1987, 131–157.

Das Armengesetz von 1834 ist daher – wie schon von vielen Zeitgenossen[19]) – auch in der Forschung meist als Ausdruck verschärfter Repression der Armen und als Instrument zur Zurückbildung des vorher bestehenden Systems sozialer Sicherheit kritisiert worden. Es gehört jedoch insofern in die Vorgeschichte des Sozialstaates, als es den Ausbau der kollektiven Selbsthilfeorganisationen der Gewerkschaften sowie der Unterstützungskassen der Friendly Societies, denen allerdings zunächst fast nur die Elite der Facharbeiter angehörte, indirekt förderte. Das Gesetz muß zudem als ein Ausdruck des für den Sozialstaat typischen Versuchs zur Steuerung der Gesellschaft[20]) gelten. Auch der von Jeremy Bentham, einem der geistigen Väter des Armengesetzes[21]), vertretene soziale Grundsatz des „größten Glücks für die größte Zahl", den er noch in Anlehnung an Adam Smith durch eine Verminderung der staatlichen Eingriffe in das Wirtschafts- und Sozialleben verwirklicht sehen wollte, wurde, wie die Ausrichtung der Staatstätigkeit am Prinzip der Nützlichkeit, bereits bei seinen Schülern Edwin Chadwick und John Stuart Mill unter dem Eindruck konkreter Mißstände zur Rechtfertigung sozialer Reformgesetze benutzt; die Fabian Society zog später

[19]) Zu der aus den unterschiedlichsten politischen Lagern kommenden zeitgenössischen Kritik am neuen Armengesetz vgl. *Himmelfarb,* Idea of Poverty, bes. Kap. VI–X.

[20]) Vgl. dazu *Heclo,* Modern Social Politics, 60ff.

[21]) Bentham wirkte auf das neue Armengesetz vor allem über seinen Schüler und Sekretär Edwin Chadwick, der zu den einflußreichsten Mitgliedern der Royal Commission zur Reform des Armenwesens gehörte, sowie durch seine rationalistische und utilitaristische Philosophie, die den Bruch mit traditionellen Denkweisen und Institutionen begünstigte. Bentham selbst hat einen Plan vorgelegt, nach dem die gesamte Armenhilfe unter der Verwaltung einer privaten „National Charity Company" auf schließlich 500 große, streng reglementierte Arbeitshäuser mit je 2000 Insassen konzentriert werden sollte. Bentham, der im Gegensatz zu Malthus die Vermehrung der Bevölkerung positiv beurteilte und durch frühe Verheiratung der Mädchen in den Arbeitshäusern fördern wollte, ging es anders als den Schöpfern des Armengesetzes von 1834 auch nicht um die Reduzierung der Armen und die Emanzipation der Arbeiter, sondern um die möglichst vollständige Erfassung aller Armen (einschließlich der Arbeiter) für nützliche Arbeit. Sein Plan, dessen Verwirklichung notwendig mit einer außerordentlichen Beschränkung der Freiheit verbunden gewesen wäre, ist allerdings bei den Zeitgenossen auf wenig Interesse gestoßen. Vgl. *Himmelfarb,* Idea of Poverty, 78–85.

Benthams Grundsatz heran, um die Forderung nach einem umfassenden System sozialer Sicherheit zu begründen.[22])

Ein in die Zukunft weisender wichtiger Aspekt des Gesetzes war schließlich die Schaffung einer zentralen Überwachungsbehörde für das Armenwesen, die neben den 1833 zur Kontrolle von Arbeiterschutzbestimmungen eingesetzten ersten Fabrikinspektoren[23]) den Kern einer auf Uniformität in der Durchführung der Gesetze hinwirkenden sozialen Verwaltung mit einem Korps spezialisierter ständiger Beamter bildete.[24]) An der Ausdehnung der staatlichen Interventionen in Wirtschaft und Gesellschaft hat auch die Aufdeckung von Mißständen in den Berichten und Untersuchungen derjenigen Beamten einen wichtigen Anteil gehabt, die mit der Verwaltung des Armenwesens und der Arbeiterschutzgesetze beauftragt waren. Ferner schlug sich darin der Ausbau der kommunalen Wirtschafts- und Sozialverwaltung nieder, die letztlich von den sozialen Konsequenzen der Urbanisierung erzwungen wurde. Neben der staatlichen Kontrolle des Gesundheitswesens und der Übernahme gewisser Regulierungsfunktionen im Wohnungswesen wurde

[22]) Vgl. *Gerhard A. Ritter,* Probleme und Tendenzen der britischen Verfassungsentwicklung seit 1914, in: ders., Parlament und Demokratie in Großbritannien. Studien zur Entwicklung und Struktur des politischen Systems. Göttingen 1972, 234f.

[23]) Zu deren Arbeit vgl. *A. E. Peacock,* The Successful Prosecution of the Factory Acts, 1833–55, in: The Economic History Review 37, 1984, 197–210.

[24]) Zum Charakter der britischen Verwaltung, zum Zusammenhang zwischen Sozialreform und Ausdehnung der Regierungstätigkeit sowie zur Rolle sozialer Ideen und besonders zum Einfluß der Vorstellungen Benthams auf das Verwaltungshandeln vgl. die kontroversen Beiträge von *Oliver MacDonagh,* The Nineteenth-Century Revolution in Government: A Reappraisal, in: The Historical Journal 1, 1958, 52–67; *Henry Parris,* The Nineteenth-Century Revolution in Government: A Reappraisal Reappraised, in: The Historical Journal 3, 1960, 17–37; *D. Roberts,* Jeremy Bentham and the Victorian Administrative State, in: Victorian Studies 2, 1958/1959, 193–210; *Jenifer Hart,* Nineteenth-Century Social Reform: A Tory Interpretation of History, in: Past & Present 31, 1965, 39–61; *Valerie Cromwell,* Interpretations of Nineteenth-Century Administration: An Analysis, in: Victorian Studies 9, 1965/1966, 245–255; *E. C. Midwinter,* Victorian Social Provision: Central and Local Administration, in: E. W. Martin (Ed.), Comparative Development in Social Welfare. London 1972, 191–217; *P. W. J. Bartrip/S. B. Burman,* The Wounded Soldiers of Industry. Industrial Compensation Policy 1833–1897. Oxford 1973, bes. 216ff.; vgl. weiter die Sammlung von Auszügen aus zeitgenössischen Quellen und aus Aufsätzen zur Forschungsdiskussion von *Valerie Cromwell,* Revolution or Evolution. British Government in the Nineteenth Century. London 1977.

schließlich aus der Armenmedizin ein System der kostenlosen medizinischen Versorgung der ärmeren Bevölkerung entwickelt. In einem Gesetz von 1870 übernahm der Staat dann auch die Gesamtverantwortung für das Volksschulwesen und schuf damit die Voraussetzung für die erst 1880 erfolgte Einführung der Allgemeinen Schulpflicht.

2. Die Anfänge der Arbeiterschutzgesetzgebung und der Gewerkschaftsbewegung in Großbritannien

Während in der Schaffung eines staatlichen Erziehungswesens Großbritannien weit hinter Deutschland[25]) und anderen europäischen Ländern zurückblieb, hat es als erstes Industrieland der Welt moderne Maßnahmen zum Arbeiterschutz getroffen. Durch Gesetze über Fabriken und Bergwerke zwischen 1833 und 1850 wurde die Kinder- und Frauenarbeit eingeschränkt und schließlich ein 10- bzw. 10½stündiger Maximal-Arbeitstag für Frauen und Kinder in der Baumwollindustrie eingeführt, der später auf die Fabriken anderer Industriezweige ausgedehnt wurde. Aufgrund der engen Zusammenarbeit von Männern und Frauen in der bestehenden Arbeitsorganisation der Fabriken setzte sich – zumal die Beschäftigung von Frauen und Kindern in mehreren Schichten verboten war – die Beschränkung der Arbeitszeit faktisch weitgehend auch für die meisten männlichen Fabrikarbeiter durch. Die Arbeiterschutzgesetzgebung und die Aufsichtsfunktionen der durch die Gesetze vorgesehenen Fabrikinspektoren bedeuteten einen grundsätzlichen Eingriff von außen in die freie Verfügungsgewalt der Arbeitgeber über die von ihnen beschäftigten Arbeitskräfte; diesem Eingriff sollten später weitere Einschränkungen der Macht der Unternehmer in den Betrieben durch Interventionen des Staates und Mitwirkungsmöglichkeiten der Beschäftigten folgen.

Darin lag ein wesentlicher Schritt in der Herausbildung des Sozialstaates. Die z. T. allerdings mit erheblicher Verzögerung erfolgende Rezeption des englischen Arbeitsrechts des 19. Jahrhunderts

[25]) Allerdings sollte das Ausmaß der staatlichen Intervention im Erziehungssektor auch in Preußen vor den grundlegenden Reformen Wilhelm von Humboldts am Anfang des 19. Jahrhunderts nicht überschätzt werden. Vgl. *Wolfgang Neugebauer,* Absolutistischer Staat und Schulwirklichkeit in Brandenburg-Preußen. Berlin 1985.

in immer weiteren Staaten ist in ihrer Bedeutung mit der Rezeption des römischen Eigentums- und Obligationenrechts verglichen worden.[26])

Wie in der gesetzlichen Verankerung des Arbeiterschutzes, so fiel England auch in der Entwicklung der Gewerkschaftsbewegung und der Sicherung ihrer Rechtsstellung im 19. Jahrhundert eine Pionierrolle zu. Schon lange vor der Industrialisierung des Landes hatten sich die ersten gewerkschaftsähnlichen Organisationen als örtliche Verbindungen von Handwerksgesellen zur Verteidigung ihrer Position gebildet, die durch das Vordringen der Doktrin des freien Wettbewerbs und das Aufkommen neuer Produktionsmethoden gefährdet war.[27]) Seit der Mitte des 19. Jahrhunderts konnten sich starke Gewerkschaften der Facharbeiter mit ausgedehnten Unterstützungseinrichtungen, bezahlten Funktionären und relativ guten finanziellen Rücklagen fest etablieren.[28]) Obwohl die im Zusam-

[26]) Vgl. *Stephan Bauer,* Arbeiterschutzgesetzgebung, in: Handwörterbuch der Staatswissenschaften. Hrsg. v. L[udwig] Elster u. a. 4. Auflage. Bd. 1. Jena 1923, 401–701, hier 403. Die Abhandlung Bauers, des langjährigen Generalsekretärs der Internationalen Vereinigung für gesetzlichen Arbeitsschutz und Direktors des (ersten) Internationalen Arbeitsamts in Basel, gibt einen ausgezeichneten Überblick über die Entwicklung der Arbeiterschutzgesetzgebung des 19. und frühen 20. Jahrhunderts. Vgl. weiter die zeitgenössische Sammlung der Fabrikgesetze von Deutschland, Elsaß-Lothringen, Österreich, Ungarn, der Schweiz, Frankreich, den Niederlanden, Dänemark und Schweden, die *Theodor Lohmann* im Auftrage des preußischen Handelsministeriums herausgab: Die Fabriken-Gesetzgebung der Staaten des europäischen Kontinents. Berlin 1878. Die englischen Arbeiterschutzgesetze waren bereits 1876 in einer deutschen Ausgabe publiziert worden.

[27]) Vgl. *Sidney und Beatrice Webb,* The History of Trade Unionism. 2. Aufl. London 1920, 21 ff.

[28]) Ebd. 204 ff. Vgl. daneben für die in der Ausbildung dieses Gewerkschaftstypus führende Amalgamated Society of Engineers *James B. Jefferys,* The Story of the Engineers 1800–1945. London 1945, bes. 27 ff., 45 ff., 68 ff. Die neuere Forschung hat allerdings die von den Webbs vertretene Auffassung einer in ihrem politischen und betrieblichen Vorgehen betont gemäßigten, stark zentralisierten alten Gewerkschaftsbewegung und ihrer scharfen Kontrastierung mit den militanten neuen Gewerkschaften seit dem Ende der 1880er Jahre korrigiert. So betont z. B. *Keith Burgess* (Die Amalgamated Society of Engineers vor 1914 – Eine *Old* oder *New Union*?, in: Auf dem Wege zur Massengewerkschaft. Die Entwicklung der Gewerkschaften in Deutschland und Großbritannien 1880–1914. Hrsg. v. Wolfgang J. Mommsen u. Hans-Gerhard Husung. Stuttgart 1984, 215–236) die Bedeutung der Distriktebene, der lokalen Autonomie und der militanten Vertretung eigener Interessen bereits in der Zeit der wirtschaftlichen Krise nach 1873.

menhang mit den napoleonischen Kriegen erlassenen Koalitionsverbote von 1799/1800 durch ein Gesetz von 1824 widerrufen wurden, war die Rechtsstellung dieser Gewerkschaften zunächst noch recht prekär, da sie unter bestimmten Bedingungen wegen des Bruchs von Verträgen und der Beschränkung des Handels angeklagt werden konnten und ihre Fonds nicht gesetzlich geschützt waren. Es gelang aber den Gewerkschaften, die nach der Wahlrechtserweiterung von 1867 sowohl von den Konservativen wie den Liberalen umworben wurden, durch Gesetze von 1867 bis 1876 ihre Rechtsstellung, die allerdings um die Jahrhundertwende zeitweilig wieder durch die Rechtsprechung erschüttert wurde, zu verbessern[29]), ohne daß gleichzeitig staatliche Instanzen das Recht zur Einmischung in die inneren Angelegenheiten der Gewerkschaften erhielten. Die britischen Gewerkschaften gewannen in einzelnen Industriezweigen in Verhandlungen mit den Unternehmern erheblichen Einfluß nicht nur auf die Festsetzung der Löhne und Arbeitszeiten, sondern auch auf die Arbeitsbedingungen, die Arbeitsorganisation und die Rekrutierung und Ausbildung von Lehrlingen[30]) und wurden zu einem Modell.[31]) Die Gewerkschaftsbewegung der kontinentaleuropäischen Länder, die sich seit den 1860er Jahren entwickelte und zunächst sehr viel schwächer war, orientierte sich daran zum Teil in Nachahmung, aber auch in Kritik an dem angeblich unpolitischen, pragmatisch-gemäßigten Charakter der britischen Gewerkschaften, die erst seit dem Ende der 1880er Jahre im größeren Umfang auch ungelernte Arbeiter organisierten.[32])

[29]) *R. Y. Hedges und Allan Winterbottom,* The Legal History of Trade Unionism. London etc. 1930, 65ff.

[30]) Vgl. *Alastair Reid,* Politik und Arbeitsteilung – Interpretationsansätze zur Entwicklung der Gewerkschaften in Großbritannien 1850–1920, in: Mommsen/Husung (Hrsg.), Massengewerkschaft, 195–214, bes. 201–205; *J. H. Porter,* Wage Bargaining under Conciliation Agreements, 1860–1914, in: The Economic History Review 23, 1970, 460–475.

[31]) Dieser Modellcharakter der britischen Gewerkschaften wird besonders deutlich in dem für die zeitgenössische Diskussion des Gewerkschaftswesens in Deutschland bahnbrechenden Werk von *Lujo Brentano,* Die Arbeitergilden der Gegenwart. 2 Bde. Leipzig 1871/72.

[32]) Über die Entwicklung der britischen Gewerkschaftsbewegung seit den 1880er Jahren vgl. neben dem Sammelband von *Mommsen/Husung* das Standardwerk: A History of British Trade Unions since 1889. Bd. I: 1889–1910 von *H. A. Clegg, Alan Fox und A. F. Thompson.* Oxford 1964. Bd. II: 1911–1931 von *Hugh Armstrong Clegg.* Oxford 1985.

Die allerdings häufig mit wesentlichen Einschränkungen verbundene Anerkennung der Koalitionsfreiheit erfolgte in der Mehrzahl der Staaten des europäischen Kontinents in den Jahren zwischen 1861, als die Strafbarkeit von Arbeiterkoalitionen in Sachsen aufgehoben wurde, und 1884, als in Erweiterung der 1864 erfolgten Zulassung zeitlich befristeter Koalitionen sich in Frankreich auch dauerhaft organisierte Gewerkschaften frei betätigen konnten. Die Koalitionsfreiheit bedeutete eine Korrektur der gruppenfeindlichen Auswüchse des Frühliberalismus, die sich auf den liberalen Grundsatz der Assoziationsfreiheit berufen konnte.[33])

Damit wurde die Bildung mächtiger permanenter Interessenvertretungen der Arbeitnehmer ermöglicht, die in den folgenden Jahrzehnten neben anderen sozialen und politischen Kräften den Ausbau des Sozialstaates und dessen inneren Wandel durch zunehmende Mitwirkung der Bürger und ihrer Organisationen an dessen Institutionen vorantreiben sollten.

Neben den Gewerkschaften entstanden in Großbritannien im 19. Jahrhundert als weiterer Ausdruck des liberalen Grundsatzes der Selbsthilfe durch Assoziation in den „Friendly Societies" freiwillige Unterstützungseinrichtungen der Arbeitnehmer[34]), die auf dem Prinzip der Solidarität ihrer Mitglieder beruhten. Diese von der Gesetzgebung geförderten Organisationen, die vielfach auch einen Teil der geselligen Bedürfnisse ihrer vor allem aus der Facharbeiterschaft und den Handwerkern rekrutierten Mitglieder befriedigten, haben am Ende des 19. Jahrhunderts etwa 4¼ bis 4½ Millionen Männer gegen Krankheit – Alterspensionen waren die Ausnahme – versichert.[35]) Die Friendly Societies wurden auch im Deutschen Reich in den 1880er Jahren als Alternative zur staatlichen Sozialversicherung stark beachtet.[36]) Sie haben jedoch, ebenso wie die freiwilligen

[33]) *Gerald Stourzh,* Zur Institutionengeschichte der Arbeitsbeziehungen und der sozialen Sicherung – Eine Einführung, in: Stourzh/Grandner (Hrsg.), Wurzeln der Sozialpartnerschaft, 13–37, bes. 20f. Vgl. zur Assoziationsfreiheit weiter *Friedrich Müller,* Korporation und Assoziation. Eine Problemgeschichte der Vereinigungsfreiheit im deutschen Vormärz. Berlin 1965, bes. 220–313.

[34]) Vgl. *P. H. J. H. Gosden,* The Friendly Societies in England 1815–1875. Manchester 1961; *ders.,* Self-Help. Voluntary Associations in the 19th Century. London 1973.

[35]) *Bentley B. Gilbert,* The Evolution of National Insurance in Great Britain. The Origins of the Welfare State. London 1966, 167.

[36]) Vgl. *Ritter,* Social Welfare, 134f.

Krankenkassen der Mitglieder bestimmter Berufe auf dem europäischen Kontinent, auf die Dauer nicht die Errichtung gesetzlicher Sozialversicherungen oder einer staatlichen Versorgung der Alten und Kranken überflüssig machen können, da allein diese die weitgehend nicht vorsorgefähigen ungelernten Arbeiter und die berufstätigen Frauen erfassen und soziale Sicherheit auch im Alter und bei Dauerinvalidität gewähren konnten. In der Förderung der Emanzipation der Arbeiterschaft und der Verbesserung ihres sozialen und auch politischen Status in der Gesellschaft haben die Friendly Societies jedoch zeitweise – wie verwandte Selbsthilfeorganisationen in den Ländern Kontinentaleuropas – neben den Gewerkschaften eine wesentliche Rolle gespielt.

IV. DIE REFORM DES TRADITIONELLEN SYSTEMS SOZIALER SICHERHEIT VOR DEM ERSTEN WELTKRIEG

1. Die Sozialversicherung in Deutschland

In Deutschland ist nach Vorläufern in der Revolution von 1848/49 eine Gewerkschaftsbewegung seit Mitte der 1860er Jahre entstanden.[1]) Das zunächst in Sachsen und Baden und dann durch die Übernahme der Gewerbeordnung des Norddeutschen Bundes von 1869 im Deutschen Reich gewährte Koalitionsrecht schloß bestimmte Arbeitergruppen (wie das Gesinde) aus und blieb mit Auflagen gegen den Koalitionszwang verbunden. Nachdem der Versuch gescheitert war, die sozialistischen Gewerkschaften durch das Sozialistengesetz 1878–90 zu zerschlagen, haben diese Auflagen – ebenso wie das Vereins- und Versammlungsrecht, die Praxis der Rechtsprechung und Verwaltung sowie die scharf antigewerkschaftliche Haltung der Schwerindustrie und der öffentlichen Arbeitgeber – die effektive Vertretung der Interessen der Arbeiter durch ihre eigenen Organisationen weiter erschwert.

Da Bismarck in einer weitergehenden staatlichen Regulierung der Arbeitsverhältnisse einen Eingriff in die Autorität der Unternehmer und die freie Verfügung des Arbeiters über seine eigene Arbeitskraft und die seiner Familie sah[2]), blieb Deutschland zunächst auch im Ausbau des Arbeiterschutzes und der Fabrikinspektion weit hinter Großbritannien, aber auch hinter der Schweiz und Österreich zurück. Österreich hatte trotz seiner vergleichsweise zurückgebliebenen industriellen Entwicklung bereits durch Gesetze von 1883 und 1885 eine relativ weitgehende Arbeiterschutzgesetzgebung einge-

[1]) Vgl. dazu *Ulrich Engelhardt,* „Nur vereinigt sind wir stark“. Die Anfänge der deutschen Gewerkschaftsbewegung 1862/63 bis 1869/70. 2 Bde. Stuttgart 1977.

[2]) *Otto von Bismarck,* Die gesammelten Werke. Bd. 15: Erinnerung und Gedanke. Kritische Neuausgabe auf Grund des gesamten schriftl. Nachlasses von Gerhard Ritter u. Rudolf Stadelmann. Berlin 1932, 489.

führt, die einen elfstündigen Maximal-Arbeitstag für erwachsene männliche Arbeiter einschloß.[3])

Der Vorsprung anderer europäischer Länder auf diesem Gebiet konnte auch nach der Entlassung Bismarcks 1890 bis zur Revolution 1918/19 nicht eingeholt werden, obwohl durch die Reformen des preußischen Handelsministers Hans-Hermann Freiherr von Berlepsch am Anfang der 1890er Jahre die Schutzbestimmungen für Frauen, Jugendliche und Kinder erheblich erweitert wurden und man die Gewerbeinspektion ausbaute und effektiver gestaltete.[4]) Erst als Ergebnis der Novemberrevolution wurde ein Maximal-Arbeitstag für männliche erwachsene Arbeiter festgelegt.

Dagegen hat Deutschland, wo die frühen Versuche zur Bewältigung des Pauperismus vor allem auf eine Verbesserung der überkommenen Fürsorgeeinrichtungen zielten, mit den Gesetzen der 1880er Jahre zum Schutz der Arbeitnehmer gegen Lebensrisiken infolge von Krankheit, Unfall, Invalidität und Alter das erste moderne System sozialer Sicherheit in der Welt aufgebaut. Die Sozialversicherung ist die bedeutendste institutionelle Erfindung des Sozialstaates. Sie hat im Verlauf eines Jahrhunderts die Bedeutung der später durch die Sozialhilfe ersetzten traditionellen Armenfürsorge zurückgedrängt – wenn auch keineswegs ersetzt – und ist heute in den Industrieländern die wichtigste Form der Daseinsvorsorge.

Zwar hat die Sozialversicherung gewisse Vorläufer in den freiwilligen Unterstützungskassen von Gesellen und Arbeitern, der Pflichtversicherung von Seeleuten und Bergarbeitern sowie den gemeindlichen Krankenkassen; doch erst das neue Modell einer national organisierten, umfassenden, obligatorischen Solidargemeinschaft von Arbeitnehmern, Arbeitgebern und Staat eröffnete die Chance, Armut und Elend als Massenschicksal der Arbeiterschaft (und nicht nur von Randgruppen der Gesellschaft) zu lindern und entscheidend zurückzudrängen.

Die deutsche Sozialversicherung hat mit den Beiträgen der Arbeitgeber, der Beteiligung der Versicherten und der finanziellen

[3]) Vgl. *Kurt Ebert,* Die Anfänge der modernen Sozialpolitik in Österreich. Die Taaffesche Sozialgesetzgebung für die Arbeiter im Rahmen der Gewerbeordnungsreform (1879–1885). Wien 1975, bes. 115–161, 176–249.

[4]) Vgl. *Hans-Jörg von Berlepsch,* „Neuer Kurs" im Kaiserreich? Die Arbeiterpolitik des Freiherrn von Berlepsch 1890 bis 1896. Bonn 1987.

Hilfe des Staates wesentliche Elemente der nicht von Religionsgemeinschaften getragenen Frühformen kollektiver Daseinsvorsorge aufgegriffen, darunter besonders die genossenschaftliche Hilfe vor allem durch Gilden, Zünfte und Gesellenverbände[5]), die noch im preußischen Allgemeinen Landrecht von 1794 festgelegte traditionelle Schutzverpflichtung der Arbeitgeber etwa gegenüber Dienstboten und Handlungsgehilfen und die staatliche und kommunale Armenpflege. Sie unterschied sich von älteren Formen sozialer Sicherheit aber dadurch, daß sie – anders als die Versorgungseinrichtungen der Zünfte und Gesellen – nicht auf Angehörige eines Berufes beschränkt war, sondern breitere Personenkreise erfaßte. Sie beruhte ferner im Unterschied zu den überkommenen Schutzverpflichtungen der Arbeitgeber nicht auf patriarchalischen Prinzipien. Auch begründeten die Sozialversicherungen, im Gegensatz zur traditionellen Armenhilfe, einen individuellen Rechtsanspruch des Versicherten auf Leistungen, der mit keiner sozialen und politischen Diskriminierung verbunden war. Lag in der Armenpflege die Gewährung von Leistungen und deren Höhe im Ermessen lokaler Institutionen, so wurden die Leistungen der Sozialversicherung durch nationale Gesetzgebung einheitlich fixiert. Im Unterschied zu privaten Versicherungen wurden dabei in Beiträgen und Leistungen soziale Gesichtspunkte berücksichtigt und auch die schlechten Risiken zu den gleichen Bedingungen wie gute Risiken abgesichert.

Die Armenfürsorge war bis zum Ersten Weltkrieg mit erheblichen politischen und sozialen Diskriminierungen und oft auch rigiden Kontrollen der Privatsphäre der Armen verbunden[6]) und ging von der Vorstellung aus, zumindest der arbeitsfähige Arme sei an seiner Notlage persönlich schuld; überdies war die Hilfe vom jeweiligen Interesse der Gesellschaft abhängig. Mit der Sozialversiche-

[5]) Vgl. dazu *Sigrid Fröhlich*, Die soziale Sicherung bei Zünften und Gesellenverbänden. Darstellung, Analyse, Vergleich. Berlin 1976; *Ute Frevert*, Krankheit als politisches Problem 1770–1880. Soziale Unterschichten in Preußen zwischen medizinischer Polizei und staatlicher Sozialversicherung. Göttingen 1984.

[6]) So waren die Empfänger öffentlicher Armenhilfe z. B. in Deutschland nicht nur vom Wahlrecht für den Reichstag, die Landtage der Einzelstaaten und die Kommunalvertretungen ausgeschlossen, sondern konnten meist auch an kirchlichen Wahlen nicht teilnehmen. Eine vergleichende Untersuchung zur Einschränkung der bürgerlichen Rechte der Empfänger von Armenhilfe in den deutschen Einzelstaaten und anderen europäischen Ländern ist ein Desiderat der Forschung.

rung hingegen wurde implizit anerkannt, daß es soziale Ursachen der Not gab, für die der einzelne nicht verantwortlich war, und daß die Förderung der individuellen Wohlfahrt bei Respektierung der Würde und Freiheit des einzelnen eine Aufgabe der Gesellschaft sei.

Bei der Gewichtung der Ursachen, die zur Entstehung der Sozialversicherung und anderen modernen Formen der Daseinsvorsorge führten, wird man unterscheiden müssen zwischen den Zwängen der sozioökonomischen Entwicklung, welche die letztlich universale Tendenz der sozialstaatlichen Entwicklung der Industrienationen erklären, und der durch die Eigenart der gesellschaftlichen, politischen und ideengeschichtlichen Entwicklung geprägten, spezifischen Art der Wahrnehmung und Verarbeitung der Probleme, die weitgehend den Zeitpunkt und den Charakter der Lösungen bestimmte.[7])

Die *allgemeinen Ursachen für die Entstehung und Durchsetzung der Sozialversicherung* liegen in dem durch Bevölkerungswachstum, Industrialisierung, Urbanisierung und Binnenwanderung vorangetriebenen Prozeß des raschen ökonomischen und sozialen Wandels, in der Säkularisierung sowie in der politischen Mobilisierung der Massen. Die Auflösung von Ständegesellschaft und Zunftverfassung, der Bedeutungsverlust der Familie als Produktionsgemeinschaft und Institution zur Vorsorge gegen Not; die Krise des traditionellen, auf Nachbarschaftshilfe und Verantwortung der Geburtsgemeinden aufgebauten Systems der Unterstützung infolge von Massenwanderung von Arbeitskräften[8]) und Verstädterung; die steigende Abhängigkeit von kapitalistischen Arbeitsmärkten, in denen die Höhe der Löhne nicht durch den Bedarf der Arbeiter, sondern durch Marktgesetze bestimmt wird; der Bedeutungsverlust von Landwirtschaft und Heimarbeit, der damit verbundene Rückgang von Arbeitsmöglichkeiten für Kinder, Frauen und Alte und die verstärkte Abhängigkeit vom regelmäßigen Einkommen des Ernährers; die Entstehung und Vermehrung des Industrieproletariats; die Erhöhung des Unfallrisikos mit der Maschinenarbeit; die zunehmende Gefahr von Arbeitslosigkeit aufgrund von Schwankun-

[7]) Vgl. dazu auch *Asa Briggs*, The History of Changing Approaches to Social Welfare, in: Martin (Ed.), Comparative Development, 9–24.
[8]) Vgl. dazu *Peter A. Köhler*, Entstehung von Sozialversicherung. – Ein Zwischenbericht, in: Zacher (Hrsg.), Bedingungen, 19–88, bes. 50–54.

gen der wirtschaftlichen Konjunktur und die damit verbundenen neuen Formen des Massenelends sowie deren Thematisierung als „soziale Frage" – all das ließ ein Bedürfnis nach neuen Formen sozialer Sicherheit entstehen. So notwendig aber diese wirtschaftlichen und sozialen Wandlungsprozesse als Voraussetzung für die Einführung der Sozialversicherung waren, so reichen sie doch nicht aus, deren Entstehung zu erklären. Offensichtlich ist staatliche Sozialversicherung nicht einfach die Antwort auf einen bestimmten Grad der Industrialisierung und Urbanisierung und die dadurch ausgelösten sozialen Probleme. Sonst hätte nicht Deutschland, sondern die in der industriellen Entwicklung zunächst führenden Nationen – Großbritannien, Belgien, die Schweiz, Frankreich und die Niederlande – in Europa die ersten Sozialversicherungen schaffen müssen.

Auch der Versuch, die Entstehung und Ausbreitung von Sozialversicherung als Ergebnis der politischen Mobilisierung der Massen und der Schaffung schlagkräftiger Arbeiterorganisationen zu interpretieren, ist nicht überzeugend, da die Gewerkschaften mit ihren umfangreichen Versicherungseinrichtungen zunächst eine Schwächung ihrer Organisationen durch den Aufbau staatlicher Versicherungen befürchteten und zudem – ebenso wie die Arbeiterparteien – die Belastung der Arbeiter mit Versicherungsbeiträgen strikt ablehnten. Auch wäre dadurch nicht zu erklären, warum Deutschland voranging. In der Entwicklung der Gewerkschaftsbewegung wurde der ursprünglich große Vorsprung Großbritanniens von Deutschland erst seit der Jahrhundertwende aufgeholt. Die deutsche Sozialdemokratie war zwar die erste politische Massenorganisation der Arbeiterschaft in der ganzen Welt; sie konnte aber aufgrund ihrer politischen Isolierung und des Fehlens eines parlamentarischen Systems keinen direkten Einfluß auf die Regierungspolitik ausüben.

Vor allem in der Forschung des letzten Jahrzehnts hat man die Rolle nationaler politischer Eliten betont und die Einführung der Sozialversicherung in Deutschland, aber auch in anderen Ländern vor 1914, primär im Sinne einer „defensiven Integrations- und Stabilisierungspolitik"[9]) zur Pazifizierung der Arbeiter und zur Erhaltung der bestehenden politischen, wirtschaftlichen und sozialen Ordnung gedeutet. Der Bedarf nach Legitimation, der allgemein in dualistisch-konstitutionellen Monarchien stärker gewesen sei als in

[9]) *Flora*, Krisenbewältigung, in: Matthes (Hrsg.), Sozialer Wandel, 82.

parlamentarischen Staaten, habe sich in Deutschland noch zusätzlich erhöht durch die frühe politische Mobilisierung der Arbeiter in einer sozialistischen Partei und die mangelnde Geschlossenheit des neuen Nationalstaates.[10]) Diese Erklärung kann sich darauf stützen, daß Bismarck tatsächlich die Sozialversicherungspolitik als ein die Kampfpolitik des Sozialistengesetzes ergänzendes Mittel gesehen hat, die Sozialdemokratie und die sozialistischen Gewerkschaften zu schwächen und die Arbeiterschaft für den monarchischen Staat zu gewinnen.[11]) Trotzdem greift diese These von der Einführung der Sozialversicherung als eines Mittels zur Verzögerung der politischen Emanzipation der Arbeiter zu kurz, um die Führungsrolle Deutschlands zu erklären. Noch weniger erscheint es möglich, aus der spezifischen politischen Situation bei der Entstehung der Sozialversicherung in Deutschland allgemeine Thesen von der primären Bedeutung des Verfassungssystems für die frühzeitige Entstehung von Sozialversicherung vor dem Ersten Weltkrieg abzuleiten.[12])

Zu den Entstehungsbedingungen der Sozialversicherung und ihren Kennzeichen gehörte neben den bereits erwähnten ökonomischen und sozialen Faktoren die Eigenart politischer und sozialer Ideen, wobei eine starke, auf dem Grundsatz des laissez faire beruhende liberale Tradition die Entwicklung verzögerte. Wichtig waren neben dem Entwicklungsgrad der empirischen Sozialwissenschaft und ihrem konkreten Einfluß die Auffassung von der Rolle

[10]) *Alber,* Armenhaus, bes. 130ff., 148ff.; *Peter Flora/Jens Alber,* Modernization, Democratization and the Development of the Welfare State in Western Europe; in: Flora/Heidenheimer (Eds.), Development, 46ff., 71ff.; *Rimlinger,* Welfare Policy, 92f., 112ff.; *Flora* u. a., Entwicklung, 749, 761ff.; *Jens Alber,* Die Entwicklung sozialer Sicherheitssysteme im Licht empirischer Analysen, in: Zacher (Hrsg.), Bedingungen, bes. 153f.; *Detlev Zöllner,* Vergleich von Sozialversicherungssystemen verschiedener Länder in ihrer geschichtlichen Entwicklung, in: Zeitschrift für die gesamte Versicherungswissenschaft 69, 1980, 215–224, hier 216.

[11]) Vgl. *Ritter,* Sozialversicherung, 28–30.

[12]) Als konstitutionell-dualistische Monarchien, die aufgrund ihres besonderen Legitimationsbedarfs Sozialversicherungen relativ früh eingeführt hätten, werden Deutschland, Österreich, Schweden und Dänemark genannt (*Flora/Alber,* Modernization, in: Flora/Heidenheimer (Eds.), Development, 72). M. E. spielt jedoch in diesen Ländern – wie z. B. in Österreich – entweder das deutsche Vorbild eine wesentliche Rolle, oder es lagen andere spezifische Faktoren für die relativ frühe Einführung von Sozialversicherungssystemen vor. Für Schweden vgl. die differenzierte Analyse von *Heclo,* Modern Social Politics.

des Staates im Wirtschafts- und Sozialleben, die Kapazität der kommunalen und staatlichen Verwaltung, die Wahrnehmung, Interpretation und Verarbeitung sozialer Probleme durch die politischen und sozialen Eliten und deren Handlungsspielraum, die Konstellation der politischen Parteien sowie Zeitpunkt und Ausmaß der politischen und gewerkschaftlichen Mobilisierung der Arbeiterschaft; bedeutsam waren ferner die Interessenlage der Unternehmer und die Effektivität der Interessenorganisationen der Versicherungswirtschaft und der Ärzteschaft, die von der Krankenversicherung vital betroffen war. Schließlich wird man nach der Rolle ausländischer Vorbilder, dem spezifischen Charakter der sozialen Probleme und der Fähigkeit der traditionellen Formen der öffentlichen, privaten und kirchlichen Armenfürsorge, sie zu lösen, fragen müssen sowie nach dem Umfang der Ressourcen, die für den Aufbau neuer Systeme der sozialen Sicherheit mobilisiert werden konnten.

Aus diesem komplexen Beziehungsgeflecht sollen hier nur wenige, vor allem *ideengeschichtliche Wurzeln* bloßgelegt werden, die neben den erwähnten, aber in diesem Zusammenhang nicht im Detail diskutierten anderen Faktoren[13]) dazu beigetragen haben, das geistige Klima zu schaffen, das die frühe Entstehung von Sozialversicherung in Deutschland förderte. Die am Beispiel des Pietismus und der Kameralistik aufgezeigte Tradition, die den Staat als Instrument zur Förderung der allgemeinen und individuellen Wohlfahrt begriff, fand trotz der Auflösung der naturrechtlichen Staatszwecklehre im Idealismus ihre Fortsetzung im deutschen Staatsdenken des 19. Jahrhunderts. So hat der bedeutende Verfassungstheoretiker Robert von Mohl in seiner Verwaltungslehre eine für den frühen deutschen Liberalismus weitgehend maßgebliche Verbindung des Rechtsstaatsgedankens mit dem älteren polizeistaatlichen Wohlfahrtsideal vollzogen, indem er den Rechtsstaat nicht auf die Durchsetzung allgemeiner Regeln beschränkte, sondern ihm auch eine soziale Verantwortung zur Förderung der materiellen Grundlagen einer rechtsstaatlich verfaßten Gesellschaft zuerkannte.[14]) Für Hegel,

[13]) Vgl. dazu eingehend *Ritter*, Sozialversicherung, bes. 9–52.
[14]) Vgl. *Erich Angermann*, Die Verbindung des „polizeistaatlichen" Wohlfahrtsideals mit dem Rechtsstaatsgedanken im deutschen Frühliberalismus. Eine Studie über die Verwaltungslehre Robert von Mohls, in: Historisches

dessen Einfluß auf das deutsche Staatsdenken im 19. und frühen 20. Jahrhundert kaum zu überschätzen ist[15]), war der Staat nicht nur die „Wirklichkeit der sittlichen Idee“, d. h. der Idee der Freiheit[16]), sondern neben Familie und Gesellschaft auch ein subsidiäres Instrument der Daseinsvorsorge.[17]) Die Notwendigkeit staatlicher Intervention folgte für Hegel vor allem aus dem von ihm lange vor Marx analysierten Gesetz der wachsenden Industrialisierung, Kapitalakkumulation und Vermehrung der unter das Existenzminimum absinkenden abhängigen Klasse der Besitzlosen, des Pöbels.[18]) Die soziale Reform, an der neben der „polizeilichen Vorsorge“ auch die „Korporation“ als Mittel der kollektiven Selbsthilfe entscheidend beteiligt werden sollte[19]), kann nach Hegel dabei die inneren Widersprüche der vollentwickelten industriellen bürgerlichen Gesellschaft überwinden, den einzelnen in seinem Dasein sichern und eine Revolution verhindern.[20])

Es ist erstaunlich, daß in Deutschland, das in seiner industriellen Entwicklung im Vergleich etwa zu Großbritannien, aber auch zu Belgien und Frankreich, zunächst weit zurückgeblieben war, bereits vor der Revolution von 1848 der grundsätzlich neue Charakter der industriellen Gesellschaft und der durch sie aufgeworfenen sozialen Probleme nicht nur von Hegel, sondern auch von vielen anderen zeitgenössischen Beobachtern früh erkannt worden ist und daß man Therapien zur Heilung des diagnostizierten Übels und zur Entschär-

Jahrbuch 74, 1955, 462–472. Vgl. weiter zu Mohls Auffassung von der gestaltenden Rolle des Staates im gesellschaftlichen Leben *Ulrich Scheuner*, Der Rechtsstaat und die soziale Verantwortung des Staates. Das wissenschaftliche Lebenswerk von Robert von Mohl, in: Der Staat 18, 1979, 1–30.

[15]) Vgl. *Scheuner*, Hegel, 81–100.

[16]) *Georg Wilhelm Friedrich Hegel*, Grundlinien der Philosophie des Rechts (1821). Mit den von Gans redigierten Zusätzen aus Hegels Vorlesungen neu hrsg. v. Georg Lasson. Leipzig 1911, §§ 257, 142, S. 195, 132.

[17]) Ebd. § 249, S. 191. Vgl. weiter *Ernst Rudolf Huber*, Vorsorge für das Dasein. Ein Grundbegriff der Staatslehre Hegels und Lorenz von Steins, in: Roman Schnur (Hrsg.), Festschrift für Ernst Forsthoff zum 70. Geburtstag. München 1972, 139–163.

[18]) *Hegel*, Grundlinien der Philosophie des Rechts, §§ 243/244, S. 188.

[19]) Die Paragraphen 230–256 von Hegels „Grundlinien der Philosophie des Rechts“ tragen den Titel: „Die Polizei und Korporation“.

[20]) *Huber*, Vorsorge, 148f.

fung der Gegensätze zwischen den Besitzenden und einem besitzlosen Proletariat mit großer Intensität diskutierte.[21])

Vor diesem geistesgeschichtlichen Hintergrund und wesentlich beeinflußt durch Hegel, aber auch durch die genaue Beobachtung der zeitgenössischen französischen Entwicklung, hat schließlich Lorenz von Stein, einer der originellsten Denker der Zeit, die Theorie des modernen Sozialstaates in der Mitte des 19. Jahrhunderts begründet. Wie Hegel geht er von der Analyse der Bewegungsgesetze der modernen Gesellschaft aus.[22]) Mit der Französischen Revolution und der Erklärung der Menschenrechte sei der Übergang von der altständischen Ordnung zur staatsbürgerlichen Gesellschaft der individuellen Freiheit und rechtlichen Gleichheit eingeleitet worden. Die staatsbürgerliche Gesellschaft habe ihrerseits aus sich heraus die Gesellschaft des freien Erwerbs, die volkswirtschaftliche Gesellschaft, gebildet, in der das Zensuswahlrecht die Interessenidentität der Besitzenden mit der Staatsgewalt sicherstellen soll, die Freiheit und Eigentum zu schützen hat. Aus der volkswirtschaftlichen Gesellschaft entstand schließlich die industrielle Gesellschaft, für die der scharfe Gegensatz der Klassen der Kapitalisten und des scheinbar zur dauernden Besitzlosigkeit und materiellen Unfreiheit verurteilten, vom „Maschinenlohn" abhängigen Proletariats[23]) kennzeichnend ist. Das Proletariat gelangt schließlich durch Sozialismus und Kommunismus zum Bewußtsein seiner Lage und wird

[21]) Einen guten Einblick in die zeitgenössische Diskussion, zu der natürlich auch die Schriften von Karl Marx gehören, vermittelt die Quellensammlung von *Carl Jantke/Dietrich Hilger* (Hrsg.), Die Eigentumslosen. Der deutsche Pauperismus und die Emanzipationskrise in Darstellungen und Deutungen der zeitgenössischen Literatur. Freiburg/München 1965.

[22]) Diese ist enthalten in *Lorenz von Stein,* Geschichte der sozialen Bewegung in Frankreich von 1789 bis auf unsere Tage. 3 Bde. Hrsg. v. Gottfried Salomon. München 1921. In dieses 1850 erschienene Werk ist seine 1842 in Leipzig veröffentlichte Schrift „Der Socialismus und Communismus des heutigen Frankreichs. Ein Beitrag zur Zeitgeschichte", die sofort große Aufmerksamkeit erregte, eingegangen. Vgl. zur folgenden Analyse *Ernst-Wolfgang Böckenförde,* Lorenz von Stein als Theoretiker der Bewegung von Staat und Gesellschaft zum Sozialstaat, in: Alteuropa und die moderne Welt, 248–277; *Eckart Pankoke,* Sociale Bewegung – Sociale Frage – Sociale Politik. Grundfragen der Deutschen „Socialwissenschaft" im 19. Jahrhundert. Stuttgart 1970, bes. 70–99; *Stefan Koslowski,* Die Geburt des Sozialstaats aus dem Geist des Deutschen Idealismus. Person und Gemeinschaft bei Lorenz von Stein. Weinheim 1989.

[23]) *Stein,* Geschichte der sozialen Bewegung, Bd. II, bes. 64ff.

zum Träger einer sozialen Bewegung, die das Privateigentum und die Familie negiert und um die Eroberung der Staatsgewalt kämpft.

Stein hat die Grundzüge seiner Analyse der Entwicklung der Gesellschaft, der Entstehung des Proletariats als revolutionärer Klasse, des Klassenbewußtseins und Klassenkampfes bereits 1842 vor Marx, diesen offensichtlich anregend[24]), veröffentlicht; er zog jedoch aus seiner Analyse, in der auch zum ersten Mal der Sozialismus wissenssoziologisch auf die Herausbildung eines durch die Industrialisierung pauperisierten Proletariats zurückgeführt wurde[25]), nicht die Konsequenz der Rechtfertigung der Revolution oder der gewaltsamen Unterdrückung des Proletariats, sondern leitete aus ihr die Forderung nach sozialen Reformen durch die Staatsgewalt ab. Die Staatsgewalt sei zwar notwendig der besitzenden Klasse unterworfen. „Das Wesen des Staates" fordere „aber eine Anwendung seiner Gewalt für das Wohl aller Klassen."[26]) Sowohl bei einem Versuch der besitzlosen Klasse, nach dem Prinzip der demokratischen Gleichheit die Herrschaft der Staatsgewalt an sich zu reißen, wie bei einer Ausnutzung der Herrschaft über die Verwaltung durch die Besitzenden in ihrem eigenen Interesse werde die „Ordnung der Dinge in der Gewalt untergehen ... Wenn dagegen die besitzende Klasse die Staatsverwaltung im Sinne der nichtbesitzenden Klasse zur Hebung des Loses der Arbeiter, für ihre Bildung und die Möglichkeit eines, wenn auch nur allmählichen Kapitalerwerbes" verwende und damit die Freiheit fördere, könne sich das Proletariat mit der beste-

[24]) Über die Frage des Einflusses von Stein auf Marx vgl. *Béla Földes*, Bemerkungen zu dem Problem Lorenz Stein–Karl Marx, in: Jahrbücher für Nationalökonomie und Statistik 3. Folge 47, 1914, 289–299; *Gottfried Salomon* in seinem Vorwort zu Steins „Geschichte der sozialen Bewegung", Bd. 1, XXXI–XXXVII; *Arnold Winkler*, Die Entstehung des „Kommunistischen Manifestes". Eine Untersuchung, Kritik und Klärung. Wien 1936; *Elisabeth Kolb*, Lorenz von Stein und die soziale Bewegung des 19. Jahrhunderts. Diss. rer. pol. Frankfurt am Main 1947, 97–103. In ihrer Auffassung vom systemsprengenden Gegensatz von Kapital und Arbeit, von Bourgeoisie und Proletariat wurden sowohl Marx wie auch Lorenz von Stein stark von dem französischen Frühsozialisten Charles Louis Blanc (1813–1882) beeinflußt; vgl. dazu *Herbert Uhl*, Lorenz von Stein und Karl Marx. Zur Grundlegung von Gesellschaftsanalyse und politischer Theorie 1842–1850. Diss. phil. Tübingen 1977, bes. 104.

[25]) Vgl. *Petra Weber*, Sozialismus als Kulturbewegung. Frühsozialistische Arbeiterbewegung und das Entstehen zweier feindlicher Brüder Marxismus und Anarchismus. Düsseldorf 1989, 154.

[26]) *Stein*, Geschichte der sozialen Bewegung, Bd. 3, 204.

henden politischen Ordnung abfinden, werde die Frage der Verfassung sekundär.[27])

Stein verwendete für den sozial engagierten Staat, den er forderte, den aus Frankreich übernommenen Begriff der „sozialen Demokratie": „Das Ende der bisherigen Demokratie ist da, sowie die beiden Klassen sich über ihr wahres gegenseitiges Interesse verständigen; die Macht derselben wächst in dem Maße, in welchem sie sich spalten. Der Übergang der Demokratie zu jener neuen ist bereits angedeutet in dem Losungsworte der sozialen Demokratie. Noch ist der Inhalt dieser Idee unklar. Wenn sie nicht aus ihrer Unklarheit heraustritt, wird sie verschwinden. Wenn sie aus derselben heraustreten will, muß sie zur *Lehre von der Gesellschaft* werden. *Dann wird ihr die Zukunft gehören.*"[28]) Mit dem Begriff der „sozialen Demokratie" antizipierte Stein die zukünftige Ordnung Europas.[29]) Für Deutschland forderte er ein über den Klassengegensätzen stehendes „Königtum der gesellschaftlichen Reform" oder „sozialen Reform"[30]) und machte damit auch einen interessanten Versuch zu einer „soziologischen Rechtfertigung" der zeitgenössischen konstitutionellen Monarchie.[31]) In der Konzeption der sozialen Demokratie oder des Sozialstaates ist der Antagonismus der Interessen von Kapital und Arbeit dadurch aufgelöst, daß das Kapital u. a. wegen einer drohenden sozialen Revolution die soziale Reform bewußt akzeptiert, und dadurch, daß das Proletariat keine Revolution mehr benötigt, weil die staatlichen Machtmittel den Besitzerwerb aller fördern und die proletarische Existenz sichern.

Der Sozialstaat sollte bei Stein aber nicht nur Herrschaft legitimieren und sichern, sondern auch bewußt den Interessen des Volkes dienen. Neben der nicht nur regulierenden, sondern auch aktiv sozial gestaltenden Rolle des Staates, die sich vor allem in der auf die Besonderheit sozialer Problemlagen ausgerichteten Verwaltung ver-

[27]) Ebd. 206f.

[28]) Ebd. 207, Hervorhebungen wie im Text.

[29]) Ebd. 208f.

[30]) Ebd. 40f.

[31]) Vgl. *Dirk Blasius,* Lorenz von Steins Lehre vom Königtum der sozialen Reform und ihre verfassungspolitischen Grundlagen, in: Der Staat 10, 1971, 33–51, bes. 49. Blasius geht es vor allem darum, die Traditionszusammenhänge der Idee des sozialen Königtums und ihres Stellenwerts in Steins politischem Denken aufzuzeigen.

wirklichen sollte[32]), hat Stein auch die Bedeutung der freien Bildungen der Gesellschaft, der Vereine und Selbstverwaltungskörperschaften, im komplexen, miteinander verwobenen System von Staat und Gesellschaft erkannt.[33]) Damit hat er seine Konzeption des Sozialstaates und der staatlichen Leistungsverwaltung, die gerade auf die Sicherung der persönlichen Freiheit und Selbstbestimmung durch die Befreiung von materieller Abhängigkeit zielte, klar abgegrenzt von der Konzeption des bevormundenden Wohlfahrtsstaates des aufgeklärten Absolutismus, aber auch von der Idee des Staatssozialismus.[34])

Von den Zeitgenossen Steins hat Alexis de Tocqueville die Möglichkeit der Gefährdung der Freiheit durch einen aktiven Sozialstaat, der auf dem Streben der Menschen nach Gleichheit, sozialer Sicherheit und Wohlstand beruht, besonders deutlich gesehen. In einer der Realität vorgreifenden Analyse warnte er in seinem Buch „De la Démocratie en Amérique" vor der mit der Erweiterung der Staatsaufgaben im sozialen Bereich und der Notwendigkeit der Überwachung und Reglementierung der industriellen Klasse verbundenen, steigenden Abhängigkeit der Menschen von den Regierenden. In dieser Vormundschaftsgewalt (pouvoir immense et tutélaire), die es allein übernehme, das „Behagen" (jouissance) der Bürger sicherzustellen und über ihr Schicksal zu wachen, liege die Gefahr einer neuen Form der Despotie in der Art einer „geregelten, milden und friedlichen Knechtschaft" (servitude réglée, douce et paisible).[35])

Die Ideen Steins haben vor allem über den Konservativen Hermann Wagener, einen der engsten sozialpolitischen Berater Bis-

[32]) Vgl. dazu vor allem *Steins* Werk "Die Verwaltungslehre". Neudruck der 1.–2. Aufl. 1866–1884. 8 Teile in 10 Bänden. Aalen 1962. Auch das sozialstaatliche Recht auf Gesundheit ist von Stein bereits 1882 im Teil 3 der 2. Auflage seiner „Verwaltungslehre" über „Das Gesundheitswesen" ausdrücklich bejaht worden. Vgl. *Frank Schulz,* Die Lehre vom öffentlichen Gesundheitswesen bei Lorenz von Stein. Ein Beitrag zur Ideengeschichte der sozialstaatlichen Gesundheitspolitik, in: Der Staat 27, 1988, 110–128.

[33]) Vgl. *Scheuner,* Hegel, in: ders., Staatstheorie, 94.

[34]) *Huber,* Vorsorge, 161; *ders.,* Lorenz von Stein und die Grundlegung der Idee des Sozialstaats, in: Ernst Forsthoff (Hrsg.), Lorenz von Stein. Gesellschaft – Staat – Recht. Berlin 1972, 495–512, bes. 511.

[35]) *Alexis de Tocqueville,* Œuvres, Papiers et Correspondance. Hrsg. v. J.-P. Mayer. Bd. I: De la Démocratie en Amérique. Bd. I, 2. Paris 1961, 324f.

marcks[36]), auf die frühen Konzeptionen der preußisch-deutschen Sozialpolitik eingewirkt. So ist die häufig zitierte, natürlich auch im taktischen Zusammenhang mit seinem Flirt mit Lassalle und seinen Kämpfen mit dem Liberalismus zu interpretierende Äußerung Bismarcks im preußischen Abgeordnetenhaus vom 15. 2. 1865, daß die Könige von Preußen niemals vorzugsweise Könige der Reichen gewesen seien, sondern sich besonders um den Schutz und die Verbesserung der Situation der Armen bemüht hätten[37]), offenbar von Denkschriften Hermann Wageners zur „Arbeiterfrage" 1864 beeinflußt worden; darin wurde unter ausdrücklicher Berufung auf Stein die Idee des sozialen Königtums vertreten.[38])

Auch Theodor Lohmann, der führende sozialpolitische Experte der preußischen Bürokratie, ist bereits als Student durch Steins „Geschichte der sozialen Bewegung in Frankreich" mit den modernen Sozialtheorien in Berührung gekommen und hat dessen Verwaltungs- und Volkswirtschaftslehre intensiv verarbeitet. Er ist in seinen politischen und sozialen Ideen und seinen Auffassungen von der Verwaltung wesentlich durch Lorenz von Stein beeinflußt worden[39]) und hat auch später noch dessen Rat in sozialpolitischen Fragen gesucht.[40])

[36]) Vgl. *Wolfgang Saile,* Hermann Wagener und sein Verhältnis zu Bismarck. Ein Beitrag zur Geschichte des konservativen Sozialismus. Tübingen 1958.

[37]) *Otto von Bismarck,* Werke. Reden. Bearb. v. Wilhelm Schüßler. Bd. 10: 1847 bis 1869. Berlin 1928, 232. Die Äußerung fiel als Antwort auf die Kritik der Liberalen daran, daß Bismarck arbeitslosen, notleidenden Waldenburger Webern eine Audienz beim König verschafft hatte, der ihnen eine Prüfung ihrer Beschwerden zusagte und ihnen Mittel aus seinem Privatvermögen zur Gründung einer Produktivgenossenschaft zur Verfügung stellte.

[38]) Vgl. *Hans-Joachim Schoeps,* Hermann Wagener – Ein konservativer Sozialist. Ein Beitrag zur Ideengeschichte des Sozialismus, in: Zeitschrift für Religions- und Geistesgeschichte 8, 1956, 193–217, bes. 200–202; *Blasius,* Steins Lehre vom Königtum, 33f.

[39]) *Rothfels,* Lohmann, 12f. Vgl. weiter Lohmanns Brief vom 30. September 1878, durch den er mit Lorenz von Stein in persönliche Verbindung trat: „Seitdem ich als junger Student im Jahre 1852 Ihre ‚Geschichte der socialen Bewegung in Frankreich' kennen lernte, hat mich das Studium Ihrer staatswissenschaftlichen Schriften mit kurzen Unterbrechungen durch mein ganzes ferneres Leben begleitet"; Nachlaß Lorenz von Stein, Schleswig-Holsteinische Landesbibliothek Kiel, Sign. CB 102.4.2:05.

[40]) Vgl. Lohmanns langen Brief vom 26. Juni 1882 an Stein, in dem er ihm die dem Reichstag vorgelegten Gesetzentwürfe zur Unfall- und Krankenversicherung übersandte, in der Hoffnung, daß dieser sie einer „öffentlichen Besprechung" unterziehen möge, und in dem er seine von Bismarck abwei-

Im Lager der Liberalen knüpfte Friedrich Naumanns Konzeption des sozialen Kaisertums an Steins Ideen an.[41]) Naumanns Vorstellung einer aktiven Intervention des Staates in die wirtschaftlichen und sozialen Verhältnisse stand dabei auch in der Tradition wesentlicher Elemente des deutschen Frühliberalismus. Den unterentwickelten wirtschaftlichen und sozialen Verhältnissen Deutschlands im Vormärz entsprechend, war das Gesellschaftsbild der Liberalen zunächst an der Utopie einer berufsständisch gegliederten, mittelständischen, „klassenlosen Bürgergesellschaft" auf patriarchalischer Grundlage ausgerichtet.[42]) Industrialisierung, Urbanisierung und die Entstehung eines kaum zu kontrollierenden, potentiell revolutionären Massenproletariats wurden dabei im wesentlichen negativ beurteilt. Neben den Versuchen, die Arbeiter durch Bildungsvereine, die vom Bürgertum gesteuert waren, und durch die Unterstützung von Selbsthilfeorganisationen aus dem „Pöbel" in den Mittelstand emporzuziehen, stand auch der Appell an den Staat, nicht nur das Eigentum und die soziale Ordnung zu schützen, sondern auch durch umfassende Sozialreformen die unteren Klassen materiell und sittlich zu heben.[43])

Zwar hat später die Doktrin des laissez faire im Zuge der beschleunigten Industrialisierung seit den 1850er Jahren an Boden gewonnen und bis zur Erschütterung und Schwächung des Liberalismus infolge der 1873 einsetzenden schweren wirtschaftlichen Krise[44]) die preußische und später die deutsche Außenhandelspolitik bestimmt. Das hat jedoch staatliche soziale Reformen, die schon aufgrund der Erfahrungen der scharfen ökonomischen und sozialen Spannungen in der Revolution von 1848 in den 1850er Jahren ein-

chenden Auffassungen darlegte (Nachlaß Stein). Stein, der – wie Lohmann – Bismarcks Konzept der Arbeiterzwangsversicherung ablehnte, kam allerdings dieser Bitte nicht nach.

[41]) Vgl. *Elisabeth Fehrenbach,* Wandlungen des deutschen Kaisergedankens 1871–1981. München/Wien 1969, bes. 184ff.

[42]) Vgl. *Lothar Gall,* Liberalismus und „bürgerliche Gesellschaft". Zu Charakter und Entwicklung der liberalen Bewegung in Deutschland, in: Historische Zeitschrift 220, 1975, 324–356, bes. 353.

[43]) Vgl. *James J. Sheehan,* Der deutsche Liberalismus. Von den Anfängen im 18. Jahrhundert bis zum Ersten Weltkrieg 1770–1914. München 1983, bes. 36–43, 104f.; *Donald G. Rohr,* The Origins of Social Liberalism in Germany. Chicago/London 1963.

[44]) Vgl. *Hans Rosenberg,* Große Depression und Bismarckzeit. Wirtschaftsablauf, Gesellschaft und Politik in Mitteleuropa. Berlin 1967, bes. 62ff.

geleitet worden waren, als Präventivmaßnahmen zum Schutze der Gesellschaft in der Vorstellungswelt der Liberalen nicht grundsätzlich ausgeschlossen.

Die Idee der sozialen Reform wurde weiter von wesentlichen Teilen der frühen deutschen Arbeiterbewegung vertreten, die keineswegs auf den Weg der Revolution und der gewaltsamen Eroberung der Staatsmacht festgelegt war. Das Programm der von Stephan Born 1848 gegründeten Allgemeinen Deutschen Arbeiterverbrüderung zur „Organisation der Arbeiter" basierte auf der Vorstellung eines sozial engagierten, demokratischen deutschen Volksstaates, der „das Wohl der Staatsbürger im Innern als die Hauptaufgabe" seiner Existenz betrachten solle.[45]) Auch Ferdinand Lassalle, der bei aller Kritik am bestehenden Staat als einem Organ der Klassenherrschaft den Staat grundsätzlich im Sinne Hegels als treibende Kraft für den Kulturfortschritt der Menschheit ansah, forderte zwar einerseits die Weiterentwicklung des Staates zu einem direkt-demokratischen Volksstaat nach dem Vorbild der Herrschaft des jakobinischen Konvents;[46]) gleichzeitig aber war Lassalle bereit zur zumindest begrenzten Kooperation mit dem bestehenden preußischen Staat im Interesse sozialer Reformen. Davon zeugen seine Kontakte mit Bismarck, sein Liebäugeln mit der Idee des sozialen Königtums,[47]) das allerdings von ihm als Verbindung von Monarchie und Demokratie verstanden wurde, und seine Propagierung staatlicher Kredithilfe für die Gründung von Produktivgenossenschaften der Arbeiter, die den Gegensatz von Kapital und Arbeit überwinden sollten.

Die Vorstellung, daß der Staat für die Lösung sozialer Probleme und die Entschärfung des Klassenkampfes mitverantwortlich sei, bestimmte auch die Bestrebungen der bürgerlichen Sozialreform. Diese fand nach dem Vorläufer des 1844 gegründeten Central-

[45]) Manifest des deutschen Arbeiter-Kongresses an die konstituierende Versammlung zu Frankfurt am Main vom 2. September 1848, abgedruckt in: *Max Quarck,* Die erste deutsche Arbeiterbewegung. Geschichte der Arbeiterverbrüderung 1848/49. Ein Beitrag zur Theorie und Praxis des Marxismus. Neudruck Glashütten i. T. 1970, 350.

[46]) Vgl. dazu *Shlomo Na'aman,* Lassalle – Demokratie und Sozialdemokratie, in: Archiv für Sozialgeschichte 3, 1963, 21–80.

[47]) *Shlomo Na'aman,* Lassalle. Hannover 1970, 721 ff.

vereins für das Wohl der arbeitenden Klassen[48]) ihr wichtigstes Sprachrohr in dem 1872 gebildeten Verein für Socialpolitik. Dieser Verein knüpfte an die historische Schule der Nationalökonomie an, in der sich älteres kameralistisches Gedankengut über die Aufgaben des Staates als Förderer der allgemeinen Wohlfahrt mit den liberalen Ideen des Rechtsstaates verband,[49]) und setzte sich bewußt von den laissez faire-Anschauungen der Manchester-Schule ab. Die Nationalökonomie war für die Wissenschaftler, welche die Arbeit des Vereins bestimmten, „keine Lehre von wirtschaftlichen Naturgesetzen", sondern eine „historisch ethische Wissenschaft", die für eine gerechtere Verteilung der Güter und damit für einen Ausgleich von sozialen Gegensätzen eintreten solle.[50])

Dies sollte für die mehr konservative Richtung um Gustav Schmoller vor allem durch die aktive Sozialintervention des monarchischen Staates und für die mehr liberale Richtung um den vom englischen Vorbild stark beeinflußten Lujo Brentano vor allem durch die Förderung der Selbsthilfeorganisationen der Arbeiter bewirkt werden.[51])

Am radikalsten vertrat staatssozialistische Ideen unter den im Verein versammelten „Kathedersozialisten" der Nationalökonom und Finanzwissenschaftler Adolph Wagner, der 1879 mit der Entdeckung des „Gesetz[es] der wachsenden Ausdehnung der öffentli-

[48]) Vgl. dazu *Jürgen Reulecke,* Sozialer Frieden durch soziale Reform. Der Centralverein für das Wohl der arbeitenden Klassen in der Frühindustrialisierung. Wuppertal 1983.

[49]) Vgl. *Rüdiger vom Bruch,* Zur Historisierung der Staatswissenschaften. Von der Kameralistik zur historischen Schule der Nationalökonomie, in: Berichte zur Wissenschaftsgeschichte 8, 1985, 131–146.

[50]) Vgl. *Karl Pribram,* Die Wandlungen des Begriffs der Sozialpolitik, in: Die Wirtschaftswissenschaften nach dem Kriege. Festgabe für Lujo Brentano zum 80. Geburtstag. Bd. 2. München/Leipzig 1925, 229. Zum Problem der bürgerlichen Sozialreform in Deutschland jetzt grundlegend *Rüdiger vom Bruch* (Hrsg.), ‚Weder Kommunismus noch Kapitalismus'. Bürgerliche Sozialreform in Deutschland vom Vormärz bis zur Ära Adenauer. München 1985.

[51]) Vgl. *Dieter Lindenlaub,* Richtungskämpfe im Verein für Sozialpolitik. Wissenschaft und Sozialpolitik im Kaiserreich, vornehmlich vom Beginn des „Neuen Kurses" bis zum Ausbruch des I. Weltkrieges (1890–1914). 2 Bde. Wiesbaden 1967.

chen bzw. der ‚Staatsthätigkeiten'"[52]) eine theoretische Grundlage des modernen Interventions- und Sozialstaates schuf, die bis in unsere Zeit höchst einflußreich blieb. Der Staat, der immer mehr zum „Cultur- und Wohlfahrtsstaat" werde,[53]) und die Gemeinden der Kulturvölker würden sich mit zunehmendem Fortschritt immer mehr in der Gesellschaft sozial gestaltend engagieren. Mit der qualitativen und quantitativen Ausweitung der Kompetenzen von sozialer Verwaltung und sozialer Politik steige auch der Finanzbedarf des Staates und der Kommunen, der vor allem über eine progressive Einkommensteuer aufgebracht werden sollte. Wagners Gesetz, das sich auch zur Analyse demokratischer Sozialstaaten eignet, hatte also neben der quantitativen Ausweitung der Staatsaufgaben und Staatsausgaben bereits eine qualitative Veränderung des öffentlichen Handelns durch die Herausbildung neuer Interventionsformen und Institutionen vorgesehen. Wagners konkretes Konzept beinhaltete einen Ausbau der Gemeinwirtschaft auf Kosten der Privatwirtschaft durch die Verstaatlichung der Eisenbahnen, Bergwerke, Banken und Versicherungen,[54]) die Einschränkung des Grundeigentums besonders in den Städten und die Kommunalisierung städtischer Versorgungsbetriebe im Interesse einer größeren Effektivität und Verteilungsgerechtigkeit. Der Gefahr des Zentralismus sollte begegnet werden durch die Dezentralisation „in der Richtung vom Staate zu den kleineren räumlichen Zwangsgemeinwirthschaften bis zu den Gemeinden hin", durch die Begünstigung der Selbstverwaltung, des Vereinswesens und karitativer Organisationen.[55])

Von den Marxisten unterschied sich dieser durchaus konservative Staatssozialist durch die religiöse Verwurzelung seiner Ideen, seinen glühenden Nationalismus, seine Bewunderung für Bismarck und seine Ablehnung der politischen und sozialen Revolution. Wie auch den anderen Kathedersozialisten ging es ihm um die Integration der Arbeiterschaft in Staat und Gesellschaft; diese Integration

[52]) *Adolph Wagner,* Allgemeine oder theoretische Volkswirthschaftslehre, Erster Theil. Grundlegung. Zweite vielfach verb. u. stark verm. Ausgabe. Leipzig/Heidelberg 1879, 308.
[53]) Ebd. 304.
[54]) Vgl. *Adolph Wagner,* Der Staat und das Versicherungswesen. Principielle Erörterungen über die Frage der gemeinwirthschaftlichen oder privatwirthschaftlichen Organisation dieses wirthschaftlichen Gebiets im Allgemeinen, in: Zeitschrift für die gesammte Staatswissenschaft 37, 1881, 102–172.
[55]) *Wagner,* Volkswirthschaftslehre, 312.

war nach Max Weber, der der liberalen Richtung zuzurechnen ist, zudem die Voraussetzung für eine erfolgreiche Weltpolitik Deutschlands.[56])

In der konkreten Arbeit des Vereins traten allerdings seit dem Ende der 1870er Jahre die ursprünglich im Mittelpunkt stehenden Versuche zur Beeinflussung der sozialen Gesetzgebung über öffentliche Meinung, Beamtenschaft, Parteien und Verbände, die später von der 1901 gegründeten Gesellschaft für Soziale Reform koordiniert wurden,[57]) zurück hinter der Erarbeitung wissenschaftlicher Grundlagen der Sozialpolitik durch den Ausbau der Sozialforschung.[58])

Auch spielte in den Forderungen des Vereins zur Verbesserung der Situation der Arbeiter die Sozialversicherung eine untergeordnete Rolle im Vergleich zum Eintreten für einen Ausbau des Arbeiterschutzes und der Gewerbeinspektion, der Liberalisierung und Ausdehnung des Koalitionsrechts und der Fortbildung des kollektiven Arbeitsvertrages,[59]) u. a. durch die Propagierung des Tarifvertragswesens und des Einigungs- und Schlichtungswesens. Zudem wurde das zunächst eindeutig vorrangige Interesse an der industriellen Arbeiterfrage mehr und mehr abgelöst durch die Beschäftigung mit der Situation von Landarbeitern und Heimarbeitern, dem Schutz des alten Mittelstandes der kleinen Gewerbetreibenden und den Interessen des rasch an sozialer und politischer Bedeutung gewinnenden neuen Mittelstandes der Angestellten, dessen Proletarisierung man verhindern wollte.

[56]) *Wolfgang J. Mommsen,* Max Weber und die deutsche Politik 1890–1920. 2. Aufl. Tübingen 1974, 107ff.

[57]) Vgl. *Ursula Ratz,* Sozialreform und Arbeiterschaft. Die „Gesellschaft für Soziale Reform“ und die sozialdemokratische Arbeiterbewegung von der Jahrhundertwende bis zum Ausbruch des Ersten Weltkrieges. Berlin 1980.

[58]) Vgl. *Irmela Gorges,* Sozialforschung in Deutschland 1872–1914. Gesellschaftliche Einflüsse auf Themen- und Methodenwahl des Vereins für Socialpolitik. Königstein/Ts. 1980.

[59]) Vgl. *Hans-Jürgen Teuteberg,* Die Doktrin des ökonomischen Liberalismus und ihre Gegner, dargestellt an der prinzipiellen Erörterung des Arbeitsvertrages im „Verein für Sozialpolitik“ (1872–1905), in: Helmut Coing/Walter Wilhelm (Hrsg.), Wissenschaft und Kodifikation des Privatrechts im 19. Jahrhundert. Bd. II: Die rechtliche Verselbständigung der Austauschverhältnisse vor dem Hintergrund der wirtschaftlichen Entwicklung und Doktrin. Frankfurt am Main 1977, 47–73.

In der sozialpolitischen Arbeit des Vereins ergaben sich viele Berührungspunkte mit den Reformvorstellungen christlich-sozialer Kreise in beiden großen Konfessionen. Besonders die katholische Kirche Deutschlands hat unter dem Einfluß des Mainzer Bischofs Wilhelm Emmanuel Freiherr von Ketteler die Bedeutung der sozialen Frage relativ früh erkannt und sich neben der Aktivierung der Sozialarbeit von Gemeinden und übergreifenden kirchlichen Organisationen auch für den genossenschaftlichen Zusammenschluß der Arbeiter zur Vertretung ihrer Interessen und für staatliche Gesetzgebung zur Ordnung und Humanisierung der Arbeitswelt eingesetzt.[60]) Das Zentrum als politische Organisation des deutschen Katholizismus hat sich seit dem Ende der 1870er Jahre zum Fürsprecher einer aktiven Sozialpolitik gemacht und einen wesentlichen Anteil an der Durchsetzung und der oft von Bismarcks Vorstellungen abweichenden konkreten Ausprägung der Sozialversicherungsgesetze gehabt.[61]) Die Zentrumspolitik ist dabei entscheidend von der katholischen Soziallehre bestimmt worden, die schließlich in den Sozialenzykliken sanktioniert wurde. Die katholische Soziallehre beruhte auf dem allerdings erst in einer Enzyklika von 1931 autoritativ formulierten Prinzip der Subsidiarität, d.h. der Vorstellung, daß soziale Aufgaben vor allem von der Familie, der Gemeinde, berufsständischen Organisationen und erst in letzter Instanz subsidiär vom Staat wahrgenommen werden sollten. Dadurch konnten sich Gegensätze zu solchen Konzeptionen der Sozialpolitik herausbilden, die die Solidarität der Klassengenossen oder die Rolle des Staates betonten.

[60]) *Erwin Iserloh,* Die soziale Aktivität der Katholiken im Übergang von caritativer Fürsorge zu Sozialreform und Sozialpolitik, dargestellt an den Schriften Wilhelm Emmanuel v. Kettelers. Mainz 1975; *Gerhard A. Ritter,* Zur Geschichte der sozialen Ideen im 19. und frühen 20. Jahrhundert, in: Bernd von Maydell/Walter Kannengießer (Hrsg.), Handbuch Sozialpolitik. Pfullingen 1988, 12–63, hier 46f. Eine kritische Diskussion der neuen Literatur zur Stellung des Katholizismus und katholischer Organisationen zur Sozialreform und zu sozialen Fragen gibt *Michael Schneider,* Kirche und soziale Frage im 19. und 20. Jahrhundert, unter besonderer Berücksichtigung des Katholizismus, in: Archiv für Sozialgeschichte 21, 1981, 533–553.

[61]) Am größten war der Einfluß auf das im Reichstag besonders kontroverse Unfallversicherungsgesetz von 1884. Das Invaliditäts- und Altersversicherungsgesetz von 1889 wurde von der Partei allerdings als Instrument zur Stärkung der Staatsmacht kritisiert und mehrheitlich abgelehnt. Vgl. *Ritter,* Sozialversicherung, 48f.

Die sozialen Bestrebungen im deutschen Protestantismus konnten sich auf die im Luthertum und noch stärker im Pietismus wurzelnde Vorstellung stützen, daß die christliche Obrigkeit die Verpflichtung habe, für das Wohl der Untertanen zu sorgen. Diese Vorstellung vermochte jedoch, im Gegensatz zur katholischen Sozialreform, kaum die Massen der Arbeiter zu erreichen; denn die evangelisch-soziale Bewegung war gespalten zwischen sozial konservativen und auf Reform der Gesamtgesellschaft gerichteten radikaleren Elementen, und die enge verfassungsrechtliche Verknüpfung der Amtskirche mit dem Staat behinderte die Bewegungsfreiheit der Reformkräfte und machte sie von den Schwankungen staatlicher Sozialpolitik abhängig.[62]) Zudem war auch die geistige und soziale Basis der Träger der protestantischen Sozialreform weitgehend auf das Bildungsbürgertum beschränkt.

Mindestens ebenso wichtig wie das insgesamt für sozialpolitische Interventionen des Staates günstige geistige Klima war in Deutschland – wie übrigens auch in Österreich – die starke *Tradition der Reform von oben*. Parallel zur Freisetzung der Gesellschaft aus ständisch-zünftigen Schranken wurde durch die bewußte Politik der wirtschaftlichen Modernisierung im frühen 19. Jahrhundert auch der „rational-bürokratische Anstaltsstaat“[63]) gestärkt. Eine selbstbewußte, für die Verhältnisse der Zeit relativ gut ausgebaute und leistungsfähige Verwaltung hat, auch als der wirtschaftliche Liberalis-

[62]) Zur Stellung des Protestantismus zur Sozialreform vgl. *William O'Shanahan,* Der deutsche Protestantismus vor der sozialen Frage 1815–1871. München 1962; *Günter Brakelmann,* Die soziale Frage des 19. Jahrhunderts. 6. Aufl. Bielefeld 1962; *ders.,* Kirche und Sozialismus im 19. Jahrhundert. Die Analyse des Sozialismus und Kommunismus bei Johann Hinrich Wichern und bei Rudolf Todt. Witten 1966; *Klaus Erich Pollmann,* Landesherrliches Kirchenregiment und soziale Frage. Der evangelische Oberkirchenrat der altpreußischen Landeskirche und die sozial-politische Bewegung der Geistlichen nach 1890. Berlin 1973. *E. I. Kouri,* Der deutsche Protestantismus und die soziale Frage 1870–1919. Zur Sozialpolitik im Bildungsbürgertum. Berlin/New York 1984. Vgl. weiter die aufschlußreiche Fallstudie von *Heinz Beyer,* Arbeit steht auf uns'rer Fahne und das Evangelium. Sozialer Protestantismus und bürgerlicher Antisozialismus in Wuppertal 1880-1914. Reinbek 1985.

[63]) Begriff bei *Werner Conze,* Das Spannungsfeld von Staat und Gesellschaft im Vormärz, in: ders. (Hrsg.), Staat, 218.

mus dominierte, in die sozialen Verhältnisse direkt eingegriffen: Straßen und Kanäle wurden errichtet, der Eisenbahnbau wurde unterstützt, das Bildungswesen von der Volksschule bis zur Universität ausgebaut, akute soziale Mißstände wurden gemildert und Wirtschaft und Gesundheitsfürsorge gefördert. Die diese Verwaltung leitende höhere Beamtenschaft war sozial weitgehend im Bildungsbürgertum verankert und daher in Herkunft, Ausbildung und gesellschaftlichem Verkehr mit den Vertretern der bürgerlichen und protestantischen Sozialreform eng verbunden.[64]) Neben den direkten Instrumenten staatlicher Sozial- und Wirtschaftspolitik gab es ein dichtes Netz von Vereinen und anderen Selbsthilfeeinrichtungen auf dem Gebiet der „genossenschaftlichen oder karitativen Vor- und Fürsorge". Diese „Witwen- und Waisenkassen, Spar- und Kreditvereine, Versicherungsgesellschaften, Vereine zum Wohl der arbeitenden Klassen, Siedlungsgesellschaften, Auswanderungsvereine, Armenkolonien" wurden oftmals vom Staat gefördert und stellten eine „dichte Zwischenzone" staatlicher und privater Aktivitäten[65]) dar.

Das 19. Jahrhundert war eine Zeit, in der die Leistungsverwaltung ausgebaut wurde. Diese hatte allerdings vor dem Ersten Weltkrieg in Deutschland – wie auch in Großbritannien – ihren eigentlichen Schwerpunkt im kommunalen Bereich, wo die Wasser- und Energieversorgung, der innerstädtische Verkehr, die Kanalisation sowie der Ausbau von Einrichtungen der sozialen Fürsorge und der Volksbildung mehr und mehr als öffentliche Aufgaben angesehen wurden; hier gab es auch erste Ansätze einer kommunalen und staatlichen Wohnungspolitik, die in den 1920er Jahren stark ausgebaut wurde. Die zunehmende Bedeutung der Kommunen im Bereich der Daseinsvorsorge wird unterstrichen durch ihren wachsenden Anteil an den Verwaltungsausgaben aller Gebietskörperschaften. Dieser stieg in Deutschland von 1850 bis 1913 von 27,1% auf 55,8% bei den persönlichen Ausgaben und von 24,6% auf 51,3% bei

[64]) Das gilt auch für die spätere Zeit. Vgl. die grundlegende Studie von *Rüdiger vom Bruch,* Wissenschaft, Politik und öffentliche Meinung. Gelehrtenpolitik im wilhelminischen Deutschland (1890–1914). Husum 1980.

[65]) *Hartwig Brandt,* Ansätze einer Selbstorganisation der Gesellschaft in Deutschland im 19. Jahrhundert, in: Gesellschaftliche Strukturen als Verfassungsproblem. Berlin 1978, 51–77, hier 56f.

den Sachausgaben.[66]) Es ist weiter kennzeichnend, daß in Deutschland die gewerkschaftlichen Organisationen der Gemeindearbeiter die Vorkämpfer des Konzepts des „sozialen Arbeitsvertrages" und damit eines wichtigen Aspektes des modernen Sozialstaates waren. Durch tarifvertragliche Bestimmungen sollte vor allem eine größere Sicherheit des Arbeitsplatzes gegenüber Kündigungen erreicht, eine zusätzliche Alters- und Hinterbliebenenversorgung geschaffen, ein

[66]) *Walther G. Hoffmann* unter Mitarbeit von *Franz Grumbach* und *Helmut Hesse,* Das Wachstum der deutschen Wirtschaft seit der Mitte des 19. Jahrhunderts. Berlin/Heidelberg/New York 1965, 717f. Vgl. zur Ausdehnung der städtischen Aufgaben und zum dadurch bewirkten Ausbau städtischer Leistungsverwaltung *Wolfgang Hofmann,* Aufgaben und Struktur der kommunalen Selbstverwaltung in der Zeit der Hochindustrialisierung, in: Kurt G. A. Jeserich/Hans Pohl/Georg Christoph von Unruh (Hrsg.), Deutsche Verwaltungsgeschichte. Bd. 3: Das Deutsche Reich bis zum Ende der Monarchie. Stuttgart 1984, 578–644, bes. 583–606; *ders.,* Kommunale Daseinsvorsorge, Mittelstand und Städtebau 1871–1918 (am Beispiel Charlottenburg), in: Ekkehard Mai/Hans Pohl/Stephan Waetzoldt (Hrsg.), Kunstpolitik und Kunstförderung im Kaiserreich. Kunst im Wandel der Sozial- und Wirtschaftsgeschichte. Berlin 1982, 167–196; *Wolfgang R. Krabbe,* Munizipalsozialismus und Interventionsstaat. Die Ausbreitung der Städtischen Leistungsverwaltung im Kaiserreich, in: Geschichte in Wissenschaft und Unterricht, 30, 1979, 265–283; *ders.,* Kommunalpolitik und Industrialisierung. Die Entfaltung der städtischen Leistungsverwaltung im 19. und frühen 20. Jahrhundert. Fallstudien zu Dortmund und Münster. Stuttgart etc. 1985; *Jürgen Reulecke,* Geschichte der Urbanisierung in Deutschland. Frankfurt a. M. 1985; *Horst Matzerath,* Urbanisierung in Preußen 1815–1914. Stuttgart etc. 1985; *ders.* (Hrsg.), Städtewachstum und innerstädtische Strukturveränderungen. Probleme des Urbanisierungsprozesses im 19. und 20. Jahrhundert. Stuttgart 1984; *Jürgen Bolenz,* Wachstum und Strukturwandlungen der kommunalen Ausgaben in Deutschland 1849–1913. Versuch einer Interpretation. Rechts- und Staatswissenschaftliche Diss. Freiburg 1965. – Speziell zur Wohnungspolitik in Deutschland und Österreich vgl. *Christoph Sachße,* Mütterlichkeit als Beruf. Sozialarbeit, Sozialreform und Frauenbewegung 1871–1929. Frankfurt am Main 1986, 59–63; *Dorothea Berger-Thimme,* Wohnungsfrage und Sozialstaat. Untersuchungen zu den Anfängen staatlicher Wohnungspolitik in Deutschland (1873–1918). Frankfurt am Main/Bern 1976; *Ulrich Blumenroth,* Deutsche Wohnungspolitik seit der Reichsgründung. Darstellung und kritische Würdigung. Münster 1975; *Adelheid von Saldern,* Kommunalpolitik und Arbeiterwohnungsbau im Deutschen Kaiserreich, in: Lutz Niethammer (Hrsg.), Wohnen im Wandel. Beiträge zur Geschichte des Alltags in der bürgerlichen Gesellschaft. Wuppertal 1979, 344–362; *Peter Feldbauer/Michael John/Albert Lichtblau,* Arbeiter-Wohnungsfrage, Wohnungspolitik und Mietrechtsreform in Österreich am Beispiel Wiens (1890-1916), in: Steindl (Hrsg.), Wege, 369–414.

Rechtsanspruch auf Jahresurlaub durchgesetzt und nach Möglichkeit auch eine Staffelung der Löhne und Gehälter nach sozialen Gesichtspunkten bewirkt werden.[67])

Die Leistungsverwaltung konnte sowohl Ursache wie auch Konsequenz gesetzgeberischer Eingriffe sein. Die im 19. Jahrhundert zunehmende Praxis administrativer Daseinsvorsorge auf staatlichem und kommunalem Gebiet war so neben der traditionellen Vorstellung von der Mitverantwortung des Staates für die Gestaltung der wirtschaftlichen und sozialen Verhältnisse eine wichtige Voraussetzung für die frühe Initiierung und Durchführung der Sozialversicherungsgesetze in Deutschland.

Die konkreten Einflüsse, die zur Initiierung der deutschen Sozialversicherungsgesetzgebung der 1880er Jahre führten und ihren Charakter bestimmten, sollen hier nicht im einzelnen analysiert werden.[68]) Neben dem geistigen Klima, das staatliche Interventionen begünstigte, und der deutschen Tradition der Reform von oben haben die bereits erwähnten, gegen die Sozialdemokratie und die sozialistischen Gewerkschaften gerichteten politischen Motive eine wesentliche Rolle gespielt. Weiter hat der Druck konkreter wirtschaftlicher und sozialer Probleme Zeitpunkt und Gestalt der deutschen Sozialversicherungsgesetze bestimmt. Sie sollten die Armenfürsorge entlasten, das Verhältnis von Arbeitgebern und Arbeitnehmern verbessern, das durch die unbefriedigende Regelung der Entschädigung von Betriebsunfällen vergiftet war, den Schutz bei Krankheiten ausdehnen, der bisher nur eine Minderheit meist gelernter Arbeiter erfaßte, und die völlige Verelendung invalider und alter Arbeiter verhindern. Bei der Durchsetzung des Konzepts haben die Interessen wichtiger Kreise der Großindustrie, die durch das Unfallversicherungsgesetz – wie Bismarck – eine Ausdehnung der Haftpflicht und der Arbeiterschutzgesetzgebung verhindern wollten, aber auch die Parteien des Reichstags einen bedeutenden Einfluß gehabt.

In ihren Kosten am schwierigsten zu kalkulieren und daher auch am riskantesten war die Invaliditäts- und Altersversicherung,

[67]) Vgl. *Wolfgang Kügel,* Gemeindearbeiterschaft, Stadtverwaltung und gewerkschaftliche Organisation 1896–1921. Diss. phil. München 1988, Druck München 1989.

[68]) Vgl. dazu *Ritter,* Sozialversicherung, 28–52.

die sich allenfalls am Vorbild der Knappschaften der Bergarbeiter orientieren konnte. Die Einführung des Versicherungsprinzips für Alters- und Invalidenrenten – d. h. die jahrzehntelange Ansparung von Kapitalien durch Arbeitgeber und Versicherte, die den für Altersrenten erst mit 70 Jahren einsetzenden Versicherungsfall häufig nicht erlebten,[69]) wenn auch die meisten von ihnen schließlich schon vorher eine Invalidenrente erhielten[70]) – war ein durchaus revolutionärer Schritt, der zu seiner Durchsetzung einer starken Staatsautorität bedurfte. Es ist daher kennzeichnend, daß obligatorische Rentenversicherungen für Arbeiter außerhalb Deutschlands sämtlich erst seit 1910 eingeführt wurden.[71]) Auch dann wurden vielfach – wie z. B. bei der am Widerstand von Arbeitgebern und Arbeitnehmern und der Haltung der Gerichte weitgehend gescheiterten französischen Rentenversicherung von 1910[72]) – nur relativ kleine Teile der Arbeitnehmerschaft von ihnen erfaßt.[73])

Charakteristisch für die deutsche Sozialversicherung vor 1914 war, daß sie auf dem Prinzip des Versicherungszwangs für relativ breite Kreise der Arbeitnehmerschaft beruhte, kommerzielle Versicherungen grundsätzlich ausschloß und nur in der Krankenversicherung dem einzelnen eine Wahl zwischen verschiedenen Kassen erlaubte.

[69]) Von 100 männlichen Neugeborenen haben 1871/80 im statistischen Durchschnitt nur 17,75, 1901–1910 27,14 das Alter von 70 Jahren erreicht. Die durchschnittliche weitere Lebenserwartung eines 15jährigen männlichen Jugendlichen betrug 1871/80 42,30, 1901–1910 46,71 Jahre (vgl. die Sterbetafeln in: Statistisches Bundesamt Wiesbaden (Hrsg.), Bevölkerung und Wirtschaft 1872–1972. Stuttgart etc. 1972, 109f.).

[70]) Vgl. unten, 92.

[71]) *Alber,* Armenhaus, 28.

[72]) Vgl. *Irène Bourquin,* „Vie ouvrière" und Sozialpolitik: Die Einführung der „Retraites ouvrières" in Frankreich um 1910. Ein Beitrag zur Geschichte der Sozialversicherung. Bern etc. 1977. Vgl. weiter *Judith F. Stone,* The Search for Social Peace: Reform Legislation in France, 1890–1914. Albany 1985, 121f.

[73]) Nach den Berechnungen von *Alber,* Armenhaus, 238, erfaßten Rentenversicherungen im Durchschnitt von 13 in die Untersuchung einbezogenen europäischen Staaten 1910 8,3% und 1915 16,8% der Erwerbsbevölkerung. In Deutschland lag der Anteil bei 53% bzw. 57%. Die Erhöhung kommt vor allem durch die 1913 in Schweden für alle Staatsbürger eingeführte Volksversicherung zustande. Die vom Staat in Dänemark und England gewährten staatlichen Alterspensionen sind allerdings in der Berechnung nicht enthalten. Das macht auch die Grenzen des statistischen Ansatzes in dem wichtigen Buch von Alber deutlich.

Weitgehend politisch bedingt waren die anfängliche Konzentration auf die am stärksten von der Sozialdemokratie beeinflußte industrielle Arbeiterschaft sowie die Schaffung einer gesonderten Rentenversicherung für Angestellte mit höheren Beiträgen und Leistungen im Jahr 1911. Durch die Angestelltenversicherung sollte in Deutschland – wie schon vorher in Österreich, wo die Privilegierung der Angestellten im Sozialrecht gegenüber den übrigen unselbständig Beschäftigten der Privatwirtschaft noch sehr viel weiter ging[74]) – das Sonderbewußtsein der Angestellten gefördert und eine Barriere gegen das Vordringen der Sozialdemokratie und der sozialistischen Freien Gewerkschaften in den sogenannten neuen Mittelstand errichtet werden.[75]) Typisch für das System waren ferner das hohe Maß an Selbstbeteiligung der Versicherten und der relativ geringe Anteil des Reiches an der Finanzierung und Verwaltung der Versicherungen; das entsprach nicht dem ursprünglichen Plan Bismarcks, sondern war weitgehend eine Konsequenz des Scheiterns seiner Vorschläge, neue Steuerquellen zur Finanzierung der Versicherung zu erschließen.

Die Finanzierung der Versicherungen vor allem durch Beiträge der Arbeitgeber und Arbeitnehmer hatte Folgen in der Staffelung der Beiträge und Leistungen und der relativ geringen Wirkung der Versicherungen als Instrumente der Einkommensumverteilung. Auch die erhebliche Mitwirkung der Versicherten an der Selbstverwaltung, besonders der Krankenversicherung, hing mit dem Finanzierungsmodus zusammen.

Die deutsche Sozialversicherung hat das politische Ziel, die Sozialdemokratie zu schwächen, nicht erreicht, sondern diese, wie die Gewerkschaften, gestärkt. In der Zeit der Unterdrückung der Partei

[74]) Vgl. *Andreas Baryli,* Die Sonder-Sozialversicherung der Angestellten in Österreich bis 1938. Diss. Wien 1977; *ders.,* Die Geschichte des Dienstrechts der Angestellten in Österreich, in: Steindl (Hrsg.), Wege, 295–368; *Gustav Otruba,* Privatbeamten-, Handlungsgehilfen- und Angestelltenorganisationen. Ihr Beitrag zur Entstehung des österreichischen Angestelltenpensionsversicherungsgesetzes 1906, in: Jürgen Kocka (Hrsg.), Angestellte im europäischen Vergleich. Die Herausbildung angestellter Mittelschichten seit dem späten 19. Jahrhundert. Göttingen 1981, 240–256.

[75]) Vgl. *Emil Lederer,* Die Pensionsversicherung der Angestellten, in: Archiv für Sozialwissenschaft und Sozialpolitik 33, 1911, 780-841; *Ritter,* Sozialversicherung, 58f.

und der Freien Gewerkschaften während des Sozialistengesetzes 1878–1890 bildeten die allein von den Versicherten finanzierten und verwalteten, von den Arbeiterorganisationen zunächst eindeutig bevorzugten freien Hilfskassen, die trotz starker Bedenken im Krankenversicherungsgesetz von 1883 zugelassen wurden, vielfach einen Ersatz für die verbotene Parteiorganisation der Sozialdemokratie; gleichzeitig waren sie die Ausgangspunkte für den Wiederaufbau freigewerkschaftlicher Zentralverbände, der bereits am Anfang der 1880er Jahre begann. So bezeichnete der bedeutendste deutsche Sozialistenführer der Zeit, August Bebel, 1884 die „eingeschriebene Hilfskasse in Verbindung mit der Berufsgenossenschaft" als die einzige Organisation, „in welcher ein Arbeiter, der Strebsamkeit und Unabhängigkeitsgefühl besitzt, möglichste Sicherheit seiner Rechte mit Freiheit der Bewegung verlangt, eintreten kann und darf, ja eintreten muß". Die unabhängige Existenz der Krankenkassen sei „für die Blüthe des Fachvereins- und Genossenschaftswesens eine Lebensfrage".[76])

Weiter nützte die Sozialdemokratie die öffentliche Diskussion über die Sozialversicherungsgesetze systematisch dazu aus, die unter dem Sozialistengesetz zunächst fast völlig unterbundene sozialistische Agitation neu zu beleben.[77]) Der Aufschwung der Sozialdemokratie zur stärksten deutschen Partei – sie steigerte ihren Anteil an Wählerstimmen bei Reichstagswahlen von 7,6% 1878 auf 19,7% 1890 – und der Aufschwung der Gewerkschaften zu Massenorganisationen[78]) noch während der Geltungsdauer des Sozialistengesetzes wurden so dadurch gefördert, daß die Chancen resolut wahrgenommen wurden, mit Hilfe der Sozialversicherung die Arbeiter legal zu beeinflussen. Nachdem die freien Hilfskassen durch Verwaltung, Rechtsprechung und Gesetzgebung zurückgedrängt worden waren, entwickelten sich seit dem Anfang der 1890er Jahre viele der Ortskrankenkassen, in deren Selbstverwaltung die Vertreter der Versi-

[76]) *August Bebel,* Wie verhalten sich die Arbeiter gegenüber dem neuen Kranken-Versicherungsgesetz? Nürnberg 1884, 14f.

[77]) *Ritter,* Social Welfare, 74–77.

[78]) Vgl. *Gerhard A. Ritter/Klaus Tenfelde,* Der Durchbruch der Freien Gewerkschaften Deutschlands zur Massenbewegung im letzten Viertel des 19. Jahrhunderts, in: Gerhard A. Ritter, Arbeiterbewegung, Parteien und Parlamentarismus. Aufsätze zur deutschen Sozial- und Verfassungsgeschichte des 19. und 20. Jahrhunderts. Göttingen 1976, 55–101, bes. 60–74.

cherten mit zwei Dritteln der Stimmen dominierten, zu Hochburgen der sozialistischen Arbeiterbewegung.[79])

Die Erfahrungen in der praktischen Arbeit der Selbstverwaltung, die Hunderttausende von Arbeitern in den Organen der Sozialversicherung mit Vertretern anderer Bevölkerungsschichten teilten, haben aber auch Klassenspannungen vermindert, der gesellschaftlichen Isolierung der Arbeiter entgegengewirkt und reformistische Tendenzen in den sozialistischen Arbeiterorganisationen gestärkt. Während Bismarcks Hoffnung, durch die Sozialversicherung die Arbeiter von ihren Führern und ihren Organisationen zu trennen, nicht in Erfüllung ging, förderte sie doch langfristig die allmähliche Integration der Arbeiter in Staat und Gesellschaft nicht gegen, sondern gerade über ihre Organisationen.

2. Die Ausbreitung der Sozialversicherung und neuer Formen der Altersversorgung in Europa

In den 30 Jahren nach der Einführung der Sozialversicherung in Deutschland setzte sich die Unfall- und Krankenversicherung in der Mehrheit der west-, mittel-, nord- und südeuropäischen Staaten durch, während eine auf dem Versicherungsprinzip beruhende Alters- und Invalidenversorgung erst nach 1910 und vor allem in der Zwischenkriegszeit weitere Verbreitung fand. Neben dem deutschen Modell obligatorischer staatlicher Versicherungen spielte zunächst die Regulierung und oft auch Subventionierung freiwilliger Versicherungen durch den Staat besonders in der Krankenversicherung eine wesentliche Rolle, zumal dies besser mit dem liberalen Grundsatz der Hilfe zur Selbsthilfe übereinstimmte.

Als Alternative zu den relativ umfassenden staatlichen Zwangsversicherungen galten in Europa weniger die individuelle und nachbarschaftliche Selbsthilfe, die besonders in den Vereinigten Staaten eine große Bedeutung erlangte, oder die Sozialleistungen großer Unternehmen, die etwa in Japan neben der Großfamilie den wesentlichen Schutz gegen soziale Lebensrisiken boten. In Europa bil-

[79]) *Florian Tennstedt,* Vom Proleten zum Industriearbeiter. Arbeiterbewegung und Sozialpolitik in Deutschland 1800 bis 1914. Köln 1983, 429–470.

deten das wichtigste Gegenkonzept vor allem die *Selbsthilfeorganisationen*, die an die Tradition der Zünfte und Gesellenverbindungen anknüpften und vielfach von den Gewerkschaften zunächst eindeutig bevorzugt wurden. Neben den Friendly Societies und gewerkschaftlichen Versicherungseinrichtungen in Großbritannien ist hier beispielsweise hinzuweisen auf die Gesellenläden und Tausende freier Hilfskassen im 19. Jahrhundert und die seit der Wende zum 20. Jahrhundert stark ausgebaute gewerkschaftliche Arbeitslosenversicherung in Deutschland sowie auf die französischen „sociétés de secours mutuel" und „mutualités" und entsprechende Einrichtungen etwa in der Schweiz und Spanien.[80]) Diese Einrichtungen, die zum Teil in die späteren staatlichen Versicherungen integriert wurden, hatten jedoch verschiedene Schwächen: Sie waren stark zersplittert und verteilten deshalb das Risiko auf zu wenige Personen; sie waren zudem unfähig, einen adäquaten Schutz gegen die Folgen größerer Epidemien, der Altersarmut, dauernder Invalidität oder lang andauernder Arbeitslosigkeit zu gewähren. Auch boten sie bis auf wenige Ausnahmen keine Altersversorgung an. Ein weiterer Mangel war ihre soziale Exklusivität. Sie erfaßten faktisch neben Handwerksmeistern und Angestellten nur die besonders vorsorgefähige Arbeiterelite, also vor allem festverwurzelte Facharbeiter mit relativ hohen Löhnen und sicherer Anstellung, nicht aber mobile ungelernte Arbeiter mit niedrigen Löhnen und unstetiger Beschäftigung.

Im letzten Jahrzehnt vor dem Ausbruch des Ersten Weltkrieges wurden deshalb auch zunehmend *freiwillige Versicherungen* für begrenzte soziale Gruppen durch *Pflichtversicherungen* ersetzt, die allein auch die Masse der ungelernten Arbeiter erfassen konnten. 1914 hatten von 14 europäischen Ländern 13 Versicherungssysteme oder

[80]) Vgl. *Yves Saint-Jours*, Landesbericht Frankreich, in: Köhler/Zacher (Hrsg.), Ein Jahrhundert, 203f.; *Alfred Maurer*, Landesbericht Schweiz, ebd., 764; *Feliciano Montero Garcia*, Origenes y Antecedentes de la Prevision Social. Madrid 1988, 65ff.; *Gosden*, Friendly Societies, passim; *George R. Boyer*, What Did Unions Do in Nineteenth-Century Britain?, in: Journal of Economic History 48, 1988, 319–332 (über die Verrechtlichungs-Funktion der britischen Gewerkschaften); *Frevert*, Krankheit, 242ff., 302ff.; *Klaus Schönhoven*, Selbsthilfe als Form der Solidarität. Das gewerkschaftliche Unterstützungswesen im Deutschen Kaiserreich bis 1914, in: Archiv für Sozialgeschichte 20, 1980, 147–193.

Haftpflicht der Unternehmer für Arbeitsunfälle, 12 Versicherungssysteme gegen Krankheit, und 7 boten Rentenversicherungen bei hohem Alter an. Von diesen insgesamt 32 Versicherungen waren 18 obligatorisch und 14 freiwillig.

Tabelle 1

Pflichtversicherung, freiwillige Versicherung und Staatsbürgerversorgung in europäischen Ländern bis zum Ersten Weltkrieg[81])
(freiwillige Versicherung in Klammern, Staatsbürgerversorgung unterstrichen)

Länder	Unfallversicherung	Krankenversicherung	Rentenversicherung
Belgien	(1903)[a]	(1894)	(1900)
Dänemark	(1898)	(1892)	1891
Deutschland	1884	1883	1889
Finnland	1895	–	–
Frankreich	(1898)[a]	(1898)	(1895) 1910
Island	–	(1911)	–
Italien	1898	(1886)	(1898)
Luxemburg	1902	1901	1911
Niederlande	1901	–	1913
Norwegen	1894	1909	–
Österreich	1887	1888	–
Schweden	(1901)	1891	1913
Schweiz	(1881) 1911	1911	–
Vereinigtes Königreich	(1897)[a]	1911	1908

[a] Dabei handelte es sich um Haftpflichtgesetze, meist für ausgewählte Industrien. Eine freiwillige Versicherung gegen das Risiko der Haftpflicht war möglich.

Über das deutsche Modell hinaus gingen die allerdings auf nur kleine Teile der Arbeiterschaft begrenzte obligatorische Arbeitslosenversicherung von 1911 in Großbritannien und die Rentenversi-

[81]) Vgl. *Alber,* Armenhaus, 28.

cherung für alle Staatsbürger in Schweden von 1913.[82]) Schweden besaß keine in ihren Leistungen stark differenzierte, von verschiedenen Organisationen getragene, berufsständische Versicherung für bestimmte Gruppen (wie Arbeiter, Angestellte oder Bergarbeiter), sondern eine universalistische, wesentlich aus Steuermitteln (ohne Beiträge der Arbeitgeber, aber mit Beiträgen der Versicherten) finanzierte, einheitliche Volksversicherung, in der die staatlichen Leistungen vor allem den Bedürftigen zugute kamen. Die starke Stellung der Landwirtschaft hatte dabei – entgegen den Wünschen der schwedischen Sozialisten – eine Konzentration auf die Arbeiterschaft unter Ausschluß von Bauern und Handwerkern verhindert.[83]) Neben Schweden wichen vor 1914 in Europa auch Dänemark und Großbritannien mit ihrer staatlichen Altersversorgung, in der völlig auf Beitragsleistungen verzichtet wurde, vom deutschen Versicherungssystem ab. In Dänemark – wie in Schweden – wurde die Gesetzgebung vor allem von den Interessen der dortigen Landwirtschaft bestimmt, die allerdings im Gegensatz zu Schweden freihändlerisch, exportorientiert und zudem sehr arbeitsintensiv war. Diese wollte angesichts der Agrarkrise des späten 19. Jahrhunderts vor allem die Landflucht und Emigration der Arbeitskräfte der Landwirtschaft beschränken und einen Teil der Arbeitskosten vom Land auf die Städte abwälzen.[84])

[82]) Vgl. zu deren Einführung *Heclo,* Modern Social Politics, 178ff.
[83]) *Baldwin,* Politics, 83–94; *Heclo,* Modern Social Politics, 178–195.
[84]) *Baldwin,* Politics, 65–76. Zur Haltung der dänischen Sozialdemokratie, die sich wegen der agrarischen Struktur des Landes nicht auf die Vertretung des städtischen Proletariats beschränken konnte und daher die Vorschläge der agrarischen Liberalen trotz mancher Kritik im einzelnen unterstützte, vgl. *Hans-Norbert Lahme,* Sozialdemokratie und Landarbeiter in Dänemark (1871–1900). Eine Studie zur Entwicklung von Theorie und Praxis in der frühen dänischen Sozialdemokratie. Gleichzeitig ein Beitrag zur Diskussion der Agrarfrage in der europäischen Sozialdemokratie vor dem ersten Weltkrieg. Odense 1982. Die Kontinuität mit älteren Institutionen und Auffassungen in der Wohlfahrtsgesetzgebung Dänemarks von 1890–1930 betont – unter Herausarbeitung der Unterschiede zu den Vereinigten Staaten – *Daniel Levine,* Conservatism and Tradition in Danish Social Welfare Legislation, 1890–1933: A Comparative View, in: Comparative Studies in Society and History 20, 1978, 54–69. Levine betont insbesondere, daß man von der Auffassung einer stabilen Gesellschaft ausging und daß die Forderung der Gleichheit und der sozialen Mobilität nicht zu den Zielen der Gesetzgebung gehörte.

Mit der Einführung der ausschließlich vom Staat finanzierten Altersrenten für über 70jährige folgte Großbritannien 1908 allerdings weniger dem dänischen Beispiel von 1891 als dem Modell Neuseelands,[85]) wo 1898 eine für die Verhältnisse der Zeit recht großzügige *Staatsbürgerversorgung* für bedürftige und unterstützungswürdige Personen über 65 Jahre geschaffen worden war. Auch in den australischen Staaten Neu-Süd-Wales und Victoria wurden 1900 bzw. 1901 staatliche Altersrenten für bedürftige, unterstützungswürdige Personen über 65 Jahre eingeführt. In Neu-Süd-Wales haben invalide Personen über 60 Jahre, in Victoria Personen jeden Alters, die mit andauernder Krankheit behaftet waren, die auf gefährliche oder ungesunde Berufstätigkeit zurückging, eine Rente erhalten. In beiden Staaten wie in Neuseeland war die Gewährung der Rente an einen längeren Aufenthalt im Lande gebunden.[86])

In Großbritannien waren neben einer staatlichen Altersversicherung seit den 1870er Jahren die Alternativen des Zwangssparens oder einer mit staatlichen Mitteln unterstützten freiwilligen Altersversicherung intensiv diskutiert worden.[87]) Das Prinzip einer staatlichen Altersversorgung, für die seit der Jahrhundertwende eine massive Kampagne entfesselt wurde, setzte sich schließlich durch, weil die Friendly Societies ihren ursprünglichen Widerstand angesichts ihrer zunehmenden Belastung durch ältere, besonders krankheitsanfällige, nicht selten auch invalide Mitglieder aufgaben.[88]) Überdies wurden mit der Unterstützung der britischen Gewerkschaftsbewegung, der neu gebildeten Labour Party und dem großen Wahlsieg der Liberalen 1906 die politischen Voraussetzungen für die Durchsetzung der Pläne geschaffen.

[85]) *Zacher* (Bearb.), Arbeiter-Versicherung, Heft XVIII: Die Arbeiterversicherung in Australien und Neu-Seeland. Berlin-Großlichterfelde 1908, bes. 9–14, 17–22.

[86]) Ebd. 14–20, 22–26.

[87]) *William Lewery Blackley*, National Insurance: A Cheap, Practical and Popular Means of Abolishing Poor Rates, in: Nineteenth Century 4, November 1878, 834–857; *Gilbert*, Evolution, 180–186; für staatliche Alterspensionen warb *Charles Booth*, Enumeration and Classification of Paupers, and State Pensions for the Aged, in: Journal of the Royal Statistical Society 54, December 1891, 600–643.

[88]) *James H. Treble*, The Attitude of Friendly Societies towards the Movement in Great Britain for State Pensions, 1878–1908, in: International Review of Social History 15, 1970, 266–299.

Die neue dänische und britische Altersversorgung war eine Weiterentwicklung der traditionellen Armenhilfe, mit der sie viele Berührungen aufwies. So waren die Zahlungen der Alterspensionen in beiden Ländern von einer Prüfung der Bedürftigkeit und von einem Leumunds- und Charaktertest abhängig und knüpften damit an die für die traditionelle Armenhilfe typische Unterscheidung zwischen hilfswürdigen und hilfsunwürdigen Armen an. Während in Großbritannien die Höhe der Rente einheitlich war und nur bei Einkommen über einer gewissen Grenze gewisse Abzüge erfolgten,[89]) wurde sie in Dänemark, wo Alterspensionen bereits den 60jährigen gezahlt werden konnten, wie bei der Armenhilfe individuell durch lokale Behörden festgelegt. Im Unterschied zur Armenhilfe war allerdings der Bezug von Alterspensionen nicht mit einer Einschränkung der Bürgerrechte (wie des Wahlrechts) verbunden und beruhte im Falle der Bedürftigkeit und der moralischen Respektabilität auf einem Rechtsanspruch. Dagegen fehlten im Gegensatz zur deutschen Invaliditäts- und Altersversicherung, in der die Zahl der Bezieher von Invalidenrenten die der Altersrentner schließlich 1914 um mehr als das Elffache übertraf[90]) und das Durchschnittsalter beim Rentenzugang von Versicherten 1905 bei 56,3 Jahren lag,[91]) soziale Leistungen für Personen, die vor der Vollendung des 70. Lebensjahres als Invaliden arbeitsunfähig wurden, und, wegen der einseitigen Leistungen des Staates, auch das Element der Selbstverwaltung der Betroffenen.

Allerdings sollte man die Unterschiede zwischen dem deutschen und schwedischen Versicherungsprinzip und dem Versorgungsprinzip in Dänemark, Neuseeland, den australischen Staaten Neu-Süd-Wales und Victoria sowie Großbritannien nicht überzeichnen. So sind im schwedischen System in der Konzentration der

[89]) Die Abzüge begannen bei Jahreseinkommen über 21 Pfund. Personen, die Einkommen über 31 Pfund und 10 Schilling hatten, erhielten keine Alterspensionen. Vor dem Weltkrieg erhielten 94,6% aller Rentner – d. h. ca. 1 Million oder drei Fünftel aller über 70 Jahre alten Personen – die volle Alterspension von 5 Schilling die Woche (Seventeenth Abstract of Labour Statistics of the United Kingdom, British Parliamentary Papers, Cd. 7733, 184f.).

[90]) *Ritter*, Sozialversicherung, Tabelle 3, 175.

[91]) *Christoph Conrad*, Die Entstehung des modernen Ruhestandes. Deutschland im internationalen Vergleich 1850–1960, in: Geschichte und Gesellschaft 14, 1988, 417–447, hier 433.

staatlichen Zuschüsse auf Bedürftige Elemente der Armenhilfe und der Sozialversicherung verknüpft, und auch bei dem Entstehen der deutschen Sozialversicherung hat das Motiv der Entlastung der traditionellen Armenhilfe eine wichtige Rolle gespielt, die in der Forschung allerdings meist übersehen wird.[92]) Nach Bismarcks ursprünglichen Plänen[93]) sollte zudem auch in Deutschland die Invaliden- und Altersversorgung zunächst ausschließlich aus staatlichen Mitteln finanziert werden; nur die Ablehnung der Pläne für ein Tabakmonopol des Reiches im Reichstag[94]) hat die Reichsleitung schließlich gezwungen, vom Prinzip der Staatsbürgerversorgung zum Prinzip der Zwangsversicherung überzugehen. Mit der Bestimmung, daß alle über 70 Jahre alten Personen, die in den letzten drei Jahren gearbeitet hatten, bei Einführung der Versicherung auch ohne Zahlung von Beiträgen in den Genuß der Altersrente kamen[95]), wich man zudem auch in Deutschland vom strikten Versicherungsprinzip, dem Gedanken der Äquivalenz von Beiträgen und Leistungen, ab.

Trotz aller Berührungen und Überschneidungen stellen jedoch das Versorgungsprinzip, das in einigen Ländern auch auf die Gesundheitsversorgung ausgedehnt wurde, und das Versicherungsprinzip zwei alternative Wege dar, um die traditionelle Armenhilfe mit ihren diskriminierenden Folgeerscheinungen einzugrenzen und wenigstens teilweise zu ersetzen. Diese Prinzipien haben die Entwicklung der modernen Systeme sozialer Sicherheit bis in die Gegenwart hinein bestimmt. Im Konzept der Versorgung durch staatlich finan-

[92]) Vgl. *Ritter,* Sozialversicherung, bes. 32–35.

[93]) Vgl. dazu seine Aufzeichnung von Mitte Dezember 1880 (*Otto von Bismarck,* Werke. Politische Schriften. Bearb. v. Werner Frauendienst. Bd. 6c: 1871–1890. Berlin 1935, 230), seine Äußerung in einer Sitzung des preußischen Staatsministeriums vom 15. 8. 1881 (Geheimes Staatsarchiv, Berlin-Dahlem, Rep. 90, Bd. 1244) sowie sein Votum an das preußische Staatsministerium vom 22. 8. 1881 (*Bismarck,* Werke, Bd. 6c, 222f.). Zum Scheitern seiner Pläne vgl. *Florian Tennstedt,* Vorgeschichte und Entstehung der Kaiserlichen Botschaft vom 17. November 1881, in: Zeitschrift für Sozialreform 27, 1981, 663–710, bes. 685–687.

[94]) *Ritter,* Sozialversicherung, 38–40.

[95]) Gesetz, betreffend die Invaliditäts- und Altersversicherung. Vom 22. Juni 1889, § 157 (Reichs-Gesetzblatt 1889, Nr. 13, 142). Der Anteil der Altersrentner war daher in den ersten Jahren im Gegensatz zu später (vgl. oben, 92) höher als der der Invalidenrentner.

zierte Renten und einen öffentlichen Gesundheitsdienst wird eine soziale Sicherung aller Mitglieder eines Gemeinwesens, die von einem Mindestlebensstandard ausgeht, zu einem zentralen Aspekt der gemeinsamen Staatsbürgerschaft. Die Armenhilfe sollte auf diesem Wege überwunden werden, indem die Fürsorgeleistungen verallgemeinert und auf weitere soziale Notstände neben der Altersarmut ausgeweitet wurden. Im Gegensatz zu den zunächst vor allem auf die Bedürftigen ausgerichteten Staatsrenten setzt das Konzept der Versicherung voraus, daß die von diesem System sozialer Sicherheit erfaßten Personen vorsorgefähig sind, also regelmäßig Beiträge zahlen können und deshalb gerade nicht zu den besonders Hilfsbedürftigen gehören. Indem es bestimmte Gruppen der Bevölkerung gegen bestimmte typische Risiken wie Krankheit, Unfall, Invalidität, Alter und später auch Arbeitslosigkeit versicherte, nahm es die unselbständig Erwerbstätigen, besonders die Arbeiter, auf die die ersten Versicherungsgesetze vor allem zugeschnitten waren, aus der Armenbevölkerung heraus. Dabei waren die Ausdehnung des Versicherungsschutzes auf weitere soziale Gruppen und die Verbesserung der Versicherungsleistungen das Mittel, um die traditionelle Armenfürsorge bzw. die spätere Sozialhilfe möglichst auf Randgruppen der nichterwerbstätigen Bevölkerung zu beschränken.

Das Versicherungsprinzip ergänzt in Ländern mit staatlichen Grundrenten inzwischen zunehmend das Versorgungsprinzip; im Vergleich zu der egalitären Tendenz des Versorgungsprinzips bietet das Versicherungsprinzip mit der überwiegenden, wenn auch keineswegs notwendigen Praxis, differenzierte Beiträge zu erheben und unterschiedliche Leistungen zu gewähren, prinzipiell eine bessere Möglichkeit, den Versicherten in kritischen Lebenssituationen (wie Alter, Invalidität, Krankheit und Arbeitslosigkeit) zu helfen, ihren gewohnten Lebensstandard aufrechtzuerhalten. Daneben gibt es aber auch in Ländern, deren System der sozialen Sicherheit vor allem auf dem Versicherungsprinzip beruht, in jüngster Zeit bei der Altersversorgung Tendenzen, eine von Beitragsleistungen unabhängige Grundsicherung zu gewähren. Damit sollen die Sozialhilfe und die Altersversicherung entlastet werden, und mit der Abkoppelung der Grundrente von Ansprüchen, die auf vorheriger Erwerbstätigkeit beruhen, will man eine bessere Versorgung vor allem von Frauen, die Kinder großgezogen haben, erreichen.

Vor 1914 waren allerdings die Leistungen des Staates nach dem Versorgungsprinzip auf kleinere Bevölkerungsgruppen (vor allem

Beamte und die armen Alten) beschränkt und die der Sozialversicherung im allgemeinen so niedrig, daß sie eine tiefgreifende Verschlechterung der Lebensverhältnisse der von Lebenskrisen Betroffenen nicht verhindern konnten; diese mußten daher vielfach zusätzlich an die *Armenhilfe* appellieren. So konnten z. B. in *Deutschland* (wo die Renten deutlich unter dem Niveau der britischen Staatsrenten besonders für Verheiratete lagen) die Alters- und Invalidenpensionen, die nur etwa ein Sechstel des durchschnittlichen Jahresverdienstes eines Arbeiters in Industrie, Handel und Verkehr ausmachten,[96]) nicht einmal das Existenzminimum decken. Sie dienten vor allem als Zusatzversorgung für den Lebensabend, der wesentlich durch eigene kleinere Arbeiten, durch Unterstützung von Familienangehörigen oder auch durch die Armenhilfe gesichert wurde.[97])

Besonders schlecht war die Versorgung der Witwen, die, sofern sie nicht einen eigenen Rentenanspruch aus Erwerbstätigkeit hatten, vor 1912 – wie Waisen – in Deutschland keine Hinterbliebenenrenten erhielten. Auch danach wurde der Rentenanspruch für die Witwen von Arbeitern – im Gegensatz zu dem der Witwen von Angestellten – auf invalide Witwen beschränkt.[98]) Auch der Rentenanspruch aus eigener Erwerbstätigkeit entfiel, wenn Frauen sich – wie allgemein üblich – bei der Heirat die Hälfte der für sie eingezahlten Beiträge (also ihren eigenen Anteil daran) hatten auszahlen lassen.[99])

In *Großbritannien* hat die Einführung der Alterspensionen dazu geführt, daß zwischen 1906 und 1913 die Zahl der Personen über 70 Jahre, die Armenhilfe bezogen, von 229 500 auf 57 800, also etwa ein Viertel, zurückging.[100])

[96]) Vgl. *Ritter,* Sozialversicherung, 55.

[97]) Vgl. *Heinz Reif,* Soziale Lage und Erfahrungen des alternden Fabrikarbeiters in der Schwerindustrie des westlichen Ruhrgebietes während der Hochindustrialisierung, in: Archiv für Sozialgeschichte, 22, 1982, 1–94, bes. 93 f. Zu den sehr eingeschränkten und meist mit sozialem Abstieg verbundenen Arbeitsmöglichkeiten der alternden Industriearbeiter vgl. *Josef Ehmer,* Lohnarbeit und Lebenszyklus im Kaiserreich, in: Geschichte und Gesellschaft 14, 1988, 448–471.

[98]) *Ritter,* Sozialversicherung, 55–57.

[99]) § 30 des Gesetzes betr. die Invaliditäts- und Altersversicherung.

[100]) *Williams,* Pauperism, 207.

Andere Ursachen der Armut blieben aber zunächst weiter bestehen, so daß die Armenhilfe als „Unterstock" des sozialen Sicherungssystems[101]) auch in Ländern mit einer Staatsbürgerversorgung der Alten oder einem Sozialversicherungssystem weiterhin eine bedeutende Rolle spielte. In *Deutschland* wurde zwar die Armenhilfe vor allem durch die Kranken- sowie die Invaliditäts- und Altersversicherung entlastet. Der Anteil der dauernd unterstützten Personen in Höhe von 2–4% der Bevölkerung der größten Städte und der für den Unterhalt der Armen aufgebrachten Mittel ging aber nicht zurück, da nun mehr Unterstützungsgesuche bewilligt und die Leistungen erhöht wurden.[102]) In Deutschland sorgte die Sozialversicherung also indirekt für eine Verbesserung der Armenhilfe, die vor allem in den reicheren Großstädten langsam den Charakter einer Fürsorge annahm. Die Modernisierung und der Ausbau der Armenhilfe zeigten sich vor allem in der besseren gesundheitlichen Versorgung der Armen. Diese profitierten – wie andere Bevölkerungsgruppen – vom Ausbau der Mütter- und Säuglingsfürsorge, der zunehmenden ärztlichen Betreuung von Schulkindern, der Schulspeisung bedürftiger Kinder und der Bekämpfung der Tuberkulose, der Geschlechtskrankheiten und des Alkoholismus sowie von der besseren Betreuung von Körperbehinderten und psychisch Kranken.[103]) Die Betreuung der Waisenkinder und der alleinlebenden Greise wurde intensiviert: die Armen- und Siechenhäuser sowie die Hospitäler, die noch um die Jahrhundertwende weitgehend als Institutionen der Armen-

[101]) *Sachße/Tennstedt,* Geschichte, 263.

[102]) Vgl. Die Einwirkung der Versicherungs-Gesetzgebung auf die Armenpflege, in: Kaiserlich Statistisches Amt, Vierteljahreshefte zur Statistik des Deutschen Reiches 1897, H. II, bes. 5–7; *Richard Freund,* Armenpflege und Arbeiterversicherung. Prüfung der Frage, in welcher Weise die neuere soziale Gesetzgebung auf die Aufgaben der Armengesetzgebung und Armenpflege einwirkt. Leipzig 1895. Dieses Werk beruht auf einer Enquete des „Deutschen Vereins für Wohltätigkeit und Armenpflege" von 1893/94.

[103]) Vgl. *Alfons Labisch/Florian Tennstedt,* Der Weg zum „Gesetz über die Vereinheitlichung des Gesundheitswesens" vom 3. Juli 1934. Entwicklungslinien und -momente des staatlichen und kommunalen Gesundheitswesens in Deutschland. Teil 1. Düsseldorf 1985, bes. 32ff.; *Sachße,* Mütterlichkeit, 63 bis 71. Vgl. weiter *Adelheid Gräfin zu Castell Rüdenhausen,* Volksgesundheit und Fürsorgestaat. Die Bekämpfung der Tuberkulose und der Säuglingssterblichkeit zwischen Reichsgründung und Inflation unter besonderer Berücksichtigung Preußens (1871–1924). Habilitationsschrift. Bochum 1987.

pflege galten, wurden langsam durch Altersheime und moderne Krankenhäuser ersetzt, in denen Heilung an die Stelle von Versorgung und Pflege trat.[104])

Diese Entwicklung wurde durch die zunehmende Auffassung gefördert, daß die Hebung der Volksgesundheit ein öffentliches Anliegen sei. Wesentliche Träger der Entwicklung waren noch vor dem Staat neben den freien Wohlfahrtsverbänden die Kommunen, die z. T. schon vor dem Ersten Weltkrieg eigene Gesundheitsämter aufbauten und Stadtärzte anstellten. Die Finanzierung der Erweiterung des Gesundheitswesens und des Baus von Krankenhäusern wurde aber durch die gesetzlichen Krankenkassen, die Unfallversicherung und die Invalidenversicherung erleichtert. Letztere setzte sich besonders für die Bekämpfung der Tuberkulose auch durch die Errichtung moderner Lungenheilstätten ein. Die Lungentuberkulose war die mit Abstand bedeutendste Ursache vorzeitiger Invalidität jüngerer Erwerbstätiger. Von 1000 Fällen von Invalidität männlicher Arbeiter in Industrie und Handel im Alter von 20 bis 35 Jahren entfielen 1896–1899 weit über 500 auf Lungentuberkulose. Die Zahl der durch Tuberkulose verursachten Sterbefälle ging zwischen 1876 und 1910 auf etwa die Hälfte zurück.[105])

Der allmähliche, vor 1914 allerdings noch keineswegs generelle Übergang von der älteren repressiven Armenhilfe zur modernen Wohlfahrtspflege, die vor allem die Ursachen der Armut zurückdrängen und die Fähigkeit der Armen zur Selbsthilfe stärken wollte, und die Modernisierung und Verwissenschaftlichung der städtischen Fürsorge hatten u. a. zur Folge, daß sich die sozialen Dienste immer mehr differenzierten und professionalisierten.

Neben der Gesundheitsfürsorge, die immer weiter spezialisiert wurde, und dem Ausbau der Wohnungsfürsorge entwickelte sich

[104]) *Alfons Labisch,* Das Krankenhaus in der Gesundheitspolitik der deutschen Sozialdemokratie vor dem Ersten Weltkrieg, in: Medizinische Soziologie, Jahrbuch 1, Frankfurt am Main/New York 1981, 126–151, bes. 140.

[105]) Für die Verteilung der Sterbefälle auf Altersgruppen vgl. Atlas und Statistik der Arbeiterversicherung im Deutschen Reich. Beiheft zum Reichs-Arbeitsblatt Juni 1904. Hrsg. v. Kaiserlich Statistischen Amt, Abteilung für Arbeiterstatistik, bearb. im Reichs-Versicherungsamt. Berlin 1904, 34. Für den Rückgang der Sterbefälle vgl. *M. Mosse,* Einfluß der sozialen Lage auf die Tuberkulose, in: M. Mosse/G. Tugendreich (Hrsg.), Krankheit und Soziale Lage. München 1912/13, 563.

seit dem preußischen Zwangserziehungsgesetz von 1878 und den Reformdiskussionen im Deutschen Verein für Armenpflege und Wohltätigkeit seit 1884/85 eine gesonderte Jugendfürsorge. Angesichts des Versagens der traditionellen Sozialisationsinstanzen Familie, Kirche und Schule wollte sie die Lebenschancen vernachlässigter oder sonstwie benachteiligter Jugendlicher durch Erziehung und Hilfe verbessern. Sie trug aber im System der Zwangserziehung nicht angepaßter Jugendlicher gleichzeitig eindeutig repressive Züge.[106])

Mit dem Schutz vor typischen Risiken des Arbeiterlebens durch die Sozialversicherung entwickelten sich die Armenhilfe und die diese ergänzende Wohlfahrtspflege der Städte mehr und mehr zu einem System sozialer Dienstleistungen, das auf den individuellen Notfall ausgerichtet war.[107]) Nach ersten Ansätzen dazu im Kaiserreich wurde die moderne Sozialarbeit, die aus der Verbindung bürgerlicher Sozialreform und bürgerlicher Frauenbewegung hervorgegangen war und zunächst fast ausschließlich von Frauen getragen wurde, im Ersten Weltkrieg und in der Weimarer Republik professionalisiert und bürokratisiert[108]) und verlor damit auch ihren ursprünglichen, frauenemanzipatorischen Charakter.

Wieweit es Parallelen zu dieser deutschen Entwicklung in anderen Ländern gibt, kann hier nicht erörtert werden. Das hängt neben der Unmöglichkeit, im Rahmen dieser Studie alle wesentlichen Elemente des Sozialstaats auch nur in den größeren Ländern zu erörtern, mit der außerordentlich schlechten Forschungslage zusammen. Während es immerhin einige wichtige Beiträge zu einer verschiedene Länder vergleichenden Forschung für den Bereich der Sozial-

[106]) Vgl. dazu die ausgezeichnete Untersuchung von *Detlev J. K. Peukert*, Grenzen der Sozialdisziplinierung. Aufstieg und Krise der deutschen Jugendfürsorge von 1878 bis 1932. Köln 1986.

[107]) *Sachße*, Mütterlichkeit, bes. 103. Zur Entwicklung der Sozialarbeit vgl. weiter *Rolf Landwehr*, Funktionswandel der Fürsorge vom Ersten Weltkrieg bis zum Ende der Weimarer Republik, in: Geschichte der Sozialarbeit. Hauptlinien ihrer Entwicklung im 19. und 20. Jahrhundert. Hrsg. v. Rolf Landwehr u. Rüdeger Baron. Weinheim/Basel 1983, 73–138; *Richard Münchmeier*, Zugänge zur Geschichte der Sozialarbeit. München 1981.

[108]) *Sachße*, Mütterlichkeit, bes. 9, 132ff., 250ff., 305ff.

versicherung gibt, steht diese auf dem Gebiet des Armenwesens, der Fürsorge und der Wohlfahrtspflege noch in den ersten Anfängen.

Obwohl die sehr weitreichenden indirekten Wirkungen der Sozialversicherung, die hier nur am Beispiel der sozialen Dienste in Deutschland angedeutet wurden, ebenfalls noch keineswegs genügend erforscht sind, wird man die Sozialversicherung und die alternative Konzeption der Staatsbürgerversorgung als äußerst wichtige Beiträge Europas zur Entwicklung moderner Industriegesellschaften ansehen müssen. Der *Ausbau moderner Systeme sozialer Sicherheit* begann in Mittel-, Nord- und Westeuropa und in den von britischen Traditionen bestimmten Commonwealthstaaten Australien und Neuseeland. Nirgendwo sonst haben sich diese Systeme – trotz der Tendenz zu ihrer universalen Ausweitung seit den 1930er Jahren – auch so weit entwickelt wie in diesen Ursprungsgebieten. Dabei haben zunächst das deutsche, später das britische, z. T. auch das skandinavische Modell in und außerhalb Europas die Diskussion über die Errichtung öffentlicher Systeme sozialer Sicherheit und, wenn auch nicht notwendig, deren konkrete Form bestimmt.

Die Pionierrolle Mittel-, Nord- und Westeuropas in diesem Bereich liegt wohl (abgesehen von den hier besonders für Deutschland diskutierten spezifischen nationalen Traditionen) in erheblichem Maße in Folgendem begründet: in der durch die moderne Forschung herausgearbeiteten zentralen Rolle der Kleinfamilie, der relativ frühen Ablösung der jungen Erwachsenen vom elterlichen Haushalt, dem hohen Heiratsalter und dem relativ großen Anteil unverheirateter Personen (einschließlich ungebundener Alter). Im Gegensatz zu Gesellschaften mit einem System von Großfamilien haben Gesellschaften mit diesen sozialen Merkmalen einen besonders hohen Bedarf an nichtfamiliärer sozialer Sicherheit in kritischen Lebenssituationen. Weitere Gründe für die führende Rolle Mittel-, Nord- und Westeuropas auf dem Feld sozialer Sicherheit liegen in der starken Tradition öffentlicher Armenhilfe durch Gemeinden, Kirchen und wohltätige Stiftungen sowie in der relativ frühen Mobilisierung und der Stärke der politischen und gewerkschaftlichen Arbeiterbewegung.

Diese war ihrerseits eine Konsequenz der kapitalistischen Industrialisierung und des Übergangs zur Massenpolitik, die den Charakter der europäischen Gesellschaft seit dem Ende des 18. Jahrhunderts von Grund auf veränderte und nach neuen Wegen zur Integration der Arbeiter und zur Institutionalisierung und Eindämmung der die bestehende Ordnung erschütternden Klassenauseinandersetzungen suchen ließ.[109])

Der Forschungsstand erlaubt es nicht zu bestimmen, welcher *Einfluß von dem deutschen Modell der Sozialversicherung,* das von der deutschen Regierung massiv propagiert wurde,[110]) auf andere Länder ausgegangen ist.[111]) Man wird das nicht auf die Fälle reduzieren können, in denen das deutsche Vorbild – wie z. B. in Österreich, in Ungarn oder dem noch dem Zollverein angehörenden Luxemburg – relativ vollständig übernommen wurde.[112]) Auch in Großbritannien, wo man zunächst das britischen Freiheitsvorstellungen widersprechende Ausmaß der staatlichen Reglementierung in der deutschen Sozialversicherung ablehnte, hat das deutsche Beispiel eine wesentliche Wirkung auf den Ausbau des Systems der sozialen Sicherheit in den letzten Jahrzehnten vor 1914 gehabt. Während man bei der für die Verhältnisse der Zeit recht großzügigen staatlichen Altersversorgung von 1908 bewußt andere Wege als die deutsche Rentenversicherung ging[113]), hat z. B. bei der Neuregelung der Arbeiterunfallentschädigung durch Gesetze von 1897 und 1906[114]) oder beim Übergang zum Versicherungsgedanken im Na-

[109]) Vgl. dazu *Hartmut Kaelble,* Auf dem Weg zu einer europäischen Gesellschaft. Eine Sozialgeschichte Westeuropas 1880–1980. München 1987, 18–25, 80–82; *Peter Flora,* Introduction, in: ders. (Ed.), Growth to Limits. Bd. 1, bes. XII–XVI.

[110]) Vgl. *Ritter,* Sozialversicherung, 11–13.

[111]) *Barker,* Development, sah in der deutschen Sozialversicherungsgesetzgebung der 1880er Jahre „a landmark not only in the history of Germany, but also in that of western Europe" (1062).

[112]) Vgl. die Hefte über Österreich, Ungarn und Luxemburg in: *Zacher* (Bearb.), Arbeiter-Versicherung. Vgl. für Österreich weiter *Herbert Hofmeister,* Landesbericht Österreich, in: Köhler/Zacher (Hrsg.), Ein Jahrhundert, bes. 514–588; *Ebert,* Anfänge. Für Luxemburg vgl. *Michael Braun,* Die luxemburgische Sozialversicherung bis zum Zweiten Weltkrieg. Entwicklung, Probleme und Bedeutung. Stuttgart 1982.

[113]) *E. P. Hennock,* British Social Reform and German Precedents. The Case of Social Insurance 1880–1914. Oxford 1987, 109–151; *ders.,* Public Provision for Old Age. Britain and Germany 1880–1914, in: Archiv für Sozialgeschichte 30, 1990, 81–103.

[114]) *Hennock,* British Social Reform, 39–105. Man übernahm von der deutschen Unfallversicherung das Prinzip, die Frage nach den Schuldigen von Unfällen auszuklammern, lehnte aber die in Deutschland bestehende Versicherungspflicht der Unternehmer und ihre Zusammenfassung in Zwangsberufsgenossenschaften ab.

tional Insurance Act von 1911 der Bezug auf das deutsche System, das man aber bewußt zu übertrumpfen und zu verbessern versuchte,[115]) eine wesentliche Rolle gespielt. Nicht nur die mehr oder minder genaue Übernahme des deutschen Vorbildes, sondern auch die bewußte Entwicklung abweichender Lösungen konnte also auf eine Auseinandersetzung mit der deutschen Sozialversicherung zurückgehen; deren Bedeutung als Ausgangspunkt für die öffentliche Diskussion und für gesetzgeberische Initiativen kann nur durch konkrete Untersuchungen über die Entstehung der modernen Systeme sozialer Sicherheit in einzelnen Ländern geklärt werden.[116])

[115]) Ebd. bes. 168–200.

[116]) M. E. wird von *Alber,* Armenhaus, 134–146, der Einfluß des deutschen Sozialversicherungssystems auf die Entstehung von Sozialversicherungen in anderen europäischen Ländern zu gering eingeschätzt. Die von ihm gewählten Kriterien für die Messung des deutschen Einflusses – das Tempo der Reaktion auf das deutsche Beispiel und die Übernahme des Prinzips der Pflichtversicherung in den ersten Programmen anderer Länder – sind zu schematisch, um der Vielfalt der Einflußmöglichkeiten gerecht zu werden. Auch die von ihm zur Stützung seiner Auffassung herangezogene Untersuchung von *Stein Kuhnle,* The Growth of Social Insurance Programs in Scandinavia: Outside Influences and Internal Forces, in: Flora/Heidenheimer (Eds.), Development, 125–150, kommt zwar zu dem Ergebnis, daß – abgesehen von Norwegen – die in den skandinavischen Ländern schließlich geschaffenen Versicherungssysteme nach anderen als deutschen Vorbildern bzw. von eigenen Konzeptionen bestimmt wurden. Gleichzeitig betont Kuhnle aber, daß die Diskussion der Frage und die Einleitung des Prozesses der Gesetzgebung wesentlich durch das deutsche Beispiel angeregt wurden. Vgl. weiter *Stein Kuhnle,* The Beginnings of the Nordic Welfare States: Similarities and Differences, in: Acta Sociologica. Special Congress Issue: The Nordic Welfare States 21, 1978, 9–35, bes. 24–28. Für Norwegen, das besonders stark vom deutschen Modell beeinflußt wurde, vgl. *Anne-Lise Seip,* Motive Forces behind the New Social Policy after 1870: Norway on the European Scene, in: Scandinavian Journal of History 9, 1984, 329–341. In Dänemark knüpften die Einführung der Altersversorgung 1891 und die Schaffung einer freiwilligen Krankenversicherung 1892 unmittelbar an die Traditionen des Landes an und waren in wesentlichen Zügen schon vor der deutschen Sozialversicherungsgesetzgebung in Berichten von Ausschüssen und Kommissionen festgelegt worden. In Schweden wurde die öffentliche und parlamentarische Diskussion der Reform des Systems der sozialen Sicherheit, nicht aber deren schließliche Gestaltung vom deutschen Modell beeinflußt. Vgl. *Lars Nørby Johansen,* Denmark, sowie *Sven Olson,* Sweden, in: Flora (Ed.), Growth to Limits, Bd. 1, 298f., 7.

Wesentliche Abweichungen vom deutschen System der Pflichtversicherung für Arbeitnehmer stellten nicht nur die bereits erwähnten staatlich subventionierten, freiwilligen Versicherungen, die Volksversicherungen oder die staatliche Altersversorgung dar. Auch wenn man das Prinzip des Versicherungszwangs für bestimmte Bevölkerungsgruppen übernahm, konnte man dem einzelnen die Wahl überlassen, über welche Organisationen er sich versichern lassen wollte. Auf diese Weise wurden z. B. in Großbritannien die Gewerkschaften, Friendly Societies und kommerziellen Versicherungen, die jede staatliche Zwangsversicherung als Gefährdung ihrer Existenz scharf ablehnten, zur Mitarbeit gewonnen. Weitere Kriterien, um den Charakter der stark voneinander abweichenden nationalen Systeme sozialer Sicherheit zu bestimmen, sind: der Grad der staatlichen Beteiligung an der Finanzierung, der in vielen Ländern höher lag als in Deutschland; das Ausmaß der Umverteilung von Einkommen über die Sozialversicherung; die Bedeutung staatlicher und kommunaler Stellen in der medizinischen Versorgung; die Tendenz zur Verrechtlichung des Sozialversicherungswesens, die in Deutschland, wo der Übergang zum Interventions- und Wohlfahrtsstaat seit etwa 1880 zu einer starken Ausdehnung des öffentlichen Rechts, vor allem des Verwaltungsrechts und des Sozialrechts, geführt hat[117]), besonders stark war; der Anteil der erfaßten Bevölkerung; die Höhe der Leistungen und deren eventuelle Ausdehnung auf Familienangehörige und Hinterbliebene von Versicherten; die Festlegung einheitlicher oder gestaffelter Beiträge und Leistungen; das Ausmaß der Ersetzung der Armenfürsorge; die Stärke der Elemente disziplinierender Kontrolle; die Zusammenfassung oder Zersplitterung der Verwaltung und der Grad der Einbeziehung der Versicherten in ihre Arbeit.

Die Entscheidungen in der ersten Aufbauphase über den Charakter der neuen Sicherungssysteme haben dabei häufig auch die weitere Entwicklung geprägt.

[117]) Vgl. *Michael Stolleis,* Die Entstehung des Interventionsstaates und das öffentliche Recht, in: Zeitschrift für neuere Rechtsgeschichte 11, 1989, 129–147.

V. AUSBAU UND KRISE DES SOZIALSTAATES IN DER ZWISCHENKRIEGSZEIT

1. Allgemeine Entwicklung der Systeme sozialer Sicherheit in Europa

Nachdem die Funktionsfähigkeit der Sozialversicherung 1914 als erwiesen galt, wurde diese im Ersten Weltkrieg und in der Zwischenkriegszeit ausgebaut und konsolidiert. Nach der Phase der Experimente und Grundsatzdiskussionen war die weitere Entwicklung jetzt vor allem von der Reaktion auf Krieg und ökonomische Krisen sowie von der verstärkten politischen Mobilisierung der Arbeiterschaft abhängig. Eine wichtige Rolle spielte daneben – wie schon im letzten Jahrzehnt vor 1914 – die Hoffnung, durch Maßnahmen der Sozialreform die Qualität des Arbeitskräftepotentials und die Leistungsfähigkeit der nationalen Wirtschaft zu steigern, z.T. auch die Absicht, damit die Militanz der Gewerkschaften zu dämpfen.

Der Erste Weltkrieg hat in den kriegführenden Nationen das Bewußtsein nationaler Solidarität gestärkt und vielfach die Erwartung geweckt, daß die gemeinsamen Opfer im Krieg durch gemeinsame Anstrengungen zur Überwindung von Not und zur Minderung von Ungleichheit im Frieden honoriert würden, daß man ein Land „fit for heroes“, wie es in England hieß[1]), schaffen würde. Ebenso wichtig war, daß die kriegführenden Staaten, um Arbeitskräfte für die Kriegswirtschaft zu mobilisieren, erstmals in größerem Umfang in den Arbeitsmarkt eingriffen. Sie waren dabei auf die Mitarbeit der Gewerkschaften angewiesen, deren Position im Staat und gegenüber den Arbeitgebern wesentlich gestärkt wurde. Die russische Oktoberrevolution, die Revolutionswirren in den besiegten Mittelmächten, das Aufkommen linksradikaler Strömungen in der Arbeiterschaft und die Furcht vor schweren sozialen Unruhen in den meisten kapitalistischen Industrieländern – die Vereinigten Staaten bilden eine kennzeichnende Ausnahme – haben am Ende des Krieges und in der unmittelbaren Nachkriegszeit die Be-

[1]) *Paul Barton Johnson,* Land Fit for Heroes. The Planning of British Reconstruction 1916–1919. Chicago/London 1968.

reitschaft gestärkt, durch soziale Interventionen des Staats Konfliktpotential abzubauen und zu verhindern, daß die Demobilmachung und die Umstellung von der Kriegs- auf die Friedenswirtschaft zur Massenarbeitslosigkeit und zu massiven sozialen Protesten führen würden. Schließlich waren – vor allem auf Druck der Gewerkschaften – durch den Friedensvertrag von Versailles 1919 im Rahmen des Völkerbundes in Genf ein Internationales Arbeitsamt und eine periodisch tagende Konferenz zur Erörterung von Arbeiterfragen geschaffen worden.[2]) Obwohl die Gewerkschaften über ihre schwache Stellung in den neuen internationalen Organisationen und über deren geringe Kompetenzen zunächst enttäuscht waren, haben sich diese doch mit zum Teil erheblichem Erfolg für die Stärkung der Gewerkschaften, eine Verbesserung des Arbeiterschutzes und einen Ausbau der sozialen Sicherheit der Arbeitnehmer eingesetzt.[3])

Der bereits vor dem Ersten Weltkrieg beginnende *Wandel der traditionellen Armenhilfe zur modernen Wohlfahrtspolitik* wurde im Ersten Weltkrieg in Deutschland – parallele Erscheinungen in anderen kriegführenden Ländern müssen hier ausgeklammert werden – im Zusammenhang mit der stärkeren Herausbildung des Interventions- und Sozialstaates als Instrument zum gesellschaftlichen Krisenmanagement entscheidend vorangetrieben.

Für die Familien und Hinterbliebenen von Soldaten wurde eine Kriegsfürsorge begründet, die von der Armenpflege in ihrer geistigen Ausrichtung und ihrer Organisation klar getrennt war und mit den freien Wohlfahrtsverbänden eng zusammenarbeitete; diese Fürsorge sollte den Betroffenen nicht nur die notdürftige Existenz

[2]) Vgl. *James T. Shotwell* (Ed.), The Origins of the International Labor Organization. 2 Bde. New York 1934; zum Druck der organisierten Arbeiterbewegung vgl. *Gerhard A. Ritter* (Hrsg.), Die II. Internationale 1918/1919. Protokolle, Memoranden, Berichte und Korrespondenzen. 2 Bde. Berlin/Bonn 1980, bes. Bd. I, 33–36, 434–460. Über die frühen Versuche zur internationalen Koordinierung der nationalen Sozialgesetzgebung zum Schutz von Ausländern und über die Bestrebungen zur internationalen Harmonisierung des Arbeits- und Sozialrechts bis 1919 vgl. das Werk von *Perrin,* Ursprünge.

[3]) Internationales Arbeitsamt Genf, Der Einfluß der Übereinkommen und Empfehlungen der Internationalen Arbeitsorganisation. Genf 1977. Die wichtige Rolle der I.L.O. z. B. bei der Entwicklung der Arbeiterpolitik Japans betont *Iwao F. Ayusawa* in seiner Studie: A History of Labor in Modern Japan. Kingsport, Tenn. 1966.

sichern, sondern sie in ihrer sozialen Schicht erhalten.[4]) Sie verband dabei Elemente moderner Sozialhilfe und staatlicher Versorgung. Die Kriegsfürsorge, die im Gegensatz zur Armenpflege nicht mit sozialen und politischen Diskriminierungen verbunden war und bei der kein Anspruch auf spätere Erstattung der Leistungen erhoben wurde, hatte eine weitgehende Reduzierung der Armenpflege zur Folge. Das Problem der Massenarbeitslosigkeit in den ersten Kriegsmonaten führte weiter zum Engagement der Gemeinden und des Reiches in der Erwerbslosenfürsorge, die dann später in der Demobilmachung 1918/19 fest etabliert wurde. In der zweiten Phase des Krieges seit 1916 wurde, um in einer Zeit großen Arbeitskräftemangels Frauen für die Kriegswirtschaft zu gewinnen, schließlich ein spezielles Fürsorgewesen für die erwerbstätigen Frauen durch Ausbau der Säuglings-, Kinder- und Jugendfürsorge und die Errichtung einer Fabrikpflege geschaffen.

In der Weimarer Republik wurde die Fürsorge, die zunächst als kriegsbedingte Übergangserscheinung gedacht war, immer mehr zu einem „universellen Instrument materieller Existenzsicherung“[5]) für immer größere Kreise der Bevölkerung auf allerdings minimalem Niveau. Die Erwerbslosenfürsorge wurde ausgebaut. Da die finanziellen Mittel für eine einheitliche Versorgung durch Staatsrenten nicht ausreichten, wurden eine Sonderfürsorge für Kriegsbeschädigte und Kriegshinterbliebene[6]) und eine gesonderte Fürsorge für Sozialrentner und die früher von ihren Ersparnissen lebenden

[4]) *Landwehr,* Funktionswandel, in: ders./Baron (Hrsg.), Geschichte, 79. Vgl. zur Entwicklung der Fürsorge im Ersten Weltkrieg weiter *Christoph Sachße/ Florian Tennstedt,* Geschichte der Armenfürsorge in Deutschland, Bd. 2: Fürsorge und Wohlfahrtspflege 1871–1929. Stuttgart etc. 1988, 46–67; *Jürgen Reulecke,* Städtische Finanzprobleme und Kriegswohlfahrtspflege im Ersten Weltkrieg unter besonderer Berücksichtigung der Stadt Barmen, in: Zeitschrift für Stadtgeschichte, Stadtsoziologie und Denkmalspflege 2, 1975, 48–79.

[5]) *Landwehr,* Funktionswandel, 105.

[6]) Die ungenügende Versorgung der Kriegsopfer hat wesentlich dazu beigetragen, große Teile der Bevölkerung der Republik zu entfremden. Vgl. dazu die Untersuchung von *Robert Weldon Whalen,* Bitter Wounds. German Victims of the Great War, 1914–1939. Diss. phil. Cornell University 1982. Die Studie von *Michael Geyer,* Ein Vorbote des Wohlfahrtsstaates. Die Kriegsopferversorgung in Frankreich, Deutschland und Großbritannien nach dem Ersten Weltkrieg, in: Geschichte und Gesellschaft 9, 1983, 230–277, arbeitet die Bedeutung, aber auch die unterschiedliche Behandlung des Problems in den drei Ländern klar heraus.

Kleinrentner[7]) eingerichtet, deren Kosten überwiegend vom Reich getragen wurden. Diese gesonderte Fürsorge wurde vor allem durch die Zahlungsunfähigkeit der Invaliden- und Altersversorgung und den Verlust vieler privater Vermögen des alten Mittelstandes aus Händlern, Handwerkern und Kleinproduzenten im Massenelend der Inflation nötig. 1924 wurden schließlich im Deutschen Reich 4910000 Fürsorgebedürftige ohne Erwerbslose gezählt.[8])

Das Reichsjugendwohlfahrtsgesetz von 1922, dessen weiterführende Reformen allerdings vor seinem Inkrafttreten 1924 erheblich reduziert wurden, eine „Reichsverordnung über die Fürsorgepflicht" und die „Reichsgrundsätze über Voraussetzung, Art und Maß der öffentlichen Fürsorge", die am 1. Januar 1925 in Kraft traten, brachten eine Neuordnung des Fürsorgesystems; vorgesehen war, die Armenhilfe völlig aufzuheben und das Verhältnis von freien Wohlfahrtsverbänden und öffentlicher Fürsorge zu regeln. Die am Anfang der Weimarer Republik zunächst befürchtete Ausschaltung der freien, besonders der konfessionellen Wohlfahrtspflege trat nicht ein. Aufgrund des starken Einflusses des Zentrums, das sich dem Subsidiaritätsprinzip der katholischen Soziallehre verpflichtet fühlte und daher für die Berücksichtigung der freien Verbände bei der Übernahme von Wohlfahrtsaufgaben und der Zuweisung von Haushaltsmitteln sorgte, hat der Ausbau der Republik zum Sozialstaat zu einer Expansion der Arbeit der freien Wohlfahrtsverbände geführt, die kostengünstiger als die öffentliche „Konkurrenz" arbeiteten.[9]) In Anlehnung an die Sonderfürsorge der vorangegangenen Jahre wurde unterschieden zwischen der „gehobenen Fürsorge" für Kleinrentner und Sozialrentner, der „sozialen Fürsorge" für Kriegsbeschädigte und Kriegshinterbliebene und der „einfachen Fürsorge" für die vorher von der Armenpflege Betreuten. Die Gesetzgebung führte zur organisatorischen Vereinheitlichung der Fürsorge auf kommunaler Ebene und zur allgemeinen Herausbildung von Wohlfahrts-, Gesundheits- und Jugendäm-

[7]) Vgl. zu diesem Personenkreis *Karl Christian Führer*, Für das Wirtschaftsleben ‚mehr oder weniger wertlose Personen'. Zur Lage von Invaliden- und Kleinrentnern in den Inflationsjahren 1918–1924, in: Archiv für Sozialgeschichte 30, 1990, 145–180.

[8]) *Landwehr*, Funktionswandel, in: ders./Baron (Hrsg.), Geschichte, 108.

[9]) Zur Arbeit eines der wichtigsten freien Wohlfahrtsverbände vgl. die ausgezeichnete Studie von *Jochen-Christoph Kaiser*, Sozialer Protestantismus im 20. Jahrhundert. Beiträge zur Geschichte der Inneren Mission 1914–1945. München 1989.

tern. Letztere wurden allerdings meist dem Wohlfahrtsamt als Abteilung angegliedert. Damit war die moderne Struktur des Systems öffentlicher Fürsorge geschaffen worden.[10])

Hinter der Gesetzgebung stand das Konzept einer modernen Sozialarbeit, die von der alten Armenpflege völlig abgekoppelt war. Die Bedürftigen sollten danach zur Selbsthilfe befähigt und unter Wahrung ihrer Menschenwürde voll in die Gesellschaft integriert werden. Dieses Konzept ist jedoch nur in Ansätzen verwirklicht worden, denn die zur Verfügung stehenden Mittel waren von Anfang an eng begrenzt. In der Weltwirtschaftskrise hat schließlich die Belastung mit Millionen von Dauerarbeitslosen wieder zum Niedergang der Fürsorge geführt.

Im Juni 1931 wurde durch eine Notverordnung die Fürsorgepolitik der Gemeinden zur Senkung der Kosten einer stärkeren zentralen Kontrolle unterworfen, indem die Zahlung von Reichs- oder Landeszuschüssen davon abhängig gemacht wurde, daß die örtlich festgelegten Richtsätze „das Maß des Erforderlichen und Angemessenen nicht überschreiten". Die Richtsätze der Leistungen wurden zur Anpassung an die gesunkenen Löhne 1931/32 drastisch gesenkt. Besonders in Landgemeinden wurden die Unterstützungszahlungen oft ganz eingestellt. Immer mehr Kommunen gingen auch dazu über, Geldleistungen durch Naturalleistungen wie Heizmaterial, Kleidung, Winterhilfe und die Ausgabe warmer Mahlzeiten in kommunalen Suppenküchen zu ersetzen oder zu ergänzen. Sonderleistungen etwa für Operationen, Zahnersatz, Kuren wurden verweigert. Unter dem Zwang zu sparen wurde die Tendenz zur Verrechtlichung und Standardisierung der Fürsorge von 1922–1925 wieder umgekehrt: Die erneute Individualisierung der Fürsorge und die immer schärfere Überprüfung der Bedürftigkeit belebten den Geist der alten, bevormundenden Armenpflege neu.[11])

In der Jugendfürsorge führten die Sparmaßnahmen zu einer Beschränkung der Sachkosten (u.a. Kleidung und Ernährung) um

[10]) *Sachße/Tennstedt,* Geschichte, Bd. 2, bes. 142ff.

[11]) Vgl. *Landwehr,* Funktionswandel, in: ders./Baron (Hrsg.), Geschichte, bes. 128–133; *Stephan Leibfried,* Existenzminimum und Fürsorge-Richtsätze in der Weimarer Republik, in: Christoph Sachße/Florian Tennstedt (Hrsg.), Jahrbuch der Sozialarbeit 4. Geschichte und Geschichten. Reinbek bei Hamburg 1981, 469–523, bes. 502–514. Für die Entwicklung des Fürsorgewesens 1924–1933 vgl. weiter *David F. Crew,* „Wohlfahrtsbrot ist bitteres Brot". The Elderly, the Disabled and the Local Welfare Authorities in the Weimar Republic 1924–1932, in: Archiv für Sozialgeschichte 30, 1990, 217–245.

etwa ein Fünftel pro Zögling. Vor allem aber wurde durch eine Notverordnung vom November 1932 die Zahl der Fürsorgezöglinge reduziert: Man setzte das Höchstalter für Fürsorgeerziehung von dem vollendeten 21. auf das 19. Lebensjahr herab und machte es möglich, „Schwer-" und „Unerziehbare" von der Fürsorgeerziehung ganz auszuschließen. An diese zunächst nur zögernd gehandhabte negative Selektion der Unerziehbaren oder „Minderwertigen", wie es bald hieß, konnte das Dritte Reich unmittelbar anschließen.[12])

Die Leistungen der Sozialversicherung in der Zwischenkriegszeit nahmen besonders stark in den Jahren 1915–1920, während der relativen Prosperität 1925–1929 und gegen Ende der 1930er Jahre zu.[13]) Die Wirkung *ökonomischer Krisen* auf die Systeme sozialer Sicherheit war dabei durchaus ambivalent. Teilweise hat der damit verbundene Mangel an Ressourcen eine Tendenz zur Stagnation oder – wie in Deutschland nach 1930 – sogar zur Rückbildung der Sozialleistungen gefördert; andernorts trugen die Erfahrungen der Weltwirtschaftskrise entscheidend zum Ausbau des sozialen Sicherungssystems bei, etwa in den Vereinigten Staaten sowie in den skandinavischen Ländern seit Mitte der 1930er Jahre, und, mit stärkerer Verzögerung, schließlich auch in Großbritannien und anderen europäischen Staaten.

Bei der Gewährung von Sozialleistungen kam jetzt dem *Druck* von unten *durch die organisierte Arbeiterschaft* eine erheblich größere Bedeutung zu als vor 1914, denn diese hatte auf ihrem reformistischen Flügel den Nutzen der Sozialversicherung nun, im Gegensatz zu ihrer eher kritischen Haltung in der Entstehungsphase, erkannt. Besonders deutlich ist das in den skandinavischen Ländern, wo im Unterschied zu dem schweren Rückschlag, den die Arbeiterbewegung etwa in Deutschland und England durch die Weltwirtschaftskrise erlitt, eine in ihrer Einheit kaum gefährdete politische Arbeiterbewegung unter sozialdemokratischer Führung (in Dänemark seit 1929, in Schweden seit 1932 und in Norwegen seit 1935) für Jahrzehnte zur dominierenden politischen Kraft wurde. Während die ursprünglichen Ziele der sozialistischen Umgestaltung der Wirtschaft und der Verwirklichung sozialer Gleichheit in den Hintergrund traten, ging man beim Ausbau des skandinavischen Mo-

[12]) *Peukert*, Grenzen der Sozialdisziplinierung, 253–260.
[13]) Vgl. *Alber*, Armenhaus, 151 ff.; *Flora* u. a., Entwicklung, 741 f.

dells des Sozialstaates, in dem zuerst die Arbeiterversicherung zur Volksversicherung erweitert wurde, weit über das bloße Abschaffen primärer Not und über die Garantie eines Existenzminimums hinaus. Die Vorstellung, daß die Gesellschaft allen ihren Bürgern lebenslang soziale und ökonomische Sicherheit schulde und daß der Lebensstandard der untersten Schichten durch öffentliche Leistungen deutlich angehoben werden müsse, fand wie die zugrundeliegenden Ideen der Solidarität und der sozialen Kooperation auch außerhalb der Arbeiterbewegung zunächst eine breite Unterstützung.[14]) Sie bröckelte erst seit etwa 1970 durch überhöhte Steuerforderungen und die Verringerung des wirtschaftlichen Wachstums seit 1973 ab.

Der allgemeine Ausbau der Systeme sozialer Sicherheit in der Zwischenkriegszeit zeigt sich in der steigenden Quote des für Sozialversicherungen aufgebrachten Anteils des Bruttoinlandsprodukts[15]); er zeigt sich auch in der starken Zunahme der Personenkreise, die von der Sozialversicherung[16]) und der Staatsbürgerversorgung erfaßt wurden, in der Umwandlung der Armenpflege zur Fürsorge und Wohlfahrtspflege, in der Ergänzung der bisherigen sozialen Leistungen durch Familienhilfen, sozialen Wohnungsbau und die erst jetzt im größeren Umfang eingeführten Versicherungen gegen das Risiko der Arbeitslosigkeit.

Bei der *Altersversorgung* gibt es unterschiedliche Entwicklungen. In *Deutschland* – wie in anderen von der Inflation besonders stark erfaßten Staaten – brach das Rentenversicherungssystem durch den Verlust der Kapitalreserven und die unvorhergesehene Vermehrung der Anspruchsberechtigten durch die Witwen und Waisen von Kriegsopfern (der Rentenbestand hat sich von 1913 bis 1925 fast verdreifacht[17])) faktisch zusammen.[18]) Es mußte bis zu sei-

[14]) Vgl. *John Logue,* Social Welfare, Equality and the Labor Movement in Denmark and Sweden, in: Tomasson (Ed.), Welfare State, 243–277.

[15]) Vgl. *Alber,* Armenhaus, 60. Für Deutschland: *Zöllner,* Öffentliche Sozialleistungen, 21; *ders.,* Landesbericht Deutschland, in: Köhler/Zacher (Hrsg.), Ein Jahrhundert, 171.

[16]) *Alber,* Armenhaus, 152, 236–239; *Flora* u.a., State, 460f.

[17]) Vgl. *Dr. Dobbernack,* Entwicklung und Stand der Sozialversicherungsfinanzen unter besonderer Berücksichtigung der Rentenversicherungen, in: Reichsarbeitsblatt IV, Nr. 15, Berlin 1933, 254–266, hier 255.

[18]) Vgl. ebd. 254; *Karl Kolb,* Kapitalbildung und Kapitalanlage in der deutschen Sozialversicherung (in den Zeiträumen 1910–1913, 1914–1917,

nem Wiederaufbau nach der Stabilisierung der Währung weitgehend durch die Sozialfürsorge ersetzt werden, die allerdings wie in anderen europäischen Ländern den politisch diskriminierenden Charakter der alten Armenhilfe verlor, aber weiter an den Nachweis der Bedürftigkeit gebunden blieb. In Deutschland ging so die ursprünglich stark ausgeprägte Verbindung zwischen der Höhe der Beiträge und der Leistungen vorübergehend fast völlig verloren, und das niedrige Niveau der Renten machte auch nach der Stabilisierung häufig deren Ergänzung durch Leistungen der Fürsorge oder zusätzliche Arbeit notwendig. So bezogen nach einer Erhebung vom März 1929, die etwa zwei Fünftel der deutschen Bevölkerung erfaßte, in kreisfreien Städten 30%, in Landkreisen 21,8% der Rentner laufend eine öffentliche Fürsorgeunterstützung. Etwas mehr als ein weiteres Fünftel war zusätzlich erwerbstätig, um nicht auf Fürsorge angewiesen zu sein. Darüber hinaus verfügten 56–57% der nichtunterstützten Sozialrentner über „sonstige Einkommen" (außer Arbeitseinkommen), etwa aus Untervermietung, Versorgungsansprüchen als Kriegsbeschädigte oder zusätzlichen Pensionen/Renten von Behörden oder privaten Arbeitgebern.[19])

In *England* wurde das bestehende System der Versorgung aller bedürftigen älteren Staatsbürger aus Steuermitteln 1925 durch eine Rentenversicherung ergänzt und damit auch der Kreis der erfaßten

Fortsetzung Fußnote von Seite 109

1924–1926), Rechts- und Staatswissenschaftliche Diss. Halle-Wittenberg 1928, Borna-Leipzig 1929, bes. 57; *Hans Günter Hockerts,* Sicherung im Alter. Kontinuität und Wandel der gesetzlichen Rentenversicherung 1889–1979, in: Werner Conze/M. Rainer Lepsius (Hrsg.), Sozialgeschichte der Bundesrepublik Deutschland. Beiträge zum Kontinuitätsproblem. Stuttgart 1983, 296–323, bes. 303ff. Zu den Auswirkungen der Inflation auf die deutsche Sozialversicherung vgl. weiter *Gerald D. Feldman,* The Fate of the Social Insurance System in the German Inflation, 1914 to 1923, in: ders. u.a. (Hrsg.), Die Anpassung an die Inflation. Berlin/New York 1986, 433–447.

[19]) Im Durchschnitt lagen diese „sonstigen Einkommen" aber erheblich unter etwaigen Einkommen aus Erwerbstätigkeit. Die Gesamtzahl der Sozialrentner (ohne die ca. 870000 Bezieher von Waisenrenten) betrug 2,6 Millionen oder 4,2% der deutschen Bevölkerung. Vgl. Die wirtschaftliche Lage der Sozialrentner in 92 deutschen Städten und 105 deutschen Landkreisen. Ergebnisse einer Erhebung vom März 1929, in: Sozialversicherung und öffentliche Fürsorge als Grundlagen der Alters- und Invalidenversorgung. (Schriften des Vereins für öffentliche und private Fürsorge, NF., H. 14) Karlsruhe 1930, 35–186, bes. 60f., 100, 115f.

Personen erweitert.[20]) In *Schweden* wurde 1935 durch die Einführung einheitlicher Zusatzpensionen aus Staatsmitteln für die meisten Staatsbürger[21]) der Versicherungscharakter der Renten noch weiter geschwächt und damit die Tendenz zur Nivellierung der Renten auf einem höheren Gesamtniveau gefördert.

Die wichtigste Entwicklung in der Zwischenkriegszeit war die allmähliche Übernahme einer gewissen staatlichen Gesamtverantwortung für den *Arbeitsmarkt.* Das konnte sich, wie etwa in Schweden oder mit geringerem Erfolg in den Vereinigten Staaten in den 1930er Jahren, vor allem in der aktiven Bekämpfung der Arbeitslosigkeit durch staatliche Programme zur Arbeitsbeschaffung und Ankurbelung der Wirtschaft oder, wie in England und Deutschland in den 1920er Jahren, vor allem im Ausbau der Unterstützung für Arbeitslose niederschlagen. Das Risiko der Arbeitslosigkeit, das von der wirtschaftlichen Konjunktur abhängig war, hat lange Zeit als nicht berechenbar und daher auch als nicht versicherungsfähig gegolten. Es kam hinzu, daß man die Ausnutzung einer öffentlichen Versicherung durch „arbeitsscheue Elemente" befürchtete und sich zudem vielfach über die Form der Organisation einer derartigen Versicherung nicht einigen konnte. Neben den Gewerkschaften, die bereits zunehmend Versicherungen gegen die Arbeitslosigkeit ihrer Mitglieder aufgebaut hatten[22]), standen die Gemeinden, der Staat bzw. in föderalistischen Staaten der Zentralstaat und die Einzelstaaten als Träger einer Versicherung zur Diskussion. Auch leisteten die Unternehmer meist heftigen Widerstand, da sie erwarteten, eine Arbeitslosenversicherung werde die Position der Gewerkschaften auf dem Arbeitsmarkt stärken.[23])

Eine staatliche Zwangsversicherung gegen Arbeitslosigkeit hatte es daher vor 1914 nur für einen kleinen Teil der Arbeiterschaft

[20]) Vgl. *Bentley B. Gilbert,* British Social Policy 1914–1939. London 1973, 235ff.

[21]) *Heclo,* Modern Social Politics, 222–226.

[22]) Vgl. für Deutschland *Schönhoven,* Selbsthilfe; für Großbritannien *José Harris,* Unemployment and Politics. A Study in British Social Policy 1886–1914. Oxford 1972, 296–298.

[23]) Vgl. zur staatlichen und kommunalen Arbeitsmarktpolitik und zu den Gründen für das Scheitern der Pläne zur Einführung einer umfassenden öffentlichen Arbeitslosenunterstützung *Anselm Faust,* Arbeitsmarktpolitik im Deutschen Kaiserreich: Arbeitsvermittlung, Arbeitsbeschaffung und Arbeitslosenunterstützung 1890–1918. Stuttgart 1986.

in Großbritannien gegeben. Vom Staat subventionierte freiwillige Versicherungen gegen Arbeitslosigkeit auf nationaler Ebene blieben auf wenige Länder – Dänemark, und die wegen des Widerstandes der Gewerkschaften weitgehend wirkungslosen Programme in Frankreich und Norwegen – beschränkt.[24]) Auch nach dem Ersten Weltkrieg übernahm *Großbritannien* die Führung, als es sein System der obligatorischen Arbeitslosenversicherung 1920 auf die Masse der Arbeiter ausdehnte.[25])

In *Deutschland* bestand nach ersten Ansätzen im Krieg seit einer vom Reichsamt für wirtschaftliche Demobilmachung am 13.11.1918 erlassenen Verordnung über Erwerbslosenhilfe eine besondere Form der Erwerbslosenfürsorge; hier kam es bis zum Gesetz über Arbeitsvermittlung und Arbeitslosenversicherung von 1927 zu einer allmählichen Verlagerung der Verantwortung für die Arbeitslosen von den Gemeinden auf das Reich und zum stufenweisen Übergang vom Fürsorge- zum Versicherungsprinzip.[26]) In der Massenarbeitslosigkeit der Weltwirtschaftskrise erwiesen sich allerdings die inzwischen in den meisten europäischen Ländern eingeführten freiwilligen oder obligatorischen Versicherungen gegen Arbeitslosigkeit als ungenügend; sie konnten nur durch massive staatliche Unterstützung und deren Ergänzung durch besondere Fürsorgeleistungen für die aus der Versicherung ausgesteuerten bedürftigen Dauerarbeitslosen vor dem Zusammenbruch bewahrt werden.

In Deutschland wurden in der Weltwirtschaftskrise die Leistungen aller Sozialversicherungen rigoros eingeschränkt, die 1927 neu geschaffene Arbeitslosenversicherung brach faktisch zusammen. Mit der Einschränkung der Leistungen der sozialen Sicherungssysteme wurde nicht nur der finanziellen Notlage des Reiches und der Kommunen Rechnung getragen, sondern die Finanzpolitik auch bewußt dazu verwendet, die sozialen Komponenten des Weimarer Staates zurückzudrängen. So wurde beispielsweise ein tiefer Eingriff in das Leistungsrecht der Rentenversicherungen vorgenommen, ob-

[24]) *Jens Alber,* Government Responses to the Challenge of Unemployment: The Development of Unemployment Insurance in Western Europe, in: Flora/Heidenheimer (Eds.), Development, 151–183, bes. 153 f.

[25]) *Gilbert,* British Social Policy, 61 ff.

[26]) Vgl. *Karl Christian Führer,* Arbeitslosigkeit und die Entstehung der Arbeitslosenversicherung in Deutschland 1902–1927. Berlin 1990; *Ludwig Preller,* Sozialpolitik in der Weimarer Republik. Nachdruck Kronberg, Ts./Düsseldorf 1978, bes. 278 ff., 363 ff.; *Walter Bogs,* Die Sozialversicherung in der Weimarer Demokratie. München 1981, 100–113.

wohl die Angestelltenversicherung selbst in den Krisenjahren ihr Vermögen noch vergrößern konnte und das Defizit der Invalidenversicherung der Arbeiter (in Höhe von 13% des Vermögens im schlechtesten Jahr 1932) aus den vorhandenen Rücklagen noch viele Jahre hätte bestritten werden können.[27])

Die Arbeitslosenversicherung war der Massenarbeitslosigkeit der Jahre seit 1929 nicht gewachsen, obwohl die Beiträge erhöht wurden und das Leistungsniveau radikal gesenkt wurde: durch erschwerte Voraussetzungen für die Gewährung von Arbeitslosenunterstützung, durch Leistungskürzungen und verringerte Bezugsdauer der Leistungen. Das verwies immer mehr Arbeitslose nach der Aussteuerung aus der Versicherung zunächst auf die Krisenfürsorge für Arbeitslose, die ebenfalls nur für einen begrenzten Zeitraum bewilligt wurde, und schließlich auf die Wohlfahrtsunterstützung der Gemeinden. Während die Reichsanstalt für Arbeitsvermittlung und Arbeitslosenversicherung auf dem Höhepunkt der Massenarbeitslosigkeit 1932 Überschüsse aufwies[28]), wurden die Gemeindefinanzen dadurch völlig zerrüttet. Die Zahl der Wohlfahrtserwerbslosen stieg von 183 000 am 31. Juli 1929 auf 2 473 000 am 31. Dezember 1932 oder von 17,4% auf 54,4% aller *unterstützten* Arbeitslosen.[29]) Der

[27]) Vgl. den interessanten Vergleich der Lösung von Finanzproblemen der Systeme sozialer Sicherheit im Deutschen Reich in der Weltwirtschaftskrise 1929–1933 und in der Bundesrepublik während der Rezession nach 1974 von *Detlev Zöllner,* Soziale Sicherung in der Rezession heute und vor fünfzig Jahren, in: Sozialer Fortschritt 32, 1983, 49–59, bes. 54–56, 58. Die Sozialleistungsquote, d. h. der Anteil der Sozialleistungen am Volkseinkommen, ist trotz der nur relativ geringen absoluten Erhöhung der Sozialleistungen von 9,6 auf 10,6 Milliarden Reichsmark von 11,4% 1928 auf 20,8% 1932 des Volkseinkommens gestiegen (ebd. 50). Für eine zeitgenössische kritische Analyse der steigenden Sozialaufwendungen seit 1923 vgl. *Adolf von Bülow,* Die Höhe des Sozialaufwandes in Deutschland, in: Der wirtschaftliche Wert der Sozialpolitik. Eine Sammelschrift. Jena 1931. Zur Finanzkrise der Knappschaftsversicherung während der Weltwirtschaftskrise, die die bestehenden Strukturprobleme dieses Versicherungszweiges verstärkte, vgl. die ausgezeichnete Untersuchung von *Martin H. Geyer,* Die Reichsknappschaft. Versicherungsformen und Sozialpolitik im Bergbau 1900–1945. München 1987, 256–276.

[28]) *Joachim Schulz,* Armut und Sozialhilfe. Stuttgart etc. 1989, 73.

[29]) Vgl. Statistik des Deutschen Reichs 1933, Bd. 421, 18. Am 31. Juli 1929 betrug die Zahl der Empfänger von Arbeitslosenunterstützung 711 000, der von Krisenfürsorge 153 100. Am 31.12.1932 bezogen 791 900 Arbeitslosenunterstützung, 1 281 200 Krisenfürsorge. Die Zahl der überhaupt nicht unterstützten Arbeitslosen betrug am 31.7.1929 205 000 und am 31.12.1932 1 227 000.

Anteil der Empfänger von laufender Hilfe zum Lebensunterhalt betrug 1933 15,3% der Bevölkerung.[30])

2. Die Schaffung des Weimarer Sozialstaates und die Entwicklung der Arbeitsbeziehungen in Deutschland und Großbritannien

Die ursprüngliche deutsche Spitzenposition in der Sozialversicherung – gemessen am Anteil der Versicherten an den Erwerbspersonen – ist in der Zwischenkriegszeit an Großbritannien, Dänemark und später auch an Schweden verlorengegangen.[31]) Dagegen hat das Deutsche Reich mit der *Verankerung sozialer Grundrechte* des einzelnen, der ausdrücklichen Anerkennung der Mitwirkungsrechte der Gewerkschaften bei der Gestaltung der wirtschaftlichen Verhält-

Fortsetzung Fußnote von Seite 113
Zur Situation der Wohlfahrtserwerbslosen und zur immer weitergehenden Einschränkung des Kreises der Bezugsberechtigten und der Leistungen vgl. *Heidrun Homburg,* Vom Arbeitslosen zum Zwangsarbeiter. Arbeitslosenpolitik und Fraktionierung der Arbeiterschaft in Deutschland 1930–1933 am Beispiel der Wohlfahrtserwerbslosen und der kommunalen Wohlfahrtshilfe, in: Archiv für Sozialgeschichte 25, 1985, 251–298; *dies.,* From Unemployment Insurance to Compulsory Labour: The Transformation of the Benefit System in Germany 1927–33, in: Richard J. Evans/Dick Geary (Eds.), The German Unemployed: Experiences and Consequences of Mass Unemployment from the Weimar Republic to the Third Reich. New York 1987, 73–107.

[30]) *Zöllner,* Soziale Sicherung, 57. Zum Vergleich gibt Zöllner an, daß die entsprechende Sozialhilfedichte 1981 nur 1,3% der Bevölkerung der Bundesrepublik betragen habe.

[31]) Nach *Alber,* Armenhaus, 152, betrug der durchschnittliche Prozentsatz der von der Unfall-, Kranken-, Renten- und Arbeitslosenversicherung erfaßten Erwerbsbevölkerung in Deutschland 1895 bereits 41% bei einem Mittelwert von 5,2% in 13 untersuchten europäischen Ländern. Österreich kam mit 7,5% den deutschen Werten am nächsten. 1915 war nach dieser, die Ausdehnung des Kreises der Versicherten in Deutschland in den 20 Jahren von 1895–1915 wohl unterschätzenden Berechnung (vgl. die Zahlen bei *Ritter,* Sozialversicherung, 171–175) der Prozentsatz in Deutschland nur geringfügig auf 42,8% gestiegen; der Mittelwert lag jetzt bei 19,3%, und Schweden (37%), Großbritannien (36,3%) sowie Dänemark (30,8%) näherten sich den deutschen Werten an. 1930 lag der Mittelwert bei 40,2%, und Deutschland (61,3%) war inzwischen von Großbritannien (72,5%) und Dänemark (67,8%) überholt worden. 1945 lag auch Schweden (70,5%) vor Deutschland (63,5%). Vgl. weiter zu dem von den einzelnen Versicherungen erfaßten Anteil der Erwerbsbevölkerung *Alber,* Armenhaus, 236–239.

nisse und der Aufnahme des Rätegedankens in die Verfassung von 1919 einen neuen Weg in der Entwicklung des Sozialstaates eingeschlagen. Die Nationalversammlung erweiterte den traditionellen liberalen Grundrechtskatalog durch detaillierte Festlegung sozialer Grundrechte in dem „Grundrechte und Grundpflichten der Deutschen“ überschriebenen zweiten, umfangreichen Hauptteil der Weimarer Reichsverfassung. Sie wollte damit dem Geist der neuen sozialen deutschen Demokratie Ausdruck geben; das geschah auch in bewußter Antwort[32]) auf die feierliche Erklärung der Rechte des werktätigen und ausgebeuteten Volkes durch den Sowjet-Kongreß vom Januar 1918, der das Wertsystem des Kommunismus proklamierte.

Die Nationalversammlung stand damit in der Tradition von Bestrebungen, die bereits in der Französischen Revolution[33]) am Ende des 18. Jahrhunderts und in der deutschen Revolution von 1848[34]) durch Grundrechte nicht nur die Freiheitsrechte des einzelnen gegen den Staat schützen und dessen Aktivität begrenzen, sondern dem Staat auch soziale Aufgaben zur Sicherung der Bürger zuweisen wollten. Sie konnte damit weiter an die spezifische deutsche Naturrechtstradition anknüpfen, die neben den Rechten auch stets die Pflichten der Bürger stark betont hatte; ebenso auch an die, auf die Mitte des 19. Jahrhunderts zurückgehende Praxis, bei der Verbürgung von Grundrechten auch Institutionen und Bereiche des sozialen Lebens wie die Kirchen, die Wissenschaft, die Unterrichtseinrichtungen und die Gemeinden einzubeziehen.[35])

[32]) Auf die Zusammenhänge mit der sowjetischen Erklärung weist *Gerhard Oestreich*, Geschichte der Menschenrechte und Grundfreiheiten im Umriß. 3. Aufl. Berlin 1978, 112f., nachdrücklich hin.

[33]) Vgl. oben, 44.

[34]) Vgl. *Günter Birtsch*, Liberalismus und Tradition. Grundrechte und Liberalismus in Deutschland bis zur Revolution von 1848/49, in: Aus Politik und Zeitgeschichte. Beilage zur Wochenzeitung „Das Parlament“ B 20/1982, 13–21, bes. 19f.; *Krause*, Entwicklung, in: Birtsch (Hrsg.), Grund- und Freiheitsrechte, 419–425; *Jörg Detlev Kühne*, Die Reichsverfassung der Paulskirche. Vorbild und Verwirklichung im späteren deutschen Rechtsleben. Frankfurt am Main 1985, bes. 160f., 238–248, 273–275, 500–509, 537–540; *Wolfram Siemann*, Wirtschaftsliberalismus zwischen Sozialverpflichtung und Konkurrenzprinzip. Zur Debatte über das „Recht auf Arbeit“ in der Paulskirche, in: Festgabe für Walter Zeeden. Hrsg. v. Horst Rabe u.a. Münster 1976, 407–432.

[35]) Vgl. dazu *Ulrich Scheuner*, Die rechtliche Tragweite der Grundrechte in der deutschen Verfassungsentwicklung des 19. Jahrhunderts, in: ders.,

In der Verfassung wurde eine Reihe von sozialen Rechten und Pflichten fixiert. Dazu gehörten der Anspruch auf Arbeit oder Unterhalt (Art. 163), die Bestimmungen über die Garantie eines umfassenden Versicherungswesens „zur Erhaltung der Gesundheit und Arbeitsfähigkeit, zum Schutz der Mutterschaft und zur Vorsorge gegen die wirtschaftlichen Folgen von Alter, Schwäche und Wechselfällen des Lebens" (Art. 161), der Schutz der Arbeitskraft und die Forderung nach einem einheitlichen Arbeitsrecht (Art. 157), die Beteiligung der Staatsbürger an der Aufbringung der öffentlichen Lasten „im Verhältnis ihrer Mittel" (Art. 134), die Proklamierung der sozialen Verpflichtung des Eigentums (Art. 153), die staatliche Überwachung der „Verteilung und Nutzung des Bodens" (Art. 155) wie auch die Forderung, daß „die Ordnung des Wirtschaftslebens ... den Grundsätzen der Gerechtigkeit mit dem Ziele der Gewährleistung eines menschenwürdigen Daseins für alle entsprechen" müsse (Art. 151). Allerdings blieben diese Bestimmungen ein Programm, dessen Verwirklichung (im Gegensatz zu den Grundrechtsbestimmungen des Grundgesetzes von 1949) nicht vor Gericht eingeklagt werden konnte.

Eine radikale Neuerung gegenüber der Sozialpolitik des Kaiserreichs, die von Fürsorgedenken und antigewerkschaftlichen Tendenzen geprägt gewesen war, stellte die in der Verfassung ausgedrückte Verbindung der Idee des Sozialstaates mit dem Konzept einer modernen pluralistischen, auf der Interessenwahrung organisierter sozialer und ökonomischer Kräfte beruhenden Gesellschaft dar. Die Verfassung hat nicht nur die uneingeschränkte Koalitionsfreiheit garantiert (Art. 159), sondern auch mit der Anerkennung der zwischen den Organisationen von Arbeitgebern und Arbeitnehmern in Tarifverträgen geschlossenen Vereinbarungen (Art. 165) deren Inhalt zu einem vor Gericht einklagbaren Bestandteil der rechtlichen Ordnung der Arbeitsverhältnisse gemacht.

Die Ansätze zu einer *Verrechtlichung der kollektiven Arbeitsbeziehungen,* die von Harald Steindl als „spezifisch ‚deutsche' Leistung" angesehen wird[36]), gehen allerdings bereits auf das Kaiserreich zurück. Zwar war der Staat auch nach dem Auslaufen des

Fortsetzung Fußnote von Seite 115

Staatstheorie, 633–664, bes. 638ff., 646f.; *ders.,* Die Funktion der Grundrechte im Sozialstaat, in: ebd. 737–758, bes. 738.

[36]) Vgl. *Steindl,* Vorwort, in: ders. (Hrsg.), Wege, XV.

Sozialistengesetzes 1890 bemüht, die Gewerkschaften durch allerdings gescheiterte Bestrebungen zur Verschärfung der Gesetzgebung, vor allem aber mit rigoroser Polizeiüberwachung, durch die Rechtsprechung und durch Maßnahmen der Verwaltung in ihrer Entfaltung zu behindern[37]); gleichzeitig aber gab es Tendenzen, die Gewerkschaften in das bestehende Rechtssystem einzuordnen und den Arbeitskampf an gewisse Regeln zu binden. Zwar sind die weitergehenden Pläne nicht verwirklicht worden, die auf die Schaffung von Arbeitskammern abzielten, wie sie bereits in den sozialpolitischen Erlassen des Kaisers vom Februar 1890 angekündigt worden war: „Für die Pflege des Friedens zwischen Arbeitgebern und Arbeitnehmern sind gesetzliche Bestimmungen über die Formen in Aussicht zu nehmen, in denen die Arbeiter durch Vertreter, welche ihr Vertrauen besitzen, an der Regelung gemeinsamer Angelegenheiten betheiligt und zur Wahrnehmung ihrer Interessen bei Verhandlung mit den Arbeitgebern und mit den Organen Meiner Regierung befähigt werden. Durch eine solche Einrichtung ist den Arbeitern der freie und friedliche Ausdruck ihrer Wünsche und Beschwerden zu ermöglichen und den Staatsbehörden Gelegenheit zu geben, sich über die Verhältnisse der Arbeiter fortlaufend zu unterrichten und mit den letzteren Fühlung zu behalten".[38]) Ebensowenig gelang die Verabschiedung eines Gewerkschaftsgesetzes.[39]) Dagegen verpflichtete die Rechtsprechung des Reichsgerichts im Falle von

[37]) Vgl. *Alex Hall,* By Other Means: the Legal Struggle Against the SPD in Wilhelmine Germany 1890–1900, in: Historical Journal 17, 1974, 365–386; *Klaus Saul,* Der Staat und die „Mächte des Umsturzes". Ein Beitrag zu den Methoden antisozialistischer Repression und Agitation vom Scheitern des Sozialistengesetzes bis zur Jahrhundertwende, in: Archiv für Sozialgeschichte 12, 1972, 293–350; *ders.,* Staat, Industrie, Arbeiterbewegung im Kaiserreich. Zur Innen- und Außenpolitik [gemeint: Sozialpolitik] des Wilhelminischen Deutschland 1903–1914. Düsseldorf 1974; *Werner Schultze,* Öffentliches Vereinigungsrecht im Kaiserreich 1871–1908. Ein Beitrag zur Handhabung des Vereins-, Versammlungs- und Koalitionsrechts gegenüber sozialdemokratischen Arbeitervereinigungen. Rechtswissenschaftliche Diss. Frankfurt am Main 1973.

[38]) Deutscher Reichs-Anzeiger und Königlich Preußischer Staats-Anzeiger 1890, Nr. 34, 5.2. Abends, 1. – Zum Scheitern der Gesetzgebungsversuche vgl. *Karl Erich Born,* Staat und Sozialpolitik seit Bismarcks Sturz. Ein Beitrag zur Geschichte der innenpolitischen Entwicklung des Deutschen Reiches 1890–1914. Wiesbaden 1957, 191 f., 225 ff.; *Peter Rassow/Karl Erich Born* (Hrsg.), Akten zur staatlichen Sozialpolitik in Deutschland 1890–1914. Wiesbaden 1959, 344–411.

[39]) *Born,* Staat, 188–205; *Rassow/Born* (Hrsg.), Akten, 148–245.

Boykottmaßnahmen die Arbeitskampfparteien zu einer – wenn auch beschränkten – Kooperation. Eine vorherige Warnung und eine damit verbundene, zeitlich begrenzte Friedenspflicht sollten die Gelegenheit zu Verhandlungen geben.[40])

Noch wesentlicher waren die rechtlichen Entwicklungen, die sich aus dem Aufschwung des *Tarifvertragswesens* in Deutschland seit der Jahrhundertwende ergaben. Die sozialistischen Freien Gewerkschaften hatten auf ihrem Kongreß 1899 ihre ursprüngliche Ablehnung jeder Form der (auch begrenzten) Zusammenarbeit mit Unternehmern überwunden und Tarifverträge als „Beweis der Anerkennung der Gleichberechtigung der Arbeiter seitens der Unternehmer" unter bestimmten Bedingungen (u.a. der Existenz starker Organisationen auf beiden Seiten) akzeptiert.[41])

Danach erlangten Tarifverträge in einigen Gewerbezweigen vor 1914 wachsende Bedeutung, vor allem in dem polygraphischen Gewerbe, der Holzindustrie, dem Baugewerbe sowie in Klein- und Mittelbetrieben der metallverarbeitenden Industrie. Bei anderen Gewerbezweigen wie dem Bergbau, der Eisen- und Stahlindustrie, der Textilindustrie und der Landwirtschaft konnten sie sich allerdings wegen des Widerstands der Unternehmer nicht durchsetzen.[42])

Die rechtliche Bewertung des Tarifvertrages, der mit dem ursprünglichen liberalen Grundsatz des individuellen Arbeitsvertrages brach, war Gegenstand einer intensiven juristischen und politischen Diskussion. Forderungen nach einem Tarifvertragsgesetz hatten 1908 bei allerdings deutlich unterschiedlichen Positionen innerhalb der Mehrheitsparteien die Zustimmung des Reichstages gefunden; sie wurden aber von der Reichsleitung und auch von den sozialisti-

[40]) Vgl. *Gerd Bender,* Strukturen des kollektiven Arbeitsrechts vor 1914. Ein Beitrag zu den historischen Grundlagen der rechtsförmigen Steuerung des industriellen Konflikts, in: Steindl (Hrsg.), Wege, 251–293, bes. 267–273.

[41]) Protokoll der Verhandlungen des dritten Kongresses der Gewerkschaften Deutschlands, abgehalten zu Frankfurt am Main-Bockenheim vom 8. bis 13. Mai 1899. Hamburg o.J., 150, 161.

[42]) Vgl. die Übersicht über die Tarifgemeinschaften in den einzelnen Gewerbegruppen, in: Kaiserliches Statistisches Amt, Abteilung für Arbeiterstatistik, Die Tarifverträge im Deutschen Reich am Ende des Jahres 1914. 12. Sonderheft zum Reichs-Arbeitsblatt. Berlin 1916, 14*–15*; vgl. weiter: *Saul,* Staat, 61ff.; *Peter Ullmann,* Tarifverträge und Tarifpolitik in Deutschland bis 1914. Entstehung und Entwicklung, interessenpolitische Bedingungen und Bedeutung des Tarifvertragswesens für die sozialistischen Gewerkschaften. Frankfurt am Main etc. 1977, bes. 215–232.

schen Gewerkschaften, die angesichts der gewerkschaftsfeindlichen Haltung der Staatsorgane davon eine Einschränkung ihrer Handlungsfreiheit befürchteten, abgelehnt.[43]) Dagegen hat das Reichsgericht in Korrektur einer Entscheidung vom 10.2.1902, nach der Klagen aus Tarifverträgen unzulässig wären[44]), in einer Entscheidung vom 20.1.1910 diese zu bindenden Verträgen für die beteiligten Parteien erklärt. Es könne „nicht als die Absicht des Gesetzgebers angesehen werden ..., Einigungen zwischen Gruppen von Arbeitgebern und Arbeitnehmern über Lohn- und sonstige Arbeitsbedingungen durch Versagung jeden Rechtsschutzes für die hierauf abzielenden Vereinbarungen zu entwerten und damit mittelbar zu verhindern“.[45])

Konkrete Gestalt erhielt das Tarifvertragsrecht jedoch nicht durch die Rechtsprechung, sondern durch die Rechtswissenschaft.[46]) Dabei spielte neben Philipp Lotmar[47]) vor allem Hugo Sinzheimer eine wesentliche Rolle. Er faßte den genialen Gedanken einer autonomen Entwicklung des objektiven Rechts durch die gesellschaftlichen Gruppen und entwickelte ihn am Beispiel des Tarifvertrages weiter.[48])

[43]) *Martin Martiny,* Integration oder Konfrontation? Studien zur Geschichte der sozialdemokratischen Rechts- und Verfassungspolitik. Bonn-Bad Godesberg 1976, 76–81.

[44]) *Bender,* Strukturen, in: Steindl (Hrsg.), Wege, 274.

[45]) Entscheidungen des Reichsgerichts in Zivilsachen. N.F. 23. Bd. Leipzig 1910, 100.

[46]) Vgl. *Bender,* Strukturen, in: Steindl (Hrsg.), Wege, 275–280; *Thilo Ramm,* Die Parteien des Tarifvertrags. Kritik und Neubegründung der Lehre vom Tarifvertrag. Stuttgart 1961, 36–47; *Ullmann,* Tarifverträge, 105–120.

[47]) Vgl. *Philipp Lotmar,* Die Tarifverträge zwischen Arbeitgeber und Arbeitnehmer, in: Archiv für Soziale Gesetzgebung und Statistik. Bd. 15. Berlin 1900, 1–122; *ders.,* Der Arbeitsvertrag nach dem Privatrecht des Deutschen Reiches. 2 Bde. Leipzig 1902/08.

[48]) *Martiny,* Integration, 57. Für die Entwicklung der Ideen Sinzheimers zum Tarifvertragswesen vgl. *Hugo Sinzheimer,* Der korporative Arbeitsnormenvertrag. Eine privatrechtliche Untersuchung. 2 Teile. Leipzig 1907/08; *ders.,* Über den Grundgedanken und die Möglichkeit eines einheitlichen Arbeitsrechts für Deutschland. Berlin 1914; *ders.,* Ein Arbeitstarifgesetz. Die Idee der sozialen Selbstbestimmung im Recht. 2. Aufl. 1977 [Erstveröffentlichung 1916]. Zu Sinzheimer vgl. *Ernst Fraenkel,* Hugo Sinzheimer, in: ders., Reformismus und Pluralismus. Materialien zu einer ungeschriebenen politischen Autobiographie. Zusammengestellt u. hrsg. v. Falk Esche u. Frank Grube. Hamburg 1973, 131–142; *Franz Mestitz,* Einige Erinnerungen an Hugo Sinzheimer, in: Stourzh/Grandner (Hrsg.), Wurzeln der Sozialpartnerschaft,

Mit den Ideen „der Anerkennung der Existenz von Klassen durch das Recht“ und der Rechtschöpfung durch Klassenorgane knüpfte Sinzheimer bewußt auch an Lorenz von Stein an.[49]) Die zunächst zögernde und eher ablehnende Haltung der sozialistischen Gewerkschaften gegenüber einem gesetzlich geregelten Tarifvertragswesen änderte sich im Ersten Weltkrieg, als die Gewerkschaften im Dezember 1916 unter Ausnutzung des im Hilfsdienstgesetz vereinbarten Schlichtungswesens die Chance sahen, das System der Tarifverträge auch in der Schwerindustrie durchzusetzen[50]) und damit in diesem, ihnen bisher weitgehend verschlossenen Industriesektor einen stärkeren Einfluß auf die Festlegung der Löhne und Arbeitsbedingungen auszuüben. Die rechtliche Regelung des Tarifvertragswesens erfolgte schließlich nach der Revolution 1918 in der Verordnung des Rates der Volksbeauftragten über Tarifverträge vom 23.12.1918.

Als führendes Mitglied der Mehrheitssozialdemokratie im Verfassungsausschuß der Weimarer Nationalversammlung hatte Sinzheimer entscheidenden Einfluß auf die Ausbildung des Sozialstaates und besonders der rechtsgestaltenden Funktion der Tarifparteien in der Weimarer Verfassung. Der Anspruch der Gewerkschaften und Arbeitgeberorganisationen auf Autonomie wurde im Verfassungssystem staatlich anerkannt. In der Ausführung der Tarifverträge erhielten die Tarifparteien gleichzeitig eine öffentlich-rechtliche Funktion; sie wurden Ordnungsfaktoren im Rahmen des bestehenden wirtschaftlichen Systems. Ihre Privilegierung engte aber gleichzeitig ihre Handlungsfreiheit ein.

Fortsetzung Fußnote von Seite 119

335–344; *Otto Kahn-Freund,* Hugo Sinzheimer (1875–1945), in: Hugo Sinzheimer, Arbeitsrecht und Rechtssoziologie. Gesammelte Aufsätze und Reden. Hrsg. v. Otto Kahn-Freund u. Thilo Ramm. Mit einer Einleitung von Otto Kahn-Freund. 2 Bde. Frankfurt am Main/Köln 1976, 1–31.

[49]) *Hugo Sinzheimer,* Der Hintergrund des Arbeitsrechts (1936), in: ders., Arbeitsrecht und Rechtssoziologie. Bd. 2, 149–163, Zitat 157. – Sinzheimer sah zudem in Lorenz von Stein einen der Pioniere des Arbeitsrechts. Stein habe als erster die „Bedeutung des Arbeitsrechts“ erkannt, „als es noch nicht oder kaum bestand. Er sah, wie aus den neuen gesellschaftlichen Kräften, die ihn umgaben, das Arbeitsrecht wuchs. Er stand an seiner Wiege und verfolgte seinen Entwicklungsprozeß. Selbst der Begriff ‚Arbeitsrecht‘, der heute Gemeingut geworden ist, stammt von ihm.“ (Ebd. 156).

[50]) *Martiny,* Integration, 83 f.

Wesentlich auf Hugo Sinzheimer zurück geht ebenfalls die *Verankerung des Rätewesens* im Artikel 165 der Weimarer Reichsverfassung; hierbei handelt es sich sicher um einen Versuch, das revolutionäre Potential der Rätebewegung einzubinden und zu dämpfen; gleichzeitig war es ein Kompromiß zwischen den zunächst abweichenden Auffassungen von Sozialdemokratie und Freien Gewerkschaften.[51]) Mit dem Artikel 165 wurde versucht, durch ein System der Interessenvertretung von den Betriebsarbeiterräten bis zum Reichsarbeiterrat und von den Betriebswirtschaftsräten bis zum Reichwirtschaftsrat, dem Recht der Arbeiter und Angestellten, „gleichberechtigt in Gemeinschaft mit den Unternehmern ... an der gesamten wirtschaftlichen Entwicklung der produktiven Kräfte mitzuwirken", einen institutionellen Unterbau zu geben und das politische Parlament durch ein System der Repräsentation der wirtschaftlichen Kräfte und ihrer Organisationen zu ergänzen. Das entsprach Sinzheimers Auffassung, daß die politische Verfassung durch eine selbständige Wirtschaftsverfassung zu ergänzen sei, die entscheidend von solidarischen Organisationen der Arbeiterschaft mitbestimmt werden sollte.

Wenn auch der Aufbau des komplizierten Systems einer Wirtschaftsverfassung nicht ernsthaft in Angriff genommen wurde und die wenigen Ansätze dazu weitgehend wirkungslos blieben, so war Art. 165 doch eine entscheidende Voraussetzung für die Schaffung des Betriebsrätegesetzes von 1920, das den Arbeitnehmern vor allem im sozialen Bereich Mitbestimmungsrechte in den Betrieben gab. Diese gingen erheblich über das hinaus, was in älteren Konzeptionen einer „konstitutionellen Fabrik" vorgesehen war oder den Arbeiterausschüssen des Bergbaus, die 1900 und 1905 durch Gesetz in Bayern und Preußen errichtet wurden, bzw. (durch das Hilfsdienstgesetz von 1916) den Vertretungen der Arbeiter und Angestellten in größeren Betrieben der Rüstungsindustrie und kriegswichtigen Versorgungsunternehmen zugebilligt worden war.[52])

[51]) Ebd. 93–99. Für das schließlich von Sinzheimer in der SPD durchgesetzte Konzept vgl. seine Rede auf dem Weimarer Parteitag der SPD vom Juni 1919, Protokoll über die Verhandlungen des Parteitages der Sozialdemokratischen Partei Deutschlands, abgehalten in Weimar vom 10. bis 15. Juni 1919. Berlin 1919, 406–420.

[52]) Vgl. *Hans-Jürgen Teuteberg*, Geschichte der industriellen Mitbestimmung in Deutschland. Ursprung und Entwicklung ihrer Vorläufer im Denken und

Nach Ernst Fraenkel kommt dem Rätewesen eine wesentliche Rolle in der „Erweckung des proletarischen Selbstbewußtseins" der Arbeiter zu: „So, wie das gleiche Wahlrecht das Selbstgefühl des Arbeiters als *Staats*bürger erzeugt, so vermag das Betriebsrätegesetz Hemmungen zu beseitigen, die dem Gefühl *Arbeits*bürger zu werden, entgegenstehen."[53]) Die zunächst vielfach erwartete Konkurrenz zwischen den Gewerkschaften, die die Tarifhoheit hatten, und den autonomen Betriebsräten wurde verhindert durch die faktische Eingliederung der Betriebsräte in die Gewerkschaftsbewegung, die mit diesem ihrem „sozialen Meisterstück" in der Nachkriegszeit[54]) erst einen dauernden festen Kontakt zur Basis in den Betrieben erhielt.

Indem kollektive Selbsthilfe in der Weimarer Verfassung nicht nur toleriert, sondern die Recht schaffende und Recht verwaltende Rolle organisierter sozialer Kräfte ausdrücklich anerkannt wurde, wollte man eine Rationalisierung, Selbstregulierung und damit auch Entschärfung sozialer Interessenkämpfe bewirken. Diesen Bestimmungen der Verfassung entsprach zunächst auch die relativ enge Zusammenarbeit von Gewerkschaften und Arbeitgeberorganisationen bei der Demobilmachung, der Sicherung der Vollbeschäftigung, der Energieversorgung und der Wiedergewinnung der Märkte im Ausland. Die Zusammenarbeit beruhte auf der stillschweigenden Übereinkunft, daß die Unternehmer die demokratische Ordnung und die sozialen Errungenschaften der Weimarer Republik akzeptierten und in Fragen der Löhne und Arbeitszeit erhebliche Konzessionen machten, während die Gewerkschaften ihre Macht dazu nutzten, wilde Streiks und revolutionäre Tendenzen einzudämmen.

Die Kooperation setzte weiter voraus, daß die Verteilungskonflikte zugunsten der Produzenten auf Kosten der kaum organisierten Konsumenten gelöst wurden, daß die deutsche Wirtschaft von den Auswirkungen der ökonomischen Depression 1921 durch die

Fortsetzung Fußnote von Seite 121

in der Wirklichkeit des 19. Jahrhunderts. Tübingen 1961, bes. 253–264, 421–437, 508–516.

[53]) *Ernst Fraenkel,* Zehn Jahre Betriebsrätegesetz, in: Die Gesellschaft 7, 1930, 117–129, wiederabgedruckt in: Thilo Ramm (Hrsg.), Arbeitsrecht und Politik. Quellentexte 1918–1933. Neuwied/Berlin-Spandau 1966, 97–112, bes. 111.

[54]) So *Ernst Fraenkel,* Kollektive Demokratie [Erstveröffentlichung 1929], in: Ramm (Hrsg.), Arbeitsrecht, 79–95, bes. 88.

Inflation abgeschirmt wurde und daß man die Frage vertagte, wer die Kosten des Krieges zu tragen habe.

Zwar scheiterte die Hoffnung der Führungskreise beider Seiten auf dauerhafte Institutionalisierung der Zusammenarbeit in einer Zentralarbeitsgemeinschaft und Arbeitsgemeinschaften einzelner Industrien an der Opposition erheblicher Minderheiten in beiden Lagern und an den politischen Divergenzen, die z. B. im Kapp-Putsch hervortraten[55]); doch die Zusammenarbeit der Tarifparteien, die durch die Inflation zunächst erleichtert wurde, hat das politische System in den Krisenjahren bis 1923 entlastet und das Überleben der Weimarer Demokratie wohl überhaupt erst ermöglicht.

Mit der Stabilisierung der Währung Ende 1923, die die deutsche Wirtschaft wieder dem scharfen Wind internationaler Konkurrenz aussetzte, entfielen die Voraussetzungen der bisherigen Zusammenarbeit. Ausgelöst durch den massiven Angriff der Unternehmer auf den 8-Stunden-Tag[56]), brachen die Auseinandersetzungen der Tarifparteien in noch größerer Schärfe als vor dem Krieg wieder aus. Der Staat, der aus der Niederlage geboren worden war und von wesentlichen Kräften der Gesellschaft von vornherein abgelehnt wurde, wurde in seiner Autorität weiter geschwächt durch das Scheitern des Ruhrkampfes und die Ressentiments der Inflationsgeschädigten; und das zu einem Zeitpunkt, als die Polarisierung von Gewerkschaften und Arbeitgebern den Staat zwang, vor allem über die Praxis der staatlichen Zwangsschlichtung von Arbeitskämpfen[57]), eine immer größere Rolle im wirtschaftlichen und sozialen Leben zu spielen.

[55]) *Gerald D. Feldman,* Die Großindustrie und der Kapp-Putsch, in: ders., Vom Weltkrieg zur Weltwirtschaftskrise. Studien zur deutschen Wirtschafts- und Sozialgeschichte 1914–1932. Göttingen 1984, 192–217, 262–266; *ders./ Irmgard Steinisch,* Industrie und Gewerkschaften 1918–1924. Die überforderte Zentralarbeitsgemeinschaft. Stuttgart 1985.

[56]) *Gerald D. Feldman/Irmgard Steinisch,* Die Weimarer Republik zwischen Sozial- und Wirtschaftsstaat. Die Entscheidung gegen den Achtstundentag, in: Archiv für Sozialgeschichte 18, 1978, 353–439.

[57]) Die staatliche Zwangsschlichtung beruhte auf Verordnungen vom 20.10. und 29.12.1923 (Reichs-Gesetzblatt 1923, I, S. 1043–1045; Reichs-Gesetzblatt 1924, I, S. 9–13). Für die Zahl der durch staatliche Schlichtung entschiedenen Arbeitsstreitigkeiten vgl. *Dietmar Petzina/Werner Abelshauser/Anselm Faust,* Sozialgeschichtliches Arbeitsbuch. Bd. 3: Materialien zur Statistik des Deutschen Reiches 1914–1945. München 1979, 177 f. Grundlegend zum Schlichtungswesen der Weimarer Republik ist die Studie von *Johannes Bähr,* Staatliche Schlichtung in der Weimarer Republik. Tarifpolitik, Korporatismus und industrieller Konflikt zwischen Inflation und Deflation 1919–1932. Berlin 1989.

Zwar ist der weitgehende Eingriff in die Autonomie der Tarifparteien vor allem dadurch zu erklären, daß sich die ökonomischen und sozialen Krisen durch Inflation, Stabilisierungs- und Weltwirtschaftskrise zuspitzten und man die politischen Grundlagen der Republik durch eine ungehemmte Verschärfung der Lohnkämpfe gefährdet sah; doch beruhten diese Eingriffe auf einer in das Kaiserreich zurückreichenden Tradition, nach der gerade die Träger der Sozialreform dem Staat einen erheblichen Einfluß auf die Regelung kollektiver Arbeitsverhältnisse einräumen wollten. Selbst die sozialistischen Gewerkschaften, die vor 1914 die gewerkschaftsfeindliche Praxis der Verwaltung, die Klassenjustiz und die mangelnde Neutralität des Staates in Arbeitskämpfen scharf kritisiert hatten, richteten – wohl auch angesichts ihrer Schwäche gegenüber den Unternehmern vor allem in der Schwerindustrie und den Großbetrieben – ihre sozialen Forderungen immer wieder gerade an den Staat.[58])

Aber nicht allein die Sozialpolitik des Kaiserreiches entsprach nicht den Vorstellungen der Gewerkschaften; auch der Weimarer Sozialstaat war nach ihrer Meinung unvollständig, und das nicht nur, weil er auf die Durchsetzung einer sozialistischen Wirtschaftsordnung verzichtete, die das Reich nach Art. 156 der Verfassung errichten durfte. Auch die in der Verfassung (in Art. 157) vorgesehene Schaffung eines „einheitlichen Arbeitsrechts" kam nicht zustande.[59]) Die *Weiterentwicklung des Arbeitsrechts,* für das bisher Gewerbe- und Kaufmannsgerichte zuständig gewesen waren, lag schließlich in der Hand der Arbeitsgerichte, für die durch ein Gesetz vom 23.12.1926 eine einheitliche Organisation von Gerichten der unteren Instanz über Landesarbeitsgerichte bis hin zu einem Reichsarbeitsgericht geschaffen wurde. Allerdings blieb diese Orga-

[58]) *Gerhard A. Ritter,* Staat, Arbeiterschaft und Arbeiterbewegung in Deutschland. Vom Vormärz bis zum Ende der Weimarer Republik. Berlin/Bonn 1980, 76f.

[59]) *Thilo Ramm,* Die Arbeitsverfassung der Weimarer Republik, in: Franz Gamillscheg u.a. (Hrsg.), In Memoriam Sir Otto Kahn-Freund. München 1980, 225–246, bes. 235f.; vgl. weiter *Thomas Bohle,* Einheitliches Arbeitsrecht in der Weimarer Republik. Bemühungen um ein deutsches Arbeitsgesetzbuch. Tübingen 1990; *Knut Wolfgang Nörr,* Zwischen den Mühlsteinen. Eine Privatrechtsgeschichte der Weimarer Republik. Tübingen 1989. Kap. 5, 177–221, gibt eine ausgezeichnete Zusammenfassung der Entwicklung des Arbeitsrechts.

nisation mit den ordentlichen Gerichten eng verbunden. So waren die Landesarbeitsgerichte und das Reichsarbeitsgericht lediglich besondere Kammern bzw. Senate der Landgerichte und des Reichsgerichts. Bei den institutionell selbständigen Arbeitsgerichten der Ersten Instanz stimmte dagegen in kleineren Orten das richterliche und nichtrichterliche Personal der Amtsgerichte mit dem der Arbeitsgerichte überein.[60])

Die Rechtsprechung des Reichsarbeitsgerichts ist von zeitgenössischen sozialistischen Rechtswissenschaftlern scharf verurteilt worden, da sie für die Idee der Betriebsgemeinschaft eintrat, die Unabdingbarkeit von Tarifverträgen aufweichte und die wirtschaftsfriedlichen Werkvereine prinzipiell als tariffähige Organisationen anerkannte. Da die Rechtsprechung überdies dazu tendierte, die Erhaltung des Wirtschaftsfriedens und die Fürsorgemaßnahmen für den einzelnen Arbeiter zu betonen, dagegen die Bedeutung autonomer, kollektiver Interessenwahrung herunterzuspielen und die Kampforganisationen der Arbeiterschaft in eine schemenhafte nationale Gemeinschaft einzuordnen, hat man sie in die Nähe des Sozialideals des italienischen Faschismus gerückt. Das Arbeitsrecht sei damit von einem „Hilfsmittel der unterdrückten Klasse zu ihrem Aufstieg“ zu einem „Mittel des Staates zur Niederhaltung von Klassengegensätzen und zum Schutz des Individuums“ geworden.[61]) Der von Otto Kahn-Freund erhobene Vorwurf faschistischer Vorstellungen ist zwar recht problematisch, da die Ideen des Reichsarbeitsgerichts eher im christlichen Solidarismus wurzelten[62]); doch indem die arbeitsgerichtliche Rechtsprechung sich gegen das Konzept einer Ergänzung der individuellen durch die kollektive Demokratie wandte[63]) und zur Einschränkung der Autonomie der Gewerkschaf-

[60]) *Martiny,* Integration, 100.

[61]) Vgl. besonders *Otto Kahn-Freund,* Das soziale Ideal des Reichsarbeitsgerichts. Eine kritische Untersuchung zur Rechtsprechung des Reichsarbeitsgerichts [Erstveröffentlichung 1931], in: Ramm (Hrsg.), Arbeitsrecht, 149–210, hier 207; vgl. weiter *ders.,* Der Funktionswandel des Arbeitsrechts [Erstveröffentlichung 1932], in: ebd. 211–246; *Fraenkel,* Zehn Jahre Betriebsrätegesetz, in: ebd., bes. 100–103; *ders.,* Die politische Bedeutung des Arbeitsrechts [Erstveröffentlichung 1932], in: ebd. 247–260.

[62]) So *Fraenkel,* Politische Bedeutung, 255. Vgl. weiter *Martiny,* Integration, 148f.

[63]) Vgl. zu diesem Konzept *Fraenkel,* Kollektive Demokratie, in: Ramm (Hrsg.), Arbeitsrecht, bes. 89ff.

ten tendierte, hat sie zentrale Elemente der realen Weimarer Verfassung in den Augen der sozialistischen Arbeiterbewegung in Frage gestellt. Damit wurde das ohnehin höchst ambivalente und widersprüchliche Verhältnis der Arbeiter zu diesem „bürgerlichen Klassenstaat" weiter gestört. Die Entwicklung der Weimarer Republik zeigt somit sowohl die Chancen wie die Gefahren, die für die Gewerkschaften in der Verrechtlichung der Arbeitsbeziehungen und der Einflußnahme staatlicher Institutionen auf das Arbeitsrecht lagen.

Anders als in Deutschland haben die britischen Gewerkschaften jede Art der rechtlichen Regelung von Arbeitskämpfen und des Tarifvertragswesens als Eingriff in ihre Unabhängigkeit scharf bekämpft. Durch den Trade Disputes Act von 1906 war die gewerkschaftsfeindliche Rechtsprechung der vorangegangenen Jahre zurückgewiesen worden, und die Gewerkschaften hatten eine sehr weitreichende Autonomie im Staat erhalten.[64]) Aber es gab auch in *Großbritannien* am Ende des Ersten Weltkriegs im Zusammenhang mit dem Übergang von der Kriegs- zur Friedenswirtschaft starke Bestrebungen, die Klassengegensätze von Kapital und Arbeit zu institutionalisieren und rechtlich einzufrieden, sowie Versuche, das politische Parlament durch ein „Soziales Parlament" zu ergänzen. Nach einem vom führenden Theoretiker der Arbeiterbewegung, Sidney Webb, und von seiner Frau Beatrice Webb entwickelten, unhistorischen und schematischen Verfassungsmodell[65]) sollte ein Soziales Parlament für alle Fragen der Wirtschafts- und Sozialpolitik zuständig sein und die Finanz- und Steuergewalt ausüben. Es wäre damit in seiner Macht dem deutschen Reichswirtschaftsrat weit

[64]) Vgl. *Adolf Birke,* Pluralismus und Gewerkschaftsautonomie in England. Entwicklungsgeschichte einer politischen Theorie. Stuttgart 1978, bes. 88–115.

[65]) Vgl. *Sidney und Beatrice Webb,* A Constitution for the Socialist Commonwealth of Great Britain. London 1920, bes. 110ff. Das Buch entstand auf Anregung des Sekretärs der II. Internationale, M. Camille Huysmans, der die Mitgliedsorganisationen aufgefordert hatte, Berichte über die Sozialisierung von Industrien und die Verfassung einer nach sozialistischen Prinzipien organisierten Nation dem Kongreß der Internationale vorzulegen. Vgl. zu diesen und anderen Plänen (auch von konservativer Seite), eine ökonomische Kammer zu errichten: *Gerhard A. Ritter,* Probleme und Tendenzen der britischen Verfassungsentwicklung seit 1914, in: ders., Parlament (Kapitel III, Anm. 22), 237–239.

überlegen gewesen. Das Konzept programmierte Konflikte zwischen den beiden in ihrer Sphäre souveränen Parlamenten geradezu vor und hatte keine Chance, verwirklicht zu werden.

Ebenso scheiterten die Versuche, zur Verbesserung der Beziehungen von Arbeitgebern und Arbeitnehmern paritätische Mitbestimmungsgremien in Industrieräten auf nationaler Ebene, auf der Ebene von Distrikten und in den einzelnen Betrieben zu schaffen.[66]) Diese sollten vor allem als Institutionen für Tarifverhandlungen und ständige Konsultationen dienen und dazu führen, daß die Gewerkschaften in das Wirtschaftssystem einbezogen würden und sich stärker kooperative Formen der Arbeitsbeziehungen herausbildeten. Ähnlich wie die Zentralarbeitsgemeinschaft und die Arbeitsgemeinschaften einzelner Industrien in Deutschland waren diese Industrieräte zunächst vor allem als eine partnerschaftliche Antwort auf die Probleme der Übergangswirtschaft gedacht; als daher die Kriegswirtschaft in England überraschend schnell aufgehoben wurde und seit dem Winter 1920/21 eine schwere ökonomische Krise eintrat, die die Position der Unternehmer gegenüber den Gewerkschaften stärkte, verlor die Räteidee ihren ursprünglichen Impetus.

Auf seiten der Arbeiterorganisationen hatten von vorneherein sehr unterschiedliche Meinungen über das Modell geherrscht: Reformistische Gewerkschaftsführer sahen darin einen Ausdruck der vollen Anerkennung der Gewerkschaften im Rahmen des bestehen-

[66]) Diese Konzepte wurden von einem Ausschuß unter dem Vorsitz des liberalen Parlamentariers J. H. Whitley 1916–1918 entwickelt und haben allgemein die Bezeichnung „Whitleyism" erhalten. Der erste und wichtigste seiner insgesamt fünf Berichte: „Interim Report on Joint Industrial Councils", British Parliamentary Papers, Cd. 8606, wurde am 8.3.1917 vorgelegt. Zum Whitleyism vgl. *Paul U. Kellogg/Arthur Gleason,* British Labor and the War. Reconstructors for a New World. New York 1919. Nachdruck New York/London 1972, bes. 185–194. Vgl. auch den Abdruck von drei Berichten des Whitley-Ausschusses und des „Memorandum by the Minister of Reconstruction and the Minister of Labour" über „Industrial Councils and Trade Boards", in dem die Haltung der Regierung zu den beiden ersten Berichten dargelegt wird, in den Anhängen dieses Buches, 418–448; *Johnson,* Land, 154ff.; *Bernd-Jürgen Wendt,* Whitleyism – Versuch einer Institutionalisierung des Sozialkonflikts in England am Ausgang des Ersten Weltkrieges, in: Dirk Stegmann u.a. (Hrsg.), Industrielle Gesellschaft und politisches System. Beiträge zur politischen Sozialgeschichte. Festschrift für Fritz Fischer zum siebzigsten Geburtstag. Bonn 1978, 337–353; *ders.,* Industrial Democracy. Zur Struktur der englischen Sozialbeziehungen, in: Aus Politik und Zeitgeschichte. Beilage zur Wochenzeitung „Das Parlament", B 46/1975, 3–47, bes. 17–20.

den Systems; radikale Gewerkschaftsführer forderten dagegen Betriebsräte als ein Instrument zur Sozialisierung der Privatindustrie von unten. Gerade in den stärksten und bestorganisierten Gewerkschaften, in denen die Partnerschaftsideologie des Konzepts sofort auf starkes Mißtrauen stieß und in denen man zudem eine staatliche Disziplinierung der Gewerkschaften und eine Erschwerung der Mobilisierung der eigenen Mitglieder befürchtete, siegte schließlich das Interesse, die bestehende autonome und freiwillige Verhandlungsmaschinerie aufrechtzuerhalten. Indem man jede verrechtlichte Konfliktregelung ablehnte, hielt man an der Politik der Kontrolle wirtschaftlicher Macht durch die Gegenmacht einer Gewerkschaftsbewegung fest, die in ihrer Entscheidungsfreiheit völlig unabhängig und nicht in gemeinsame Gremien mit den Arbeitgebern eingebunden war. Allerdings überlebte das System der gemeinsamen Konsultationen und Tarifverhandlungen in Industrieräten im öffentlichen Dienst, in den kommunalen Versorgungsbetrieben, im Eisenbahnwesen, in der chemischen Industrie und einigen anderen gewerkschaftlich bisher sehr schwach organisierten Zweigen der Privatwirtschaft, wo das System vielfach überhaupt erst Kristallisationskern gewerkschaftlicher Organisationen wurde.[67])

Obwohl man für die Zwischenkriegszeit den Konfliktcharakter englischer Arbeitsbeziehungen neben deren durchaus vorhandenen, oft unterschätzten kooperativen Elementen nicht überbetonen darf[68]), ist doch die Abstinenz des Staates und des Rechts in den Arbeitsbeziehungen außerhalb des Arbeiterschutzes für Großbritannien typisch. So gab es nach der Notsituation des Krieges weder ein System der Zwangsschlichtung noch gesetzlich verankerte Betriebsräte, die die britischen Gewerkschaften als mögliche Instrumente zur Integration der Arbeiter in die Betriebe im Interesse der Unternehmer ablehnten. Die gewerkschaftlichen Vertrauensräte in den Betrieben (Shop Stewards), die im Ersten Weltkrieg ihre Position vielfach im deutlichen Protest gegen die Zusammenarbeit der Gewerkschaftsführer mit Staat und Unternehmern vorübergehend aus-

[67]) Vgl. *Wendt,* Whitleyism, 349–351.

[68]) Vgl. dazu die grundlegende Studie von *Roger Charles,* The Development of Industrial Relations in Britain 1911–1939. Studies in the Evolution of Collective Bargaining at National and Industry Level. London etc. 1973. Vgl. weiter *Chris Wrigley* (Ed.), A History of British Industrial Relations. Vol. 2: 1914–1939. Brighton 1987.

bauen konnten[69]), waren völlig autonome und in ihren Kompetenzen rechtlich nicht festgelegte Institutionen. Die Tendenz der britischen Gewerkschaften, sich auf ihre eigene Kampfkraft im freien Spiel gesellschaftlicher Kräfte zu verlassen, zeigte sich auch in ihrem Desinteresse an dem zwischen 1925 und 1928 von den deutschen sozialistischen Gewerkschaften entwickelten Konzept einer Demokratisierung der Wirtschaft durch die Mitwirkung der Gewerkschaften an wirtschaftlichen Entscheidungen in Selbstverwaltungsorganen, die paritätisch aus Vertretern der Unternehmer und Arbeitnehmer zusammengesetzt werden sollten.

Das Konzept der *Wirtschaftsdemokratie in Deutschland* war erstens eine Antwort auf das Scheitern der Strategie, sich vor allem auf die autonome Kraft gewerkschaftlicher Organisationen zu verlassen. Es sollte den in die Defensive gedrängten Gewerkschaften neue offensive Impulse geben, die praktische Alltagsarbeit der Organisationen in einen großen Zusammenhang stellen, die Mitglieder stärker ideologisch integrieren und – nach der Enttäuschung über die Tätigkeit der Arbeitsgerichte – den Gewerkschaften neue Arbeitsfelder erschließen.[70]) Zweitens war das Programm aber auch wesentlich durch die Ansätze zur Schaffung einer industriellen Wohlstandsgesellschaft in den Vereinigten Staaten, in denen man das Modell der eigenen späteren Entwicklung sah, beeinflußt worden. Aufgrund des rapiden wirtschaftlichen Wachstums und der Herausbildung einer Massenkonsumgesellschaft in den Vereinigten Staaten glaubte man, auch für Deutschland von einer optimistischen Einschätzung der weiteren wirtschaftlichen Entwicklung und der Stärke der Tendenzen zur zunehmenden Ersetzung des „anarchistischen" Konkurrenzkampfes durch eine rationale Selbstorganisation der Wirtschaft ausgehen zu können. Damit aber hätten wesentliche Voraussetzungen für eine allmähliche evolutionäre Transformation der kapitalistischen in eine sozialistische Wirtschaft bestanden.[71])

[69]) Vgl. *James Hinton,* The First Shop Stewards' Movement. London 1973; *Branko Pribićević,* The Shop Stewards' Movement and Workers' Control 1910–1922. Oxford 1959.

[70]) *Martiny,* Integration, 126–130.

[71]) Vgl. *Günter Könke,* Organisierter Kapitalismus, Sozialdemokratie und Staat. Eine Studie zur Ideologie der Sozialdemokratischen Arbeiterbewegung in der Weimarer Republik (1924–1932). Stuttgart 1987; *Heinrich-August Winkler,* Der Schein der Normalität. Arbeiter und Arbeiterbewegung in der Weimarer Republik 1924 bis 1930. Berlin/Bonn 1985, 606–612.

Dieses Programm der Wirtschaftsdemokratie[72]), welches die gesellschaftliche Macht der Arbeiterorganisationen steigern und den Kapitalismus überwinden wollte, scheiterte nicht nur wegen der dramatisch erschütterten Stellung der Gewerkschaften durch die Weltwirtschaftskrise und wegen der Unterschätzung des Widerstandes seitens der Unternehmer; es scheiterte auch, weil es unmöglich war, die Macht des Staates für eine derartige Politik im Interesse der Arbeiterschaft zu mobilisieren.

Von der Offensive fanden sich die *Gewerkschaften* schon Ende 1928 angesichts einer Massenaussperrung in der Eisenindustrie des Ruhrgebiets[73]), vor allem aber in der Dauerarbeitslosigkeit der Weltwirtschaftskrise, auf die Defensive zurückgeworfen. Je mehr die Gewerkschaften in der für sie immer schwierigeren Situation vom Staat den Schutz ihrer Interessen und eine Korrektur des gestörten Gleichgewichts zwischen den Tarifparteien erwarteten, desto mehr verband sich bei den Arbeitgebern der Kampf um die Senkung der Lohnkosten und Lohnnebenkosten[74]) zur Verbesserung

[72]) Vgl. zum Inhalt des Programms vor allem die Rede von *Fritz Naphtali* auf dem Gewerkschaftskongreß 1928, in: Protokoll der Verhandlungen des 13. Kongresses der Gewerkschaften Deutschlands, Hamburg 1928. Berlin 1928, 170–190; *Fritz Naphtali,* Wirtschaftsdemokratie. Ihr Wesen, Weg und Ziel. Hrsg. u. eing. v. Rudolf F. Kuda. 4. Aufl. Köln/Frankfurt am Main 1977 [Erstdruck 1928]. Zur Geschichte der Mitbestimmung in Deutschland vgl. bes. *Hans-Jürgen Teuteberg,* Geschichte der industriellen Mitbestimmung; *ders.,* Ursprünge und Entwicklung der Mitbestimmung in Deutschland, in: Hans Pohl (Hrsg.), Mitbestimmung. Ursprünge und Entwicklung. Wiesbaden 1981, 7–73.

[73]) Vgl. *Ernst Fraenkel,* Der Ruhreisenstreit 1928–1929 in historisch-politischer Sicht, in: ders., Reformismus und Pluralismus (Anm. 48), 145–167; *Ursula Hüllbüsch,* Der Ruhreisenstreit in gewerkschaftlicher Sicht, in: Hans Mommsen/Dietmar Petzina/Bernd Weisbrod (Hrsg.), Industrielles System und politische Entwicklung in der Weimarer Republik. Verhandlungen des Internationalen Symposiums in Bochum vom 12.–17. Juni 1972. Düsseldorf 1974, 271–289; *Gerald D. Feldman/Irmgard Steinisch,* Notwendigkeit und Grenzen sozialstaatlicher Intervention. Eine vergleichende Fallstudie des Ruhreisenstreits in Deutschland und des Generalstreiks in England, in: Archiv für Sozialgeschichte 20, 1980, 57–118.

[74]) Zu den Lohnnebenkosten vgl. *Jürgen von Kruedener,* Die Überforderung der Weimarer Republik als Sozialstaat, in: Geschichte und Gesellschaft 11, 1985, 358–376; vgl. weiter die zeitgenössische Arbeit von *Wilhelm Dettmar,* Die Belastung des Arbeitseinkommens mit Lohnsteuer und sozialen Beiträ-

der schlechten Ertragslage der Unternehmen nicht nur mit grundsätzlichen Angriffen gegen die Gewerkschaften, sondern auch mit der Forderung, den Sozialstaat abzubauen, da er von den Unternehmern als eine schwere Hypothek der deutschen Wirtschaft in der nationalen Konkurrenz angesehen wurde. Da der Sozialstaat wiederum vielfach als notwendige Begleiterscheinung des parlamentarischen Parteienstaates angesehen wurde, wurde der Kampf um die Durchsetzung des „politischen Primats der Wirtschaft“[75]) mehr und mehr auch zu einem Kampf gegen die Demokratie.

Das Weimarer Beispiel lehrt, daß die Wirkung des Sozialstaates für die Stabilität politischer Systeme ambivalent ist. Während er einerseits das soziale Elend zu mildern und damit den Staat zu stabilisieren versucht, kann dieser andererseits durch direktes Engagement in Verteilungskonflikten überbürdet und damit der Zusammenbruch eines politischen Systems gefördert werden.

3. Soziale Sicherheit im nationalsozialistischen Deutschland, im österreichischen Ständestaat und in der Sowjetunion

In der Zeit der *nationalsozialistischen Herrschaft* wurde die Autonomie der Kontrahenten in der Feststellung des kollektiven Arbeitsvertrages, die bereits in der Weimarer Republik durch staatliche Zwangsschlichtungen untergraben worden war, vollends beseitigt. Die Gewerkschaften wurden zerschlagen oder gleichgeschaltet; die neu geschaffene Einheitsorganisation der Deutschen Arbeitsfront (DAF) hatte keinen direkten Einfluß auf die Arbeitsbedingungen und Löhne, die von staatlichen Treuhändern der Arbeit kontrolliert wurden. Das Verbot von Streiks und der Verlust jeder wirklichen Mitbestimmung in den Betrieben, wo die bisher frei gewählten Betriebsräte durch einen nach einer Einheitsliste gewählten, den „Betriebsführer“ nur beratenden Vertrauensrat ersetzt wurden, waren weitere Maßnahmen zur politischen und sozialen Entrechtung der Arbeiterschaft.[76])

Fortsetzung Fußnote von Seite 130
gen vor dem Krieg und nach der Inflation. Wirtschafts- und sozialwissenschaftliche Diss. Frankfurt a.M. 1932, Großauheim am Main 1933.

[75]) *Gerald D. Feldman,* Iron and Steel in the German Inflation 1916–1923. Princeton 1977, bes. 464ff.

[76]) Vgl. zur Politik der Nationalsozialisten gegenüber der Arbeiterschaft bis

Auch in *Österreich* wurden bereits im Rahmen des Austrofaschismus nach der gescheiterten sozialistischen Erhebung vom Februar 1934 die österreichische Sozialdemokratie und die sozialistischen Gewerkschaften ausgeschaltet; die weiterhin zugelassenen anderen Gewerkschaften wurden starken Beschränkungen unterworfen. Ferner wurden die arbeitsrechtlichen Bestimmungen der autoritären Struktur und ständischen Konzeption des Staats angepaßt: durch Streikverbot, Zwangsschlichtung und die Ersetzung autonomer Vertretungen der Arbeiter und Angestellten in den Betrieben durch die gesetzlich geregelte Zusammenarbeit von Arbeitgebern und Arbeitnehmern in sogenannten „Werksgemeinschaften".[77]) Der österreichische Ständestaat verstand sich dabei als „sozialer Staat"; dennoch erscheint es zweifelhaft, ob man neben der obrigkeitsstaatlich-fürsorgerischen und der demokratischen Tradition des Sozialstaates auch von einer „antidemokratisch-ständestaatlichen Tradition" des Sozialstaates sprechen kann.[78]) In der Realität führte der österreichische Ständestaat – wie auch die rigorose Einschränkung

Fortsetzung Fußnote von Seite 131

1939 *Timothy W. Mason,* Sozialpolitik im Dritten Reich. Arbeiterklasse und Volksgemeinschaft. 3. Aufl. Opladen 1978. Das Buch ist die überarbeitete und ergänzte Einleitung der von demselben Autor herausgegebenen Quellensammlung: Arbeiterklasse und Volksgemeinschaft. Dokumente und Materialien zur deutschen Arbeiterpolitik 1936–1939. Opladen 1975. Zur Arbeitsverfassung der NS-Zeit vgl. weiter *Andreas Kranig,* Lockung und Zwang. Zur Arbeitsverfassung im Dritten Reich. Stuttgart 1983. – Für eine Analyse besonders der integrativen Momente nationalsozialistischer Arbeiterpolitik vgl. die Fallstudie von *Hisashi Yano,* Hüttenarbeiter im Dritten Reich. Die Betriebsverhältnisse und soziale Lage bei der Gute-Hoffnungshütte Aktienverein und der Fried. Krupp AG 1936 bis 1939. Stuttgart 1986.

[77]) *Emmerich Tálos,* Sozialgesetzgebung im Zeichen politischer Umbrüche. Ein Vergleich der sozialpolitischen Entwicklung 1918–1920 und 1933–1938 in Österreich, in: Steindl (Hrsg.), Wege, 415–439, bes. 429 ff.

[78]) Diese drei Wurzeln des heutigen Sozialstaates unterscheidet *Hans-Hermann Hartwich,* Weimar und Bonn – Gewerkschaften und die Entwicklung des Sozialstaates, in: Heinz Oskar Vetter (Hrsg.), Aus der Geschichte lernen – die Zukunft gestalten. 30 Jahre DGB. Köln 1980, 209–223, bes. 210 f. Die „antidemokratisch-ständestaatliche" Tradition beinhaltet nach Hartwich „die gesetzgeberischen Aktivitäten des [deutschen] Staates ab 1933 zum Schutze und zur gesetzlich privilegierten Selbstverwaltung mittelständischer Gewerbe und Berufe von Handel und Handwerk bis hin zu den Ärzten" (212). Mittelstandsprotektionismus hat es aber gerade auch in Deutschland schon Jahrzehnte vor 1933 gegeben und ist, wie die Mittelstandsgesetzgebung vieler demokratischer Staaten nach 1945 zeigt, nicht notwendig als antidemokratisch und ständestaatlich zu charakterisieren.

sozialer Leistungen zeigt – eher zu einem ideologisch verkleisterten, systematischen Abbau aller wesentlichen Elemente des bestehenden österreichischen Sozialstaates.

Die Entwicklungen in Deutschland und Österreich sind nur zwei besonders eindeutige Beispiele für die tiefe *Krise,* in die die *europäische Gewerkschaftsbewegung* nach ihrem Höhepunkt im Nachkriegsboom 1920 bis zum Zweiten Weltkrieg geriet. Bereits in den 1920er Jahren verlor sie in fast allen Ländern Mitglieder durch die wirtschaftliche Krise nach dem Winter 1920/21 und die Weltwirtschaftskrise seit 1929. Hinzu kam die Unterdrückung freier Gewerkschaften im faschistischen Italien bald nach der Machtergreifung Mussolinis 1922 und in Portugal nach der Errichtung einer Diktatur 1926. In den 1930er Jahren hat schließlich vor allem die Zerschlagung unabhängiger Gewerkschaften im nationalsozialistischen Deutschland, im österreichischen Ständestaat und im Spanien der Franco-Diktatur die europäische Gewerkschaftsbewegung weiter geschwächt. Insgesamt ging die Zahl der Gewerkschaftsmitglieder in West-, Mittel-, Nord- und Südeuropa von etwa 28 Millionen 1920 auf 12 Millionen 1940 zurück, und etwa jeder zweite Arbeitnehmer in diesem Gebiet verlor überhaupt das Recht auf gewerkschaftliche Organisation.[79])

Die Möglichkeiten der Perversion und des Mißbrauchs des Sozialstaates zeigten sich in aller Schärfe in der nationalsozialistischen Gesundheits- und Bevölkerungspolitik. Die Politisierung der Gesundheit hatte schon lange vorher im 19. Jahrhundert eingesetzt.[80]) Vor allem seit der Jahrhundertwende nahmen die Prävention – die vorbeugende Verhütung von Krankheiten –, aber auch die Bemühungen, eine Verschlechterung der biologischen Substanz eines Volkes zu verhindern, neben der Heilung von Krankheiten einen immer größeren Raum in der gesundheitspolitischen Diskussion ein. Die Entwicklung der Sozialhygiene, der Eugenik und der Rassenhygiene war nicht nur auf Deutschland beschränkt, sondern hatte Parallelen in allen modernen Industrieländern. Dabei waren es keineswegs nur Vertreter der politischen Rechten, sondern häufig gerade auch linke Sozialreformer, die diese Vorstellungen zur Lösung sozialer Probleme aufgriffen. So hat der Sozialdemokrat Alfred Grot-

[79]) *Kaelble,* Weg zu einer europäischen Gesellschaft, 83–85.
[80]) Vgl. *Frevert,* Krankheit.

jahn, einer der Begründer der Sozialhygiene in Deutschland, als Mittel zur Rationalisierung der menschlichen Fortpflanzung in „quantitativer und qualitativer Hinsicht" eine „Reinigung der menschlichen Gesellschaft von Kranken, Häßlichen und Minderwertigen", deren Anteil an der Bevölkerung er auf ein Drittel schätzte, gefordert und wie viele seiner Zeitgenossen in der Weimarer Republik sich auch für die zwangsweise Sterilisation der Schwachsinnigen und Epileptiker und die Dauerasylierung von etwa 1% der Bevölkerung – vor allem der Geisteskranken, Epileptiker, Alkoholiker und Krüppel – ausgesprochen.[81]) Ein Ausdruck der breiten Zustimmung, die die Forderung nach Sterilisation fand, war der Entwurf eines Sterilisationsgesetzes, den der preußische Landesgesundheitsrat am 30. Juli 1932 vorlegte. Zwar wurde dieser Entwurf nicht Gesetz und unterschied sich u. a. durch die aus taktischen Gründen vorgesehene Einwilligung der von einer Sterilisation Betroffenen von dem nationalsozialistischen „Gesetz zur Verhütung erbkranken Nachwuchses" vom 14. Juli 1933; doch die Kontinuität in der Gemeinsamkeit der Grundlagen und Ziele des Entwurfs und dieses Gesetzes und in dem breiten Spektrum von Experten und weiten Teilen der Öffentlichkeit, die in der Sterilisation ein geeignetes Mittel der „Bevölkerungspolitik" sahen, ist nicht zu übersehen.[82])

In der Zeit der nationalsozialistischen Herrschaft entfielen die bisher bestehenden Hemmnisse, und das organisatorisch vereinheitlichte öffentliche *Gesundheitswesen* wurde in Konkurrenz mit Gesundheitsorganisationen der NSDAP, der Deutschen Arbeitsfront (DAF) und der Nationalsozialistischen Volkswohlfahrt (NSV) zu einem willfährigen „Transmissionsriemen"[83]) der NS-Ideologien auf dem Gebiet der Rassenhygiene und der „negativen Eugenik", der Verhinderung der Fortpflanzung von „erbkranken" Gemeinschafts-

[81]) Vgl. *Alfred Grotjahn,* Die Hygiene der menschlichen Fortpflanzung. Versuch einer praktischen Eugenik. Berlin/Wien 1926, 335. Für die Zitate von Grotjahn vgl. die Nachweise in der wichtigen Arbeit von *Gisela Bock,* Zwangssterilisation im Nationalsozialismus. Studien zur Rassenpolitik und Frauenpolitik. Opladen 1986, 44f.

[82]) Vgl. *Bock,* Zwangssterilisation, bes. 51–58; *Labisch/Tennstedt,* Weg, bes. 176–181.

[83]) *Alfons Labisch,* Gemeinde und Gesundheit. Zur historischen Soziologie des kommunalen Gesundheitswesens, in: Bernhard Blanke u. a. (Hrsg.), Die Zweite Stadt. Neue Formen lokaler Arbeits- und Sozialpolitik. Opladen 1976, 275–305, hier 294.

unfähigen durch Zwangssterilisation und der Vernichtung angeblich „lebensunwerten Lebens“ durch eine spezifisch nationalsozialistische Ausprägung der „Euthanasie“.[84])

Die Infiltration der Sozialpolitik mit sozialdarwinistischen und rassenhygienischen Vorstellungen ist durch den in der Weltwirtschaftskrise ausgelösten Sparzwang bei der Finanzierung der fortgeschrittenen Systeme der sozialen Sicherheit forciert worden.

Ein weiterer Versuch zu deren Entlastung waren die Kampagne zur Steigerung des Spendenaufkommens für soziale Zwecke (z. B. Winterhilfswerk)[85]) und der Ausbau der freien Wohlfahrtspflege, in der die an der nationalsozialistischen Ideologie ausgerichtete, eindeutig privilegierte NSV sich bald die entscheidende Rolle sicherte.[86]) Auch hier machte die zunehmende Orientierung der Hilfstätigkeit dieser Massenorganisation an rassenideologisch-biologistischen Grundsätzen den engen Wechselbezug der nationalsozialistischen Wohlfahrtspolitik, deren Beitrag zur Stabilisierung des Regimes nicht unterschätzt werden darf, mit der zutiefst inhumanen Ausgrenzung der angeblich „Minderwertigen“ deutlich.

Im Unterschied zu der völligen Zerschlagung der demokratischen Komponente des Sozialstaates im System der Arbeitsbeziehungen und der weitgehenden Ausrichtung des Gesundheitswesens und teilweise auch der freien Wohlfahrtspflege an der rassistischen Ideologie des Nationalsozialismus haben die Beharrungskraft einer konservativen Bürokratie und die materiellen Interessen von Wirtschaft und Ärzten weitgehend verhindern können, daß auch die *So-*

[84]) Grundlegend zur Entwicklung der Ideen von Rassenhygiene und Euthanasie und ihrer Anwendung im Nationalsozialismus *Hans-Walter Schmuhl,* Rassenhygiene, Nationalsozialismus, Euthanasie. Von der Verhütung zur Vernichtung „lebensunwerten Lebens“ 1890–1945. Göttingen 1987. Vgl. weiter *Karl H. Roth* (Hrsg.), Erfassung zur Vernichtung. Von der Sozialhygiene zum Gesetz über Sterbehilfe. Berlin 1984; *Georg Lilienthal,* Der „Lebensborn e. V.“. Ein Instrument nationalsozialistischer Rassenpolitik. Stuttgart u. a. 1985. *Peter Weingart/Jürgen Kroll/Kurt Bayertz,* Rasse, Blut, Gene. Geschichte der Eugenik und Rassenhygiene in Deutschland. Frankfurt 1988.

[85]) *Herwart Vorländer,* NS-Volkswohlfahrt und Winterhilfswerk des Deutschen Volkes, in: Vierteljahrsheft für Zeitgeschichte 34, 1986, 341–380.

[86]) *Herwart Vorländer,* Die NSV. Darstellung und Dokumentation einer nationalsozialistischen Organisation. Boppard am Rhein 1988; vgl. weiter *Peter Zolling,* Zwischen Integration und Segregation. Sozialpolitik im „Dritten Reich“ am Beispiel der „Nationalsozialistischen Volkswohlfahrt“ (NSV) in Hamburg. Frankfurt a. M. 1986.

zialversicherung[87]) völlig reorganisiert und zur Durchsetzung der nationalsozialistischen Weltanschauung benutzt wurde. Allerdings wurden die Elemente der Selbstverwaltung durch die Einführung des Führerprinzips in den Versicherungen beseitigt, und der staatliche Einfluß auf sie erhöhte sich durch eine von rassischen und politischen Gesichtspunkten bestimmte Säuberung des Personals der Versicherungen und der zur Kassenpraxis zugelassenen Ärzte.[88]) Auch wurden die Institutionen der Versicherung für die gesundheits- und bevölkerungspolitischen Ziele des Regimes eingesetzt.[89])

Die Arbeitslosenversicherung wurde zur Finanzierung von Arbeitsbeschaffungsprogrammen sowie zur Sanierung der Rentenversicherung herangezogen und der Rechtsanspruch auf Unterstützungsleistung bei Arbeitslosigkeit durch eine Bedürfnisprüfung beseitigt. Durch einen Erlaß vom 21. Dezember 1938[90]) wurde schließlich die „Reichsanstalt für Arbeitsvermittlung und Arbeitslosenversicherung" dem Reichsarbeitsministerium unterstellt und so unter Aushöhlung ihrer ursprünglichen Aufgaben zu einem Instrument zur staatlichen Lenkung des Arbeitseinsatzes und zur Disziplinierung der Arbeitskräfte gemacht.

In den übrigen Versicherungszweigen wurde das durch Notverordnungen in der Endphase der Weimarer Republik gedrosselte Leistungsniveau[91]) trotz der Entlastung durch die Beseitigung der Arbeitslosigkeit und trotz des (durch die Aufrüstung bedingten) wirtschaftlichen Aufschwungs nur sehr zögernd wieder angehoben und blieb bis zum Kriegsende niedrig. Die dadurch angesammelten Kapitalien der Sozialversicherung dienten schließlich der Kriegsfinanzierung. In der Unfallversicherung hat man einerseits bei der Bewilligung von Renten eine besonders restriktive Praxis ver-

[87]) Vgl. zum Sozialversicherungswesen in der NS-Zeit vor allem *Karl Teppe,* Zur Sozialpolitik des Dritten Reiches am Beispiel der Sozialversicherung, in: Archiv für Sozialgeschichte 17, 1977, 195–250; *Wolfgang Scheur,* Einrichtungen und Maßnahmen der sozialen Sicherheit in der Zeit des Nationalsozialismus. Wirtschafts- und sozialwiss. Diss. Köln 1967.

[88]) Vgl. dazu *Stephan Leibfried/Florian Tennstedt,* Berufsverbote und Sozialpolitik 1933. Die Auswirkungen der nationalsozialistischen Machtergreifung auf die Krankenkassenverwaltung und die Kassenärzte. Analyse. Materialien zu Angriff und Selbsthilfe. Erinnerungen. 2. Aufl. Bremen 1980.

[89]) *Teppe,* Sozialpolitik, 232f.

[90]) Reichsgesetzblatt, Jg. 1938, Teil I, 1892.

[91]) Vgl. *Dobbernack,* Entwicklung, bes. 254–260.

folgt[92]), andererseits aber die rechtliche Position der Versicherten verbessert, indem man den Begriff des Betriebsunfalls durch den des Arbeitsunfalls ersetzte. Dadurch brauchte ein Arbeitnehmer nicht mehr nachzuweisen, daß er im versicherten Betrieb zu Schaden gekommen war. Außerdem wurden damit auch Unfälle auf dem Weg zur Arbeit abgedeckt.[93])

Der Personenkreis der Versicherten wurde unter anderem dadurch vergrößert, daß die Unfallversicherungspflicht weitere Unternehmen miteinbezog, daß Rentnern ein gesetzlicher Krankenschutz gewährt wurde und daß man mit dem „Gesetz über die Altersversorgung für das Deutsche Handwerk" von 1938 auch die selbständigen Handwerker in die Rentenversicherung aufnahm. Deutschland, das traditionell die Versicherung der *Arbeitnehmer* betonte, war damit eines der ersten Länder des europäischen Kontinents, dessen Sozialversicherung eine zwangsweise Mitgliedschaft einer großen Gruppe von *Selbständigen* vorsah.[94])

In Rivalität zu dieser Weiterentwicklung der bestehenden Sozialversicherung, die deren Ausbau in der Bundesrepublik den Weg weisen sollte[95]), legte die Deutsche Arbeitsfront das Konzept eines neuen, das ganze Volk umfassenden Systems sozialer Sicherheit vor, wobei sie sich teilweise auf die Forderung des Parteiprogramms der NSDAP nach einem „großzügigen Ausbau der Alters-Versorgung" (Punkt 15) berufen konnte. Im Rahmen eines umfassenden „Sozialwerks des deutschen Volkes" sollten die bestehenden Krankenversicherungen und das lückenhafte System der Alters-, Witwen- und Invalidenversorgung, das auf dem Versicherungsprinzip und auf der

[92]) Während die Zahl der Unfallanzeigen zwischen 1932 und 1938 stark von 827000 auf 2006600 stieg, nahm die Zahl derjenigen, für die oder für deren Hinterbliebene Entschädigungen gezahlt wurden, nur leicht von 634000 auf 659100 zu. 1932 wurden also für 76,7%, 1938 dagegen nur noch für 32,8% der gemeldeten Unfälle Leistungen der Versicherung erbracht; *Teppe*, Sozialpolitik, 231.

[93]) *Zöllner*, Landesbericht Deutschland, in: Köhler/Zacher (Hrsg.), Ein Jahrhundert, 130.

[94]) *Baldwin*, Social Bases, 645.

[95]) Vgl. für die weitere Entwicklung *Walther Heyn*, Der Wandel der Handwerkerversicherung bis zum Gesetz vom 8. September 1960. Ein Beitrag zur Versicherungspflicht von Selbständigen, in: Zeitschrift für die gesamte Versicherungswissenschaft 49, 1960, 303–397; *Klaus Guderjahn*, Die Frage des sozialen Versicherungsschutzes für selbständig Erwerbstätige vom Entstehen der deutschen Sozialversicherung bis zur Gegenwart. Bonn-Bad Godesberg 1971, bes. 177–179, 201–203.

gesonderten Organisation einzelner Berufsgruppen (Arbeiter, Bergarbeiter, Angestellte, Handwerker) beruhte, abgelöst werden[96]), und zwar durch ein aus Steuermitteln finanziertes System der Versorgung aller Staatsbürger. Dieses Sozialwerk sah auch Maßnahmen des sozialen Wohnungsbaus und eine Neuordnung des Lohnsystems vor, die stärker an der Leistung orientiert war.

Das Versorgungswerk beruhte auf dem Prinzip des Generationenvertrags[97]) (das heißt der Finanzierung der Leistungen für die aus dem Arbeitsprozeß ausgeschiedene ältere Generation aus den Abgaben der nachfolgenden Generation) und war den Beamtenpensionen nachgebildet; es sah in den ursprünglichen Plänen Robert Leys, des Leiters der DAF, eine Einheitsrente vor, in einer späteren Variante Mindestrenten mit einer nach dem Verdienst in den letzten 10 Jahren abgestuften Steigerungshöhe. Das mit ausdrücklicher Berufung auf Bismarcks ursprüngliche Ideen vorgelegte Projekt sollte nicht nur die bisherige enge Verbindung von Beiträgen und Leistungen lockern, sondern auch Angestellte, Arbeiter und Selbständige in einer Organisation zusammenfassen. Damit sollten die starken Unterschiede im Status von Angestellten und Arbeitern in einem wichtigen Teil der deutschen Sozialgesetzgebung im Sinne der nationalsozialistischen Ideologie der Volks- und Betriebsgemeinschaft aufgehoben werden.[98])

Das neue System der Volksversorgung, das auch die besonderen Bedürfnisse größerer Familien berücksichtigen sollte, beinhaltete zwar einerseits eine erhebliche Verbesserung der Leistungen; es ist aber andererseits, wie das geplante staatliche Gesundheitswerk, auch als ein Instrument zur besseren Lenkung des Arbeitseinsatzes, zur Disziplinierung der Arbeitskräfte sowie zur Durchsetzung der von rassischen Zielen bestimmten Bevölkerungs- und Gesundheitspolitik der Nationalsozialisten anzusehen. So bestand im Gegensatz zur traditionellen Sozialversicherung kein Rechtsanspruch auf Versorgung. Diese wurde vielmehr sogenannten „asozialen Elementen“

[96]) Vgl. dazu neben *Teppe,* Sozialpolitik, 237–248, vor allem *Marie-Luise Recker,* Nationalsozialistische Sozialpolitik im Zweiten Weltkrieg. München 1985, bes. 98–128.

[97]) Zu den älteren Wurzeln des Konzepts des Generationenvertrages, das z.B. bereits im Februar 1928 vom christlichen Bergarbeiterführer Heinrich Imbusch vertreten wurde, vgl. *Geyer,* Reichsknappschaft, 153–156.

[98]) Vgl. *Michael Prinz,* Vom neuen Mittelstand zum Volksgenossen. Die Entwicklung des sozialen Status der Angestellten von der Weimarer Republik bis zum Ende der NS-Zeit. München 1986, bes. 296ff.

oder „Volksschädlingen“ nicht gewährt und konnte auch durch Verstöße gegen die Arbeitspflicht verwirkt werden.

Die DAF konnte sich für die Ausarbeitung des Versorgungswerks auf einen Auftrag Hitlers vom Februar 1940 stützen; ihre Projekte trafen aber auf die scharfe Opposition der Ministerien für Arbeit, Finanzen und Wirtschaft, des Reichsgesundheitsführers, der Unternehmer und der Ärzteschaft[99]), so daß die Entscheidung darüber auch wegen des Mangels an finanziellen Mitteln zunächst auf die Zeit nach Kriegsende vertagt wurde. Obwohl man natürlich nur darüber spekulieren kann, ob bei einem Sieg der Nationalsozialisten das Konzept der DAF verwirklicht worden wäre, fällt doch auf, daß es sich in dem Trend zur Universalisierung und Vereinheitlichung der sozialen Sicherung mit den etwa gleichzeitigen Plänen von William Beveridge zur Reform des britischen Systems der sozialen Sicherheit deckte. Ein grundlegender Unterschied war allerdings der für das geplante System der DAF zentrale Disziplinierungseffekt, der in Beveridges Plänen fehlte.

Im öffentlichen *Fürsorgewesen* haben die Nationalsozialisten zunächst die Leistungen trotz der gestiegenen Lebenshaltungskosten bis 1941 auf dem niedrigen Stand vom Ende der Weimarer Republik eingefroren. Die Beseitigung der Massenarbeitslosigkeit und der andauernde Druck des nationalsozialistischen Parteisektors (NSV, DAF und NSDAP) sowie das Bedürfnis nach verstärkter sozialer Legitimation des Regimes im Krieg führten schließlich gegen den Widerstand der kommunalen Spitzenverbände zur Reform des Fürsorgesystems im Richtsatz-Erlaß vom 21. Oktober 1941. Durch diesen wurden die Leistungen der Fürsorge erhöht, die Unterstützungsformen vereinheitlicht und rechtlich verbindliche, am notwendigen Lebensbedarf orientierte zentralstaatliche Vorgaben für die Fixierung der Fürsorgerichtsätze verankert. Der Standardisierung und Verrechtlichung eines Existenzminimums, die den „würdigen“ Unterstützungsempfängern zugute kam, entsprachen jedoch die durch den effektiven Repressionsapparat der Nationalsozialisten erzwungene Arbeitspflicht der arbeitsfähigen Fürsorgeempfänger sowie die Aussonderung der „Nichtarier“ und anderer „Minderwertiger“ aus der Fürsorge.[100])

[99]) *Teppe,* Sozialpolitik, bes. 247f.; *Recker,* Nationalsozialistische Sozialpolitik, bes. 114ff.

[100]) *Stephan Leibfried/Eckhard Hansen/Michael Heisig,* Bedarfsprinzip und

Gerade in der Funktion des Systems sozialer Sicherheit als Propagandainstrument zur Legitimierung der bestehenden politischen Ordnung und als Mittel zur Kontrolle der Arbeiter und zur Lenkung des Arbeitseinsatzes bestanden Gemeinsamkeiten zwischen den Plänen der DAF zur Reform der Sozialversicherung und dem System der sozialen Sicherheit, das in der Zwischenkriegszeit in der *Sowjetunion* aufgebaut wurde.[101]) Die Versorgung der unselbständigen Arbeitnehmer bei Alter, Invalidität und Krankheit wurde in der Sowjetunion allein aus staatlichen Mitteln ohne Beiträge der Arbeiter finanziert und war im Vergleich zur Vorkriegszeit erheblich verbessert worden; sie galt als Errungenschaft des Sozialismus, die einen Anspruch auf die Loyalität der Bürger als Gegenleistung begründete. Die Gewährung der Leistungen war eng an die Arbeitspflicht gebunden und – wie die generelle Arbeiterpolitik – mit den sich wandelnden Zielen der Wirtschaftspolitik aufs engste abgestimmt. Insbesondere in der Phase der forcierten Industrialisierung nach 1928 bildete neben unerfahrenem Management und dem Mangel an Ressourcen das Fehlen einer Arbeiterschaft, die an die Bedingungen der Industriearbeit angepaßt war, ein Hauptproblem[102]); gerade zu dieser Zeit wurde das System der Sozialleistungen bewußt zur Disziplinierung der Arbeitskräfte eingesetzt, vor allem zur Bekämpfung unentschuldigten Fernbleibens von der Arbeit und zur Eindämmung der Fluktuation zwischen verschiedenen Betrieben.

Fortsetzung Fußnote von Seite 139

Existenzminimum unter dem NS-Regime: Zu Aufstieg und Fall der Regelsätze in der Fürsorge, in: Hans-Uwe Otto/Heinz Sünker (Hrsg.), Soziale Arbeit und Faschismus. Volkspflege und Pädagogik im Nationalsozialismus. Bielefeld 1986, 163–198; vgl. weiter *Scheur,* Einrichtungen, 173–210; *Paul Schoen,* Armenfürsorge im Nationalsozialismus. Die Wohlfahrtspflege in Preußen zwischen 1933 und 1939 am Beispiel der Wirtschaftsfürsorge. Weinheim/Basel 1985.

[101]) Vgl. dazu *Rimlinger,* Welfare Policy, bes. 252–280; *Margaret Dewar,* Labour Policy in the USSR 1917–1928. London/New York 1956, 25f., 70f., 107–109, 160ff.; *Solomon M. Schwarz,* Labor in the Soviet Union. New York 1951, bes. 50ff., 308–339; *Vic George/Nick Manning,* Socialism, Social Welfare and the Soviet Union. London etc. 1980, 31–63.

[102]) Vgl. *V. Andrle,* How Backward Workers Became Soviet: Industrialization of Labour and the Politics of Efficiency unter the Second Five-Year-Plan, 1933–1937, in: Social History 10, 1985, 147–169; *Hiroaki Kuromiya,* Stalin's Industrial Revolution: Politics and Workers, 1928–1932. Cambridge etc. 1988.

4. Die Grundlegung des modernen Systems der Arbeitsbeziehungen und der sozialen Sicherheit in den Vereinigten Staaten

Während in Deutschland die Entwicklung zum demokratischen Sozialstaat in der Weltwirtschaftskrise und der Zeit der nationalsozialistischen Herrschaft zurückgeworfen wurde, akzeptierte man in den Vereinigten Staaten erst in den 1930er Jahren, zur Zeit des New Deal während der Präsidentschaft Franklin D. Roosevelts, unter dem Eindruck von Massenarbeitslosigkeit und Massenelend die sozialen und wirtschaftlichen Aufgaben des Staates in der Industriegesellschaft.

Diese Verzögerung in der Entwicklung eines modernen Systems sozialer Sicherheit gegenüber Deutschland um fast zwei Generationen, gegenüber den meisten europäischen Industriestaaten um etwa eine Generation, hat vielfältige Ursachen. Wesentlich waren das Fehlen einer absolutistischen oder feudalen Wohlfahrtstradition und die calvinistisch-puritanische Auffassung, nach der vor allem auch materieller Erfolg im Leben ein Zeichen der Auserwähltheit war; eine wichtige Rolle spielten daneben offenbar die im amerikanischen Individualismus wurzelnde Ideologie der Selbsthilfe und die Ansicht, Armut sei ein importiertes Übel, das vom einzelnen mit Fleiß und dem Willen zur Anpassung an die besonderen Bedingungen des nordamerikanischen Kontinents überwunden werden könne.[103]) Nach dem Bürgerkrieg haben auch die weite Verbreitung sozialdarwinistischer Ideen, nach denen jedes Abweichen von der natürlichen Auswahl der Leistungsfähigsten im System des wirtschaftlichen Wettbewerbs der Gesellschaft schaden würde[104]), das Fehlen einer leistungsfähigen Verwaltung sowie die ungeklärte Frage, ob die Union oder die Einzelstaaten zuständig seien, einer Ausdehnung der öffentlichen Aufgaben auf den sozialen Schutz des einzelnen gegen Lebensrisiken entgegengestanden.

Erst im Zusammenhang mit der progressiven Bewegung, die um die Jahrhundertwende als Antwort auf die Umwandlung der amerikanischen Gesellschaft durch Industrialisierung und Urbanisierung in scharfer Frontstellung gegen politische Korruption und den Machtmißbrauch wirtschaftlicher Monopolgesellschaften und Trusts entstand, wurde der Gedanke der Sozialversicherung in den

[103]) Vgl. dazu *Rimlinger,* Welfare Policy, 47.

[104]) Vgl. zum Sozialdarwinismus *Richard Hofstadter,* Social Darwinism in American Thought 1860–1915. Third Printing. Philadelphia 1948.

Vereinigten Staaten vor allem von einzelnen Sozialwissenschaftlern, Mitarbeitern von privaten Fürsorgeeinrichtungen und Experten für Arbeiterfragen in der staatlichen Bürokratie neben anderen Reformforderungen aufgegriffen und propagiert. Die Anhänger der Sozialversicherung, die meist aus dem gebildeten Mittelstand oder der Oberschicht stammten und oft von europäischen Vorbildern beeinflußt waren, trafen jedoch auf die Ablehnung der Gewerkschaften, die neben der Konkurrenz für ihre eigenen Versicherungseinrichtungen staatliche Eingriffe in die Autonomie der Arbeiterschaft befürchteten[105]), und fanden nicht einmal die geschlossene Unterstützung der Reformkräfte. Einer der wesentlichen Gründe dafür war, daß das Pensionssystem, das nach dem Bürgerkrieg zunächst für invalide Veteranen und die Hinterbliebenen von Kriegsgefallenen eingeführt worden war, aber später immer mehr ausgeweitet wurde und 1913 jeden zweiten im Lande geborenen männlichen Weißen über 65 Jahre erfaßte[106]), zu einem zentralen Objekt der Korruption, der Parteipolitik und der Parteipatronage geworden war. Nach diesen schlechten Erfahrungen sah man vor einer Reform des politischen und administrativen Systems vielfach keinen akzeptablen Weg zum Ausbau einer leistungsfähigen, nicht von Parteiinteressen beherrschten öffentlichen Sozialversicherung.

Die einzigen größeren Fortschritte vor 1914 betrafen den Ausbau des Systems der Arbeiterunfallentschädigung, den auch die Gewerkschaften befürworteten. Die bisherigen Regelungen, nach denen Arbeiter nur in bestimmten, eng definierten Fällen einen vor Gericht einklagbaren Entschädigungsanspruch bei Betriebsunfällen hatten, wurden von 1911 bis 1920 in 45 Staaten auf dem Gesetzeswege durch neue, für die Arbeiter günstigere Bestimmungen ersetzt.[107])

[105]) Vgl. *Roy Lubove,* The Struggle for Social Security 1900–1935. Cambridge, Mass. 1968, bes. 15–17.

[106]) *J. M. Rubinow,* Social Insurance with Special Reference to American Conditions. New York 1913, 407. Zu den Militärpensionen vgl. auch *Jill Quadagno,* The Transformation of Old Age Security. Class and Politics in the American Welfare State. Chicago/London 1988, 36–47. Das Buch untersucht am Beispiel der Altersversorgung die Frage, ob der amerikanische Wohlfahrtsstaat im Vergleich zu europäischen Ländern verspätet und unvollständig eingerichtet worden sei.

[107]) Vgl. *Skocpol/Ikenberry,* Political Formation, in: Tomasson (Ed.), Welfare State, 107.

Der Erste Weltkrieg und die unmittelbare Nachkriegszeit, die in den meisten europäischen Ländern den Ausbau staatlicher Systeme der sozialen Sicherheit beschleunigten, haben in den Vereinigten Staaten die Entwicklung zum Sozialstaat weiter zurückgeworfen, da die Idee der Sozialversicherung und staatlicher Interventionen in das Wirtschaftsleben als „deutsch", „unamerikanisch" oder „sozialistisch" diskreditiert war. Ursachen für die geringen Erfolge der Reformbestrebungen waren wohl – neben den bereits erwähnten Gründen – der Mangel an politischer Unterstützung, das Fehlen einer starken politischen Organisation der Arbeiterschaft, die ablehnende Haltung der Gewerkschaften bis zum Ende der 1920er Jahre[108]) und die mangelnde rassische und ethnische Homogenität des Landes, die die Schaffung von Solidargemeinschaften als Träger von Sozialversicherungen erschwerte. Von Bedeutung war schließlich auch der Aufstieg des Wohlfahrtskapitalismus, der vor allem in einigen Großunternehmen zum Ausbau der betrieblichen Sozialpolitik im Rahmen neuer Praktiken in der Behandlung der Arbeiterschaft führte.[109])

Erst nach dem weitgehenden Zusammenbruch des Wohlfahrtskapitalismus der 1920er Jahre, der nur eine Minderheit meist besonders qualifizierter Arbeiter erreicht hatte und zudem eine ausgesprochen antigewerkschaftliche Tendenz besaß, setzte sich in der Krise der frühen 1930er Jahre die Auffassung einer *Gesamtverantwortung des Staates für die Wirtschaft und die soziale Sicherheit* seiner Bürger langsam durch. Der Staat intervenierte durch Arbeitsbeschaffungs-

[108]) *Edwin E. Witte,* Organized Labor and Social Security, in: Milton Derber/Edwin Young (Eds.), Labor and the New Deal. Reprint New York 1972, 239–274, bes. 244f., 249f.

[109]) Vgl. *Daniel Nelson,* Unemployment Insurance: The American Experience, 1915–1935. Madison/London 1969, bes. 28–63; *David Brody,* The Rise and Decline of Welfare Capitalism, in: ders., Workers in Industrial America: Essays on the Twentieth Century Struggle. New York/Oxford 1980, 48–81; *Edward Berkowitz/Kim McQuaid,* Businessman and Bureaucrat: The Evolution of the American Social Welfare System, 1900–1940, in: Journal of Economic History 38, 1978, 120–142, bes. 120–130. Vgl. weiter die gute Studie über die Herausbildung des Wohlfahrtskapitalismus am Beispiel eines Unternehmens von *Gerald Zahavi,* Workers, Managers, and Welfare Capitalism: The Shoeworkers and Tanners of Endicott Johnson, 1890–1950. Champaign 1988.

und regionale Entwicklungsprogramme[110]) und Stützungsmaßnahmen für die Landwirtschaft in den Markt. Daneben stärkte ein nationales Gesetz über *Arbeitsbeziehungen* von 1935 entscheidend die Verhandlungsposition der Gewerkschaften gegenüber den Unternehmern; es verbot die Diskriminierung von Gewerkschaftsmitgliedern, stellte Abstimmungen über die Frage, welche Organisation die Interessen der Arbeiter in einem Betrieb vertreten sollte, unter den Schutz des Staates und band die Vergabe von Regierungsaufträgen an die Einhaltung bestimmter Mindestlöhne.[111]) Die damit gegebene Verbesserung der Möglichkeiten, Interessenkonflikte autonom zu regeln, bewirkte einen Aufschwung der Gewerkschaftsbewegung und bedeutete einen wesentlichen Schritt im Ausbau des amerikanischen Sozialstaates.

Allerdings sind die Erwartungen, die zunächst an das Gesetz geknüpft wurden, nur teilweise erfüllt worden. Weder kam es zu einer Ergänzung der politischen durch die industrielle Demokratie, noch ist die Geltung von Tarifverträgen auf die Masse der Arbeitnehmer ausgedehnt worden. Das Gesetz sieht zwar eine Verhandlungspflicht der Arbeitgeber vor, wenn das eine Gewerkschaft verlangt, die als Vertretung der Mehrheit der Arbeitnehmer eines Unternehmens anerkannt ist. Dieser Status als offizielle Vertretung der Arbeitnehmer wird jedoch häufig – auch wegen der Konkurrenz verschiedener Gewerkschaften in einem Betrieb – von keiner Gewerkschaft erreicht. Zudem fallen große Arbeitergruppen, wie auch die Landarbeiter, nicht unter die Bestimmungen des Gesetzes. Man hat berechnet, daß 1974 etwa 30%, Anfang 1987 nur noch etwa 20% der Arbeitnehmer des privaten Sektors der Wirtschaft von Tarifverträgen, die im Gegensatz zu Deutschland nicht auf der Ebene von Industriezweigen, sondern von einzelnen Unternehmen abgeschlossen werden, erfaßt wurden.[112])

[110]) *Bonnie Fox Schwartz,* Civil Works Administration 1933–1934. The Business of Emergency Employment in the New Deal. Princeton 1984.

[111]) *R. W. Fleming,* The Significance of the Wagner Act, in: Derber/Young (Eds.), Labor, 121–155; *Stanley Vittoz,* New Deal Labor Policy and the American Industrial Economy. Chapel Hill/London 1987. Zur Geschichte der Arbeitsbeziehungen und der Rechtsstellung der Gewerkschaften mit besonderer Betonung der Entwicklung der 1930er und frühen 1940er Jahre vgl. weiter *Christopher L. Tomlins,* The State and the Unions: Labor Relations, Law and the Organized Labor Movement in America, 1880–1960. New York 1985.

[112]) Für 1974 vgl. *Clyde W. Summers,* Industrial Democracy: America's Un-

Außer der gesetzlichen Regelung der Arbeitsbeziehungen wurden 1935 auch die wesentlichen Grundlagen für das heutige *System sozialer Sicherheit* in den Vereinigten Staaten gelegt. Neben einem auf dem Versicherungsprinzip beruhenden nationalen System der Alters-, Invaliden- und Hinterbliebenenversicherung für einen begrenzten, später aber ausgedehnten Personenkreis und starken Anreizen zum Ausbau einzelstaatlicher Arbeitslosenversicherungen wurden Zuschüsse der Zentralregierung zu einzelstaatlichen Sozialhilfeprogrammen für bedürftige ältere Menschen, Blinde und für unversorgte Kinder gegeben.[113]) Von den klassischen sozialen Sicherungssystemen fehlte lediglich die öffentliche Krankenversicherung bzw. ein staatlicher Gesundheitsdienst. Erst nach dem großen Wahlsieg der Demokraten bei den Präsidentschaftswahlen von 1964 sind staatliche Programme zur medizinischen Versorgung wenigstens der Armen und Alten eingeführt worden.[114]) Insgesamt sind die Ausgaben der Gebietskörperschaften (Union, Einzelstaaten, Gemeinden) für öffentliche Wohlfahrt, die auch Unterstützungen für Farmen einschließen, für soziale Sicherheit und Gesundheit von 1927 bis 1970 von 590 Millionen Dollar auf 74 Milliarden Dollar gestiegen, also auf etwa das 125fache. Während der Anteil der öffentlichen Ausgaben am Bruttosozialprodukt gleichzeitig von 11,8% auf 34,1% zunahm, stieg damit der Anteil dieser sozialen Ausgaben an den Ge-

Fortsetzung Fußnote von Seite 144

fulfilled Promise, in: Cleveland State Law Review 28, 1979, 25–49, bes. 35f. Für das Ende der 1980er Jahre vgl. *ders.*, The Supreme Court and Industrial Democracy, in: Hermann Wellenreuther (Ed. with the assistance of Claudia Schnurmann and Thomas Krueger), German and American Constitutional Thought. Contexts, Interactions, and Historical Realities. New York etc. 1990, 415–443, bes. 424.

[113]) Vgl. *Edwin E. Witte*, The Development of the Social Security Act. Madison, Wisc. 1962; *Arthur J. Altmeyer*, The Formative Years of Social Security. Madison etc. 1966; *Nelson*, Unemployment Insurance, 204–219. Über die Weiterentwicklung der Arbeitslosenversicherung seit 1935, insbesondere die Tendenz zur Zentralisierung des Systems und seine Verwendung als antizyklisches Instrument der nationalen Wirtschaftspolitik vgl. *Edward J. Harpham*, Federalism, Keynesianism, and the Transformation of the Unemployment Insurance in the United States, in: Ashford/Kelley (Eds.), Nationalizing Social Security, 155–179.

[114]) Vgl. *Theodore R. Marmor*, The Politics of Medicare. Rev. American Ed. Chicago 1973.

samtausgaben der Gebietskörperschaften von 5,2% auf 22,3% um mehr als das Vierfache an.[115])

Die ursprünglich starke Betonung des Vertragscharakters der Altersversicherung und der Äquivalenz von Beiträgen und Leistungen wurde 1939 dadurch geschwächt, daß die Familienmitglieder von Alterspensionären einbezogen wurden und daß man neue, weniger beitragsabhängige Kriterien für die Gewährung von Pensionen und die Berechnung ihrer Höhe einführte.[116]) In der scharfen Trennung zwischen der Sozialhilfe für Bedürftige (welfare) und der auf individuellen Rechtsansprüchen beruhenden Sozialversicherung (social security) gibt es deutliche Parallelen zwischen dem deutschen und dem amerikanischen System sozialer Sicherheit. In der großen Bedeutung des Versicherungsprinzips hat man eine spezifische Konsequenz des amerikanischen Individualismus und der Stärke derjenigen Kräfte gesehen, die gegen die Einführung staatlicher Maßnahmen der Einkommenssicherung gerichtet waren.[117]) Diese Interpretation übersieht jedoch, daß die Beziehung zwischen Beiträgen und Leistungen in der deutschen Altersversorgung, für die diese Gründe nicht gelten, noch stärker ausgeprägt ist. Dagegen können der traditionelle Individualismus und der Vorbehalt gegen eine Ausweitung der Staatsausgaben zusätzlich erklären, warum in den Vereinigten Staaten trotz der Expansion der sozialen Sicherungssysteme seit dem New Deal der Anteil der Sozialleistungen am Bruttoinlandsprodukt im internationalen Vergleich der Industrienationen noch immer relativ gering ist[118]) und warum auf eine umfassende gesetzliche Krankenversicherung verzichtet wurde, was vor allem der Widerstand der Ärzteschaft und der privaten Versicherungen erzwang.

[115]) *Roger L. Ramson,* In Search of Security: The Growth of Government Spending in the United States, 1902–1970, in: ders. u. a. (Eds.), Explorations in the New Economic History. Essays in Honor of Douglas C. North. New York etc. 1982, 125–148, hier 128.

[116]) *Rimlinger,* Welfare Policy, 233 f.

[117]) Ebd. bes. 231 ff. Vgl. weiter *Skocpol/Ikenberry,* Political Formation, in: Tomasson (Ed.), Welfare State, 134 ff.

[118]) Der Anteil lag zwar 1982/83 mit 13,8% noch über dem entsprechenden Satz in Japan (12,0%). Dagegen wiesen z. B. das Vereinigte Königreich (20,5%) sowie im Jahr 1983 die Bundesrepublik (24,3%), Frankreich (29,4%) und Schweden (33,3%) einen erheblich höheren Anteil der Sozialleistungen am Bruttoinlandsprodukt auf. Vgl. dazu International Labour Office, The cost of social security. Twelfth international inquiry, 1981–1983. Comparative tables. Geneva 1988, 69–75.

VI. ENTWICKLUNGSTENDENZEN UND PROBLEME DES SOZIALSTAATES SEIT DEM ZWEITEN WELTKRIEG

1. Soziale Neuordnung in Großbritannien und deren Auswirkungen auf andere Länder

Der Ausbau des Sozialstaates und besonders der Systeme sozialer Sicherheit wurde nach der Massenerfahrung existenzieller Unsicherheit in der Weltwirtschaftskrise im Zweiten Weltkrieg weiter vorangetrieben. Man verbesserte die institutionellen Voraussetzungen für Sozialpolitik durch die staatlichen Interventionen zur Lenkung der Kriegswirtschaft. Auch steigerten in den meisten Ländern die Kriegsanstrengungen die nationale Solidarität.

Die entscheidenden Impulse gingen jetzt von Großbritannien aus. Unter dem Eindruck der gemeinsamen Bedrohung durch Hitler, der engeren Berührung verschiedener sozialer Klassen durch Bombenkrieg und Evakuierung sowie der Ähnlichkeit der Opfer und Entbehrungen wurden ideologisch und interessenpolitisch bedingte Gegensätze zumindest vorübergehend gedämpft und die Bemühungen um soziale Gerechtigkeit verstärkt.[1]) Der – wenigstens im Vergleich zu den 1920er und 1930er Jahren – zunehmende sozialpolitische Konsens der Bevölkerung in der Kriegs- und unmittelbaren Nachkriegszeit, der schon in den 1950er Jahren wieder in Frage gestellt wurde, hat, neben der Änderung der politischen Machtverhältnisse durch den Wahlsieg der Labour Party 1945, die weitgehende Verwirklichung des sog. *Beveridge-Planes* ermöglicht. Dieser Plan zur Neuordnung des gesamten Systems der sozialen Sicherheit[2]) war

[1]) Vgl. dazu vor allem *Richard M. Titmuss,* Problems of Social Policy. London 1950, 507f.; *ders.,* War and Social Policy, in: ders., Essays on „The Welfare State". London 1958, 75–87. Allerdings haben neuere Studien gezeigt, daß auch im Krieg die betroffenen Interessengruppen die Planungen für die Nachkriegszeit zur Verstärkung ihrer Position erfolgreich beeinflußten.

[2]) Eine deutsche Ausgabe, die auf einer Übersetzung des späteren bayerischen Ministerpräsidenten *Wilhelm Hoegner* (vgl. *ders.,* Der schwierige Außenseiter. Erinnerungen eines Abgeordneten, Emigranten und Ministerpräsidenten. München 1959, 145) beruhte, erschien 1943 im Europa Verlag,

Ende 1942 dem britischen Parlament von einem Ausschuß vorgelegt worden, der unter dem Vorsitz von William Beveridge stand, der den Bericht auch weitgehend selbst verfaßt hatte. Der Plan, der allerdings zunächst von den politischen und sozialen Eliten keineswegs einhellig akzeptiert worden war[3]), ist vielfach in einseitiger Betonung des britischen Beitrages und unter Vernachlässigung älterer Entwicklungen als *das* Grunddokument des modernen Wohlfahrtsstaates überhaupt angesehen worden.

Das Programm verstand sich als Teil einer „umfassenden Politik sozialen Fortschritts", in dem der „Angriff auf die Not" durch die Entwicklung der Sozialversicherung und durch Maßnahmen zur Bekämpfung der anderen Grundübel Krankheit, Unwissenheit, Verwahrlosung und Müßiggang ergänzt werden sollte.[4]) Das System der sozialen Sicherheit sollte reformiert werden durch die Ausdehnung der Sozialversicherung auf fast alle Staatsbürger, durch die Zusammenfassung der verschiedenen Versicherungsarten in einer Organisation sowie durch die Garantie eines einheitlichen nationalen Mindesteinkommens, das zum bescheidenen Lebensunterhalt ausreichte.[5])

Für die nach Beveridges Meinung nur kleine Gruppe von Staatsbürgern, die – wie etwa die körperlich Gebrechlichen – nicht durch eigene oder die Erwerbstätigkeit von Familienmitgliedern versicherungsfähig waren, wurden Leistungen der Sozialhilfe vorgesehen, die auf einer gegenüber früher allerdings erheblich gemilderten Bedürftigkeitsprüfung beruhten.[6])

Im Kern dieses Programms stand die enge Verbindung der Sozialpolitik mit einer auf Vollbeschäftigung abzielenden staatlichen

Fortsetzung Fußnote von Seite 147

Zürich/New York, unter dem Titel: Der Beveridgeplan. Sozialversicherung und verwandte Leistungen. Bericht von Sir *William Beveridge*. Dem Britischen Parlament überreicht im November 1942. Zur Rolle Beveridges vgl. *Harris,* Beveridge, bes. 378–418.

[3]) Vgl. *José Harris,* Einige Aspekte der britischen Sozialpolitik während des Zweiten Weltkrieges, in: Mommsen/Mock (Hrsg.), Entstehung, 255–270, bes. 268f.

[4]) Beveridgeplan, § 8, S. 11.

[5]) Ebd. bes. §§ 303–309, S. 188–190. Mit dem „nationalen Minimum" wurde eine alte Forderung der Fabian Society, die 1913 vom Parteitag der Labour Party akzeptiert wurde, übernommen; vgl. *Metz,* Industrialisierung, 293–295, 302.

[6]) Beveridgeplan, §§ 23, 302, S. 19f., 187f.

Wirtschaftspolitik.[7]) Weiter kennzeichneten das Programm der Übergang von der Arbeitnehmer- zur Volksversicherung, der in den skandinavischen Ländern bereits weitgehend vollzogen worden war, die Berücksichtigung der besonderen Bedürfnisse größerer Familien durch Familienzulagen, die Schaffung eines allen Bürgern unentgeltlich zugänglichen staatlichen Gesundheitsdienstes[8]) sowie die Universalität und Einheitlichkeit des Systems. Es beanspruchte, alle möglichen Risiken für alle Bevölkerungskreise zu erfassen, einen Mindeststandard zivilisierten Lebens zu gewährleisten und damit „Not unter allen Umständen überflüssig zu machen".[9])

Das Programm entsprach den Interessen der Arbeiterorganisationen, indem es die gesamte Bevölkerung in der Sozialversicherung in einer Risikogemeinschaft zusammenfaßte und die Bedürftigkeitsprüfung weitgehend überflüssig zu machen schien, die von den Arbeiterorganisationen in den 1930er Jahren so scharf kritisiert worden war. Es kam aber auch den Interessen des Mittelstandes entgegen, da es mit einheitlichen niedrigen Standardbeiträgen und einheitlichen Renten bei einem nur geringen Anteil der Finanzierung aus Steuern kaum Umverteilungselemente enthielt. Zudem ließ das Programm bewußt für die Betriebe und die Wohlhabenderen genügend Mittel, um die Versorgung im Alter durch Betriebspensionen oder private Zusatzversicherungen, zu denen die Bürger ermuntert wurden[10]), über den durch die Zwangsversicherung abgedeckten notwendigen Lebensbedarf hinaus aufzustocken.

Aus zeitgenössischen Äußerungen Beveridges wissen wir, daß sein Plan der sozialen Sicherheit nur Teil eines umfassenden Konzepts zum Neuaufbau der Gesellschaft war. Dieses sah in Abkehr vom traditionellen Liberalismus auch die Kontrolle der Löhne und Preise, die Abschaffung freier Tarifverhandlungen, die Verstaatlichung des Wohnungsbaus sowie den Ausbau und die Demokratisierung des Erziehungswesens vor. Die für sein Konzept zentrale Sicherung der Vollbeschäftigung sollte nicht – wie bei Keynes – über die Regelung der Verbrauchernachfrage, sondern durch staatliche

[7]) Ebd. § 301, §§ 320–349, 409–454, S. 187, 196–208, 237–260.
[8]) Vgl. zu dessen Entstehung und Entwicklung bis 1957 die auf einer breiten Quellenbasis beruhende Studie von *Charles Webster,* The Health Services Since the War, Band 1: Problems of Health Care. The National Health Service before 1957. London 1988.
[9]) Beveridgeplan, § 17, S. 15.
[10]) Ebd. §§ 302, 375–384, S. 188, 219–223.

Verteilung der Arbeitskräfte erreicht werden. Weiter nahm Beveridge staatliche Investitionskontrollen und die allmähliche Beseitigung des privaten Besitzes von Produktionsmitteln in Aussicht.[11])

Das im Beveridge-Plan skizzierte Programm der sozialen Sicherheit wurde mit wenigen Änderungen von den Labour-Regierungen nach 1945 durchgeführt.[12]) Der Staat erweiterte zudem seinen Einfluß auf den Wohnungsbau, das Erziehungswesen und durch die besonders umstrittenen Verstaatlichungsgesetze auch auf die Wirtschaft. Dagegen blieben die Autonomie der Gewerkschaften und die Freiheit der Tarifverhandlungen, die später immer wieder Gegenstand äußerst kontroverser staatlicher Regulierungsversuche waren, im wesentlichen gewahrt.

Der Beveridge-Plan zur Neuordnung des Systems der sozialen Sicherheit hat auch außerhalb Großbritanniens starke Beachtung gefunden. Er beeinflußte wesentlich die grundlegenden Empfehlungen der Internationalen Arbeitsorganisation von 1944 über „Sicherung des Lebensunterhalts" und „ärztliche Betreuung", die allerdings mit Rücksicht auf die unterschiedlichen Bedingungen der Mitgliedsstaaten flexibler und gemäßigter ausfielen.[13]) Er wirkte auch auf die sozialpolitischen Nachkriegsplanungen der belgischen und der niederländischen Exilregierungen in London. Die von der letzteren schon 1944 eingesetzte Programmkommission zur Reform der sozialen Sicherheit folgte dem Beveridge-Bericht insbesondere in der Übernahme der keynesianischen Auffassung, daß ein hohes Niveau der Sozialleistungen – vor allem bei Arbeitslosigkeit – die Kaufkraft stabilisiere und daher auch große konjunkturpolitische Bedeutung habe.[14]) Vom Beveridge-Plan gingen wesentliche Im-

[11]) Vgl. dazu *Harris,* Aspekte, in: Mommsen/Mock (Hrsg.), Entstehung, 261 f.

[12]) Vgl. *Jürgen C. Heß,* Die Sozialpolitik der Regierung Attlee, in: Mommsen/Mock (Hrsg.), Entstehung, 306–324. Der Artikel untersucht u. a. auch die relativ geringen Abweichungen der Gesetzgebung der Labour-Regierungen vom Beveridge-Plan.

[13]) Abdruck der Empfehlungen in: International Labour Office. Official Bulletin 26, 1944, 4–25, 29–45. Der Beveridge-Plan und die Empfehlungen der Philadelphia-Konferenz werden verglichen in *Guy Perrin,* Reflections on Fifty Years of Social Security, in: International Labour Review 99, 1969, 249–292. Zur steigenden Bedeutung der sozialen Sicherheit in der Tätigkeit der Internationalen Arbeitsorganisation seit 1942 vgl. auch *Kaufmann,* Sicherheit, 119–124.

[14]) Vgl. *Uwe Becker/Kees van Kersbergen,* Der christliche Wohlfahrtsstaat

pulse zum Ausbau des Sozialversicherungswesens der Schweiz nach 1946[15]) aus, das u.a. wegen der nur zögernden Verlagerung der Kompetenzen für den Bereich des Arbeits- und Sozialrechts von den Kantonen auf den Bund, des Vorrangs der Arbeiterschutzgesetzgebung und der Schwierigkeit, für sozialpolitische Gesetze eine Mehrheit bei Volksabstimmungen zu finden, im europäischen Vergleich rückständig geblieben war.

In *Skandinavien* haben die Diskussion des Beveridge-Planes und seine Umsetzung durch die britische Labour-Regierung die bestehenden Tendenzen zum Ausbau des Systems der sozialen Sicherheit gestärkt. Die konkreten Maßnahmen sind aber in Schweden, das nach der Ernüchterung über die Reformen Englands nach dem Zweiten Weltkrieg vielfach als *das* Modell eines modernen Sozialstaates galt, und Dänemark nicht als eine Nachahmung des englischen Vorbildes anzusehen, sondern als Weiterentwicklung der eigenen, schon vor dem Ersten Weltkrieg eingeführten Programme sozialer Sicherheit.

Dabei spielte in *Schweden* das Konzept des „Volksheims“, das auf jungkonservative Wurzeln vor dem Ersten Weltkrieg zurückging, dann aber seit dem Ende der 1920er Jahre besonders von der charismatischen Vaterfigur der schwedischen Sozialdemokratie Per Albin Hansson weiterentwickelt und propagiert wurde, als ideologische Basis eines modernen Sozialstaates eine wesentliche Rolle. Mit der Betonung der Gleichheit, der gegenseitigen Rücksichtnahme, der Harmonie und der Zusammenarbeit der Staatsbürger fand es eine breite, weit über die Arbeiterschaft hinausgehende Basis in der Bevölkerung; es bildete Voraussetzung und Grundlage für die 1932 beginnende, über 40jährige Regierungszeit der Sozialdemokratie

Fortsetzung Fußnote von Seite 150

der Niederlande. Ein kritischer Beitrag zur vergleichenden Politikforschung, in: Politische Vierteljahresschrift 27, 1986, 61–77, bes. 67.

[15]) *Jürg H. Sommer,* Das Ringen um soziale Sicherheit in der Schweiz. Eine politisch-ökonomische Analyse der Ursprünge, Entwicklungen und Perspektiven sozialer Sicherung im Widerstreit zwischen Gruppeninteressen und volkswirtschaftlicher Tragbarkeit. Diessenhofen 1978, bes. 192ff.; *Alfred Maurer,* Landesbericht Schweiz, in: Köhler/Zacher (Hrsg.), Ein Jahrhundert, bes. 798ff.

und die von ihr verfolgte Politik der Intervention des Staates in Wirtschaft und Gesellschaft.[16])

In Schweden waren die jedem Bürger zustehenden Leistungen nach der Volksversicherung von 1913 so niedrig, daß sie einen eher symbolischen Charakter hatten und – wenn andere Einnahmen fehlten – durch Fürsorgeleistungen ergänzt werden mußten, die nach einer Bedürftigkeitsprüfung gewährt wurden. 1937 wurden auf Drängen der Sozialisten Zusatzpensionen unterschiedlicher Höhe eingeführt, die an einen in Stadt und Land und den einzelnen Gebieten gesondert ermittelten Lebenshaltungskostenindex gekoppelt waren, um eine Prüfung der Bedürftigkeit für Stadtbewohner zu reduzieren.[17]) Die 1946, nach eingehenden Vorarbeiten einer bereits 1938 eingesetzten Kommission für soziale Wohlfahrt eingeführten „Volkspensionen" waren erheblich höher als früher. Sie sollten – ebenso wie Familienzulagen, Unfallentschädigung und Krankenversicherung während der Zeit der Erwerbstätigkeit – im Alter einen angemessenen Mindestlebensstandard im „Volksheim Schweden" garantieren und kamen allen Schichten der Bevölkerung zugute – auch den Selbständigen, den höher bezahlten Angestellten und Bewohnern ländlicher Gebiete. Diese Pensionen haben zwar Sozialhilfeleistungen nach einer Bedürftigkeitsprüfung nicht völlig überflüssig gemacht, aber doch in viel größerem Umfang als in Großbritannien ersetzt. Da die Renten zu 70% aus Steuerleistungen finanziert wurden[18]), haben sie auch eine erheblich stärkere Umverteilungswirkung gehabt.

[16]) Vgl. *Bernd Henningsen,* Der Wohlfahrtsstaat Schweden. Baden-Baden 1986, bes. 312–317.

[17]) *Peter Michael Baldwin,* The Social Bases of the European Welfare State. Class, Interest and the Debate over a Universalist Social Policy, 1875–1975. Ph. D. Harvard University 1986, 232.

[18]) Ebd. 266. Die restlichen 30% kamen von den Versicherten, während die Arbeitgeber keine Zahlungen zu leisten hatten. Vgl. für den ständigen Rückgang des Anteils der Armenhilfe bzw. Sozialhilfe an den Sozialausgaben *Olson,* Sweden, in: Flora (Ed.), Growth to Limits, Bd. 1, 6. Am Beispiel der Einführung der Volkspension 1946 entwickelte sich eine Debatte über die Rolle der politischen und sozialen Kräfte bei der Herausbildung des skandinavischen und besonders des schwedischen Wohlfahrtsstaates, in der, nach Meinung von S. Olsson, G. Therborn und P. Baldwin den Einfluß bürgerlicher Kräfte und besonders der Konservativen zu stark hervorheben. Vgl. *Göran Therborn,* The Working Class and the Welfare State in: Pauly Kettunen (Ed.), Det nordiska arbetarrörelsen. Helsinki 1986, 1–75; *Peter Baldwin,* How Socialist is Solidaristic Social Policy? Swedish Postwar Reform a Case in Point, in: International Review of Social History 33, 1988, 121–147; *Sven E. Olsson,* Working-Class Power and the 1946 Pension Reform in Sweden. A

In Schweden wurde zudem schon in den 1950er Jahren der egalitäre Universalismus der Sozialleistungen der ersten Nachkriegsjahre durch spezifische Leistungen für spezifische soziale Gruppen ergänzt, die nicht nur die Sicherung eines Existenzminimums, sondern die Erhaltung des Lebensstandards der Staatsbürger zum Ziel hatten. So sah ein neues Krankenversicherungsgesetz von 1953 neben gleichen Sachleistungen eine nach den gezahlten Beiträgen gestaffelte, unterschiedliche Höhe von Krankengeldern vor.[19]) Der deutlichste Ausdruck dieser Umorientierung im System der sozialen Sicherheit war schließlich die Einführung verdienstbezogener zusätzlicher Altersrenten am Ende der 1950er Jahre.

In *Dänemark* knüpfte man noch stärker an das 1891 eingeführte und 1933 ausgebaute System der staatlichen *Versorgung* der älteren Staatsbürger an. Man hatte festgestellt, daß die Renten, die ständig den steigenden Lebenshaltungskosten angepaßt wurden, von etwa einem Drittel der älteren Staatsbürger, die aufgrund niedriger Einnahmen aus Einkommen und Vermögen ein Anrecht darauf hatten, nicht in Anspruch genommen worden waren, wohl, weil diese einen sozialen Prestigeverlust befürchteten oder ihre Vermögens- und Einkommensverhältnisse nicht offenlegen wollten.[20]) Die 1957 eingeführte allgemeine Volkspension wurde allein vom Staat (u. a. durch eine Sozialsteuer) finanziert und bestand erstens aus einer sogenannten „kleinen" Volkspension in Höhe von 9% der Durchschnittseinkommen aller Familienernährer für Ehepaare und zwei Dritteln davon für Alleinstehende. Diese wurde mit Ausnahme von Beamten und Staatsangestellten an jeden dänischen Bürger

Fortsetzung Fußnote von Seite 152
Modest Festschrift Contribution, in: ebd. 34, 1989, 287–308; *Peter Baldwin,* Class, Interest and the Welfare State. A Reply to Sven Olsson, in: ebd. 34, 1989, 471–484.

[19]) *Baldwin,* Politics, 146.

[20]) Vgl. *Stephanie Münke,* Die allgemeine Volkspension in Dänemark. Neue Sozialsteuer ab 1. April 1957, in: Sozialer Fortschritt 6, 1957, 99–101. Nach dem Bericht einer 1949 eingesetzten Volksversicherungskommission haben 1955 56% derjenigen, die die Altersgrenze von 60 Jahren für alleinstehende Frauen und 65 Jahren für alle anderen erreicht hatten, die Rente in Anspruch genommen. Von den restlichen 44% überschritt etwa ein Drittel die Einkommens- und Vermögensgrenze, die vom Bezug der Pension ausschloß, während etwa zwei Drittel oder insgesamt ca. 30% aller Alten ihre Ansprüche nicht geltend machten.

ohne Rücksicht auf dessen Vermögen und Einkommen gezahlt. Daneben gab es eine erheblich höhere, indexgebundene „große“ Volkspension mit unterschiedlichen Leistungen in Kopenhagen, den Provinzstädten und ländlichen Gemeinden, die mit steigendem Einkommen der Pensionäre bis auf den Mindestbetrag der „kleinen Volkspension“ sinken konnte.[21]) Seit der Mitte der 1960er Jahre sind jedoch die Reduktionen der Volkspensionen für besser Verdienende durch ein neues Gesetz allmählich aufgehoben worden.

Dagegen ist es im Gegensatz zu vielen anderen west- und mitteleuropäischen Ländern nicht zur Ergänzung der Grundrente durch eine einkommensbezogene, nach Beiträgen und Leistungen gestaffelte staatliche Zusatzpension gekommen. Entsprechende Vorschläge der dänischen Sozialdemokratie von 1967, die die ausschließliche Finanzierung einer solchen Rente durch Zahlungen der Arbeitgeber an einen staatlichen Fonds vorsahen, wurden von den bürgerlichen Parteien, wie auch von linken Sozialisten, als Angriff auf das Prinzip des Universalismus in der Altersversorgung angesehen und auch wegen der Steigerung der staatlichen Macht durch die Kontrolle über den Pensionsfonds scharf abgelehnt.[22])

In *Frankreich* entwickelte die Resistance, inspiriert vom Beveridge-Plan, ein Konzept für ein alle Staatsbürger umfassendes einheitliches System sozialer Sicherheit. Der dann von der ersten französischen Nachkriegsregierung vorgelegte Plan wich mit den in ihm vertretenen Grundprinzipien der Einheit, Universalität und sozialen Solidarität grundlegend von dem überkommenen System sozialer Sicherheit in Frankreich ab, das auf verschiedenen Berufen und sozialen Gruppen beruhte, nach Risiken differenziert war und nur eine Minderheit der Bevölkerung erfaßte. Geplant war, die Risiken Krankheit, Alter, Invalidität und Arbeitsunfall mit den Familienzulagen in einer Risikogemeinschaft zusammenzufassen, der neben den Arbeitern auch die besser verdienenden Angestellten und die Selbständigen angehören sollten. Der Plan scheiterte wegen des

[21]) Ebd. 99f.

[22]) *Baldwin,* Social Bases, 293–296; *Johansen,* Denmark, in: Flora (Ed.), Growth to Limits, Bd. 1, 356. Zur Höhe der Volksrente für Ehepaare in Kopenhagen absolut und im Vergleich zum Bruttolohn vgl. *Brigitte Elsa Marie Hansen,* Zur Analyse der Bedingungen und Möglichkeiten von Sozialpolitik am Beispiel Dänemarks unter Bezug auf ausgewählte Ansätze zur Sozialpolitik. Gesellschaftswiss. und phil. Diss. Marburg/Lahn 1983, 59.

massiven Widerstandes der Angestellten, der Selbständigen des gewerblichen Mittelstandes, der Landwirte und der freien Berufe und wegen des Zerfalls der Nachkriegskoalition von Kommunisten, Sozialisten und katholischen Reformkreisen.[23])

Die Angestellten erwarteten als eine besonders gute Risikogruppe von der Einbeziehung in eine Einheitsversicherung eine Verschlechterung ihrer sozialen Situation und setzten das Recht zur Schaffung einer komplementären Renteninstitution außerhalb des allgemeinen Versicherungssystems durch; sie leiteten damit in Frankreich – ein Jahrzehnt vor Großbritannien und Schweden – einen über die Erhaltung eines Mindestlebensstandards hinausgehenden Ausbau der Altersversorgung ein. Entsprechende, auf dem Prinzip des Generationenvertrages beruhende, ergänzende Rentensysteme wurden später auch für andere soziale Gruppen, einschließlich der Arbeiter, geschaffen. Sie führten dazu, daß die Leistungen des allgemeinen Rentenfonds so niedrig waren, daß sie kaum mit denen der Sozialhilfe, die von einer Bedürftigkeitsprüfung abhängig waren, Schritt hielten.[24])

Die 15 bis 20 Millionen Selbständigen, die zum 1. Januar 1947 in die geplante Einheitsversicherung einbezogen werden sollten, haben faktisch durch ihren massiven Widerstand innerhalb und außerhalb des Parlaments und durch die Weigerung vieler von ihnen, sich erfassen zu lassen und die vorgesehenen Beiträge zu leisten, die Durchführung des Gesetzes boykottiert und die Regierung zur Kapitulation gezwungen.[25]) Durch Gesetz vom 17. Januar 1948 wurde schließlich die von den Sozialreformern 1945/46 gewünschte große, nationale Risikogemeinschaft aufgelöst und den Selbständigen erlaubt, vier separate, autonome Altersversicherungen für die Selbständigen in Industrie und Handel, die Handwerker, die freien Berufe und die Landwirtschaft zu schaffen. Daneben gab es eine Vielfalt weiterer Sondersysteme z. B. für Beamte, Arbeiter im Staatsdienst, Angestellte der Gemeinden, Bergarbeiter usw. Die Umwandlung dieser Sondersysteme in komplementäre Rentensysteme, die

[23]) Vgl. *Hans Günter Hockerts,* Die Entwicklung vom Zweiten Weltkrieg bis zur Gegenwart, in: Köhler/Zacher (Hrsg.), Ein Jahrhundert, 143, 147f.; *Henry C. Galant,* Histoire politique de la sécurité sociale française 1945–1952. Paris 1955; *Saint-Jours,* Landesbericht Frankreich, in: Köhler/Zacher (Hrsg.), Ein Jahrhundert, bes. 231–240.
[24]) *Baldwin,* Social Bases, 315–346.
[25]) Ebd. 347–388.

durch ein Dekret vom 8. Juni 1946 vorgesehen worden war, kam mit wenigen Ausnahmen nicht zustande, und ihre Autonomie blieb daher erhalten.[26])

Das Konzept des egalitären Universalismus scheiterte in Frankreich – im Gegensatz zu Großbritannien und Schweden – in den ersten Jahren nach dem Zweiten Weltkrieg an dem sehr viel größeren Anteil der Selbständigen in der Bevölkerung, an dem vorgesehenen scharfen Bruch mit den bisherigen Traditionen des französischen Systems der sozialen Sicherheit und vor allem an der viel drastischeren Umverteilung sozialer Lasten zugunsten der ärmeren Schichten, die die Regierung mit ihrem Konzept bewirken wollte.

In der Diskussion sozialpolitischer Fragen im *Nachkriegsdeutschland* spielten der Beveridge-Plan und seine Verwirklichung in Großbritannien die Rolle eines Modells, an dem man sich in Zustimmung und Kritik orientierte.[27]) Der von den alliierten Besatzungsmächten vorgelegte und mit wesentlichen Grundprinzipien des Beveridge-Planes übereinstimmende Entwurf, der die nach Risiken und erfaßten Bevölkerungsgruppen gegliederte deutsche Sozialversicherung in eine einheitlich verwaltete Volksversicherung umwandeln wollte, ist allerdings außerhalb der sowjetischen Besatzungszone gescheitert.[28])

Auch die Sonderentwicklung in Berlin war nur vorübergehend. Dort war unter dem Einfluß der sowjetischen Besatzungsmacht im Zusammenwirken mit der Sozialdemokratie, der Kommunistischen Partei und den Gewerkschaften bereits im Juni 1945 eine fast die gesamte Bevölkerung umfassende Einheitsversicherung errichtet worden, die zeitweise als Modell einer modernen Sozialversicherung auch in den Westzonen und der Bundesrepublik propagiert wurde. Sie stand unter klarer Dominanz der Arbeiterorganisationen und enthielt starke Umverteilungselemente. Nach der Spaltung der Stadt 1948 ist die Versicherungsanstalt Berlin (VAB), in deren Verwaltung der führende Sozialversicherungsexperte der SPD und langjährige

[26]) *Saint-Jours,* Landesbericht Frankreich, 242–244.

[27]) Vgl. *Hans Günter Hockerts,* Deutsche Nachkriegssozialpolitik vor dem Hintergrund des Beveridge-Plans. Einige Beobachtungen zur Vorbereitung einer vergleichenden Analyse, in: Mommsen/Mock (Hrsg.), Entstehung, 325–350.

[28]) Grundlegend dazu *Hans Günter Hockerts,* Sozialpolitische Entscheidungen im Nachkriegsdeutschland. Alliierte und deutsche Sozialversicherungspolitik 1945 bis 1957. Stuttgart 1980, bes. 36ff., 79ff.

Direktor dieser Institution, Ernst Schellenberg, eine maßgebende Rolle spielte, zunehmend kritisiert worden. In den 1950er Jahren wurde sie allmählich an das Sozialversicherungsrecht der Bundesrepublik angepaßt und bis 1958 aufgelöst; damals wurde auch die Krankenversicherungsanstalt als letzte Organisation der ursprünglichen Einheitsversicherung durch verschiedene Organisationen der Krankenversicherung ersetzt.[29])

Wie in Berlin gab es auch in der französischen Besatzungszone im Südwesten Deutschlands wesentliche Ansätze zur Neuordnung des Systems der sozialen Sicherheit. Diese waren von Forderungen der Gewerkschaften der Zone, innerfranzösischen Reformbestrebungen der Zeit, der durch den Beveridge-Plan und die sozialen Folgen des Krieges ausgelösten internationalen Diskussion und den Bestrebungen der französischen Besatzungsmacht zur Demokratisierung der deutschen Gesellschaft bestimmt. Sie fanden ihren Niederschlag einmal in der Auflösung der Sonderkassen in der Krankenversicherung zugunsten einer allerdings regional gegliederten Be-

[29]) Vgl. zur VAB die materialhaltige Arbeit von *Eckart Reidegeld,* Die Sozialversicherung zwischen Neuordnung und Restauration. Soziale Kräfte, Reformen und Reformpläne unter besonderer Berücksichtigung der Versicherungsanstalt Berlin (VAB). Frankfurt am Main 1982. Die Arbeit sieht in der VAB eine „verschüttete Alternative" zur Restauration der klassischen deutschen Sozialversicherung in der Bundesrepublik. Der Hauptwert der Studie liegt in der systematischen Auswertung der die VAB betreffenden Bestände des Landesarchivs Berlin und der OMGUS-Akten über die alliierten Pläne zur Neuordnung der deutschen Sozialversicherung. Allerdings leidet die Arbeit unter der überzogenen und oft kleinkarierten und ungerechtfertigten Polemik gegen andere Autoren, die sich mit der Geschichte der Sozialversicherung nach 1945 befaßten. Reidegeld tendiert auch dazu, die Rolle der Berliner Entwicklung in der Nachkriegsgeschichte der Sozialversicherung zu stark zu betonen. Obwohl sich die VAB als Modell für eine gesamtdeutsche Sozialversicherung verstand und von ihr eine gewisse präjudizierende Wirkung für den Kontrollratsentwurf über die Reform der deutschen Sozialversicherung ausging, darf man ihre Bedeutung aber auch nicht überschätzen. Auf den Kontrollratsentwurf im besonderen und die Entwicklung der Sozialversicherung im allgemeinen wirkten auch viele andere Gremien und Kraftzentren, wie z. B. der Länderrat in der amerikanischen Zone, der Zentralrat für Arbeit und der Zonenbeirat der britischen Zone usw., in erheblichem Umfang ein. Die Politik war daher in weit geringerem Maße, als von Reidegeld angenommen, von den Berliner Verhältnissen abhängig. – Eine gute Zusammenfassung und teilweise Ergänzung seiner Forschungsergebnisse gibt Reidegeld in seinem Artikel: Die „klassische Sozialversicherung" in der Entscheidung: deutsche und alliierte Kräfte und Interessen vor und nach 1945, in: Zeitschrift für Sozialreform 30, 1984, 649–675, 730–745.

zirks-Einheitskrankenkasse, die nicht nur finanzielle Einsparungen und eine rationellere Verwaltung ermöglichen, sondern auch eine Angleichung der Lebensbedingungen verschiedener sozialer Schichten im Fall von Krankheiten bewirken sollte. Auch in der Kriegsopferversorgung, in der es allerdings regional sehr unterschiedliche Regelungen gab, wich man in der französischen Zone in den erheblich höheren Leistungen und in der Beibehaltung eines gesonderten Versorgungssystems für Kriegsopfer von den anderen Westzonen ab. Nach der Gründung der Bundesrepublik wurde der sozialpolitische Sonderweg des deutschen Südwestens, durch die erneute Zulassung von Ersatzkassen in der Krankenversicherung beispielsweise, beendet. In der Angleichung der Versicherungsbedingungen von Arbeitern und Angestellten etwa und der Übernahme des Konzepts einer eigenen Versorgung für Kriegsopfer im Bundesversorgungsgesetz von 1950 fanden jedoch einige wesentliche Elemente der Sozialpolitik der französischen Zone Eingang in das System der sozialen Sicherheit der Bundesrepublik.[30])

Der auf die Schaffung einer einheitlichen umfassenden Volksversicherung zielende Entwurf des alliierten Kontrollrates für die Reform der deutschen Sozialversicherung traf auf den massiven Widerstand der betroffenen Interessengruppen der Ärzte, Angestellten, Handwerker, Landwirte und privaten Versicherungen. Auch die Gewerkschaften der britischen Zone, die den Grundsatz der Einheitsversicherung akzeptierten, wandten sich gegen die mit den Neuordnungsplänen verbundene Absicht, die Leistungen zu verschlechtern. Die Sozialversicherungsexperten lehnten die Pläne fast einhellig ab. Schließlich haben auch der Stolz auf die deutsche Sozialversicherungstradition und ihre im internationalen Vergleich noch immer hohen Leistungen[31]), die Diskreditierung des Grundsat-

[30]) Vgl. zu den sozialpolitischen Reformansätzen in der französischen Besatzungszone und ihrer begrenzten Wirkung auf die frühe Bundesrepublik die ausgezeichnete Untersuchung von *Rainer Hudemann,* Sozialpolitik im deutschen Südwesten zwischen Tradition und Neuordnung 1945–1953. Sozialversicherung und Kriegsopferversorgung im Rahmen französischer Besatzungspolitik. Mainz 1988.

[31]) Der Anteil der Sozialleistungen am Volkseinkommen, der allerdings durch die Kriegsfolgen (Flüchtlinge, Bombengeschädigte, Witwen und Waisen von Gefallenen usw.) besonders angeschwollen war, lag 1950 mit 20,3% weit an der Spitze aller Staaten, die im Bericht der Genfer Internationalen Arbeitsorganisation über die Kosten sozialer Sicherheit erfaßt wurden; In-

zes der Einheitsversicherung durch die erwähnten Pläne der Deutschen Arbeitsfront, das Eigengewicht der bestehenden Institutionen sowie die außerordentliche Komplexität der Probleme, die durch die vordringliche Aufgabe, die sozialen Kriegsfolgen zu bewältigen, noch erhöht wurde, eine grundlegende Neuordnung der deutschen Sozialversicherung verhindert.

Die Rentenreform von 1957 – das wichtigste Gesetz zum Ausbau der Sozialversicherung in der Bundesrepublik – war im Unterschied zu dem von den Entbehrungen der Nachkriegszeit geprägten neuen britischen System der sozialen Sicherheit bereits mit dem wirtschaftlichen Aufschwung untrennbar verknüpft. In Weiterentwicklung der deutschen Tradition wurden dabei in entscheidenden Grundsätzen Gegenpositionen zum britischen Modell bezogen.

Dieses hatte inzwischen gewisse Schwächen erkennen lassen und vor allem die Armut weiter Schichten der Bevölkerung nicht wirklich zu verhindern vermocht. Die niedrigen Beiträge der Versicherten, die am Lohnniveau der ungelernten Arbeiter orientiert waren, reichten nicht aus, um den z. B. auch von der unterschiedlichen Miethöhe abhängigen Mindestunterhalt zu sichern. 1948 lagen die Leistungen der Versicherung bei nur 19% der in der Industrie gezahlten Durchschnittslöhne[32]), so daß die Sozialhilfe, abweichend von den Erwartungen von Beveridge[33]), in großem Umfang zur Ergänzung besonders der Altersrenten herangezogen werden mußte. So entfielen im Dezember 1949 48,2%, im Dezember 1965 59,9% der staatlichen Ausgaben für Sozialhilfe auf Zahlungen in Ergänzung von Altersrenten.[34]) Eine automatische Anpassung an die Inflation oder die wachsende wirtschaftliche Produktivität war nicht vorgesehen. Durch die relativ starre Fixierung eines einheitlichen Lebensbe-

Fortsetzung Fußnote von Seite 158
ternational Labour Office, The cost of social security, 1949–1954. Geneva 1958, 162.

[32]) *Heclo*, Modern Social Politics, 258.

[33]) Im Beveridge-Plan, § 23, S. 19f., wird ausgeführt, daß das System der Sozialversicherung darauf abgestellt sei, „von sich aus das in allen Normalfällen für den Lebensunterhalt notwendige Einkommen zu garantieren".

[34]) *V. George*, Social Security: Beveridge and After. London 1968, 228. 1951 und 1965 waren etwa 23% der britischen Rentner auf Fürsorgeleistungen angewiesen. In Deutschland dagegen bezogen selbst vor der Rentenreform von 1957 im Jahr 1955 nur 2,9% der Rentner zusätzliche Leistungen der Sozialhilfe; Die öffentliche Fürsorge. Hrsg. v. Bundesministerium des Innern. Köln 1956, 28.

darfs war es weder möglich, den erzielten Lebensstandard im Alter zu bewahren, noch neuen, aus dem Wandel der Gesellschaft erwachsenden Bedürfnissen gerecht zu werden.

Die deutsche Rentenreform hat mit dem Beveridge-Plan, der zudem die Entwicklung des zentralen Konzepts des Generationenvertrages wesentlich beeinflußte[35]), die Auffassung der engen Verknüpfung von Wirtschafts-, Finanz- und Sozialpolitik gemeinsam. Dagegen hielt man sich bewußt an die deutsche Tradition, wenn man die Beiträge, die auf dem jeweiligen Einkommen der Versicherten während ihrer Erwerbstätigkeit beruhten, und die entsprechenden Leistungen stark differenzierte und eine einheitliche Verwaltung ablehnte. Das Neue lag in dem Verfahren, den jeweiligen Wert sämtlicher Beiträge zur Rentenversicherung auf das aktuelle Niveau der Löhne und Gehälter bei der ersten Festsetzung der Renten hochzurechnen. Neu war auch das Prinzip der Dynamisierung der Renten, das die Rentner am wirtschaftlichen Wachstum partizipieren ließ, ebenso wie die Auffassung, daß durch die Renten nicht nur ein Existenzminimum gesichert, sondern der frühere individuelle Lebensstandard auch im Alter weitgehend aufrechterhalten werden sollte.

Mit der Reform von 1957, die eine sofortige dramatische Erhöhung der durchschnittlichen Renten der Arbeiter um 65,3%, der Angestellten um 71,9% zur Folge hatte[36]), wurde der Teufelskreis von Armut und Alter durchbrochen, ein Ausgleich zwischen den Generationen herbeigeführt[37]) und durch die enge Bindung der Höhe der Renten an frühere Beiträge ein Ansporn zu höherer Leistung gegeben. Die Rentenreform hat zusammen mit dem lange anhaltenden Wirtschaftsaufschwung und der erfolgreichen Integration der Flüchtlinge wesentlich zur Legitimation des neuen Staates beigetragen.

Im System der sozialen Sicherheit bildet die Rentenversicherung, deren Reform 1957 hier wegen der Durchsetzung zentraler neuer Grundsätze exemplarisch abgehandelt wurde, nur einen –

[35]) *Hockerts,* Deutsche Nachkriegssozialpolitik, in: Mommsen/Mock (Hrsg.), Entstehung, 335f.

[36]) Vgl. Sozialbericht 1958 (Deutscher Bundestag, 3. Wahlperiode, Drucksache 568), 22f. Am stärksten stiegen die vorher besonders niedrigen Witwenrenten, die um 82,9% bzw. 95,0% in der Arbeiter- bzw. Angestelltenversicherung erhöht wurden.

[37]) *Hockerts,* Sozialpolitische Entscheidungen, 423.

wenn auch besonders wesentlichen – Bestandteil. Neben den weiteren traditionellen Versicherungen gegen die Folgen von Krankheit, Unfall und Arbeitslosigkeit gibt es z. B. Sozialhilfe für Bedürftige, Familienhilfe, Jugendhilfe sowie die direkte staatliche Versorgung der Beamten, der Kriegsopfer und ihrer Hinterbliebenen. Ein erheblicher Teil der sozialen Gesetzgebung der ersten Nachkriegsjahre, die über die soziale Sicherheit im engeren Sinn hinausging, wie der Lastenausgleich für Flüchtlinge und andere vom Krieg besonders betroffene Personen, die Wiedergutmachung für Verfolgte des Naziregimes[38]) und die Förderung des sozialen Wohnungsbaus[39]), diente schließlich vor allem dem Versuch, die sozialen Folgen des Krieges für bestimmte Bevölkerungsgruppen abzumildern und die Akzeptanz der neuen Ordnung zu sichern.

Die *Bundesrepublik* versteht sich als *Sozialstaat*. Dazu gehört die Auffassung, daß Staat und Gesellschaft insgesamt an einem sozialen Staatsziel ausgerichtet sein sollten.[40]) Allerdings gibt es im Gegensatz zur Weimarer Republik keinen ausführlichen Katalog sozialer Grundrechte im Grundgesetz. Während diese z. T. in die Verfassungen der Länder eingingen[41]), beschränkte sich das Grundgesetz darauf, den Staat als einen „demokratischen und sozialen Bundesstaat" zu bezeichnen und zu fordern, daß die verfassungsmäßige Ordnung in den Ländern „den Grundsätzen des republikanischen, demokratischen und sozialen Rechtsstaates" im Sinne des Grundgesetzes entsprechen müsse.[42]) Der Verzicht auf Spezifizierung sozialer

[38]) Zu diesem von der historischen Forschung lange vernachlässigten Problem vgl.: Die Wiedergutmachung nationalsozialistischen Unrechts durch die Bundesrepublik Deutschland. Hrsg. v. Bundesminister der Finanzen in Zusammenarbeit mit Walter Schwarz. 6 Bde. München 1974–1987; *Ludolf Herbst/Constantin Gaschler* (Hrsg.), Wiedergutmachung in der Bundesrepublik Deutschland. München 1989.
[39]) Einen Überblick über die wichtigsten Sozialgesetze von 1945 bis zum Ende der 1970er Jahre geben *Hans F. Zacher* in der Einleitung zu seiner grundlegenden Untersuchung: Sozialpolitik und Verfassung im ersten Jahrzehnt der Bundesrepublik Deutschland. Berlin 1980, LXVI-CI, sowie *Jens Alber,* Germany, in: Flora (Ed.), Growth to Limits, Bd. 4, 254–291. Vgl. weiter den Abdruck der wichtigsten dieser Gesetze in: *Michael Stolleis,* Quellen zur Geschichte des Sozialrechts. Göttingen etc. 1976.
[40]) Vgl. dazu den grundlegenden Artikel von *Zacher,* Das soziale Staatsziel.
[41]) Vgl. die genauen Nachweise bei *Zacher,* ebd. 1048–1050.
[42]) Artikel 20 und 28 des Grundgesetzes. Einige soziale Grundrechte, die z. B. Ehe und Familie betreffen, werden allerdings in der Verfassung berührt.

Grundrechte hing mit der Auffassung der Bundesrepublik als Provisorium vor der Wiederherstellung eines vereinigten Deutschlands sowie der bewußten Ausklammerung einer zwischen den beiden großen Parteien kontroversen Materie zusammen. Inzwischen verfügt jedoch die Bundesrepublik seit dem Inkrafttreten des Allgemeinen Teils des Sozialgesetzbuches im Jahre 1975 über einen Katalog sozialer Rechte, unter denen ausdrücklich das Recht auf Bildung und Arbeitsförderung, auf Sozialversicherung, auf soziale Entschädigung bei Gesundheitsschäden, auf Minderung des Familienaufwandes, auf Zuschuß für eine angemessene Wohnung, auf Jugend- und Sozialhilfe sowie auf Eingliederung im Fall von Behinderung (§§ 3–10) aufgeführt wird.[43]) Nach dem Konzept der sozialen Marktwirtschaft, das die Wirtschafts- und Sozialpolitik aller deutschen Regierungen trotz aller Differenzen über einzelne Maßnahmen seit 1949 bestimmte, wird zudem die Wirksamkeit der Gesetze des freien Marktes im Bereich der Produktion durch soziale Interventionen des Staates in die Sphäre der Verteilung ergänzt.

2. Das System der Arbeitsbeziehungen

Das Ziel des sozialen Ausgleichs gilt jedoch in der Bundesrepublik nicht nur für das System sozialer Sicherheit, sondern auch für die Versuche, durch betriebliche und außerbetriebliche Mitbestimmung der Arbeitnehmer und ein detailliertes Arbeitsrecht den einzelnen in seinem Arbeitsverhältnis zu schützen und durch regulierte Beziehungen zwischen den Tarifparteien ein Übergewicht der

Fortsetzung Fußnote von Seite 161

Zum Spannungsverhältnis, zu dem Gegensatz und der notwendigen Verbindung von Rechtsstaat und Sozialstaat in der modernen Industriegesellschaft vgl. *Huber,* Rechtsstaat und Sozialstaat, bes. 267–272; zur geschichtlichen Entwicklung des Verhältnisses von Rechtsstaat und Sozialstaat, die im Grundgesetz im Begriff des „sozialen Rechtsstaates" verbunden sind, vgl. weiter *Karl Erich Born,* Idee und Gestalt des sozialen Rechtsstaats in der deutschen Geschichte, in: Sozialer Rechtsstaat – Weg oder Irrweg? Vorträge und Ansprachen auf der 5. beamtenpolitischen Arbeitstagung des DBB vom 10. bis 12. Januar 1963 auf der Bühler Höhe. Bonn-Bad Godesberg 1963, 81–105.

[43]) Vgl. *Kaufmann,* Steuerungsprobleme im Wohlfahrtsstaat, in: *Joachim Matthes* (Hrsg.), Krise der Arbeitsgesellschaft? Verhandlungen des 21. Deutschen Soziologentages in Bamberg 1982. Frankfurt/New York 1983, 474–490, hier 476.

Macht einer Seite zu verhindern und soziale Auseinandersetzungen zu entschärfen.[44]) Die Bundesrepublik hat damit an Traditionen vor allem der Weimarer Republik angeknüpft, es jedoch aufgrund der dort gemachten schlechten Erfahrungen vermieden, die Autonomie der Tarifparteien beim Abschluß von Tarifverträgen einzuschränken.[45]) Im Unterschied zum Sozialrecht sind allerdings bisher alle Versuche zur Kodifizierung des Arbeitsrechts, das z. T. auf Entscheidungen der Arbeitsgerichte basiert, wegen der scharfen macht- und interessenpolitischen Differenzen zwischen Unternehmerverbänden und Gewerkschaften gescheitert.

Die Haltung zu einer durch Gesetz oder Tarifverträge verankerten *Mitbestimmung* der Arbeitnehmer und zur rechtlichen Regulierung der Arbeitsbeziehungen und daraus resultierender sozialer Konflikte ist in den einzelnen Industrienationen durchaus unterschiedlich. In autoritären Staaten ist eine autonome Vertretung von Arbeiterinteressen durch unabhängige Gewerkschaften ausgeschlossen. Das gleiche gilt für Länder mit sozialistischer Planwirtschaft. Die Haltung der Gewerkschaften demokratischer Staaten zum Konzept der Mitbestimmung und zu deren konkreter Form und Zielsetzung ist vor allem von der Struktur und Stärke der Gewerkschaftsbewegung und ihrer geistigen Verwurzelung in der katholischen Soziallehre, einem gemäßigten Reformsozialismus oder dem Marxismus und Kommunismus abhängig. Weiter spielen in der Diskussion von Mitbestimmungsmodellen die Position der Unternehmer, der Grad der Polarisierung sozialer Auseinandersetzungen sowie schließlich auch die Stellung der Arbeiterparteien und Gewerkschaften im politischen System eine wesentliche Rolle.

[44]) Vgl. *Norbert Horn,* Arbeitsrecht und soziale Beziehungen in der Bundesrepublik in historischer Sicht, in: Conze/Lepsius (Hrsg.), Sozialgeschichte, 324–338; *Werner Conze,* Zur Geschichte der Mitbestimmung in der Bundesrepublik Deutschland, in: Comité International des Sciences Historiques, XVe Congrès International des Sciences Historiques, Bucarest, 10–17 août 1980. Rapports II, 1980, 713–725.

[45]) Zur Frage der Koalitionsfreiheit und der Tarifautonomie in der Bundesrepublik, aber auch in Großbritannien, den Vereinigten Staaten, den Niederlanden, Österreich, Frankreich, der Schweiz und osteuropäischen Ländern bis 1968 vgl. den von *Helmut Duvernell* herausgegebenen Sammelband: Koalitionsfreiheit und Tarifautonomie als Probleme der modernen Demokratie. Berlin 1968.

Mitbestimmung durch betriebsratsähnliche Gremien ist gesetzlich z.B. in der Bundesrepublik Deutschland, Österreich, Frankreich, Belgien und den Niederlanden vorgesehen. In Dänemark, Schweden und Norwegen wurde sie zwischen den Spitzenorganisationen der Arbeitgeber und der Gewerkschaften vertraglich vereinbart. In Italien beruht die tarifvertragliche Regelung dieser Frage auf einem Rahmengesetz; in Großbritannien werden die Funktionen der gewerkschaftlichen Vertrauensleute in den Betrieben meist auf Betriebsebene in freien Tarifverträgen geregelt. In den Vereinigten Staaten spielen Betriebsräte und Vertrauensleute der Gewerkschaften in den Betrieben wegen der ablehnenden Haltung der Unternehmer, der nach der Ära des New Deal zu beobachtenden Zurückhaltung der Gesetzgebung bei Eingriffen in die Arbeitsbeziehungen und der auch von den meisten Gewerkschaften geteilten Auffassung, die Aufgaben von Arbeitgebern und Gewerkschaften seien strikt zu trennen, faktisch keine Rolle.[46])

Bis 1971 war die Bundesrepublik das einzige Land, in dem aufgrund des Gesetzes über die paritätische Mitbestimmung in der Montanindustrie von 1951 und des Betriebsverfassungsgesetzes von 1952[47]) Vertreter der Arbeitnehmerschaft in den Kontrollorganen privater Kapitalgesellschaften beteiligt waren. Im Unterschied zur paritätischen Mitbestimmung in der Montanindustrie konnten aber nach dem Betriebsverfassungsgesetz die Arbeitnehmer nur ein Drittel der Mitglieder des Aufsichtsrats stellen. 1976 trat ein Mitbestim-

[46]) Vgl. *Hildegard Waschke,* Arbeitsbeziehungen und politische Strukturen im westlichen Ausland. Ein Überblick über Parteipräferenzen und Staatseinfluß in den kollektiven Arbeitsbeziehungen von: Belgien, Dänemark, Frankreich, Großbritannien, Italien, den Niederlanden, Norwegen, Österreich, Schweden, der Schweiz und den Vereinigten Staaten. Köln 1984, 211ff.; *Klaus von Beyme,* Gewerkschaften und Arbeitsbeziehungen in kapitalistischen Ländern. München/Zürich 1977, 280–301.

[47]) Vgl. *Gabriele Müller-List,* Adenauer, Unternehmer und Gewerkschaften. Zur Einigung über die Montanmitbestimmung, in: Vierteljahrshefte für Zeitgeschichte 33, 1985, 288–309; *dies.* (Bearb.), Montanmitbestimmung. Das Gesetz über die Mitbestimmung der Arbeitnehmer in den Aufsichtsräten und Vorständen der Unternehmen des Bergbaus und der Eisen und Stahl erzeugenden Industrie vom 21. Mai 1951. Düsseldorf 1984; *Michael Arnold,* Die Entstehung des Betriebsverfassungsgesetzes 1952. Rechtswiss. Diss. Freiburg i.Br. 1978; *Dorothee Buchhaas,* Gesetzgebung im Wiederaufbau. Schulgesetz in Nordrhein-Westfalen und Betriebsverfassungsgesetz. Eine vergleichende Untersuchung zum Einfluß von Parteien, Kirchen und Verbänden in Land und Bund 1945–1952. Düsseldorf 1985.

mungsgesetz für Betriebe mit mehr als 2000 Arbeitnehmern in Kraft, das die Mitbestimmungsrechte der Arbeitnehmer erweiterte, ohne zur vollen Parität, wie in der Montanmitbestimmung, zu führen.

Seit den 1970er Jahren ist die Mitbestimmung der Arbeitnehmer bei der Kontrolle privater Unternehmungen, zum Teil auch als Konsequenz der europäischen wirtschaftlichen Integration und der Pläne der Europäischen Gemeinschaft zur Schaffung einheitlicher europäischer Aktiengesellschaften, auch außerhalb der Bundesrepublik verstärkt diskutiert worden. Sie ist inzwischen zum Teil in Anlehnung an das deutsche Modell – wie in Österreich[48]) und Luxemburg –, zum Teil aber auch in bewußter Abwendung davon, geregelt worden. In Schweden etwa, wo in Gesetzen von 1972 und 1974 die Vertretung von Arbeitnehmern im Aufsichtsrat von Unternehmungen mit mehr als 25 Beschäftigten[49]) vorgesehen wurde, sind die Details der oft sehr weitgehenden Mitwirkung der Arbeitnehmer betrieblichen Vereinbarungen überlassen. In den Niederlanden ist die Mitbestimmung nicht durch das Arbeitsrecht, sondern durch das Gesellschaftsrecht geregelt. Seit 1971 umfaßt die Aktiengesellschaft neben den Aktionären auch die Arbeitnehmer, die als allerdings untergeordnete Mitgesellschafter an den Rechten der Aktionärsversammlungen partizipieren.[50])

Daneben gibt es vielfältige Versuche, die Gewerkschaften zusammen mit Vertretern der Arbeitgeberorganisationen und der Regierung an der Festlegung der Wirtschaftspolitik auf nationaler Ebene zu beteiligen. So haben sie etwa Mitspracherecht als Mitglieder von Wirtschafts- und Sozialräten, die in Frankreich und Italien sogar Verfassungsrang haben, oder in formellen oder informellen Gesprächsrunden, wie etwa dem von einer konservativen Regierung in Großbritannien 1962 errichteten National Economic Development Council[51]) oder der konzertierten Aktion in der Bundesrepu-

[48]) Vgl. *Theodor Tomandl,* Einige Bemerkungen zu Entstehung und Bedeutung des Arbeitsverfassungsgesetzes 1973, in: Stourzh/Grandner (Hrsg.), Wurzeln der Sozialpartnerschaft, 317–333.

[49]) Vgl. *Nils Elvander,* Sweden, in: Benjamin C. Roberts (Ed.), Towards Industrial Democracy. Europe, Japan and the United States. Montclair, New Jersey 1979, 130–163, bes. 147f.

[50]) *Beyme,* Gewerkschaften, bes. 288–301.

[51]) Vgl. *Gerhard A. Ritter,* Das britische Regierungssystem. Quellenbuch, in: Sir Ivor Jennings/Gerhard A. Ritter, Das britische Regierungssystem. Leitfaden und Quellenbuch. 2. Aufl. Köln/Opladen 1970, 257–260.

blik 1966–1976. Damit sollen die Tarifparteien insbesondere auf eine staatliche Lohn- und Preispolitik (etwa zur Bekämpfung der Inflation oder zur Erhaltung der Konkurrenzfähigkeit der eigenen Exportindustrie) verpflichtet werden.[52])

Im Unterschied zur Bundesrepublik Deutschland, wo die Mitbestimmung innerhalb der Betriebe im Mittelpunkt der Gewerkschaftspolitik steht, ist in *Österreich* die Mitbestimmung auf gesamtwirtschaftlicher Ebene besonders stark verankert. Sie beruht auf älteren Traditionen der *Sozialpartnerschaft;* diese hat aber erst in der zweiten Republik ihre volle Ausprägung gefunden und ist eine Konsequenz der historischen Erfahrung der 1920er und 1930er Jahre, als eine extreme Polarisierung ökonomischer und sozialer Kräfte die parlamentarische Demokratie arbeitsunfähig machte, und eine Folge der jahrzehntelangen Regierung der Großen Koalition von Sozialistischer Partei Österreichs und Österreichischer Volkspartei nach dem Ende des Zweiten Weltkriegs. Wichtigster Ausdruck der Sozialpartnerschaft ist seit 1957 die enge Kooperation zwischen den vier Spitzenvertretungen der Bundeskammer der gewerblichen Wirtschaft, des österreichischen Gewerkschaftsbundes, der Präsidentenkonferenz der Landwirtschaftskammern und des Arbeiterkammertages; diese bringen aufgrund von „Präsidentenbesprechungen" gemeinsame Vorschläge und Stellungnahmen in regelmäßigen Gesprächen mit dem Finanzministerium ein. Für die Tarif- und Preispolitik, aber auch für allgemeine Probleme der Wirtschafts- und Sozialpolitik ist dabei die entscheidende Schaltstelle der Zusammenarbeit der Kräfte des Wirtschaftslebens eine „Paritätische Kommission für Preis- und Lohnfragen". Die Arbeiter haben zudem eine gesonderte berufsständische Vertretung in den Arbeiterkammern, die in Österreich bereits 1920 geschaffen wurden, aber ihre bedeutende Rolle im Rahmen der sozialpartnerschaftlichen Zusammenarbeit von Arbeitgebern und Arbeitnehmern erst nach dem Zweiten Weltkrieg zu spielen begonnen haben.[53]) Arbeiterkammern mit dem

[52]) *Beyme,* Gewerkschaften, bes. 243–270, 302–304.
[53]) Vgl. zur Sozialpartnerschaft in Österreich und zu deren historischen und geistigen Grundlagen *Alfred Klose,* Geistige Grundlagen der Sozialpartnerschaft im katholischen Sozialdenken, in: Stourzh/Grandner (Hrsg.), Wurzeln der Sozialpartnerschaft, 53–68; *Everhard Holtmann,* „Sozialpartnerschaft" und „sociale Frage". Korporatistische Tradition in Österreich: Der Ständige Beirat des Arbeitsstatistischen Amtes als Beispiel paritätischer In-

Recht zur Gesetzesinitiative und Stellungnahme zu Entwürfen von Gesetzen und Verordnungen gibt es weiterhin in Luxemburg und in Bremen. Wegen ihrer korporatistischen Elemente, ihrer möglichen Konkurrenz zu freien Gewerkschaften und der Einschränkung der Koalitionsfreiheit durch Zwangsmitgliedschaft treffen sie jedoch in den meisten Ländern auf Ablehnung.[54])

Das Konzept der Mitbestimmung – wie die Idee der Arbeitsbeziehungen überhaupt – impliziert die Vorstellung gewisser, trotz aller Auseinandersetzungen übergreifender, gemeinsamer Interessen der Konfliktparteien und wird daher von konsequenten Marxisten abgelehnt; trotzdem ist die Stärke kooperativer bzw. konfliktorientierter Elemente in den vorliegenden Mitbestimmungsmodellen wie auch in der Haltung der sie vertretenden Gewerkschaften sehr unterschiedlich. So wird z. B. von den sozialistischen und kommunistischen Gewerkschaften in *Frankreich,* wie von den britischen Gewerkschaften, das deutsche Konzept der Mitbestimmung abgelehnt, da es die kapitalistischen Eigentumsverhältnisse zumindest implizit akzeptiere und sich nicht eindeutig genug von der integrativen Idee der Betriebsgemeinschaft distanziere. Im Kontrast dazu wurde in Frankreich das Programm der „Participation“ entwickelt, das aber trotz seiner stärkeren Betonung der Interessendifferenzen von Arbeitnehmern und Unternehmern linke Kritiker zurückweisen. Daneben gibt es das auf syndikalistische Traditionen zurückgehende Konzept der Arbeiterselbstverwaltung[55]), das auch in Italien viele Anhänger findet, aber kaum Realisierungschancen hat. Faktisch ist die hochgradige Politisierung und teilweise Radikalisierung der

Fortsetzung Fußnote von Seite 166

teressenvertretung in der Späthabsburgerzeit, in: Der Staat 27, 1988, 233–250; *Karl Dietrich Erdmann,* Eigentum, Partnerschaft, Mitbestimmung. Zur Theorie des Sozialstaats in Österreich und der Bundesrepublik Deutschland, in: Geschichte in Wissenschaft und Unterricht 38, 1988, 393–412; *Brigitte Pellar,* Staatliche Institutionen und gesellschaftliche Interessengruppen in der Auseinandersetzung um den Stellenwert der Sozialpolitik und um ihre Gestaltung. Das k.k. arbeitsstatistische Amt im Handelsministerium und sein ständiger Arbeitsbeirat 1898–1917. 3 Bde. Phil. Diss. Wien 1982; *Bernd Marin,* Die Paritätische Kommission. Aufgeklärter Technokorporatismus in Österreich. Wien 1982.

[54]) *Beyme,* Gewerkschaften, 301 f. Auch im Saarland gibt es eine Arbeiterkammer. Staatliche Institutionen sind jedoch nicht verpflichtet, deren Rat einzuholen.

[55]) Ebd. 280–288.

französischen Gewerkschaften weitgehend eine Konsequenz ihrer ideologischen und organisatorischen Zersplitterung und der scharfen Frontstellung der französischen Unternehmer, die die in Tarifverhandlungen und in den Betrieben äußerst schwachen Gewerkschaften auf den direkten Einfluß über das Parlament und die Regierung verweist. Da jedoch personelle Verflechtungen mit der Exekutive und der Legislative im Unterschied zur Bundesrepublik kaum bestehen, ist auch in diesem Bereich die Position der Gewerkschaften, zumal in Zeiten wirtschaftlicher Krisen, sehr schwach.[56])

Die Gewerkschaften in *Großbritannien* haben mit den Shop Stewards, die allerdings häufig in Opposition zu den Gewerkschaftsführern stehen, eine starke Stellung am Arbeitsplatz, dagegen kaum Einfluß auf die Unternehmensführungen und sind von der parteipolitischen Färbung der Regierung bei der Mitwirkung an der nationalen Wirtschafts- und Sozialpolitik äußerst abhängig. Dieser Einfluß auf der nationalen Ebene ist seit der Regierungszeit der konservativen Premierminister Heath (1970–74) und Thatcher (1979–90) stark zurückgegangen, im Gegensatz zur Zeit der Labour-Regierungen, aber auch der konservativen Regierungen der 1950er und frühen 1960er Jahre, die insgesamt den Konsens mit den Gewerkschaften suchten. Kennzeichnend für Großbritannien ist die zentrale Rolle, die Fragen der Arbeitsbeziehungen und der Stellung der Gewerkschaften in den innenpolitischen Auseinandersetzungen, ja selbst in einigen Wahlkämpfen, seit der Mitte der 1960er Jahre spielen.[57])

[56]) *Clemens A. Wurm,* Die Gewerkschaften in der französischen Politik, in: Politische Vierteljahresschrift 25, 1984, 188–208; *Pierre Dubois/Claude Durand/Sabine Erbès-Seguin,* The Contradictions of French Trade Unionism, in: Colin Crouch/Alessandro Pizzorno (Eds.), The Resurgence of Class Conflict in Western Europe since 1968. Vol. 1: National Studies. London/Basingstoke 1978, 53–100. Die Stärke des Staatsinterventionismus ist in Frankreich so auch eine Konsequenz der Schwäche der Gewerkschaften bei der Aushandlung tarifvertraglicher Regelungen der Arbeitsverhältnisse. Vgl. dazu *Peter Jansen,* Die gescheiterte Sozialpartnerschaft. Die französische Gewerkschaftsbewegung zwischen Tarifautonomie und Staatsintervention. Frankfurt am Main 1988.

[57]) Vgl. *Colin Crouch,* The Intensification of Industrial Conflict in the United Kingdom, in: ders./Pizzorno (Eds.), Resurgence, Vol. 1, 191–256; *Hans Kastendiek,* Staat, Gewerkschaften und industrielle Beziehungen in Großbritannien, in: Gustav Schmidt (Hrsg.), „Industrial Relations“ und „Industrial Democracy“ in Großbritannien. Bochum 1984, 111–134.

Im Ausland wird der kooperative Charakter der Arbeitsbeziehungen und der Mitbestimmungsregelungen in der *Bundesrepublik Deutschland* vielfach überschätzt. Die Gewerkschaften – wie die Unternehmer – haben die Autonomie der Tarifverhandlungen behauptet und die Einbindung in eine staatliche Lohn- und Preispolitik trotz ihrer zeitweisen Mitwirkung an der konzertierten Aktion abgelehnt. Die Gewerkschaften haben innerhalb der Betriebe vor allem als Interessenvertreter der Arbeiter gewirkt und mit ihren Kampagnen für die paritätische Mitbestimmung als Mittel zur Demokratisierung der Wirtschaft bewußt auch eine Schwächung der Unternehmerposition betrieben. Kennzeichnend sind weiter erhebliche Differenzen zwischen einer mehr konfliktorientierten oder mehr kooperativen Haltung der verschiedenen Verbände zu den Arbeitgebern sowie große Unterschiede im Verhältnis zur jeweiligen Regierung, das zudem weitgehend von deren Politik gegenüber den Gewerkschaften bestimmt wird. Die Sozialpartnerschaft funktioniert am besten in der partnerschaftlichen Selbstverwaltung der Sozialversicherung, die auch den Tendenzen zur Entfremdung der Organisationen von Arbeitgebern und Arbeitnehmern entgegenwirkt.

In *Schweden* ist die Stellung der Gewerkschaften wegen ihrer Geschlossenheit, ihres hohen Organisationsgrades und ihrer engen Beziehungen zu der die schwedische Politik seit den 1930er Jahren meist dominierenden sozialdemokratischen Partei besonders stark. Der Staat, der sich zunächst im Bereich der Arbeitsbeziehungen relativ passiv verhielt, spielt seit den 1970er Jahren eine aktivere Rolle. Als bedeutendster Arbeitgeber des Landes haben der Staat und die Kommunen eine strategische Position in der Lohn- und Arbeitsmarktpolitik. Zudem wurden seither die Steuer- und Lohnpolitik eng miteinander verknüpft, durch Gesetze die Mitbestimmung der Arbeiter in den Betrieben verstärkt und der Arbeiterschutz sowie die Sicherung der Arbeiter vor Entlassung verbessert.[58])

Von Norwegen, wo es ein System der Zwangsschlichtung von Arbeitskonflikten gibt, und Dänemark, wo bei besonders schweren Auseinandersetzungen eine Konfliktlösung durch Gesetzgebung erzwungen wird[59]), unterscheidet sich Schweden durch die weitge-

[58]) Vgl. *Elvander,* Sweden, in: Roberts (Ed.), Industrial Democracy, 130–163.
[59]) Ebd. 144; vgl. weiter *ders.,* The Role of the State in the Settlement of La-

hende Autonomie der Tarifparteien. Diese haben bei aller Bereitschaft zum Arbeitskampf als Ultima ratio im allgemeinen doch ihre Differenzen durch Verhandlungen zu lösen vermocht. Die trotz aller Interessengegensätze lange vorherrschende Kooperation von Arbeitgebern und Gewerkschaften geht auf einen historischen Kompromiß der Spitzenorganisationen der Tarifparteien von 1938 zurück. In diesem wurde festgelegt, wie Tarifverträge zu verhandeln und Konflikte am Arbeitsplatz zu lösen seien. Ferner wurde vereinbart, daß Streiks während der Laufzeit von Tarifverträgen verboten waren und danach erst nach einem präzise kodifizierten Reglement ausgerufen werden durften. Die vorher sehr hohe Zahl der durch Streiks und Aussperrungen verlorengegangenen Arbeitstage ging seit der Einleitung der Verhandlungen zwischen den Spitzenorganisationen der Tarifparteien in der Mitte der 1930er Jahre schlagartig zurück.[60])

Seit Mitte der 1970er Jahre haben jedoch die Verschlechterung der ökonomischen Rahmenbedingungen, die Einschränkung der Rechte des Managements durch die erweiterte Mitbestimmung der Arbeitnehmer in den Betrieben, vor allem aber die Forderung der Gewerkschaften nach der Bildung von kollektiven Arbeitnehmerfonds[61]) die Basis der bisherigen Kooperation erschüttert. Mit die-

Fortsetzung Fußnote von Seite 169

bor Disputes in the Nordic Countries: A Comparative Analysis, in: European Journal of Political Research 2, 1974, 363–383.

[60]) Vgl. *Karl Hinrichs/Wolfgang Merkel,* Der Wohlfahrtsstaat Schweden: Was bleibt vom Modell?, in: Aus Politik und Zeitgeschichte, Beilage zur Wochenzeitung „Das Parlament", B 51/1987, 24f.; *Walter Korpi,* The Historical Compromise and its Dissolution, in: *Bengt Ryden/Villy Bergström* (Eds.), Sweden. Choices for Economic and Social Policy in the 1980s. London etc. 1982, 124–141; *Walter Korpi/Michael Shalev,* Strikes, Industrial Relations and Class Conflict in Capitalist Societies, in: The British Journal of Sociology 30, 1979, 164–187, sehen in dem Übergang zu kooperativen Formen der Arbeitsbeziehungen in der Mitte der 1930er Jahre eine Konsequenz der neuen politischen Situation, die mit der festen Etablierung einer sozialdemokratischen Regierung gegeben war. Dadurch hätten die Arbeiterorganisationen neue Möglichkeiten zur Beeinflussung der Verteilung des Nationaleinkommens über die Finanz-, Wirtschafts-, Sozial- und Arbeitsmarktpolitik der Regierung erhalten. Vom schwedischen Beispiel ausgehend betonen die Autoren weiterhin die Bedeutung der politischen Machtstellung der Arbeiterbewegung und des Grades der gewerkschaftlichen Organisation für das Streikverhalten auch in anderen westlichen Industrienationen.

[61]) *Rudolf Meidner* in Zusammenarbeit mit *Anna Hedborg* und *Gunnar Fond,* Vermögenspolitik in Schweden. Köln 1978. Der während der nationalsozia-

sen überbetrieblichen Fonds, für deren Finanzierung eine Erhöhung der Sozialabgaben der Unternehmen und die Abführung eines Teils der Unternehmensgewinne vorgesehen war, sollte durch den Erwerb von Betriebsanteilen der Aktienbesitz auf die Arbeiterschaft ausgedehnt, die Mitbestimmung der Beschäftigten in den Betrieben durch ihr Miteigentum am Produktionskapital gestärkt, eine zurückhaltende Lohnpolitik durch die Beteiligung der Arbeitnehmer am Kapitalzuwachs gefördert und die Investitionstätigkeit, die durch die niedrige Sparquote in Schweden gehemmt wurde, angekurbelt werden. Die bestehenden umfangreichen sozialen Rechte der Staatsbürger sollten also durch ökonomische ergänzt werden.[62]) Faktisch lief der Plan auf einen zunehmenden Einfluß der Gewerkschaften auf die Investitionen der privaten Wirtschaft hinaus. Er wurde daher von den Unternehmern, aber auch vielen qualifizierten Angestellten als einseitige Kündigung des „schwedischen Modells" der pragmatischen Verbindung von kapitalistischer Produktionsweise und sozialdemokratischer Verteilung aufgefaßt und erbittert bekämpft. Der Plan ist von einer sozialdemokratischen Regierung 1983 allerdings nur in einer stark verwässerten Form durchgesetzt worden: Die Fonds werden nur aus Sondersteuern auf Spitzengewinne finanziert und sind beim Erwerb von Kapitalanteilen Beschränkungen unterworfen.

Eine Verstärkung dieser Tendenzen zur Schwächung der Unternehmerposition, gegen die sich allerdings bedeutende Gegenkräfte formiert haben, könnte dazu führen, daß durch die außerordentlich starke Position der Gewerkschaften im politischen, sozialen und wirtschaftlichen System Schwedens Entwicklungen in Richtung auf einen korporatistischen Sozialismus eingeleitet werden und das traditionelle, pluralistische System von Wirtschaft und Politik sowie das bestehende System freier, insgesamt eher kooperativer Arbeits-

Fortsetzung Fußnote von Seite 170

listischen Herrschaft aus Deutschland emigrierte Rudolf Meidner war nach dem Zweiten Weltkrieg lange Jahre Chefökonom der Landesorganisation der schwedischen Gewerkschaften und Vorsitzender der Gewerkschaftskommission, die das Projekt vorlegte. Zum Inhalt und zur kontroversen Diskussion des ‚Meidner-Plans' in Schweden vgl. *Henningsen,* Wohlfahrtsstaat Schweden, bes. 336–343.

[62]) *Hinrichs/Merkel,* Wohlfahrtsstaat, 35; *Gösta Esping-Andersen/Walter Korpi,* Social Policy as Class Politics in Post-War Capitalism: Scandinavia, Austria and Germany, in: John H. Goldthorpe (Ed.), Order and Conflict in Contemporary Capitalism. Oxford 1984, 179–208, hier 189f.

beziehungen ausgehöhlt werden.[63]) Eine der Hauptattraktionen des schwedischen Modells des Sozialstaates für andere Länder liegt in der Arbeitsmarkt- und Beschäftigungspolitik, durch die es, nach Fehlentwicklungen am Ende der 1970er Jahre, gelang, eine weitgehende Vollbeschäftigung zu erhalten, aber gleichzeitig den notwendigen Wandel der schwedischen Wirtschaftsstruktur zu fördern.[64])

Neben Österreich zählten die *Niederlande* nach dem Zweiten Weltkrieg zu den Staaten, in denen korporatistische Elemente in der Festlegung der Wirtschafts- und Sozialpolitik und integrative Arbeitsbeziehungen besonders fest verankert waren. Die Niederlande konnten dabei an ältere Traditionen anknüpfen, die durch die Erfahrung nationaler Solidarität in der Zeit der deutschen Besatzung und der engen Zusammenarbeit zwischen unterschiedlichen Gewerkschaften in der Phase des Wiederaufbaus nach dem Krieg verstärkt worden waren. In zentralen Institutionen, in denen die Organisationen der Arbeitgeber und Arbeitnehmer entweder allein oder zusammen mit Personen, die von der Regierung ernannt wurden, vertreten waren, wurden Gesetzgebung und Wirtschafts- und Sozialpolitik der Regierung wesentlich beeinflußt und wurde bis 1964 eine gemeinsame zentrale Lohnpolitik im Einvernehmen beschlossen. Seit dieser Zeit und vor allem seit einer Welle inoffizieller Streiks im September 1970 hat sich jedoch das System der Arbeitsbeziehungen in den Niederlanden in Richtung auf einen Rückzug des Staates aus der Lohnpolitik und eine stärkere Polarisierung der Beziehungen von Arbeitgebern und Gewerkschaften verändert. Damit wurde das niederländische System stärker dem der meisten west- und mitteleuropäischen Länder angeglichen.[65])

Eine besondere Form der Arbeitsbeziehungen, die wegen der Entwicklung des Landes zu einer der führenden Wirtschaftsmächte

[63]) *Elvander,* Sweden, in: Roberts (Ed.), Industrial Democracy, 161 f.

[64]) Vgl. *Günther Schmid,* Modell Schweden – ein Vorbild? Licht- und Schattenseiten der schwedischen Arbeitsmarkt- und Beschäftigungspolitik, in: Mitteilungen aus der Arbeitsmarkt- und Berufsforschung, Heft 1, 1989, 75–87; *Friederike Maier/Günther Schmid,* Bilanz schwedischer Arbeitsmarkt- und Beschäftigungspolitik, in: Bundesarbeitsblatt, Heft 2, 1990, 5–9.

[65]) *Willem Albeda,* The Netherlands, in: Roberts (Ed.), Industrial Democracy, 105–129; *Tinie Akkermans/Peter Grootings,* From Corporatism to Polarisation: Elements of the Development of Dutch Industrial Relations, in: Crouch/Pizzorno (Eds.), Resurgence, Vol. 1, 159–189.

der Welt viel Aufmerksamkeit fand, hat sich in *Japan* herausgebildet. Kennzeichnend für die großen Unternehmen, die ihre Stammbelegschaften vorwiegend aus Schul- und Universitätsabgängern rekrutieren und bis zum Rentenalter beschäftigen, sind die Dauerbeschäftigung, die Bezahlung nach Seniorität, der Aufstieg von Arbeitern und Managern innerhalb der Unternehmen, der große Umfang betrieblicher Sozialleistungen und die zentrale Rolle von Unternehmensgewerkschaften, neben denen Verbände einzelner Branchen nur eine untergeordnete Bedeutung haben. Ein großer Teil der Ausgaben für soziale Sicherheit – wie Schutz vor Arbeitslosigkeit und Pensionierung im Alter – wird weitgehend von den Betrieben getragen.

Im System der Arbeitsbeziehungen wird gemäß japanischer Tradition die Konsensfindung gegenüber der offenen Austragung von Konflikten bevorzugt. Diese spezifischen Formen der Arbeitsbeziehungen haben sich in einem langen, über 100 Jahre dauernden Prozeß in Kampf und Kompromiß zwischen dem Management, den Vertretern der Arbeitnehmer und staatlichen Instanzen herausgebildet, wobei die Position der Gewerkschaften in der Zeit nach dem Ersten und dem Zweiten Weltkrieg, die der staatlichen Instanzen in der Kriegszeit der 1930er und frühen 1940er Jahre besonders stark war. Diese Formen der Arbeitsbeziehungen haben ihre wesentliche Ursache in dem Versuch, die zunächst besonders starke Fluktuation japanischer Arbeitskräfte zu reduzieren und die Arbeiter an die Unternehmensgemeinschaften zu binden. Das entspricht aber nicht allein den Interessen des Managements oder spezifischen kulturellen Traditionen Japans, sondern ist auch von den Arbeitern und ihren Vertretern stark beeinflußt worden.[66])

Das japanische System der Arbeitsbeziehungen hat den Vorteil, daß es technologischen Wandel erleichtert, da bei einer Reorganisa-

[66]) Zur Geschichte der japanischen Arbeitsbeziehungen vgl. die ausgezeichnete Untersuchung von *Andrew Gordon*, The Evolution of Labor Relations in Japan. Heavy Industry, 1853–1955. Cambridge, Mass./London 1985. Die Studie basiert auf einer Untersuchung von 5 großen Unternehmungen der Schwerindustrie, darunter 3 Schiffbaufirmen, in einer Küstenregion im Südwesten Tokios. Für die Unterschiede im System der Arbeitsbeziehungen in Japan und der Bundesrepublik Deutschland vgl. *Joachim Bergmann/Tokunaga Shigeyoshi* (Eds.), Economic and Social Aspects of Industrial Relations. A Comparison of the German and Japanese Systems. Frankfurt a. M./New York 1987. Hier wird besonders die Bedeutung sozio-kultureller Traditionen hervorgehoben.

tion des Produktionsprozesses durch Einführung neuer Techniken die bisherigen Beschäftigten nicht dequalifiziert oder gar entlassen, sondern umgeschult werden. Auch können aufgrund der Dauerbeschäftigung in einem Unternehmen hohe Investitionen für die Ausbildung der Arbeitskräfte vorgenommen werden, was nicht zuletzt deren Arbeitsmoral hebt. Allerdings ist in den letzten Jahrzehnten das System der Senioritätslöhne und der Beförderung nach Anciennität durch leistungs- und qualifikationsabhängige Lohn-, Gehalts- und Beförderungselemente ergänzt worden, um die Produktion zu steigern und die Konkurrenz unter den Arbeitern eines Unternehmens zu verschärfen.

Das System ist zweifellos auch mit erheblichen Nachteilen für die Arbeiterschaft insgesamt verbunden. So hat es zu einer Spaltung des Arbeitsmarktes zwischen den privilegierten Stammbelegschaften der großen Unternehmen, die nur etwa 30% aller Beschäftigten ausmachen, und der restlichen Mehrheit der Beschäftigten geführt. Neben der Stammbelegschaft gibt es in den großen Unternehmen ein System peripherer Beschäftigung von Frauen, Zeitarbeitern, Leiharbeitern, Arbeitern von Subkontraktfirmen und Teilzeitarbeitern. Diese erhalten nicht nur einen geringeren Lohn und weniger Sozialleistungen, sondern sind auch – wie die Arbeitskräfte der mittleren und kleinen Zulieferfirmen – in Krisenzeiten ständig von Entlassung bedroht. Die peripheren Arbeitskräfte und die Arbeitnehmer der Zulieferfirmen fungieren so als „Manövriermasse", als „Beschäftigungspuffer", die den Großunternehmen eine flexible Reaktion auf ökonomische Krisen erlauben, ohne ihre Stammbelegschaft entlassen zu müssen.[67])

Nachdem sich in den Perioden des Hochwachstums in den 1960er Jahren Tendenzen zu einer Nivellierung der Löhne und des sozialen Status der Stammbelegschaften großer Unternehmen und der übrigen Arbeitskräfte abzeichneten, haben sich die Spaltung des Arbeitsmarktes und die Lohnunterschiede seit der Rezession der 1970er Jahre wieder verschärft. In den letzten Jahren ist es – parallel zur Ausweitung flexibler Beschäftigungsverhältnisse vor allem

[67]) *Tokunaga Shigeyoshi,* Die japanischen Arbeitsbeziehungen. Eine erneute kritische Prüfung, in: WSI Mitteilungen, Monatsschrift des Wirtschafts- und Sozialwissenschaftlichen Instituts des Deutschen Gewerkschaftsbundes 39, April 1986, 329–336, bes. 334 f. Vgl. weiter *Angelika Ernst,* Dauerbeschäftigung und Flexibilität in Japan. Beschäftigungspolitik japanischer Unternehmer in Rationalisierungs- und Krisenphasen. Frankfurt a. M./New York 1989.

durch die Zunahme des Dienstleistungssektors und der Erwerbstätigkeit von Frauen – zu Versuchen gekommen, durch die Gesetzgebung und Verwaltungsprogramme die Leiharbeit, die Teilzeitbeschäftigung und die Beschäftigung älterer Arbeitnehmer stärker zu regulieren und durch ein Chancengleichheitsgesetz von 1986 die Benachteiligung der Frauen im Erwerbsleben abzubauen.[68])

Die japanischen Unternehmensgewerkschaften, die in engem Kontakt mit dem Management stehen, haben in den letzten Jahrzehnten ihren Schwerpunkt von der Betriebs- auf die Konzernebene verlagert, in der jetzt die entscheidenden Verhandlungen über Tarife und Arbeitsbedingungen stattfinden. Die Gewerkschaften sind im wesentlichen eine Vertretung der Arbeiteraristokratie der großen Unternehmen. Sie haben sich um die peripher Beschäftigten, aber auch um die Arbeitskräfte kleinerer und mittlerer Unternehmen bisher nur wenig bemüht. Das hat unter anderem zur Folge, daß sie in starker Konkurrenz zu unorganisierten Arbeitern stehen, die besonders in Zeiten lang andauernder Rezession, in der die mehr auf Tradition als auf vertraglicher Basis beruhenden Privilegien der Stammbelegschaft nicht mehr unantastbar sind, einen starken Druck auf das Gesamtniveau der Löhne ausüben.

So unterschiedlich der Charakter der Gewerkschaftsbewegungen und der Arbeitgeberorganisationen sowie das Ausmaß der staatlichen Interventionen sind, so ist doch die Entwicklung des Systems der Arbeitsbeziehungen, trotz der anhaltend starken Bedeutung divergierender nationaler Traditionen, in den westlichen Industrieländern insgesamt durch einen Trend zur *Verrechtlichung* gekennzeichnet.[69]) Dies drückt sich nicht notwendig in der Gesetzgebung aus. Ebenso bedeutsam können administrative Vorschriften, die Rechtsprechung der allgemeinen Gerichte oder spezifischer Arbeitsgerichte und autonome Vereinbarungen der Tarifpartner sein, die in den meisten Ländern einen rechtlich bindenden Charakter haben.

In der *Bundesrepublik Deutschland* geht die Verrechtlichung der Arbeitsbeziehungen besonders weit und wird im allgemeinen von

[68]) *Claudia Weber,* Die Dynamik des japanischen Arbeitsmarkts, in: Aus Politik und Zeitgeschichte, Beilage zur Wochenzeitung „Das Parlament", B 19/1988, 23–32.

[69]) Vgl. dazu *Spiros Simitis,* Zur Verrechtlichung der Arbeitsbeziehungen, in: Friedrich Kübler (Hrsg.), Verrechtlichung von Wirtschaft, Arbeit und sozialer Solidarität. Vergleichende Analysen. Baden-Baden 1984, 73–165.

den Gewerkschaften unterstützt. Diese forderten z.B. Ende 1948 vom Parlamentarischen Rat bei der Schaffung des Grundgesetzes die Errichtung einer selbständigen Arbeits- und Sozialgerichtsbarkeit.[70]) Während weite Bereiche des Arbeitsrechts durch Gesetze etwa über Arbeiterschutz, Mitbestimmung, Betriebsverfassung, Personalvertretung und Urlaub geregelt sind, beruht das zwischen den Parteien des Arbeitsmarktes besonders kontroverse Arbeitskampfrecht in der Bundesrepublik vor allem auf der Rechtsprechung des Bundesarbeitsgerichts. Seit dem Urteil des Bundesarbeitsgerichts vom 28.1.1955 gilt ein legaler Streik nicht als Bruch des Arbeitsvertrages, der mit fristloser Entlassung beantwortet werden kann.[71]) Vielmehr werden die gegenseitigen Pflichten aus dem Arbeitsverhältnis bei Streiks und Aussperrungen nur vorübergehend suspendiert und bleiben ebenso wie arbeitsrechtliche Anwartschaften und etwaige Ansprüche auf betriebliche Versorgungsleistungen grundsätzlich bestehen. Streiks dürfen nur von Gewerkschaften durchgeführt werden. Allerdings können „wilde“ Streiks rückwirkend legalisiert werden, wenn sie von Gewerkschaften „übernommen“ werden.

Streiks sind weiterhin nur als Mittel zur Lösung von Tarifkonflikten zulässig. Diese sind rechtlich auf bestimmte Fragen beschränkt und dürfen z.B. keine divergierenden tariflichen Leistungen für Gewerkschaftsmitglieder und Arbeitnehmer, die keiner Gewerkschaft angehören, vorsehen. Durch die Begrenzung der Streikziele gelten neben politischen Streiks auch Streiks über Fragen der Betriebsverfassung, die allein durch Einigungsstellen oder Arbeitsgerichte zu entscheiden sind, als rechtswidrig. Für die Dauer der Laufzeit eines Tarifvertrages gilt für beide Seiten eine Friedenspflicht und bei Verhandlungen über neue Tarifverträge die Verpflichtung, die vorgesehenen Verfahren und Schlichtungsvereinbarungen einzuhalten. Auch soll im Arbeitskampf selbst – besonders bei etwaigen Aussperrungen, die nach Auffassung der Gewerkschaften verboten werden sollten – der Grundsatz der Verhältnismäßigkeit und der Sozialadäquanz der Arbeitskampfmaßnahmen nicht

[70]) Vgl. *Gerhard Beier,* Der Demonstrations- und Generalstreik vom 12. November 1948. Im Zusammenhang mit der parlamentarischen Entwicklung Westdeutschlands. Frankfurt am Main/Köln 1975, 81.

[71]) *Hueck/Nipperdey/Dietz,* Nachschlagewerk des Bundesarbeitsgerichts. – Arbeitsrechtliche Praxis –, (Nr. 1) Art. 9 GG Arbeitskampf, Bl. 217. München 1955.

verletzt werden.[72]) Das Arbeitskampfrecht der Bundesrepublik zielt darauf ab, den Ausbruch von Arbeitskonflikten zu erschweren, ausgebrochene Arbeitskämpfe zu regulieren und nach der Beendigung der Kämpfe eine möglichst reibungslose Wiederaufnahme der Arbeit und normale Kontakte der Tarifparteien zu ermöglichen. Dem Bestreben, Arbeitskämpfe ausschließlich auf die Verbände der Arbeitgeber und Arbeitnehmer zu beschränken, entspricht der Grundsatz, das Gleichgewicht der beiden Seiten im Arbeitskampf möglichst zu wahren.

Auch in anderen Ländern wird versucht, durch die Beschränkung von Arbeitskämpfen[73]) auf die Verbände von Arbeitnehmern und Arbeitgebern, durch die Festlegung von „Abkühlungsperioden" – wie in den Vereinigten Staaten[74]) – und Schlichtungsverfahren, durch Haftung bei unzulässigen Arbeitskämpfen, z.T. auch durch Zwangsschlichtung oder das Verbot bzw. die Beschränkung

[72]) Vgl. *Manfred Löwisch,* Entwicklung des Arbeitskampfrechts in Deutschland und seinen westlichen Nachbarstaaten von 1945 bis zur Gegenwart, in: Hans Pohl (Hrsg.), Die Entwicklung des Arbeitskampfrechts in Deutschland und in den westlichen Nachbarstaaten. Referate und Diskussionsbeiträge des 4. wissenschaftlichen Symposiums der Gesellschaft für Unternehmensgeschichte e. V. am 7. Dezember 1979 in Hannover. Wiesbaden 1980, 34–52, bes. 34–43. Diskussionsbemerkung von *Roland Stückmann* zu dem Problem der Verhältnismäßigkeit und der Sozialadäquanz, ebd. 58–60. *Volker R. Berghahn/Detlev Karsten,* Industrial Relations in West Germany. Oxford etc. 1987, bes. 88 ff.; *Wolfgang Däubler* (Hrsg.), Arbeitskampfrecht. 2. Aufl., Baden-Baden 1987. Zur wichtigen Frage der Behandlung des Arbeitskampfes im Sozialversicherungsrecht vgl. *Georg Wannagat/Richard Pfaff,* Streik und Aussperrung im Sozialversicherungsrecht, in: Gamillscheg u.a. (Hrsg.). In Memoriam Sir Otto Kahn-Freund, 327–341. Über Streiks einschließlich spontaner Streiks bis zur Mitte der 1970er Jahre in der Bundesrepublik vgl. *Walther Müller-Jentsch/Hans-Joachim Sperling,* Economic Development, Labour Conflicts and the Industrial Relations System in West Germany, in: Crouch/Pizzorno (Eds.), Resurgence, Vol. 1, 257–306.

[73]) Über die Zahl der Arbeitskämpfe, der involvierten Arbeitnehmer und der dadurch verlorengegangenen Arbeitstage in Österreich, Belgien, Dänemark, Finnland, Frankreich, Deutschland, Irland, Italien, den Niederlanden, Norwegen, Schweden, der Schweiz und den Vereinigten Staaten vgl. die Zahlen und Diagramme bei *Flora* u.a., State, Vol. 2, 379 ff. Es werden Streiks z.T. vom Ende des 19. Jahrhunderts bis 1975 erfaßt. Zu Arbeitskonflikten in den Vereinigten Staaten, Japan, Schweden, Neuseeland, Australien und Spanien vgl. die entsprechenden Artikel in: *Benjamin Martin/Everett M. Kassalow* (Eds.), Labor Relations in Advanced Industrial Societies. Issues and Problems. Washington/New York 1980.

[74]) Vgl. *Löwisch,* Entwicklung, in: Pohl (Hrsg.), Entwicklung, 43–47.

von Aussperrungen den Arbeitsfrieden nach Möglichkeit zu bewahren und den Schaden von Arbeitskonflikten für die Wirtschaft zu beschränken.[75]) So gibt es beispielsweise – ähnlich wie in Deutschland – in Österreich, Luxemburg, der Schweiz und den skandinavischen Ländern Möglichkeiten, durch gerichtliche Sanktionen die Friedenspflicht zu erzwingen.[76]) Weniger ausgeprägt und z.T. auch in der Praxis nicht durchsetzbar ist die Regelung der Arbeitskämpfe in Frankreich und Italien, wo zudem das Streikrecht nicht auf Gewerkschaften beschränkt ist.[77])

Lange Zeit galt als Charakteristikum *Großbritanniens* im Unterschied besonders zu Deutschland, aber auch zu den meisten anderen kontinentaleuropäischen Ländern, der weitgehende Verzicht auf rechtliche Regelung der Arbeitsbeziehungen.[78]) Ausdruck dieser Situation waren vor allem die Immunität der Gewerkschaften von Haftungsansprüchen seit dem Trade Disputes Act von 1906, der allerdings nie uneingeschränkte Verzicht darauf, in die inneren Angelegenheiten der Gewerkschaften durch Gesetze oder Rechtsprechung einzugreifen, sowie vor allem die Abstinenz des Rechts im Tarifvertragswesen und bei der Austragung von Arbeitskonflikten.

In anderen Bereichen der Arbeitsverhältnisse gibt es auch in Großbritannien zum Teil sehr früh eingeführte und oft sehr weitrei-

[75]) Vgl. zum Arbeitskampfrecht in 22 Ländern *M. Rotondi/G. Levi* (Eds.), The strike – lo sciopero – la grève – la huelga – der Arbeitskampf – a greve. Milano 1987.

[76]) *Beyme,* Gewerkschaften, 204.

[77]) *Dubois/Durand/Erbès-Seguin,* Contradictions; *Ida Regalia/Marino Regini/Emilio Reyneri,* Labour Conflicts and Industrial Relations in Italy, beide Aufsätze in: Crouch/Pizzorno (Eds.), Resurgence, Vol. 1, 53–100, 101–158; *Löwisch,* Entwicklung, in: Pohl (Hrsg.), Entwicklung, 50f.

[78]) Besonders der aus Deutschland emigrierte Arbeitsrechtler *Otto Kahn-Freund* hat das immer wieder betont. Vgl. z.B. ders., Legal Framework, in: Allan Flanders/H. A. Clegg (Eds.), The System of Industrial Relations in Great Britain. Its History, Law and Institutions. Oxford 1964, 42–127. Besonders deutlich wird die Ablehnung jeglicher Haftung der Gewerkschaften in seiner Anspielung auf die Privilegien der Krone: „A trade union can do no wrong", ebd. 110. Später hat jedoch nach den Auswüchsen der Einschüchterung von Arbeitswilligen durch Streikposten in Streiks 1972 und im Winter 1978/79 Kahn-Freund seine Haltung modifiziert: „That which, on previous occasions, I have called ‚collective laissez-faire' may be in need of adjustment more than any other part of the British heritage ... We carry the heavy burden of an old tradition"; *Otto Kahn-Freund,* Labour Relations. Heritage and Adjustment. Oxford 1979, 88.

chende rechtliche Regelungen. Dazu gehören die Beschränkung der Kinder- und Frauenarbeit, in der Großbritannien eine Pionierrolle übernahm, die Eindämmung von Gesundheitsrisiken für Arbeitnehmer durch gesetzliche Schutzvorschriften, die Festlegung der Höchstarbeitszeit für Bergarbeiter schon vor dem Ersten Weltkrieg oder ein bereits 1909 gesetzlich eingeführtes Verfahren zur Festlegung von Mindestlöhnen für Beschäftigte in einzelnen Gewerben mit besonders schlechten Arbeitsbedingungen und einem geringen Grad gewerkschaftlicher Organisation. Neuerdings wird z. B. auch die Auflösung des Arbeitsverhältnisses durch Gesetze von 1975, 1978 und 1982 erheblich erschwert.[79])

Seit der Mitte der 1960er Jahre sind als Reaktion auf die zunehmende Polarisierung der Beziehungen zwischen Arbeitgebern und Arbeitnehmern auch die Rechtsstellung der Gewerkschaften, ihre innere Ordnung und das Arbeitskampfrecht zum Gegenstand erbitterter politischer und sozialer Auseinandersetzungen und zunehmender Interventionen des Staates und der Gerichte des Landes gemacht worden. Den Gewerkschaften werden vor allem die mangelnde Kontrolle ihrer Mitglieder und ihrer Vertreter auf Betriebsebene (Shop Stewards) sowie das Überwiegen wilder, d. h. von den Gewerkschaftsführungen nicht gebilligter Streiks vorgeworfen. Diese machten nach dem Untersuchungsbericht einer königlichen Kommission über Gewerkschaften und Arbeitgeberorganisationen im Durchschnitt der Jahre 1964 bis 1966 etwa 95% aller Streiks und 70% aller durch Streiks und Aussperrungen verlorengegangenen Arbeitstage aus.[80])

Die ersten beiden Anläufe zu einer gesetzlichen Regelung der Arbeitsbeziehungen scheiterten. Zunächst mußte eine Labour-Regierung ihre 1969 verfolgten Pläne[81]) aufgrund der Opposition der Gewerkschaften und wesentlicher Teile ihrer Parlamentsfraktion aufgeben. Anschließend wurde ein Gesetz über Arbeitsbeziehungen der konservativen Regierung Heath von 1971 von den Gewerkschaften weitgehend erfolgreich boykottiert, ehe es nach der Niederlage

[79]) *Simitis,* Verrechtlichung, 78–80, 84f., 91.

[80]) *Royal Commission on Trade Unions and Employers' Associations 1965–1968.* Report. British Parliamentary Papers, Cmnd 3623. London 1968, §§ 367–368.

[81]) Über die Pläne der Regierung vgl. ihr Weißbuch: In Place of Strife. A Policy of Industrial Relations. British Parliamentary Papers, Cmnd 3888, London 1969.

der Konservativen in der Wahl von 1974, in der die Macht der Gewerkschaften im Mittelpunkt der Wahlkämpfe stand, wegfiel.[82]) Erst die konservative Regierung Thatcher hat in Gesetzen von 1980, 1982, 1984, 1988, 1989 und 1990 gegen den erbitterten Widerstand der Gewerkschaften grundlegende Änderungen der Rechtsstellung der Gewerkschaften, eine Reduzierung der Streikgründe und Beschränkungen der Form der Arbeitskämpfe durchgesetzt. Diese betreffen vor allem die Regulierung des Streikpostenstehens, das Verbot von Sympathie- und Solidaritätsstreiks und die Wiedereinführung der zivilrechtlichen Haftung für die Folgen von Arbeitskämpfen bei der Beteiligung an rechtswidrigen Streiks und der Benutzung unzulässiger Arbeitskampfformen. Ferner stärkte man die Position gewerkschaftlich nicht organisierter Arbeitnehmer durch gesetzliche Einschränkungen des Closed Shop, d.h. der Forderung nach der Mitgliedschaft in einer bestimmten Gewerkschaft als Voraussetzung für die Anstellung in einem Betrieb. Weiterhin wird versucht, größere innergewerkschaftliche Demokratie durchzusetzen, unter anderem durch erzwungene Urabstimmungen der Gewerkschaften, z. B. bei der Einleitung oder Beendigung von Streiks, durch die geheime Wahl der führenden Gewerkschaftsfunktionäre und durch die Ausdehnung der Befugnisse eines „Commissioner for the Rights of Trade Union Members".[83]) Nachdem die Regierung sich in dem zu einem politischen Machtkampf ausgeweiteten, von beiden Seiten mit äußerster Erbitterung geführten Bergarbeiterstreik 1984/85 durchsetzen konnte und auch die britischen Gerichte immer häufiger in Arbeitsauseinandersetzungen eingreifen[84]), ist offenbar auch in Großbritannien, in Umkehr der Entwicklung von 1906 bis 1979, der Weg zu einer Verrechtlichung der Arbeitskämpfe und der stärkeren Einbindung der Gewerkschaften in das Rechtssystem eingeschlagen worden.

[82]) Vgl. *Crouch,* Intensification, in: ders./Pizzorno (Eds.), Resurgence, Vol. 1, 245–247.

[83]) Vgl. *John Clark,* Die Gewerkschaftsgesetzgebung 1979–1984 und ihre Folgen für die Politik der Gewerkschaften, in: Otto Jacobi/Hans Kastendiek (Hrsg.), Staat und industrielle Beziehungen in Großbritannien. Frankfurt am Main/New York 1985, 163–187. The Law at Work. The LRD Guide. London 1990.

[84]) Vgl. z. B. die Übersicht über die 39 wichtigsten Gerichtsverfahren im Zusammenhang mit dem Bergarbeiterstreik von 1984/85 in der Freiburger Magisterarbeit von *Henner Jörg Boehl,* Der britische Bergarbeiterstreik von 1984/85. Entscheidung eines Konflikts um Recht und Regierbarkeit, 168–171.

In den meisten europäischen Demokratien wurde die Verrechtlichung der Arbeitsbeziehungen im Rahmen eines pluralistischen Systems des Interessenausgleichs von den Gewerkschaften – wenn auch nicht immer in jedem Detail – eher gefördert und diente weitgehend dem Ziel, die Position des einzelnen Arbeitnehmers auf dem Arbeitsmarkt und die Stellung der Gewerkschaften gegenüber den Arbeitgebern zu stärken. Davon abweichend steht jedoch die britische Gesetzgebung im Zusammenhang mit einem Kampf um die Eindämmung der gewerkschaftlichen Macht.[85]) Sie ist ein Beispiel für die Krise der Gewerkschaften, die durch die internationale Wirtschaftsrezession 1973/74 und die dadurch bewirkte Massenarbeitslosigkeit ausgelöst wurde; die tieferen Ursachen liegen aber in den Veränderungen innerhalb der Arbeiterschaft und den Strukturwandlungen am Arbeitsmarkt, die durch die Restrukturierung nationaler Volkswirtschaften und der Weltwirtschaft vorangetrieben wurden.[86]) Insbesondere hat die zunehmende internationale Verflechtung der Wirtschaft bewirkt, daß der Prozeß der teilweisen Verlagerung der Produktion von Ländern mit hohen Arbeitskosten und ausgedehnten Sozialleistungen – wie der Bundesrepublik – auf Länder mit niedrigen Arbeitskosten und Sozialleistungen[87]) gefördert wurde. So befürchten auch die deutschen Gewerkschaften, daß die Verwirklichung eines Europäischen Binnenmarktes wie auch die zunehmende Konkurrenz Japans und der jungen asiatischen Industrieländer Südkorea, Taiwan, Hongkong, Singapur zur Schwä-

[85]) Vgl. dazu die den Unterschied zur Gewerkschaftspolitik der Bonner Koalition seit 1982 betonende Untersuchung von *Hans und Hella Kastendiek,* Konservative Wende und industrielle Beziehungen in Großbritannien und in der Bundesrepublik, in: Heidrun Abromeit/Bernhard Blanke (Hrsg.), Arbeitsmarkt, Arbeitsbeziehungen und Politik in den 80er Jahren. Opladen 1987, 179–193.

[86]) Vgl. dazu die allgemeinen Bemerkungen von *Clemens A. Wurm,* Die Gewerkschaften unter Mitterrand. Die Linksregierung und die Auswirkungen der Wirtschaftskrise, in: Dokumente 41, 1985, 54–61, bes. 59f.

[87]) In der Höhe der Arbeitskosten in der Industrie je Arbeitsstunde lag die Bundesrepublik 1988 mit 34,22 DM knapp hinter der Schweiz (34,35) und weit vor anderen großen Industrieländern wie Japan (28,23), den Vereinigten Staaten (23,28) und Großbritannien (20,21) an zweiter Stelle. In den Lohnnebenkosten, die mit 15,73 DM 84% des Stundenlohns erreichten, lag die Bundesrepublik mit weitem Abstand an der Spitze. In Spanien, wo die Arbeitskosten 1988 18,15 DM pro Stunde betrugen, lagen die Lohnnebenkosten mit 6,66 DM nur etwas über der Hälfte des durchschnittlichen Stundenlohnes (11,49). (Vgl. Süddeutsche Zeitung, 18.5.1989, 25).

chung der Gewerkschaften und zum Abbau der sozialen Rechte der deutschen Arbeitnehmer führen könnten.

Die neue britische Gesetzgebung ist Wasser auf die Mühlen der Kritiker, die in der Verrechtlichung der Arbeitsbeziehungen und besonders der Arbeitskämpfe eine Domestizierung und Disziplinierung der Gewerkschaften im Interesse der Arbeitgeber und des Staates und eine einseitige Begünstigung kooperativer gegenüber konfliktorientierten Gewerkschaftsstrategien sehen.[88]) Auch die Verrechtlichung des individuellen Arbeitsverhältnisses hat zu Kritik geführt. Sie ist z. B. in der Bundesrepublik u. a. durch den Ausbau des Kündigungsschutzes für Frauen und ältere Arbeitnehmer, durch Sozialpläne zur Eindämmung der Folgen von Betriebsänderungen und Betriebsstillegungen, aber auch durch die stärkere Absicherung betrieblicher Sozialleistungen erheblich fortgeschritten. In der letzten Zeit ist es auch zu verstärkten Eingriffen in die Lebenswelt der betroffenen Arbeitnehmer z. B. zur Abschätzung des Gesundheitsrisikos oder bei der Auswahl und Überwachung von Beschäftigten in Industrien mit besonders riskanter Technologie (wie z. B. der Nuklearindustrie) gekommen.

Während linke Kritiker vor allem die „Kolonialisierung" des Arbeitsverhältnisses und die Einschränkung der Freiheit des Arbeitnehmers beklagen, wird von seiten vieler Arbeitgeber, von Anhängern einer stärkeren Betonung marktwirtschaftlicher Prinzipien, aber zunehmend auch von Arbeitsrechtlern die Verrechtlichung des individuellen Arbeitsverhältnisses als eine der Ursachen für die mangelnde Flexibilität des Arbeitsmarktes, die unter anderem die Bekämpfung der Massenarbeitslosigkeit erschwere, und für den technologischen Rückstand der europäischen Industrien gegenüber den Vereinigten Staaten und Japan angesehen.[89])

Die Verrechtlichung der Arbeitsbeziehungen hat schließlich auch dazu beigetragen, daß der Staat und seine Institutionen – wie das am Beispiel Großbritanniens besonders deutlich wurde – immer direkter in die sozialen Auseinandersetzungen hineingezogen wer-

[88]) *Simitis,* Verrechtlichung, bes. 122f.

[89]) Ebd. 116–121, 143–157; *Horn,* Arbeitsrecht, in: Conze/Lepsius (Hrsg.), Sozialgeschichte, 335. Mit dem Problem der Flexibilisierung des Arbeitsrechts in den Staaten der Europäischen Gemeinschaft befassen sich die Artikel in Heft 3 und 4 (Jg. 1, 1987) der Zeitschrift für ausländisches und internationales Arbeits- und Sozialrecht. Sie beruhen auf einem internationalen Kolloquium vom Februar 1987 über das Thema „Flexibilisierung des Arbeitsrechts – eine europäische Herausforderung".

den. Im Zusammenhang mit der Verschärfung der Verteilungskämpfe und den Auseinandersetzungen über die „Grenzen des Sozialstaates“ ist damit aber auch einer der Grundpfeiler des modernen demokratischen Sozialstaates – die Selbstregulierung sozialer Konflikte durch die betroffenen Interessen – im letzten Jahrzehnt erschüttert worden.

3. Soziale Sicherheit in Konjunktur und Krise der letzten Jahrzehnte

Seit dem Ende des Zweiten Weltkrieges sind die Systeme sozialer Sicherheit vor allem in den alten Industrienationen kontinuierlich ausgedehnt worden. Mehr und mehr setzte sich dabei die Auffassung durch, daß soziale Sicherheit ein Grundrecht des einzelnen sei.[90]) Die bestehenden Lücken der Sozialversicherung wurden weitgehend geschlossen und diese tendenziell zur Volksversicherung ausgeweitet. Der in der deutschen Rentenreform verankerte Grundsatz der Dynamisierung der Leistungen hat sich schließlich in den Industrienationen weitgehend durchgesetzt.

In den Staaten mit Einheitsrenten als staatlicher Grundversorgung – wie z. B. in Großbritannien und Schweden – wurden diese meist durch öffentlich-rechtliche Zusatzsysteme ergänzt, die an den unterschiedlichen Einkommen und spezifischen Interessen sozialer Gruppen – besonders der wachsenden Zahl der Angestellten – ausgerichtet waren. Immer mehr wird ein System sozialer Leistungen, das auf die Erhaltung des Lebensstandards und nicht nur auf die bloße Sicherung eines zum Lebensunterhalt ausreichenden Mindesteinkommens abzielt, zu einem zentralen Postulat moderner Staatlichkeit in den westlichen Industrienationen.[91]) Gleichzeitig ist eine deutliche Tendenz zur Konvergenz der sozialen Sicherungssysteme zu erkennen. Dabei wurden Prinzipien der Bismarckschen einkom-

[90]) So wird z. B. in der neuen japanischen Verfassung jedem Japaner ein „healthy and cultured minimum standard of living“ garantiert. Die Durchführung dieser Verfassungsbestimmung war allerdings mit vielen praktischen Schwierigkeiten verbunden. Vgl. *Masayoshi Chubachi/Koji Taira*, Poverty in Modern Japan: Perceptions and Realities, in: Hugh Patrick (Ed.), Japanese Industrialization and its Social Consequences. Berkeley etc. 1976, 391–437, hier 425 f.

[91]) Vgl. *Bernd von Maydell*, Die internationale Dimension des Sozialrechts, in: Zeitschrift für ausländisches und internationales Arbeits- und Sozialrecht 1, 1987, 6–22, bes. 19.

mensbezogenen, differenzierten Sozialversicherung und die Idee der universalen Erfassung aller Schichten im Sinne Beveridges miteinander verbunden.

In *Großbritannien* wurde allerdings der Weg zur Ergänzung der Grundrenten durch öffentliche Zusatzprogramme trotz der offensichtlichen Mängel der bestehenden Systeme staatlicher Altersversorgung nur sehr zögernd beschritten. Es stellte sich schon am Ende der 1940er Jahre heraus, daß die auf dem Lohnniveau ungelernter Arbeiter beruhenden Beiträge und Leistungen auch wegen des steigenden allgemeinen Lebensstandards und der ungenügenden Berücksichtigung der Inflation nicht ausreichten, um den Lebensunterhalt zu decken, und daher bei fehlenden anderen Einkommensquellen durch Leistungen der Sozialhilfe ergänzt werden mußten.[92]) 1971 deckten die Grundrenten nur 35,1% des Nettoverdienstes des ursprünglichen Lohnempfängers und seiner Ehefrau im Vergleich zu 60% in Deutschland.[93]) Es bildete sich so in Großbritannien in der Altersversorgung mehr und mehr eine Klassengesellschaft heraus: auf der einen Seite diejenigen, die über eine meist durch Steuervergünstigungen finanzierte zusätzliche Altersversorgung aus berufsbezogenen Systemen (öffentlicher Dienst, Betriebspensionen etc.)[94]) oder aus einer privaten Versicherung verfügten; auf der anderen Seite der Rest der Bevölkerung, der im Alter weitgehend verarmte.

Die seit Beginn der 1950er Jahre diskutierten Systeme zusätzlicher staatlicher Alterspensionen hatten vor allem den Zweck, ohne wesentliche Erhöhung staatlicher Zuschüsse[95]) die Renten auf ein adäquates Mindesteinkommen zu heben. Die Diskussion wurde dabei in viel stärkerem Maße als in anderen Ländern (wie schon bei

[92]) Vgl. oben 159, Anm. 34.

[93]) Vgl. *Michael Lund,* The Politics of a National Minimum Income: The Poor Law Coalition in Postwar Britain, in: Ashford/Kelley (Eds.), Nationalizing Social Security, 25–58, hier 29.

[94]) Die Betriebsrenten kosteten 1955 ca. 100 Millionen Pfund an Steuervergünstigungen, während der Staat 40 Millionen Pfund an Zuschüssen für staatliche Sozialversicherungsrenten veranschlagte; *Roger Lawson,* Gegensätzliche Tendenzen in der Sozialen Sicherheit: Ein Vergleich zwischen Großbritannien und Schweden, in: Zeitschrift für ausländisches und internationales Arbeits- und Sozialrecht 1, 1987, 23–44, hier 27.

[95]) Zu den steigenden Ausgaben für Renten vgl. *Ken Judge,* The Growth of Social Security in Britain: Spending on Pensions, in: Ashford/Kelley (Eds.), Nationalizing Social Security, 199–217.

der Schaffung von staatlichen Alterspensionen 1908) vom Problem der Armut bestimmt, mit dem das der sozialen Sicherheit in Großbritannien weitgehend identifiziert wurde.[96]) Die ursprüngliche Tendenz in der politischen Arbeiterbewegung, für erhöhte einheitliche Leistungen nach dem Einkommen differenzierte Beiträge zu erheben, wurde zwar erst 1974 durchgesetzt; doch auch das 1959 von einer konservativen Regierung eingeführte System unterschiedlicher Beiträge innerhalb einer bestimmten Einkommenshöhe und mäßig gestaffelter, aber weiterhin sehr niedriger Zusatzrenten enthielt erhebliche Umverteilungselemente vor allem zu Lasten der Facharbeiter und Angestellten. Ein erheblicher Teil der Arbeitnehmer hat daher von der Möglichkeit Gebrauch gemacht, sich von diesem staatlichen System durch berufs- und unternehmensbezogene Sondersysteme befreien zu lassen. Der Anteil der Erwerbstätigen, die berufsbezogene Zusatzpensionen erhielten, stieg von einem Drittel 1959 auf etwa die Hälfte – bzw. zwei Drittel der beschäftigten Männer – zehn Jahre später.[97])

Erst die Reform der Rentenversicherung, die eine Labour-Regierung durch Gesetz von 1975 durchsetzte, brachte eine wesentliche Änderung des Systems der staatlichen berufsbezogenen Altersversorgung, die nun erst gleichberechtigt neben die Betriebsrenten trat. Von einer unteren Verdienstgrenze an müssen von den abhängig Beschäftigten selbst und von ihren Arbeitgebern proportional zu Lohn und Gehalt Beiträge gezahlt werden. Die Prozentsätze der erhobenen Beiträge sind dabei seit Oktober 1985 nach Verdienstzonen gestaffelt, um mit niedrigen Beiträgen einen Anreiz zur Schaffung von Arbeitsplätzen zu geben. Für den Arbeitnehmeranteil – aber nicht für den Anteil der Arbeitgeber – gibt es eine Höchstgrenze. Die Zugehörigkeit eines Arbeitnehmers zu einem Betriebsrentensystem wirkt sich beitragsmindernd aus. Die Leistungen bestehen aus einer einheitlichen Grundrente und einer beitragsbezogenen inflationsgeschützten, allerdings relativ niedrigen staatlichen Zusatzrente, die durch eine Betriebsrente in mindestens der gleichen Höhe

[96]) *Lund,* Politics, 30. Zum Problem der Armut und dessen Diskussion in Großbritannien seit der Mitte der 1950er Jahre vgl. *Richard Parry,* United Kingdom, in: Flora (Ed.), Growth to Limits, Bd. 2, 191–197.

[97]) *Baldwin,* Social Bases, 556–560, 568. Zur Entwicklung und großen Bedeutung berufsbezogener Altersrenten in Großbritannien vgl. weiter *Leslie Hannah,* Inventing Retirement. The Development of Occupational Pensions in Britain. Cambridge 1986.

ersetzt werden kann. Die schlechter verdienenden Selbständigen, die aber über einem bestimmten Mindesteinkommen liegen, müssen einen einheitlichen Betrag, die besser verdienenden Selbständigen darüber hinaus einen bestimmten Prozentsatz ihres Einkommens bis zu einer Höchstgrenze – faktisch also eine Art zusätzliche Einkommensteuer – entrichten, erhalten damit aber nur den Anspruch auf die Grundrente. Auch durch die Rentenreform von 1975 und ihre späteren Ergänzungen wurde keine Äquivalenz von Beiträgen und Leistungen in Großbritannien erreicht, sondern es blieben weiterhin erhebliche Elemente der Umverteilung zugunsten der Ärmeren erhalten.[98])

Obwohl die Rente erhöht wird, wenn sie bei Erreichen des Rentenalters (65 Jahre für Männer, 60 Jahre für Frauen) nicht sofort in Anspruch genommen wird, liegen doch die Renten einschließlich der staatlichen Zusatzrenten in Großbritannien im Vergleich zu den vorherigen Arbeitseinkommen erheblich niedriger als etwa in der Bundesrepublik. Auch die Ungleichheit unter den Altersrentnern wurde mit dem Gesetz von 1975 und seinen späteren Ergänzungen nicht aufgehoben. Die berufsbezogenen oder privaten Altersrenten, die nur rund 4 Millionen Menschen (oder ca. 40% aller über 65jährigen) in den frühen 1980er Jahren bezogen, beliefen sich auf die gleiche Summe, die die 9 Millionen alter Menschen aus allen staatlichen Transfersystemen erhielten.[99]) Kennzeichnend für das britische System der Alterssicherung ist also, daß neben den staatlichen Renten das Betriebsrentensystem als zweite Säule der Alterssicherung eine sehr viel größere Rolle spielt als etwa in Deutschland und den meisten anderen westlichen Industrienationen. Weiterhin soll auch die steuerlich begünstigte private Vorsorge als dritte Säule oder – beim Fehlen einer staatlichen Zusatzrente oder einer Betriebsrente (wie z. B. für die Selbständigen) – als zweite Säule der Alterssicherung nach den Plänen der Regierung eine zunehmend größere Bedeutung erlangen.

In *Schweden* ist es sehr viel besser als in Großbritannien gelungen, eine Spaltung der Nation zwischen Armen und Reichen im Al-

[98]) Für eine detaillierte Analyse des Systems der britischen Alterssicherung in der Mitte der 1980er Jahre vgl. *Bernd Schulte,* Alterssicherung in Großbritannien, in: Zeitschrift für ausländisches und internationales Arbeits- und Sozialrecht 1, 1987, 93–158.
[99]) *Lawson,* Gegensätzliche Tendenzen, 30.

ter zu verhindern und das traditionelle System der Grundrenten mit einkommensbezogenen öffentlichen Zusatzrenten zu verbinden. Eine Ursache dafür war die geringere Bedeutung von privaten Altersversicherungen und Betriebspensionen, die zudem weitgehend mit dem staatlichen System verschmolzen wurden. Entscheidend waren aber letztlich politische Gründe. Während die britische Arbeiterbewegung lange Zeit ideologisch auf Einheitsrenten festgelegt war und durch gestaffelte Beiträge vor allem eine Erhöhung der Grundrenten erreichen wollte, haben die schwedischen Sozialdemokraten und die Gewerkschaften in den 1950er Jahren klar erkannt, daß sie zur Behauptung ihrer politischen Dominanz ihre soziale Basis durch die bewußte Werbung um die Stimmen der Angestellten als der am schnellsten wachsenden Gruppe von Erwerbstätigen erweitern mußten.

Die nach scharfen innenpolitischen Kontroversen 1959 mit einer Stimme Mehrheit durchgesetzte Rentenreform sah gegenüber den Plänen der oppositionellen Konservativen und Liberalen, die einen Ausbau der betrieblichen und privaten Altersversorgung wünschten, eine Aufstockung der staatlichen Rentenversicherung in einer Form vor, die den Interessen der Angestellten, aber auch der ärmeren Selbständigen, die dem Versorgungssystem zu günstigen Bedingungen beitreten konnten, weitgehend entgegenkam.[100])Typisch für das neue Rentensystem Schwedens ist, daß die Renten ausschließlich aus Steuermitteln und Beiträgen der Arbeitgeber ohne Beiträge der Arbeitnehmer finanziert werden; ferner die enge Beziehung zwischen dem System der sozialen Sicherheit und der staatlichen Arbeitsmarktpolitik. Die in den Rentenfonds angesammelten Kapitalien, die die private zugunsten der öffentlichen Investitionstätigkeit abschwächten, wurden systematisch zur Finanzierung des sozialen Wohnungsbaus und zur Lenkung und Stützung anderer Maßnahmen der Arbeitsbeschaffung verwendet. Schweden hat – gemessen am Bruttosozialprodukt – die höchste Staatsquote unter allen OECD-Ländern. Die Ausgaben für soziale Sicherheit nahmen dabei mit einer inflationsbereinigten realen Steigerungsrate von 194% zwischen 1970 und 1980 noch besonders stark zu.[101]) Vor allem als Konsequenz der Wirtschaftsrezession seit der Mitte der 1970er Jahre und der überaus hohen Steuerbelastung der Bürger

[100]) *Baldwin,* Social Bases, bes. 447–451, 462–493.
[101]) *Lawson,* Gegensätzliche Tendenzen, 40.

gibt es zwar auch in Schweden Tendenzen, diese Entwicklung, die zu wachsender Verschuldung des Staates und der Kommunen und einer starken Belastung der Wirtschaft und damit auch der Arbeitsbeziehungen führte, zu stoppen und soziale Leistungen und Steuern zu kürzen. Das schwedische System sozialer Sicherheit, in das faktisch jeder Schwede eingebunden ist, beruht jedoch auf einer so breiten Koalition sozialer Kräfte und berührt sich zudem so eng mit den Interessen der Beschäftigten des öffentlichen Dienstes – deren Anteil an den Erwerbstätigen, vor allem durch die starke Zunahme der Erwerbstätigkeit verheirateter Frauen und die Ausweitung der kommunalen Dienstleistungen, von 1950 bis 1980 von 15,4% auf 33,7% gestiegen ist[102]) –, daß eine Trendwende in Richtung auf ein Einfrieren oder gar eine Verringerung sozialer Leistungen wohl kaum durchzusetzen ist.

Für die Entwicklung des Systems der sozialen Sicherheit in der *Bundesrepublik* in den letzten vier Jahrzehnten ist kennzeichnend, daß immer weitere Bevölkerungsgruppen und soziale Risiken erfaßt, die Sozialleistungen für Arbeiter, Angestellte und Selbständige einander angeglichen und neue Leistungen eingeführt wurden – wie etwa Kindergeld, Erziehungsgeld, Konkursausfallgeld, Schlechtwettergeld, Entschädigung von Verbrechensopfern, Sozialversicherung von Behinderten, Förderung der Ausbildung, Maßnahmen der Arbeitsförderung und der Sparförderung.[103])

Im System der staatlichen Alterssicherung wurden durch ein Gesetz von 1957 erstmals auch die Landwirte berücksichtigt. Die Gewährung eines Altersgeldes sollte traditionelle Formen der Altersversorgung auf dem Lande durch Nebenarbeit und Unterstützung der Kinder zunächst nur ergänzen; sie war an die Abgabe des Hofes gebunden und sollte auch die Strukturreform und Moderni-

[102]) *Olsson,* Sweden, in: Flora (Ed.), Growth to Limits, Bd. 1, 15.

[103]) Einen Überblick über das Sozialbudget der Bundesrepublik, dessen Leistungen nach Funktionen und Institutionen und dessen Finanzierung geben die jährlich veröffentlichten „Hauptergebnisse der Arbeits- und Sozialstatistik". Hrsg. v. Bundesministerium für Arbeit und Sozialordnung. Vgl. weiter zum System der öffentlichen Sozialleistungen *Viola Gräfin von Bethusy-Huc,* Das Sozialleistungssystem der Bundesrepublik Deutschland. 2. Aufl. Tübingen 1976. Zur starken Ausdehnung des Mitgliederkreises der Sozialversicherung und der Klientel der wichtigsten sozialpolitischen Programme von 1950 bis 1983 bzw. 1985 vgl. Graphik 33 und Tabelle 11 bei *Alber,* Sozialstaat, 138, 140f.

sierung der Landwirtschaft fördern. Die Altershilfe, die inzwischen mehrfach erhöht, seit 1975 nach dem Maßstab des Ansteigens der Renten von Arbeitnehmern dynamisiert und seit 1974 nach der Dauer der Beitragszahlung der Landwirte in ihrer Höhe gestaffelt wurde, wird mittlerweile zu weit überwiegenden Teilen aus staatlichen Zuschüssen finanziert.[104])

Die seit 1938 bestehende Altersversicherung der Handwerker wurde 1960 durch die Beseitigung der bisherigen Wahlmöglichkeit zwischen Sozialversicherung und freiwilliger Versicherung zugunsten einer auf 18 Jahre begrenzten Versicherungspflicht der Handwerker grundlegend verändert. Gleichzeitig wurde die Versicherung der Handwerker mit der Invaliden- und Altersversicherung der Arbeiter, die damit die Defizite der Handwerkerversicherung übernehmen sollte, zusammengelegt. Seit 1960 wurden zur besseren Eingliederung der Vertriebenen diese in der Rentenversicherung so behandelt, als ob sie ihr gesamtes Arbeitsleben in der Bundesrepublik verbracht hätten.[105])

In der Rentenreform von 1972 wurde die flexible Altersgrenze eingeführt und bei der Berechnung der Renten ein Mindesteinkommen zugrunde gelegt. Damit wurde in Ergänzung der Leistungsrente das Prinzip des sozialen Ausgleichs in der Rentenversicherung stärker betont. Vor allem Frauen in Gewerbezweigen mit niedrigen Löhnen (z. B. Tabakindustrie, Textilindustrie) erhielten damit den Anspruch auf eine höhere Rente. Weiter wurde die Rentenversicherung für alle Bürger, insbesondere auch die Selbständigen, zum freiwilligen Beitritt zu sehr günstigen Bedingungen zeitweise geöffnet.[106]) Darauf sind wahrscheinlich viele Selbständige weniger we-

[104]) *Guderjahn,* Frage des sozialen Versicherungsschutzes, 203–207; *Wilfried Bertram,* Die Alterssicherung der selbständigen Landwirte unter besonderer Berücksichtigung des Strukturwandels in der Landwirtschaft der Bundesrepublik Deutschland. Wirtschafts- u. sozialwiss. Diss. Köln 1970; *Baldwin,* Social Bases, 668–670. 1984 wurden 64%, 1988 bereits 80% der Altershilfe für Landwirte durch staatliche Zuschüsse aufgebracht (Frankfurter Allgemeine Zeitung, 19. 12. 1989, 14).

[105]) *Guderjahn,* Frage des sozialen Versicherungsschutzes, 201–203; *Heyn,* Wandel, 382–397; *Detlev Zöllner,* Landesbericht Deutschland, in: Köhler/ Zacher (Hrsg.), Ein Jahrhundert, 150f.

[106]) *Hockerts,* Sicherung im Alter, in: Conze/Lepsius (Hrsg.), Sozialgeschichte, 296–323, bes. 321 f.; *Baldwin,* Social Bases, 687–696; *Dieter Schewe,* Ursprung und Entstehung des Rentenreformgesetzes, in: Bundesarbeitsblatt 24, 1973, 134–137; *ders.,* Von der ersten zur zweiten Rentenreform 1957–

gen der Renten als – in Reaktion auf die zunehmende Verteuerung der medizinischen Versorgung im Alter – wegen des mit dem Beitritt verbundenen kostenlosen Krankenversicherungsschutzes in die Solidargemeinschaft der gesetzlichen Rentenversicherung eingetreten. In der später eingeführten Erhebung von Krankenversicherungsbeiträgen auf Renten haben viele dann auch einen Bruch der ursprünglichen Bedingungen ihres Beitritts gesehen.

Die Rentenversicherung in Deutschland ging zunächst von der besonderen Schutzbedürftigkeit der geringer verdienenden Arbeitnehmer – vor allem der Arbeiter – aus, während die besser verdienenden Angestellten und Selbständigen auf private Vorsorge verwiesen wurden. Die Unberechenbarkeit der individuellen und kollektiven Lebensumstände angesichts der Dynamik der modernen Gesellschaft, die sinkende Bedeutung des familiären Schutzes, die Erfahrung des Verlustes privater Ersparnisse in Inflation und Währungsreform nach dem Ersten und Zweiten Weltkrieg, vor allem aber die Furcht vor Inflation und die Krankheitskostenexplosion haben aber schließlich dazu geführt, daß die Selbständigen und besser verdienenden Angestellten, um deren Beitritt man sich 1945 zur finanziellen Sanierung des Systems vergeblich bemüht hatte, seit dem Ende der 1960er Jahre von sich aus in die Sozialversicherung drängten, um von den Vorrechten der Sozialversicherung nicht länger ausgeschlossen zu werden.

Am Anfang der 1980er Jahre waren etwa drei Viertel aller Erwerbspersonen in der Bundesrepublik gegen die fünf Hauptrisiken des Einkommensverlustes (Unfall, Krankheit, Arbeitslosigkeit, Invalidität und Alter) über die gesetzliche Sozialversicherung pflichtversichert.[107]) Unter Einschluß der freiwillig Versicherten, der Beamten, die ihr eigenes System der sozialen Sicherheit haben, und der Angehörigen der Versicherten und der Beamten wird so der weit überwiegende Teil der Bevölkerung über die gesetzliche Sozialversicherung und die Beamtenversorgung gegen soziale Risiken geschützt.

Fortsetzung Fußnote von Seite 189

1976. Die Entwicklung der Gesetzgebung über die Rentenversicherung, in: Reinhart Bartolomäi u.a. (Hrsg.), Sozialpolitik nach 1945. Geschichte und Analysen. Bonn-Bad Godesberg 1977, 183–190, bes. 187f. Vgl. weiter *Kurt Jantz,* Schwerpunkte des weiteren Rentenreformgesetzes, in: Bundesarbeitsblatt 24, 1973, 131–133.

[107]) *Alber,* Sozialstaat, 137f.

Die zunehmende Gleichstellung des Status der Angestellten und Arbeiter im System der sozialen Sicherung kommt in der Beseitigung der Pflichtversicherungsgrenze für gut verdienende Arbeitnehmer (1968), in dem seit 1969 bestehenden weitgehenden Finanzausgleich zwischen den organisatorisch weiter getrennten Rentenversicherungen der Arbeiter und Angestellten, vor allem aber in der Ausdehnung der Lohnfortzahlung im Krankheitsfall von den Angestellten auf die Arbeiter durch ein Gesetz von 1969 zum Ausdruck.[108]) Die gesetzliche Regelung dieser Materie, die seit 1957 in mehreren Stufen erfolgte, ist durch Arbeitskämpfe und Tarifverhandlungen vorangetrieben worden. Ausgangspunkt für das Aufrollen der Frage war ein schwerer Arbeitskampf in der Metallindustrie Schleswig-Holsteins 1956/57, in dem es unter anderem um die Fixierung der Lohnfortzahlung im Krankheitsfall für gewerbliche Arbeiter für die Dauer von 6 Wochen in einem Rahmentarif ging. Nachdem 1969 diese Forderung von der Gesetzgebung erfüllt wurde, versuchten die Gewerkschaften mit zum Teil erheblichem Erfolg, in Tarifverhandlungen eine Lohnfortzahlung im Krankheitsfall über 6 Wochen hinaus zu erreichen. – Das Verhältnis von Sozialgesetzgebung und der Regelung sozialer Fragen in Tarifverträgen in der Bundesrepublik ist bisher für die Zeit nach 1949 noch nicht systematisch untersucht worden. Es wäre aber höchst aufschlußreich, zu wissen, inwieweit in Tarifverträgen spätere gesetzliche Bestimmungen vorweggenommen wurden bzw. in welchen Punkten der Gesetzgeber voranging und welche Bedeutung den in Tarifverträgen regelbaren Problemen innerhalb der Gesamtheit sozialstaatlicher Interventionsmöglichkeiten zukommt.[109])

Neben der Angleichung im sozialrechtlichen Status von Angestellten und Arbeitern gibt es aber neue Unterschiede in der Alters-

[108]) Vgl. *Baldwin*, Social Bases, 677–679. – Zur generellen Entwicklung des ökonomischen, sozialen und politischen Unterschiedes von Angestellten und Arbeitern in Deutschland von der Weimarer Republik bis zur Gegenwart vgl. *Jürgen Kocka/Michael Prinz*, Vom „neuen Mittelstand“ zum angestellten Arbeitnehmer. Kontinuität und Wandel der deutschen Angestellten seit der Weimarer Republik, in: Conze/Lepsius (Hrsg.), Sozialgeschichte, 210–255.

[109]) Die Hinweise auf die Pionierfunktion von Tarifverträgen für die gesetzliche Regelung der Lohnfortzahlung im Krankheitsfall und auf das allgemeine Desiderat der Erforschung des Verhältnisses von Tarifautonomie und staatlichen Interventionen in der Entwicklung des Sozialrechts verdanke ich H. G. Hockerts.

versorgung zwischen den Personen, die zusätzlich über Betriebspensionen, eine Zusatzversorgung als Angehörige des öffentlichen Dienstes oder eine private Lebensversicherung verfügen, und denen, die allein auf staatliche Renten angewiesen sind. Diese reichen vor allem für viele alleinstehende Frauen, die gar nicht oder nur kurze Zeit zu niedrigen Löhnen einer versicherungspflichtigen Erwerbstätigkeit nachgingen, oder für die Witwen von Arbeitern vielfach nicht zu einem angemessenen Lebensunterhalt aus.

Die Sozialversicherung bildet insgesamt in der Bundesrepublik Deutschland in viel stärkerem Maße als in Großbritannien, wo die Zahl der Sozialhilfeempfänger 1985 auf 8 Millionen stieg[110]), das Rückgrat des Systems der sozialen Sicherheit. Vor allem wegen der engen Koppelung der Sozialversicherung entweder an eigene frühere versicherungspflichtige Erwerbstätigkeit oder abgeleitete Ansprüche aus einer Hinterbliebenenversicherung eines Erwerbstätigen und wegen der daraus resultierenden fehlenden oder ungenügenden sozialen Sicherung besonders vieler Frauen ist dennoch eine Sozialhilfe, die auf dem Bedürftigkeitsprinzip beruht, nach wie vor auch in der Bundesrepublik ein unverzichtbarer Teil des sozialen Sicherungssystems. Das Bundessozialhilfegesetz von 1961 beruht zwar auf den Prinzipien der Subsidiarität oder Nachrangigkeit gegenüber anderen Hilfsmaßnahmen – etwa der eigenen Familie oder von privaten Wohlfahrtsorganisationen – und der Individualisierung der Hilfe – also ihrer Anpassung an den Einzelfall. Es legt aber im Einklang mit einem Urteil des Bundesverwaltungsgerichts vom 24.6.1954[111]) ausdrücklich fest, daß bei entsprechenden Voraussetzungen ein Rechtsanspruch auf Sozialhilfe besteht. Ferner soll die Fürsorge nicht nur das Existenzminimum sichern, sondern „dem Empfänger der Hilfe die Führung eines Lebens" ermöglichen, „das der Würde des Menschen entspricht" (§ 1, Abs. 2). Insbesondere wurde neben der traditionellen ‚Hilfe zum Lebensunterhalt' die ‚Hilfe in besonderen Lebenslagen' neu eingeführt, durch die nicht nur der tägliche Lebensunterhalt sichergestellt, sondern in besonde-

[110]) *Lawson,* Gegensätzliche Tendenzen, 31. 1948 waren es 1,3 Millionen, zu Anfang der 1970er Jahre 4 Millionen Menschen gewesen. Zu den 8 Millionen Unterstützungsempfängern 1985 gehörten 60% aller registrierten Arbeitslosen und deren Familien und mehr als die Hälfte aller Familien mit nur einem Elternteil und deren unterhaltsberechtigte Angehörige sowie mehr als ein Viertel aller alten Menschen.

[111]) Entscheidungen des Bundesverwaltungsgerichts, Bd. 1. Berlin 1955, 159–163, hier 161.

ren Notlagen etwa von Blinden, Behinderten, Pflegefällen, werdenden Müttern und Wöchnerinnen eine adäquate Unterstützung gewährt werden sollte. Die Sozialhilfe geht damit weit über die Armenhilfe des Kaiserreiches, aber auch über das Fürsorgerecht der Weimarer Republik und der Zeit bis 1961 hinaus.[112]) Allerdings hat sich die Hoffnung, daß die ‚Hilfe zum Lebensunterhalt' schließlich nur noch wenige Randgruppen betreffen werde, nicht erfüllt, und die Sozialhilfe hat seit der Wirtschaftsrezession in der Mitte der 1970er Jahre erneut den Charakter einer Grundsicherung auf der Basis eines Existenzminimums für einen erheblichen Teil der Bevölkerung erhalten. So sind die Ausgaben für die Sozialhilfe wegen der Kostenexplosion im Gesundheitswesen, der wachsenden Zahl pflegebedürftiger älterer Menschen, der hohen Scheidungsrate und der zunehmenden Dauerarbeitslosigkeit von 1970 bis 1988 von 3,3 auf 27 Milliarden außerordentlich stark angestiegen. Gleichzeitig hat die Zahl der Sozialhilfeempfänger von 1,5 auf über 3 Millionen oder etwa 5% der Bevölkerung in den alten Ländern der Bundesrepublik zugenommen.[113]) Dabei nehmen weiterhin viele Anspruchsberechtigte aus Furcht vor Verlust an Sozialprestige, aus mangelnder Information, aus Scheu vor dem bürokratischen Verfahren des Nachweises der Bedürftigkeit und dem möglichen Eindringen von Sozialarbeitern in die eigene Privatsphäre, aber auch aus Angst vor der Heranziehung unterhaltspflichtiger Angehöriger ihre Rechte nicht wahr.[114]) Es gibt daher nach wie vor nicht wenig verschämte Armut, die von den sozialen Sicherungssystemen der Bundesrepublik überhaupt nicht erfaßt wird.

Die Ausdehnung der Sozialversicherung auf immer weitere Bevölkerungsgruppen und die grundlegende Verbesserung ihrer Leistungen, die für die Bundesrepublik charakteristisch sind, kennzeichnen auch die Entwicklung des Systems der sozialen Sicherheit

[112]) Vgl. zu den dem Gesetz zugrundeliegenden Prinzipien und zu der Verbindung des Gesetzes zu älteren Formen der Armenhilfe *Friedrich Barabas/ Christoph Sachße,* Bundessozialhilfegesetz: Sozialstaatliche Versorgung oder Armenpolizei?, in: Kritische Justiz 9, 1976, 359–376.
[113]) Vgl. Ein ‚letztes Auffangnetz', in: Der Staatsbürger, September 1988; Süddeutsche Zeitung 9.1.1990.
[114]) Vgl. *Stephan Leibfried,* Armutspotential und Sozialhilfe in der Bundesrepublik. Zum Prozeß des Filterns von Ansprüchen auf Sozialhilfe, in: Kritische Justiz 9, 1976, 377–393.

in *Frankreich* seit den 1950er Jahren.[115]) Dabei wandelte sich die Position der Selbständigen. Unmittelbar nach 1945 hatten diese sich vehement gegen die Einbeziehung in eine nationale Einheitsversicherung gewehrt, um nicht die Lasten anderer sozialer Gruppen mitzutragen. Mit ihrem Widerstand setzten sie schließlich das Recht zur Bildung unabhängiger eigener Versicherungsorganisationen durch. Seit den 1950er und 1960er Jahren protestierten dagegen vor allem die ärmeren Selbständigen gegen die strikte Separierung berufsständischer Organisationen und den alleinigen Ausgleich sozialer Risiken innerhalb derselben. Sie befürworteten jetzt eine stärkere Solidarität zwischen verschiedenen Gruppen der Erwerbstätigen sowie verbesserte Hilfe des Staates.

Parallel dazu waren es jetzt vor allem die Linksparteien und die Gewerkschaften, die sich gegen die Tendenz zum Universalismus im System wandten; die Parteien der Mitte und der Rechten dagegen – bei allem Unbehagen über die Ausdehnung der Staatsinterventionen und die Stützung von sozialen Gruppen, die zum ökonomischen Niedergang verurteilt seien – unterstützten diese Tendenzen nun zur Erhaltung ihrer politischen Klientel.

Diese Umkehr der politischen und sozialen Fronten hatte ihre Ursache in der demographischen und ökonomischen Entwicklung, die die Gruppe der Selbständigen immer mehr reduzierte. Dadurch hatten bei einem rein berufsständischen System sozialer Sicherheit immer weniger Selbständige die Lasten der Alters- und Krankenversorgung der aus dem Erwerbsleben ausgeschiedenen ehemaligen Selbständigen zu tragen. Hinzu kamen die steigende Differenzierung in Einkommen und Vermögen innerhalb der Gruppe der Selbständigen und die relative Verarmung erheblicher Teile der Selbständigen im Vergleich zu den Arbeitnehmern.

Als erste soziale Gruppe wurden die Bauern, die besonders schwer von der Konkurrenz auf dem Weltmarkt und dem Strukturwandel der französischen Wirtschaft betroffen waren, durch ein Gesetz von 1952, das gegen die Opposition der reichen Bauern noch

[115]) *Baldwin,* Social Bases, 594f. Zur Entwicklung der französischen Sozialversicherung vgl. weiter: *Jean-Pierre Dumont,* La Sécurité sociale toujours en chantier. Histoire, bilan, perspectives. Paris 1981; *Jacques Fournier/Nicole Questiaux,* Traité du social. Situations, luttes, politiques, institutions. 2. Aufl. Paris 1978, bes. 46–51; *Jean-Jacques Dupeyroux,* Droit de la Sécurité sociale. 8. Aufl. Paris 1980.

eine weitgehende Umverteilung innerhalb der Landwirtschaft vorgesehen hatte, und eines von 1955 in das staatliche System der Altersversorgung und 1960 in das der Krankenversicherung einbezogen. Zur Finanzierung der sozialen Sicherung der Bauern, die eine Zwischenform von Sozialversicherung und Sozialhilfe bildet, waren erhebliche staatliche Zuschüsse notwendig.

Eine durch staatliche Zuschüsse gestützte gesetzliche Krankenversicherung und Altersversorgung, der sich aber die prosperierenden freien Berufe (Ärzte, Anwälte etc.) entziehen konnten, wurde seit 1966–1972 auch den übrigen Selbständigen – vor allem Handwerkern und Ladenbesitzern – gewährt. Die Sozialversicherung der Angestellten wurde stärker mit dem allgemeinen Versicherungssystem und dem komplementären System der Arbeiter verknüpft. Durch Gesetze von 1974 bis 1978 wurde schließlich der Versicherungsschutz auf bisher noch nicht erfaßte kleinere soziale Gruppen ausgedehnt, die Krankenversicherung von den Erwerbstätigen auf die gesamte Bevölkerung erweitert, und – dem deutschen Beispiel folgend – eine stärkere Harmonisierung und ein größerer Ausgleich zwischen den verschiedenen Versicherungssystemen wurden in die Wege geleitet.

Der Ausbau der französischen Sozialversicherung[116]) zeigt sich auch in der starken Erhöhung der finanziellen Leistungen für soziale Sicherheit, die in Frankreich jetzt weit über den entsprechenden Leistungen in Großbritannien liegen.[117]) Die neuere Entwicklung der französischen Sozialversicherung, die erhebliche Parallelen zur deutschen aufweist, zeigt eine weitgehende Abkehr vom Grundsatz der separaten Solidarität innerhalb spezifischer Berufsgruppen zugunsten einer Angleichung der verschiedenen berufsbezogenen Systeme und der Stärkung des Grundsatzes gesamtgesellschaftlicher Solidarität.

Der allgemeine Trend zum Universalismus, der in Großbritannien, in Schweden und in Dänemark durch einheitliche Leistungen für alle Staatsbürger nach 1945 verfolgt wurde, manifestierte sich dabei in Frankreich und Deutschland durch die immer weitere Aus-

[116]) Vgl. dazu *François Lagrange,* Social Security in France from 1946 to 1982, in: Ashford/Kelley (Eds.), Nationalizing Social Security, 59–72.

[117]) Vgl. *Douglas E. Ashford,* The British and French Social Security Systems: Welfare State by Intent and by Default, in: ders./Kelley (Eds.), Nationalizing Social Security, 245–271, bes. 245f.

dehnung berufsbezogener Systeme, die schließlich stärker miteinander verschmolzen und untereinander in ihren Leistungen harmonisiert wurden. Dabei wurde der Gedanke der Grundrenten aus dem britischen und skandinavischen System in Deutschland und Frankreich vor allem für die Bauern weitgehend übernommen. Die Prinzipien eines egalitären Universalismus kommen auch in dem gleichen Anspruch auf medizinische Versorgung für alle Mitglieder gesetzlicher Krankenkassen zum Ausdruck. Der Gedanke, daß die Sozialversicherung nicht nur einen minimalen Lebensstandard sichern, sondern den Bürger in seinem gewohnten Lebensstandard im Alter und bei sozialen Krisen erhalten sollte, ist dagegen eine Weiterentwicklung des auf differenzierten Beiträgen und Leistungen beruhenden, traditionellen deutschen Systems der Sozialversicherung. Er wurde inzwischen in Schweden und – allerdings nur in unvollkommener Form – auch in Großbritannien übernommen, die zunächst von einheitlichen sozialen Leistungen für alle Mitglieder der staatlichen Sicherungssysteme ausgingen.

Trotz der Tendenzen zur Konvergenz der Systeme sind die Unterschiede zwischen den einzelnen Ländern noch gravierend. Das gilt sowohl für das System der Arbeitsbeziehungen, die Organisation und die Höhe der Sozialleistungen wie auch für die dem System der sozialen Sicherheit zugrundeliegenden Prinzipien, so daß selbst in der *Europäischen Gemeinschaft* die Harmonisierung und Koordinierung des Arbeits- und Sozialrechts auf größte Schwierigkeiten stößt und bisher nur bescheidene Fortschritte gemacht hat. Allerdings wurde die Europäische Wirtschaftsgemeinschaft – die wichtigste Vorläuferin der Europäischen Gemeinschaft – auch als „Sozialgemeinschaft" konzipiert und sieht im Gründungsvertrag von 1957 ausdrücklich die „Verbesserung der Lebens- und Arbeitsbedingungen der Arbeitskräfte", die „Hebung der Lebenshaltung" sowie die Schaffung eines Europäischen Sozialfonds zur Förderung dieser Ziele vor.[118]) Im Unterschied zu der allerdings in ihren Wirkungen vielfach kritisierten europäischen Agrarpolitik steht eine

[118]) Vertrag zur Gründung der Europäischen Wirtschaftsgemeinschaft (EWG) vom 25. März 1957, Art. 117 und 123. Vgl. weiter *Kaufmann,* Soziale Sicherheit, 126f. – Zur Frage der Auswirkung der europäischen Integration auf die Wohlfahrt der beteiligten Länder vgl. *Wolfram Elsner,* Die Sozialökonomische Lage und ihre Beeinflussung durch die westeuropäische Integration. Ein Untersuchungsansatz auf der Grundlage bestehender Integrationstheorien und eines Konzepts Sozialer Indikatoren. Berlin 1978.

europäische Sozialpolitik aber noch am Anfang, obwohl das Netz sozialpolitischer Vorschriften allmählich enger wird. Im wesentlichen wurde bisher nur gewährleistet, daß bei der Wanderung von Bürgern eines Mitgliedslandes in ein anderes Land der Gemeinschaft die innerstaatlichen Regelungen für soziale Sicherheit auch für die Zuwanderer gelten. Damit soll verhindert werden, daß aus der Ausnutzung der Freizügigkeit innerhalb der Europäischen Gemeinschaft soziale Nachteile entstehen.[119])

Die Verwirklichung des Europäischen Binnenmarktes zum 1.1.1993 wirft die Frage auf, ob die damit endgültig begründete ‚ökonomische Bürgerschaft' in einer Wirtschaftsgemeinschaft in der weiteren Entwicklung nicht nur durch eine ‚politische Bürgerschaft' in der vorgesehenen politischen Union, sondern auch durch eine ‚soziale Bürgerschaft'[120]) in einer sozialen Union ergänzt werden wird. Neben der bisherigen Politik, die Hindernisse der freien Mobilität von Arbeit, Kapital und Dienstleistungen für die Entwicklung eines gemeinsamen Marktes zu beseitigen, würde damit die Angleichung der Rechte der Arbeitnehmer und des Systems der sozialen Sicherheit einen zentralen Stellenwert erhalten. Diese Frage wird sowohl unter dem Gesichtspunkt des Abbaus von Wettbewerbsverzerrungen, die sich durch unterschiedliche Sozialabgaben ergeben, wie auch unter dem Aspekt einer Annäherung der sozialen Lebensbedingungen in den reicheren und ärmeren Mitgliedsstaaten erörtert. Bei dieser sicher noch lange andauernden Diskussion werden zukünftig wohl auch die Erfahrungen im vereinigten Deutschland bei der Herbeiführung einer Sozialunion zwischen den beiden so lange getrennten Teilen des Landes, deren wirtschaftliche Leistungskraft ja außerordentlich unterschiedlich ist, eine wesentliche Rolle spielen.

[119]) Dieser Grundsatz wird besonders deutlich in der Verordnung 1408/71 von 1971, in der es u.a. heißt: „Die Vorschriften über die Koordinierung der innerstaatlichen Rechtsvorschriften für die soziale Sicherheit ... sollen innerhalb der Gemeinschaft sicherstellen, daß alle Staatsangehörigen der Mitgliedstaaten nach den innerstaatlichen Rechtsvorschriften der einzelnen Mitgliedstaaten gleich behandelt werden und die Arbeitnehmer und ihre anspruchsberechtigten Angehörigen unabhängig von ihrem Arbeits- oder Wohnort in den Genuß der Leistungen der sozialen Sicherheit kommen", zitiert in Zacher, Grundfragen (Kap. III, Anm. 8), 487.

[120]) Vgl. zur Anwendung des Begriffs auf die Europäische Gemeinschaft *Stephan Leibfried,* Sozialstaat Europa? Integrationsperspektiven europäischer Armutsregime, in: Nachrichtendienst des Deutschen Vereins für öffentliche und private Fürsorge, Jg. 70, Heft 9, September 1990, 295–305, hier 296.

Zur Zeit besteht offenbar eine weitgehende Übereinstimmung darüber[121]), daß eine Harmonisierung der Systeme der sozialen Sicherheit wie auch der individuellen und kollektiven Rechte der Arbeitnehmer zumindest kurz- und mittelfristig auf größte Schwierigkeiten stoßen würde. Eine Nivellierung der Sozialleistungen nach unten würde von den Arbeitnehmern in Ländern mit ausgedehnten Sozialleistungen wie z. B. den Niederlanden, Dänemark, Frankreich oder der Bundesrepublik aufs schärfste abgelehnt werden und könnte zu einer schweren Krise im Prozeß der europäischen Einigung führen. Eine Übernahme der jeweils weitestgehenden Leistungen der einzelnen Länder – etwa der hohen deutschen Altersrenten, der umfassenden Leistungen Frankreichs für die Familie, der vorbildlichen niederländischen Sicherung der Pflegebedürftigen –, zumal wenn diese mit einem allgemeinen Mindestlohn gekoppelt würden, wäre dagegen unbezahlbar. Aber auch eine weniger weitgehende, zu schnelle Annäherung der sozialen Leistungen der ärmeren Länder an den höheren Standard der reicheren Länder könnte die wirtschaftliche Konkurrenzfähigkeit der schwächer entwickelten Länder, die ja zu einem erheblichen Teil auf niedrigen Arbeitskosten beruht, entscheidend beeinträchtigen. Es kommt hinzu, daß nicht nur die hohen finanziellen Kosten, sondern auch die historische Bedingtheit der bestehenden Sozialsysteme[122]) und ihre enge Verbindung mit dem Wirtschafts- und Rechtssystem sowie mit bestimmten kulturellen Traditionen – etwa den Auffassungen über die Rolle der Frau und der Familie – eine Angleichung erschweren. Auch könnte etwa der Versuch, durch generelle Richtlinien einer europäischen Bürokratie mit dem Problem der Massenarbeitslosigkeit und Massenarmut in einzelnen Regionen der Europäischen Gemeinschaft fertig zu werden, dazu führen, daß bestehende Ressour-

[121]) Vgl. zur Diskussion in der Bundesrepublik über soziale Probleme der europäischen Einigung *Wolfgang Däubler u. a.*, Sozialstaat EG? Die andere Dimension des Binnenmarktes. Gütersloh 1989; *Claus Reis/Manfred Wienand u. a.*, Zur sozialen Dimension des EG-Binnenmarktes. Frankfurt 1990; vgl. weiter die Berichte von zwei Tagungen über ‚Die soziale Dimension des europäischen Binnenmarktes' und ‚Europäisches Arbeits- und Sozialrecht 1989', in: Zeitschrift für ausländisches und internationales Arbeits- und Sozialrecht 4, 1990, 55–88.

[122]) Vgl. *Bernd von Maydell*, Das Recht der Europäischen Gemeinschaften und die Sozialversicherung. Supranationales Sozialversicherungsrecht und Auswirkungen des EG-Rechts auf die nationale Sozialversicherung, in: Zeitschrift für die gesamte Versicherungswissenschaft 112, 1989, 1–24.

cen zerstört werden, ohne daß etwas Adäquates an ihre Stelle tritt. So ermöglichen die Familie, die Nachbarschaft und lokale Traditionen gerade in den ärmeren Ländern heute häufig noch, die Arbeitslosigkeit zu reduzieren und die negativen Folgen von Armut und Pflegebedürftigkeit für den einzelnen Menschen einzuschränken.

Für den Sozialstaat Europa zeichnet sich daher in den nächsten Jahren weniger die völlige oder weitgehende Harmonisierung des Sozialsystems als vielmehr die Aufgabe ab, die Beachtung der in der europäischen Sozialcharta vom 5./6.12.1989 festgelegten sozialen Grundrechte für alle Mitgliedsstaaten rechtlich verbindlich zu machen, die Möglichkeiten des europäischen Sozialfonds und spezifischer sozialpolitischer Aktionsprogramme zur Bekämpfung von Arbeitslosigkeit und zur Verbesserung der Lebens- und Arbeitsbedingungen in unterentwickelten Regionen zu erweitern und die Instrumente zur Koordinierung und Harmonisierung in Teilbereichen des Arbeits- und Sozialrechts auszubauen und voll auszuschöpfen. Letzteres scheint vor allem bei der Verbesserung der Sicherheit am Arbeitsplatz und des Schutzes der Gesundheit der Arbeitnehmer, für die die Europäische Gemeinschaft durch die Einheitliche Europäische Akte vom 28.2.1986 die Richtlinienkompetenz erhielt[123]), möglich. Wie immer groß aber auch die Schwierigkeiten sind, auf die Dauer wird sich die Europäische Gemeinschaft der Aufgabe, ihre soziale Dimension weiterzuentwickeln und die Bürger der ihr angeschlossenen Staaten auch in ihrem Bestreben nach sozialer Sicherheit zu unterstützen, nicht entziehen können, wenn sie nicht schwere soziale Spannungen in Kauf nehmen will.

Trotz der Tendenz zum Ausbau moderner sozialer Sicherungssysteme auch in anderen Teilen der Welt haben die kapitalistischen Industrienationen Europas – ungeachtet der signifikanten Unterschiede zwischen ihnen – ihre traditionelle Führungsrolle im Bereich der sozialen Sicherheit bis in die Gegenwart behaupten können.[124]) Daneben unterstreichen die vorliegenden quantitativen Analysen das Ausmaß der *Expansion der Sozialleistungen*. So stieg nach einer Untersuchung 13 west- und mitteleuropäischer Länder der Anteil der von den vier klassischen Sozialversicherungen (Alter, Krankheit, Unfall, Arbeitslosigkeit) erreichten Personen von 1950

[123]) Rat der Europäischen Gemeinschaften, Einheitliche Europäische Akte und Schlußakte, Brüssel 1986, Artikel 21, der den EWG-Vertrag um Art. 118a ergänzt.

[124]) Vgl. *Kaelble*, Weg, 75–78.

bis 1975 von 59,6% auf 82,3% der Erwerbsbevölkerung.[125]) Im gleichen Zeitraum nahm nach einer parallelen Studie, die für 1950 8 und für 1980 dieselben 13 west- und mitteleuropäischen Länder erfaßte, der Anteil der sozialen Transferleistungen am Bruttoinlandsprodukt von 7,6% auf 17,2% um mehr als das Doppelte zu.[126]) Gleichzeitig stieg der Anteil der öffentlichen Ausgaben am Bruttoinlandsprodukt von 26,3% auf 48,9% um fast das Doppelte.[127]) Diese Steigerung der Staatsquote, verstanden als Ausgabe aller öffentlichen Haushalte (Zentralstaat, Bundesstaaten, Gemeinden und Sozialversicherungen), ist zu einem erheblichen Teil durch die weit überproportionale Vermehrung der Sozialausgaben bedingt worden.[128]) Diese stiegen z. B. in den sechs ursprünglichen Mitgliedsstaaten der Europäischen Gemeinschaft von durchschnittlich 15,5% 1962 auf 27,0% des Bruttoinlandsprodukts im Jahre 1980.[129])

[125]) *Alber,* Armenhaus, 152. Es handelt sich um Österreich, Dänemark, Frankreich, die Bundesrepublik Deutschland, die Niederlande, Norwegen, Schweden, Großbritannien, Belgien, Finnland, Italien, die Schweiz und Irland.

[126]) *Kohl,* Staatsausgaben, 266. 1950 wurden Österreich, Dänemark, Frankreich, die Bundesrepublik Deutschland, die Niederlande, Norwegen, Schweden und Großbritannien berücksichtigt, 1980 darüber hinaus Belgien, Finnland, Italien, die Schweiz und Irland. Wenn man die neu hinzugekommenen Staaten wegläßt, ergibt sich sogar eine Steigerung von 7,6% auf 18,8%. Soziale Transferleistungen, die im wesentlichen aus Einkommensersatz- und Umverteilungsleistungen an private Haushalte im Rahmen sozialer Sicherungssysteme bestehen, sind natürlich nicht mit den gesamten Sozialleistungen, zu denen auch soziale Dienstleistungen, z. B. in einem staatlichen Gesundheitswesen, gehören, zu identifizieren.

[127]) Ebd. 315. Der Mittelwert wurde errechnet. Es wurden die in Anm. 126 erwähnten acht bzw. 13 Staaten berücksichtigt. Bei einer Beschränkung auf die acht Staaten, für die aus beiden Jahren Angaben vorliegen, ergibt sich eine Steigerung der öffentlichen Ausgaben von 26,3% auf 52,0% des Bruttoinlandsprodukts.

[128]) Vgl. dazu die zum Teil bis ins 19. Jahrhundert zurückgehenden, detaillierten Untersuchungen der öffentlichen Ausgaben und ihrer Zusammensetzung in den in Anm. 126 erwähnten 13 europäischen Ländern, in: *Flora* u. a., State, Vol. 1, 345–449. Für die langfristige Entwicklung der öffentlichen Ausgaben und der Sozialausgaben in Schweden, im Vereinigten Königreich und in Deutschland vgl. *Flora* u. a., Entwicklung, 727–730. Danach setzte das säkulare Wachstum des Anteils der öffentlichen Ausgaben am Bruttosozialprodukt erst gegen Ende des 19. Jahrhunderts ein. Im Zeitraum von der Jahrhundertwende bis nach dem Zweiten Weltkrieg stieg der Anteil auf das Dreifache.

[129]) Vgl. *Kohl,* Staatsausgaben, 326. Das von der Europäischen Gemeinschaft

Die Ursachen für diesen schnellen und umfassenden Ausbau der Systeme sozialer Sicherheit in West- und Mitteleuropa, dem auch eine gewisse Annäherung der Systeme entsprach, waren vielfältig. Sie lagen in der wachsenden Erwartung, daß auch Restrisiken – wie etwa die 1968 erstmals in den Niederlanden in die Versicherungsleistungen einbezogene anhaltende oder dauernde Pflegebedürftigkeit[130]) – abgedeckt würden, in der Zunahme des Anteils der Arbeitnehmer an den Erwerbstätigen auf Kosten der von einem Teil der Systeme nicht erfaßten Selbständigen, in der Anpassung der Leistungen an das Arbeitseinkommen, in den rapide zunehmenden Kosten medizinischer Versorgung, in dem steigenden Anteil älterer Menschen an der Gesamtbevölkerung sowie in dem durch die schleichende Inflation bewirkten Bedeutungsverlust privater Vorsorge. Schließlich war auch der Wettbewerbsdruck der Parteienkonkurrenz in Wahlkämpfen in vielen Ländern eine Ursache gesteigerter sozialstaatlicher Aktivitäten. Begünstigt wurde der Ausbau weiter durch den relativen Rückgang der Ausgaben für die Verteidigung, das Anhalten des ökonomischen Wachstums bis zur Wirtschaftskrise 1973/74 sowie die politische und soziale Stabilität.[131])

Die Ausdehnung der Systeme sozialer Sicherheit nach 1945 erfaßte aber nicht nur Europas kapitalistische Industrieländer, sondern auch die osteuropäischen Staaten mit sozialistischer Plan- oder Kommandowirtschaft, die Vereinigten Staaten und Japan und schließlich auch immer mehr Entwicklungsländer. Diese Expansionstendenzen dokumentieren wohl am eindeutigsten die seit 1952 regelmäßig veröffentlichten Berechnungen des Internationalen Arbeitsamts in Genf über die Kosten der sozialen Sicherheit, die 1983 – dem letzten in den Veröffentlichungen erfaßten Jahr – insgesamt 117 Länder erfaßten. Sie bilden gleichzeitig einen Maßstab für

Fortsetzung Fußnote von Seite 200
verwendete Konzept der Sozialausgaben weicht von den Berechnungen der Sozialleistungsquote durch die Internationale Arbeitsorganisation (vgl. unten, 203) ab.

[130]) Vgl. Social Security in the Netherlands, in: International Social Security Review 23, 1970, 3–61, bes. 35–37.

[131]) *Hans Günter Hockerts,* Die Entwicklung vom Zweiten Weltkrieg bis zur Gegenwart, in: Köhler/Zacher (Hrsg.), Beiträge zur Geschichte, 141–163; Flora, Introduction, in: Flora (Ed.), Growth to Limits, Bd. 1, XXIII–XXV.

das allerdings sehr unterschiedliche Niveau der Leistungen, das für einige der Länder die folgende Tabelle verdeutlicht.

Tabelle 2

Die Kosten der sozialen Sicherheit 1950–1983 in ausgewählten europäischen und außereuropäischen Ländern[1])
(in Prozent des Bruttoinlandsprodukts)

	1950[2])	1960[3])	1970[4])	1975[5])	1980[6])	1981	1982	1983
1) Europäische Länder mit Marktwirtschaft								
Belgien	15,3	15,3[7])	18,1	23,6	25,9	27,5	27,5	28,0
BRD	20,3	15,4	17,1	23,7	24,0	24,7	24,9	24,3
Dänemark	9,0	11,1	16,4	22,5	26,9	28,4	28,6	27,9
Finnland	8,8	8,8[7])	12,5	15,7	18,0	18,6	19,8	20,6
Frankreich	15,9	13,2[7])	15,3	24,1	26,7	27,9	28,8	29,4
Griechenland			10,8[7])	10,8[7])	12,2[7])	14,4[7])	16,7[7])	17,6[7])
Irland	8,1	9,3[7])	11,6	19,0	20,1	20,7	22,4	23,5
Italien	10,7	11,7	15,0	21,2	21,5	23,9	24,4	25,7
Niederlande	8,5	11,1[7])	18,9	25,5	28,3	29,7	31,3	31,9
Norwegen	7,3	9,4[7])	15,5	18,5	20,2	20,8	22,6	21,9
Österreich	13,6	15,4[7])	18,5	20,2	22,5	24,5	24,7	24,2
Portugal	5,2	5,3[7])	5,6	11,0	9,7	10,4	10,4	10,1
Schweden	10,4[8])	10,9	18,6	25,0	31,9	32,8	32,3	33,3
Schweiz	6,5	7,5[7])	10,1[7])	15,1[7])	13,7[7])	13,5[7])	14,3[7])	14,6[7])
Spanien				11,7	16,0	17,4	17,5	17,7
Türkei	1,7	1,4	3,2	3,4	4,2	3,4[9])	3,6[9])	3,8[9])
Verein. Königr.	11,2[8])	10,8[10])	13,7	16,0	17,3	18,2	19,7	20,5
2) Europäische Länder mit Planwirtschaft[11])								
Bulgarien		10,7	13,7	16,0	12,2	12,0	12,4	12,6
ČSSR		15,4	18,0	17,2	18,9	20,0	20,6	20,9
DDR			12,3	14,3	15,8[12])	15,2[12])	15,3[12])	14,7[12])
Polen[13])		8,9	10,7	11,0	15,7			
UdSSR		10,2	11,9	13,6	14,0	13,9	13,7	13,8
Ukraine (Sowjetrep.)		9,1	11,9	13,8	15,5	15,3	15,3	15,7
Ungarn		8,8	11,0	14,9	18,3	18,2	18,2	18,7
3) Außereuropäische Industriestaaten								
Australien	7,2	7,7[10])	8,0	10,5	11,9	10,7	11,7	12,4
Israel	6,2	6,6[7])	10,4	14,5	13,2	15,2	15,1	15,3
Japan	4,1	4,9[10])	5,3	7,6	10,8	11,2	11,7	12,0
Kanada	7,8	9,2	11,8	14,2	13,7	14,2	14,2	16,5
Neuseeland	14,1	13,1[10])	11,0	12,3	16,5	16,6	16,2	17,6
USA	5,1	6,8[14])	9,5	13,1	12,6	12,6	13,4	13,8

	1950[2])	1960[3])	1970[4])	1975[5])	1980[6])	1981	1982	1983
4) Weitere außereuropäische Staaten								
Kenia[15])			1,9	2,1		0,06	0,06	0,07
Simbabwe					0,2	1,3	1,7	1,8
Brasilien			6,0	5,7	4,8	5,8	6,1	5,6
Mexiko			2,9	3,1	2,7	2,9	3,0	2,8
Indien[15])			1,9	2,0		1,7	1,6	1,5
Pakistan[15])					0,04	0,52	0,47	0,54

[1]) Während die Tabelle in der Erstausgabe (194ff.) auf der Basis der „Eleventh international inquiry" des „International Labour Office" (ILO) in Genf erstellt wurde, liegt hier für die Zahlen seit 1970 die zwölfte Befragung zugrunde:
ILO, The cost of social security. Twelfth international inquiry, 1981–1983, Comparative tables. Geneva 1988, bes. Tab. 2. Außerdem: ILO, The cost of social security, 1949–1954. Geneva 1958, bes. Tab. 3.
Die vielfachen Unterschiede zwischen den Zahlen der elften und denen der zwölften Befragung gehen in der Regel auf Veränderungen der Datenbasis oder der Gesetzgebung zurück. Die zwölfte Befragung wurde außerdem mit Hilfe von Computern, die vorhergehende noch manuell ausgewertet.
Die Statistik der Sozialausgaben bezieht – faßt man die Kriterien des ILO zusammen – solche Systeme ein, die der medizinischen Versorgung dienen (Vorbeugung oder Heilung), die Einkommensausgleich bei unfreiwilligen Verdienstausfällen oder Verdiensteinbußen leisten oder die spezielle Familienzuwendungen gewähren. Die Systeme müssen gesetzlich verankert sein und von einer öffentlichen, halböffentlichen oder autonomen Körperschaft verwaltet werden. Allerdings sind Ausgleichsleistungen für Arbeitsunfälle und Berufskrankheiten auch dann hier einbezogen, wenn sie direkt vom Arbeitgeber getragen werden. (Vgl. The cost, 1981–1983, 1).
Grundsätzlich gilt, daß **nicht** gesetzlich verankerte Systeme sozialer Sicherheit (z.B. betriebliche Versorgungsinstitutionen) vom ILO nicht erfaßt werden und deshalb die hier wiedergegebenen Prozentangaben für solche Länder, in denen diese Systeme eine große Rolle spielen, das Niveau der sozialen Sicherung als zu niedrig erscheinen lassen. Das gilt z.B. für das Vereinigte Königreich und die USA (The cost, 1981–1983, 2).
Die Prozentangaben der Tabelle für 1950 beziehen sich auf das Volkseinkommen zu Faktorkosten (mit Ausnahme des Vereinigten Königreichs und Schwedens, s. Anm. 8), während für die Angaben zu den späteren Jahren das jeweilige Bruttoinlandsprodukt als Bezugsgröße dient (wenn nicht in Anmerkungen anders ausgewiesen). Das Bruttoinlandsprodukt wurde im allgemeinen nach dem „System of National Accounts" der Vereinten Nationen von 1968 berechnet (The cost, 1981–1983, 7).
[2]) Für Australien, Dänemark, Irland, Kanada, Neuseeland, Norwegen, die USA und das Vereinigte Königreich beziehen sich die Angaben jeweils auf das Haushaltsjahr 1949–50; für Japan auf das Haushaltsjahr 1950–51.

Fortsetzung Fußnoten zu Tabelle 2

[3]) Für Australien, Dänemark, Irland, Israel, Japan, Kanada, Neuseeland, Norwegen, die USA und das Vereinigte Königreich beziehen sich die Angaben auf das Haushaltsjahr 1959–60; für Bulgarien und Ungarn auf das Jahr 1961.

[4]) Für Australien, Dänemark, Indien, Irland, Israel, Japan, Kanada, Neuseeland, die USA und das Vereinigte Königreich beziehen sich die Angaben auf das Haushaltsjahr 1969–70.

[5]) Für Australien, Dänemark, Indien, Israel, Japan, Kanada, Neuseeland, die USA und das Vereinigte Königreich beziehen sich die Angaben auf das Haushaltsjahr 1974–75, für Mexiko auf das Jahr 1974.

[6]) Für Australien, Israel, Japan, Kanada, Neuseeland, Pakistan, die USA, das Vereinigte Königreich und Simbabwe beziehen sich die Angaben auf das Haushaltsjahr 1979–80. Auch die folgenden Daten beziehen sich bei diesen Ländern (und Indien) jeweils auf die Haushaltsjahre, die im angegebenen Kalenderjahr enden. Von 1978 an wurden in die Statistik der Sozialausgaben gewisse Ausgaben für die medizinische Versorgung durch öffentliche Gesundheitsdienste nicht mehr eingerechnet. Dadurch sind die Angaben für die Jahre seit 1980 nicht voll mit denen für die Vorjahre vergleichbar. Das gilt insbesondere für Belgien, die Bundesrepublik, Griechenland, Italien, Österreich, Portugal, die Schweiz, Spanien, die Türkei, Australien, Israel, Japan, Kanada, die USA, Kenia, Brasilien, Mexiko, Indien und Pakistan (The cost, 1981–1983, 2, 3).

[7]) Das Bruttoinlandsprodukt wurde nach dem vor 1968 gültigen „System of National Accounts“ errechnet. Die Vergleichbarkeit der Daten wird dadurch nur unwesentlich beeinflußt (vgl. The cost, 1981–1983, 7).

[8]) Die Prozentangaben beziehen sich auf das Bruttosozialprodukt zu Faktorkosten.

[9]) Ausgaben für Kriegsopfer sind nicht enthalten, weil für 1981, 1982 und 1983 keine diesbezüglichen Zahlen zu bekommen waren.

[10]) Die Prozentangaben beziehen sich auf das Bruttosozialprodukt zu Marktpreisen.

[11]) Für die sozialistischen Länder mit Planwirtschaft wird anstelle des Bruttoinlandsprodukts das sog. Nettomaterialprodukt zugrunde gelegt (s. The cost, 1981–1983, 7).

[12]) Zahlen für den nationalen Gesundheitsdienst und die Sozialfürsorge sind hier nicht enthalten, weil keine diesbezüglichen Daten zu bekommen waren.

[13]) Die Angaben für Polen beziehen sich auf die elfte internationale Befragung, weil Polen auf die zwölfte Befragung nicht geantwortet hat. Vom Jahr 1975 an sind die Daten nicht voll mit denen für die Vorjahre vergleichbar.

[14]) Die Prozentsätze beziehen sich auf das Bruttosozialprodukt zu laufenden Marktpreisen.

[15]) Aufgrund methodischer Unterschiede sind die Daten für 1981, 1982 und 1983 nicht voll mit denen für die Vorjahre vergleichbar.

Bei der Interpretation der Zahlen muß man sich allerdings darüber klar sein, daß die Unterschiede der sozialen Sicherungssysteme der einzelnen Länder und der statistischen Erfassung der Sozialleistungen genaue Vergleiche außerordentlich erschweren. Auch die Statistik des Internationalen Arbeitsamts, die diese Fehlerquellen zu reduzieren versucht, kann daher nur Annäherungswerte wiedergeben.

Immerhin zeigt die Tabelle, daß in einigen kapitalistischen westlichen Industrienationen, wie der Bundesrepublik und Frankreich, der Anteil der Sozialleistungen am Bruttoinlandsprodukt schon 1975 erheblich über 20% lag und daß dieser bis 1983 in Frankreich bis auf knapp 30% und in besonders ausgeprägten Sozialstaaten wie den Niederlanden und Schweden sogar auf erheblich über 30% angestiegen ist. Eindeutig niedrigere Werte weisen dagegen die europäischen Staaten mit einem geringeren Industrialisierungsgrad, wie die Türkei, Griechenland, Spanien und Portugal, auf. Aber auch einige moderne Industriestaaten wie die Schweiz, Japan oder die Vereinigten Staaten zeigen ein relativ niedriges Niveau der sozialen Leistungen. Das hängt damit zusammen, daß umfassende öffentliche Systeme der sozialen Sicherheit in ihnen erst relativ spät eingeführt wurden und der Widerstand starker sozialer, ökonomischer und politischer Kräfte ihren Ausbau hemmte. Es kommt hinzu, daß in diesen Ländern, wie auch in Großbritannien, Versorgungsleistungen der Unternehmen, die in der Statistik (mit der Ausnahme von Entschädigungen für Arbeitsunfälle und Berufskrankheiten) nicht erfaßt werden, eine besonders große Rolle spielen. Trotzdem läßt sich sagen, daß nach der Überwindung eines gewissen Schwellenwerts der wirtschaftlichen Entwicklung, der überhaupt erst größere öffentliche Sozialleistungen zuläßt, offenbar deren Höhe wie auch der Charakter der sozialen Sicherungssysteme nicht allein vom Ausmaß der wirtschaftlichen Ressourcen, sondern wesentlich auch von der Stärke sozialstaatlicher Traditionen und Institutionen, den dominierenden sozialen Ideen und der Konstellation politischer Kräfte abhängig ist.

In den *sozialistischen Ländern Osteuropas* lag die Sozialleistungsquote 1983 mit 12–21% deutlich unter der der meisten westeuropäischen Industrieländer. Allerdings ist der Vergleich der Sozialleistungen von westlichen Industriestaaten mit denen von osteuropäischen Ländern besonders fragwürdig, da nicht nur die Ziele, sondern auch die Instrumente der Sozialpolitik unterschiedlich sind und wichtige soziale Leistungen in der Statistik des Internationalen Arbeitsamts nicht erfaßt werden.[132])

Die Unterschiede in der Politik sozialer Sicherung zwischen beiden Gesellschafts- und Wirtschaftssystemen sind noch nicht systematisch mit historischer Tiefendimension untersucht worden. Das kann auch hier nicht geleistet werden, zumal es auch innerhalb der Systeme erhebliche, vor allem durch den Grad der ökonomischen Entwicklung und durch historische Traditionen bedingte Unterschiede gibt. Immerhin läßt sich generell sagen, daß oberhalb der Ebene der Familie in den sozialistischen Ländern Osteuropas der Staat (z.T. allerdings über staatliche Gewerkschaften) ein Monopol im Bereich der sozialen Sicherheit hat. Im Unterschied dazu erbringen in den demokratischen marktwirtschaftlichen Sozialstaaten auch der Markt (Privatversicherung, Leistungen privater Betriebe) und die Wohlfahrtsverbände soziale Leistungen. Im Prinzip steht das soziale Sicherungssystem in den sozialistischen Staaten allen Staatsbürgern offen. Es zielt dabei vorrangig auf das Wachstum der Produktion durch Sicherung gegen Krankheit und Unfall und Maßnahmen zur Wiederherstellung der Arbeitskraft. Dagegen liegen die Altersversorgung und die Unterstützung von Hinterbliebenen, die meist erst ab einem hohen Alter gewährt wird, auf einem vergleichsweise sehr niedrigen Niveau, um ein vorzeitiges Ausscheiden aus dem Erwerbsleben zu verhindern, eine hohe Erwerbsquote vor allem der Frauen zu erreichen und – wie auch über die niedrigen Löhne – eine hohe Investitionsquote zu fördern. Die Differenzierung der Renten ist gering, und sie liegen nur wenig über dem Existenzminimum, das durch die Subventionierung der Grundnahrungsmittel und der Mieten zudem niedrig gehalten wird. Allerdings ist durch die Einführung einer freiwilligen Zusatzversicherung 1971 in der DDR die Möglichkeit zur Erzielung höherer Renten geschaffen worden. Daneben wurden Sonderregelungen mit höheren Leistungen für privilegierte Gruppen (Führungskräfte in Politik, Wirtschaft und Kultur, Spezialisten, Militär, Polizei usw.) vorgese-

[132]) Zu bedenken ist auch, daß die in der Tabelle genannten Prozentangaben für planwirtschaftliche Länder sich auf das „Nettomaterialprodukt“ beziehen. Da im „Nettomaterialprodukt“ etwa wichtige Dienstleistungen nicht einbezogen sind, die das Bruttoinlandsprodukt enthält, fällt der Anteil der Sozialausgaben in den planwirtschaftlichen Ländern im Verhältnis höher aus als in Ländern, die vom Bruttoinlandsprodukt ausgehen, vgl. The cost, 1981–1983, 7.

hen.[133]) Eine ähnliche Bevorzugung der Personen und Gruppen, die eine Schlüsselfunktion in Partei, Staat, Wirtschaft und Gesellschaft einnehmen, gibt es auch in anderen sozialistischen Ländern.

Ein Hauptproblem beim Vergleich der Sozialleistungen von westlichen Industriestaaten mit denen von osteuropäischen sozialistischen Ländern liegt darin, daß es für die oft sehr hohen Ausgaben zur Unterstützung der Arbeitslosen im Westen in den meisten sozialistischen Staaten keine Entsprechung gibt. Bei Unterbeschäftigung werden im allgemeinen keine Entlassungen vorgenommen, sondern es werden die überflüssigen Arbeitskräfte mit unproduktiver Arbeit weiterbeschäftigt. Damit wird die Absicherung gegen ein wesentliches soziales Risiko, das in marktwirtschaftlichen Ländern den Versicherungen oder der Sozialhilfe übertragen wird, auf die Betriebe abgewälzt, die im System der Planwirtschaft keiner strikten Gewinn- und Verlustrechnung unterworfen sind.

Allerdings gibt es in den letzten Jahren auch in westlichen Industrienationen gewisse Tendenzen, soziale Risiken auf die Betriebe zu übertragen. So wurden etwa in der Bundesrepublik durch den Ausbau und die tarifvertragliche und gesetzliche Absicherung betrieblicher Sozialleistungen (besonders der Betriebspensionen), durch die Lohnfortzahlung des Betriebes im Krankheitsfall, durch die Verpflichtung zur Anstellung von Schwerbehinderten, durch die Erschwerung der Kündigung von Arbeitskräften und durch die Forderung nach Sozialplänen bei Massenentlassungen tendenziell immer mehr soziale Aufgaben auf die Betriebe verlagert. Umgekehrt haben in den sozialistischen Staaten Osteuropas marktwirtschaftliche Prinzipien, die die Elastizität der Wirtschaft und die Anpassung an neue Technologien erleichtern und die Produktivität steigern sollen, schon seit Jahren eine größere Bedeutung erlangt. Welche Auswirkungen der von einigen Staaten jetzt versuchte Übergang von der Plan- in die Marktwirtschaft auf das System der sozialen Sicherheit haben wird angesichts der zumindest für die Umbruchphase erwarteten Massenarbeitslosigkeit und Steigerung der Lebenshaltungskosten, läßt sich noch nicht absehen.

[133]) *Schmidt,* Sozialpolitik, bes. 172ff.; speziell zur DDR vgl. weiter das von einem Autorenkollektiv verfaßte Werk zum 40. Jahrestag der Gründung des Staates: *Gunnar Winkler* (Hrsg.), Geschichte der Sozialpolitik der DDR 1945–1985. Berlin (O) 1989; *Heinz Vortmann,* Soziale Sicherung in der DDR: Aus Politik und Zeitgeschichte, Beilage zur Wochenzeitung ‚Das Parlament', B 32/88, 5.8.1988, 29–38.

Für das Gebiet der ehemaligen DDR soll der schmerzhafte Übergang zur Marktwirtschaft, der bereits im Herbst 1990 zu einem rapiden Ansteigen der Arbeitslosen- und Kurzarbeiterzahlen geführt hat, durch eine *Sozialunion* der alten und der neuen Länder der Bundesrepublik Deutschland abgefedert werden. Sie ist aufgrund eines Vertrages der beiden Staaten über die Schaffung einer Währungs-, Wirtschafts- und Sozialunion noch vor der deutschen Einigung vom 3. Oktober am 2. Juli 1990 in Kraft getreten und durch einen Einigungsvertrag ergänzt worden.[134]) Die DDR übernahm danach mit einigen Übergangsregelungen das Sozialsystem der Bundesrepublik. Dazu gehört die Arbeitsrechtsordnung, die mit ihren Grundsätzen der Koalitionsfreiheit, der Tarifautonomie und der rechtlichen Verankerung der Betriebsräte und der Unternehmensmitbestimmung eine erhebliche Verbesserung für die Rechtsstellung der Arbeitnehmer und für die Position der Gewerkschaften bedeutet.

Weiterhin wird die in einer Einheitsorganisation zusammengefaßte Sozialversicherung der ehemaligen DDR durch das gegliederte System der Sozialversicherung in der Bundesrepublik, das auf Selbstverwaltungskörperschaften beruht, ersetzt. Dabei wird für die Umstellung von der bestehenden Rentenversicherung der ehemaligen DDR auf die lohn- und gehaltsbezogene dynamische Invaliden- und Altersversicherung der Bundesrepublik der bisherige Betrag der einzelnen Renten garantiert und für die Masse der Renten – vor allem die Kleinrenten– erheblich erhöht. Trotzdem werden die Renten im Durchschnitt für eine Reihe von Jahren erheblich unter denen in den alten Ländern der Bundesrepublik liegen. Als Ziel ist allerdings im Einheitsvertrag festgelegt, daß mit der (erhofften) Angleichung der Löhne und Gehälter in den nächsten Jahren auch eine

[134]) Vgl. Der Vertrag über die Schaffung einer Währungs-, Wirtschafts- und Sozialunion zwischen der Bundesrepublik Deutschland und der Deutschen Demokratischen Republik. Erklärungen und Dokumente, hrsg. vom Presse- und Informationsamt der Bundesregierung. Bonn 1990; Vertrag zwischen der Bundesrepublik Deutschland und der Deutschen Demokratischen Republik über die Herstellung der Einheit Deutschlands – Einigungsvertrag, hrsg. vom Presse- und Informationsamt der Bundesregierung. Letztere Publikation, die neben dem Vertrag vom 31.8.1990 und seinen umfangreichen Anlagen u.a. auch das Vertragsgesetz vom 23.9.1990 und die Vereinbarung der beiden Staaten über die „Durchführung und Auslegung" des Vertrages enthält, erweitert die offizielle Publikation im Bundesgesetzblatt, Teil II, Z 1998 A, Nr. 35, 28.9.1990, 885–1248, um ein Inhaltsverzeichnis.

Angleichung der Renten verwirklicht wird. Das neu errichtete System der Sozialhilfe soll darüber hinaus auch den nichtversicherungsfähigen Bürgern der ehemaligen DDR – etwa Menschen mit körperlicher oder geistiger Behinderung – einen Rechtsanspruch auf Unterhalt und Hilfe gewährleisten. Das Monopol des Staates im Bereich der sozialen Sicherheit wird u.a. durch die Förderung des Auf- und Ausbaus der Freien Wohlfahrtspflege und der Freien Jugendhilfe sowie durch die Zulassung privater Krankenkassen und Lebensversicherungsgesellschaften gebrochen.

Mit erheblicher Unterstützung des Bundes wird eine Arbeitslosenversicherung geschaffen. Die Förderung von Maßnahmen der beruflichen Weiterbildung und Umschulung soll außerdem die Qualifikation der Arbeitskräfte verbessern und ihre berufliche Mobilität erleichtern. Das staatliche Gesundheitswesen im Gebiet der ehemaligen DDR wird durch das in der Bundesrepublik bestehende Modell der Vertragspartnerschaft von Krankenkassen und Leistungserbringern (Ärzte, Apotheker, Krankenhäuser) abgelöst. Dabei soll das Niveau der medizinischen Versorgung vor allem in den Krankenhäusern wesentlich verbessert werden.

Es zeichnet sich schon jetzt ab, daß die Kosten der Umstellung von der Plan- auf die Marktwirtschaft im Gebiet der ehemaligen DDR erheblich höher sein werden, als zunächst angenommen wurde. Das hängt auch mit der Struktur der Wirtschaft, in der etwa der Bergbau, die Werftindustrie und die Landwirtschaft jedenfalls im bisherigen Umfang kaum überlebensfähig sind, zusammen. Die mangelnde Wettbewerbsfähigkeit der Unternehmen aufgrund der Überalterung ihrer Produktionsanlagen, die starke personelle Überbesetzung des öffentlichen Sektors u.a. durch eine nun überflüssige planwirtschaftliche Bürokratie, der ungenügende Ausbau des Verkehrs- und Kommunikationssystems und die immensen ökologischen Lasten im Gebiet der ehemaligen DDR sind weitere belastende Faktoren. Der Vorteil, den die Unternehmen wegen des niedrigen Lohn- und Gehaltsniveaus haben, wird sich auf längere Zeit nicht erhalten lassen. Wie soll man einer Krankenschwester in Ostberlin, die jederzeit im ‚Westen' eine Anstellung finden kann, plausibel machen, daß sie für die gleiche Arbeit weniger als die Hälfte des Gehalts ihrer Westberliner Kollegin verdient. Das gleiche gilt etwa für Polizisten, Postbeamte, Angestellte kommunaler Verkehrsbetriebe usw. Wenn aber die Löhne und Gehälter der Beschäftigten des öffentlichen Dienstes auf das Lohnniveau ihrer westdeutschen

Kollegen angehoben werden, ist zu erwarten, daß Ingenieure und Facharbeiter, die im Gebiet der bisherigen Bundesrepublik dringend gesucht werden, ebenfalls eine entsprechende Anhebung ihrer Einkommen fordern werden. Falls sie das nicht erreichen und die Löhne und Gehälter im Gebiet der bisherigen DDR auf längere Zeit signifikant hinter denen in den alten Ländern der Bundesrepublik zurückbleiben, ist mit einem Massenexodus gerade der hochqualifizierten Arbeitskräfte, die für den Aufbau der Wirtschaft dringend benötigt werden, zu rechnen. Um dieser Entwicklung entgegenzutreten, sind öffentliche und vor allem auch private Investitionen in einem sehr viel höheren Ausmaß, als man bisher dachte, erforderlich. Nur eine schnelle Sanierung der Wirtschaft im Gebiet der bisherigen DDR kann die Voraussetzungen für die Überwindung der Arbeitslosigkeit und die Anhebung des Lohn- und Gehaltsniveaus schaffen. Damit würde auch die massive Subventionierung der vorher in der Bundesrepublik weitgehend aus Beiträgen finanzierten Sozialversicherung durch den Staat überflüssig.

Doch kehren wir nach der Erörterung der wirtschaftlichen und sozialen Probleme, die sich aus der deutschen Einigung ergeben und deren Lösung entscheidend für die innere Kohäsion und die wirtschaftliche Leistungsfähigkeit des vereinigten Deutschland sein wird, zurück zur Analyse der Tabelle 2. Sie zeigt, daß in den *Entwicklungsländern* Asiens und Afrikas wie auch in den südamerikanischen Staaten die Sozialleistungsquote 1983 meist noch unter 3% blieb. In den Entwicklungsländern sind gleichfalls Industrialisierung und Urbanisierung sowie die Herauslösung der entstehenden industriellen Arbeiterschaft aus den traditionellen Schutzverbänden, aber auch das Vorbild der Industriestaaten die wesentlichen Triebkräfte in der Schaffung neuer sozialer Sicherungssysteme. Neben den geringen wirtschaftlichen Ressourcen liegen wesentliche Hemmnisse der Entwicklung im Mangel an Verkehrs- und Kommunikationsmitteln, im Analphabetismus großer Teile der Bevölkerung, im Fehlen geeigneter Institutionen zur Verwaltung der Systeme sowie in den oft unter dem Existenzminimum liegenden, äußerst geringen Löhnen, die Beiträge zur Sozialversicherung faktisch ausschließen. Weiterhin spielen offenbar neben dem Mißtrauen gegenüber dem Staat und seiner oft korrupten und ineffizienten Bürokratie auch Mentalitätsbarrieren eine wesentliche Rolle – besonders die traditionelle Auffassung, daß die Altersversorgung vor allem über Kinderreichtum zu erfolgen habe.

Trotzdem zeigt eine Bestandsaufnahme über die Programme sozialer Sicherheit im Jahre 1975, die 128 Länder erfaßt [135]), daß die Zahl der Staaten, in denen eine gesetzliche Altersversicherung ohne Prüfung der Bedürftigkeit gewährt wurde, von 1940 bis 1975 von 33 auf 91 anstieg und daß 1975 in insgesamt 20 der erfaßten Staaten ein öffentlicher Gesundheitsdienst, in 55 weiteren eine gesetzliche Krankenversicherung bestand. Allerdings erfassen in den Entwicklungsländern die Sicherungssysteme meist nur einzelne Regionen – etwa die Hauptstadt –, größere Betriebe oder einzelne Gruppen der Erwerbsbevölkerung. Ähnlich wie in Europa, wo ebenfalls die besonders armen Landarbeiter, Heimarbeiter und Dienstboten im allgemeinen erst nach den im Durchschnitt besser gestellten Industriearbeitern miteinbezogen wurden, ist dabei nicht das Kriterium der besonderen Schutzbedürftigkeit, sondern die Versicherungsfähigkeit oder der politische Einfluß entscheidend. Die Beschäftigten des öffentlichen Dienstes, der Banken und Versicherungen, die Angehörigen freier Berufe und schließlich auch Industriearbeiter mit einer festen Arbeitsstelle rangieren daher beim Ausbau der Systeme fast regelmäßig vor den Erwerbstätigen in der Landwirtschaft, die die Masse der Bevölkerung ausmachen, den unstetigen Arbeitskräften und den Dienstboten.

Die primäre, wenn auch keineswegs ausschließliche Abhängigkeit der öffentlichen Systeme sozialer Sicherheit von der wirtschaftlichen Leistungsfähigkeit[136]), die auch die letztlich entscheidende Ursache für die geringen Leistungen und die mangelnde Universalität der Systeme in den Entwicklungsländern bildet, zeigt sich seit der Mitte der 1970er Jahre auch in den westlichen Industrieländern. Der breite politische Konsens, der in den ersten drei Jahrzehnten nach dem Zweiten Weltkrieg bei anhaltendem Wirtschaftswachstum und zunehmendem Wohlstand den Ausbau der Sozialleistungen vorantrieb, ist aufgrund der Wirtschaftsrezession seit 1973/74 er-

[135]) Vgl. Social Security Programs Throughout the World, 1975. Ed. by U.S. Department of Health, Education, and Welfare, Social Security Administration, Office of Research and Statistics. Research Report No. 48. Die Untersuchung bildet die wesentliche Basis der Analyse von *Detlev Zöllner,* Die Rolle der Sozialversicherung in den Entwicklungsländern, in: Köhler/Zacher (Hrsg.), Beiträge, 557–578.
[136]) Vgl. dazu auch *Harold L. Wilensky,* The Welfare State and Equality. Structural and Ideological Roots of Public Expenditure. Berkeley/Los Angeles/London 1975, bes. 15ff.

schüttert worden. In vielen Ländern ist es zu einer Überprüfung der Prioritäten und der Effizienz der Systeme sowie zur Suche nach einem Ausgleich zwischen dem „sozialpolitisch Wünschbaren und dem wirtschaftspolitisch Tragbaren" gekommen.[137]) Wie die Entwicklung der Kosten sozialer Sicherheit 1975–1983 zeigt (vgl. Tabelle 2, 202 f.), ist jedoch das Bild uneinheitlich. In einigen Ländern wie den USA, der Sowjetunion und der Bundesrepublik scheint die Dynamik einer Expansion der Sozialleistungen, die das wirtschaftliche Wachstum übersteigt, gestoppt oder doch zumindest wesentlich verlangsamt zu sein; in anderen Ländern wie z. B. Spanien, Dänemark, Schweden, Frankreich, Polen und Großbritannien hingegen hält diese Expansion unvermindert an.

Während die ersten drei Jahrzehnte nach 1945 in den westlichen Industrienationen insgesamt von einer zunehmenden Konvergenz der Systeme sozialer Sicherheit gekennzeichnet waren, gibt es jetzt gewisse Tendenzen zur erneuten Verschärfung der Unterschiede. Allerdings sollte man diese Entwicklung nicht dramatisieren. So kommt einer der besten Kenner der Materie – Jens Alber – in einer sorgfältigen Untersuchung über die Sozialpolitik der Bundesrepublik von den frühen 1970er Jahren bis zur Mitte der 1980er Jahre zu dem Ergebnis, daß zwar der Trend zu einem steigenden Anteil der Sozialausgaben in der Bundesrepublik gestoppt worden sei, daß es aber eher zu einer Konsolidierung der Sozialleistungen als zu deren Abbau gekommen sei. Auch sind neben Kürzungen in einigen Sozialbereichen Leistungen in anderen erhöht bzw. neu eingeführt worden – etwa bei der Anerkennung von einem Erziehungsjahr für jedes Kind zur Erhöhung der Rentenansprüche für Frauen.[138])

[137]) Vgl. dazu *Bernd Schulte,* Reformen der sozialen Sicherheit in Westeuropa 1965–1980, in: Vierteljahresschrift für Sozialrecht 8, 1980, 323–361, Zit. 358.

[138]) *Jens Alber,* Der Wohlfahrtsstaat in der Wirtschaftskrise. – Eine Bilanz der Sozialpolitik in der Bundesrepublik seit den frühen siebziger Jahren, in: Politische Vierteljahresschrift 27, 1986, 28–60, bes. 36, 40, 55 f.; zu einem ähnlichen Ergebnis kommt Detlev Zöllner, der den massiven Abbau der Sozialleistungen in der Weltwirtschaftskrise in Deutschland nach 1929 mit der Konsolidierung der Sozialausgaben in der Bundesrepublik seit 1977 vergleicht, die die Funktionsfähigkeit der Systeme sozialer Sicherheit nicht beeinträchtigt habe; *Zöllner,* Soziale Sicherung, 49–59. Ähnliches gilt für Großbritannien, wo trotz der Kritik am Wohlfahrtsstaat und der stärkeren Durchsetzung marktwirtschaftlicher Prinzipien durch die Regierung Thatcher

Während in der Zeit starker wirtschaftlicher Expansion in demokratischen Industriestaaten offenbar der durch politische Parteien und Verbände vermittelte Erwartungsdruck die Sozialleistungen in die Höhe trieb, verhindert in Zeiten wirtschaftlicher Krise die hohe Zahl der Arbeitslosen eine Verminderung der Soziallasten. Langfristig ist aber auch unabhängig von der wirtschaftlichen Konjunktur eher eine weitere Zunahme als ein Abbau der Kosten des Sozialstaates zu erwarten. Das hängt mit einer Reihe von kritischen Entwicklungen zusammen, die hier vor allem am Beispiel der Bundesrepublik Deutschland aufgezeigt werden sollen, aber in ähnlicher Form die Zukunftsprobleme des Systems der sozialen Sicherheit auch in anderen Industrienationen bestimmen werden.

1. Das schwierigste Problem ergibt sich aus der veränderten Altersstruktur der Bevölkerung, die die Grundlage des Generationenvertrages, auf dem die Invaliditäts- und Rentenversicherung beruht, in Frage stellt. Der Anteil der über 60jährigen an der Bevölkerung, der 1890 in Deutschland bei etwa 5% lag, betrug am Ende der 1980er Jahre 21% und wird – auch ohne einen weiteren Rückgang der Geburten – auf etwa 26% im Jahr 2000 und 38% im Jahr 2030 ansteigen.[139]) Das hat dramatische Konsequenzen für die Rentenversicherung. Entfielen 1989 in der Bundesrepublik auf 100 Beitragszahler 49 Rentner, so werden bei gleichbleibender Erwerbsquote und einem Anhalten der niedrigen Geburtenrate im Jahr 2030 100 Erwerbstätige 119 Rentner zu versorgen haben.[140])

Diese kritische demographische Entwicklung wird noch verschärft durch die Tendenzen zur Verlängerung der Berufsausbildung und zur Reduzierung der jährlichen, wöchentlichen und täglichen Arbeitszeit. Um die Belastung der Jüngeren nicht ins Unerträgliche steigen zu lassen, wird man Familien mit Kindern begünsti-

Fortsetzung Fußnote von Seite 212

(1979–1990) die tatsächlichen Einschnitte in das System sozialer Leistungen bisher begrenzt blieben; vgl. *Parry,* United Kingdom, in: Flora (Ed.), Growth to Limits, Bd. 2, 228–235.

[139]) Stiftung für Kommunikationsforschung im Stifterverband für die Deutsche Wissenschaft, Der brüchige Generationenvertrag, Köln 1988, 12. Die Angaben beziehen sich nur auf das Gebiet der früheren Bundesrepublik. Sie werden aber durch die Einbeziehung der ehemaligen DDR, in der eine ähnliche Überalterung der Bevölkerung besteht, nicht wesentlich verändert.

[140]) Vgl. *Rudolf Kohl,* Bevölkerungsentwicklung und Auswirkungen auf die Rentenversicherung, in: Aus Politik und Zeitgeschichte. Beilage zur Wochenzeitung „Das Parlament“, B 18/89, 28.4.1989, 32–39, hier 33.

gen, die Erwerbsquote vor allem der Frauen steigern, die Lebensarbeitszeit verlängern, den Anteil des Staates an der Finanzierung der Renten erhöhen und zudem den bestehenden Generationenvertrag zugunsten der Jüngeren verändern müssen.

2. Neben den Kosten für die Alters- und Hinterbliebenenversorgung, die 1986 38,2% des Sozialbudgets der Bundesrepublik ausmachte, fallen die Ausgaben für die Gesundheit mit 33,1% des Sozialbudgets weitaus am meisten ins Gewicht.[141]) Dabei hat in den letzten Jahrzehnten geradezu eine Explosion der Gesundheitskosten stattgefunden. So stiegen in der Bundesrepublik allein die Leistungsausgaben für die gesetzliche Krankenversicherung zwischen 1970 und 1985 von 23,8 auf 108,6 Milliarden um mehr als das Viereinhalbfache an, während im gleichen Zeitraum die Lebenshaltungskosten nur um etwa das Doppelte stiegen.[142]) Das Gesundheitswesen (einschließlich der Produktion von Arzneimitteln und medizinisch-technischen Geräten) beschäftigt im Gebiet der früheren Bundesrepublik heute mehr als 2 Millionen Erwerbstätige, d.h. etwa soviel wie die Maschinenbau- und Elektroindustrie zusammen. Die weit überproportionale Erhöhung der Gesundheitskosten hängt einmal mit den immer höheren Kosten der medizinischen Versorgung durch immer kompliziertere Apparate sowie dem medizinischen Fortschritt, der immer mehr Krankheiten heilbar macht oder zumindest den Tod hinauszögert, zusammen. Sie ist ein Ausdruck des hohen Wertes, den man der Gesundheit beimißt, vor allem jedoch eine Konsequenz des steigenden Anteils der älteren, besonders krankheitsanfälligen Menschen.[143]) Schließlich spielt auch eine

[141]) Der Bundesminister für Arbeit und Sozialordnung, Sozialbericht 1986. Bonn 1986, 104. Für die Veränderung in der Zusammensetzung der Sozialleistungen auch in anderen westeuropäischen Ländern vgl. *Kohl*, Staatsausgaben, 269–277, 327f.; *Richard M. Coughlin/Philip K. Armour*, Sectoral Differentiation in Social Security Spending in the OECD Nations, in: Tomasson (Ed.), Welfare State, 175–199; *Flora* u.a., State, Vol. 1, bes. 456–458; International Labour Office, The cost, 1981–1983, Tab. 5: Distribution of social security benefit expenditure among the different schemes, 90–102. Leider wurden in dieser Aufstellung sämtliche Sozialversicherungen, die in der Bundesrepublik etwa 75% aller Sozialleistungen nach der Definition des ILO ausmachen, zusammengenommen.

[142]) Bundesminister für Arbeit, Sozialbericht 1986, 30, und ders., Materialband zum Sozialbudget. Bonn 1986, 252.

[143]) 88% der Krankheiten alter Menschen in der Bundesrepublik sind chronisch. Die Kosten der Pflegehilfe stiegen von 1970 bis 1979 um 317% und machen den größten Ausgabeposten der Sozialhilfe aus; *Franz-Xaver Kauf-*

Rolle, daß die Dauerpflege älterer hilfloser Menschen, die früher weitgehend von der Familie geleistet wurde, jetzt immer mehr als Aufgabe der Gemeinschaft angesehen wird.

3. Ein spezielles Problem ergibt sich für die Bundesrepublik wie auch für andere Länder, in denen das System der sozialen Sicherheit nicht auf einer Grundsicherung für alle Staatsbürger beruht, sondern eine stark beitragsbezogene Sozialversicherung dominiert, aus deren enger Verknüpfung mit stabiler Vollerwerbstätigkeit bis zum Rentenalter. Damit fallen zunächst die Dauerarbeitslosen nach dem Auslaufen ihrer Ansprüche aus der Arbeitslosenversicherung der vielfach immer noch als diskriminierend angesehenen Sozialhilfe anheim. Eine noch schwierigere Situation ergibt sich für eine große Zahl nichterwerbstätiger Frauen. Während Ehefrauen wenigstens über ihre erwerbstätigen Ehemänner – allerdings oft nur ungenügend – abgesichert werden, sind unverheiratete Frauen, die kleine Kinder aufziehen, oder jung verwitwete Frauen, die aus der Erwerbstätigkeit ihres Mannes nur eine geringe Rente erhalten, auf die Sozialhilfe für Bedürftige angewiesen. Auch die Teilzeitarbeit, die in anderen Industrienationen allerdings einen sehr viel größeren Umfang hat als in der Bundesrepublik und besonders von vielen Frauen gesucht wird[144]), führt im allgemeinen zu sehr niedrigen, für den Lebensunterhalt ungenügenden Renten. Die erst in den letzten Jahren in der Bundesrepublik einsetzende Tendenz, auch die Leistungen zu honorieren, die besonders Frauen bei der Erziehung von Kindern und in der familiären Altenpflege für die Gesellschaft erbringen, bewirken zwar eine gewisse Lockerung der bestehenden Verbindung von Sozialversicherung und beitragspflichtiger Erwerbstätigkeit. Diese noch ganz in den Anfängen stehenden Bestrebungen laufen nicht nur auf eine Verbesserung der Stellung der Frauen gegenüber den Männern, sondern auch der nichterwerbstätigen gegenüber den erwerbstätigen Frauen hinaus. Die Erziehung von Kindern stärker zu honorieren, ist auch deshalb wünschenswert, um eine Spaltung des Sozialstaates in eine produktive, durch

Fortsetzung Fußnote von Seite 214

mann/Lutz Leisering, Demographic Challenges in the Welfare State, in: Else Øyen (Ed.), Comparing Welfare States and Their Futures. Cambridge 1986, 97, 99ff.

[144]) *Manfred Grosser,* Beschäftigung und Arbeitsmarktpolitik im internationalen Vergleich, in: Aus Politik und Zeitgeschichte. Beilage zur Wochenzeitung „Das Parlament“, B 29/89, 14.7.1989, 3–12, hier 5.

die Sozialversicherung abgedeckte Erwerbsbevölkerung und eine auf die Sozialhilfe angewiesene Armutsbevölkerung zu verhindern.[145]) Allerdings sind entsprechende strukturelle Reformen des deutschen Sozialsystems sehr teuer und daher in einer Zeit zunehmender finanzieller Belastungen des Sozialetats durch die Veränderung der Altersstruktur, die Explosion der Gesundheitskosten und die Massenarbeitslosigkeit sowie durch die hohen Kosten, die zumindest für einige Jahre mit der Anpassung des Wirtschafts- und Sozialsystems der Gebiete der ehemaligen DDR an das der Bundesrepublik verbunden sind, nur schwer durchzusetzen.

Die zeitgenössische Diskussion der Krise des Sozial- und Wohlfahrtsstaates[146]) betrifft aber nicht nur dessen tendenziell steigende finanzielle Lasten. Die Kritik richtet sich auch gegen die zunehmende Bürokratisierung, Zentralisierung, Professionalisierung, Monetarisierung und Verrechtlichung, die mit der Entwicklung des Sozialstaates verbunden waren. Es ist kaum zu bestreiten, daß der Sozialstaat ein starker Motor des gesellschaftlichen Wandels war und mit der Ausdehnung der Funktionen des Staates im Bereich der sozialen Sicherheit auch gewachsene Sozialmilieus zerstört, Selbsthilfepotentiale in der Gesellschaft geschwächt und die Autonomie des einzelnen begrenzt hat. Das Individuum wurde den disziplinierenden Regelungen des Sozialstaates unterworfen und verlor die

[145]) Vgl. zu diesem Problem die Beiträge in *Stephan Leibfried/Florian Tennstedt* (Hrsg.), Politik der Armut und die Spaltung des Sozialstaates. Frankfurt am Main 1985.

[146]) Aus der Fülle der Beiträge zur „Krise des Wohlfahrtsstaates" sei hier verwiesen auf: *Jens Alber,* Der Wohlfahrtsstaat in der Krise? Eine Bilanz nach drei Jahrzehnten Sozialpolitik in der Bundesrepublik, in: Zeitschrift für Soziologie 9, 1980, 313–342; *ders.,* Der Wohlfahrtsstaat in der Wirtschaftskrise; *Hugh Heclo,* Toward a New Welfare State, in: Flora/Heidenheimer (Eds.), Development, 383–406; *Paul Fisher,* The Social Security Crisis: An International Dilemma, in: International Social Security Review 31, 1978, 383–396; *Flora,* Krisenbewältigung; *Frieder Naschold,* Die Zukunft des Wohlfahrtsstaates, beide Aufsätze in: Mommsen/Mock (Hrsg.), Entstehung, 353–398, 404–415; *Graham J. Room,* Das Ende des Wohlfahrtsstaates, in: ebd. 416–431. Vgl. weiter *Flora,* Introduction, in: ders. (Ed.), Growth to Limits, Bd. 1, XXIII–XXIX, sowie den jeweiligen 5. Abschnitt in den Beiträgen über die einzelnen Länder dieses Sammelwerks. In ihnen werden die Gegenwartsprobleme, die bestehenden Optionen für die Anpassung der Institutionen an die neue Situation sowie die zukünftigen Aussichten des Sozial- und Wohlfahrtsstaates erörtert. *Manfred Spieker,* Legitimitätsprobleme des Sozialstaats. Konkurrierende Sozialstaatskonzeptionen in der Bundesrepublik Deutschland. Bern/Stuttgart 1986.

freie Verfügung über einen erheblichen Teil der von ihm erwirtschafteten Güter. Es wird daher von vielen gefordert, daß soziale Probleme wieder stärker über den Markt oder durch die Neubelebung der sozialen Funktion gesellschaftlicher Gruppen wie Selbsthilfeorganisationen und besonders der Familie gelöst werden sollen. Letzteres erscheint um so notwendiger, als etwa Alkoholiker, Drogenabhängige, Aidskranke oder Dauerpflegefälle ja nicht nur materielle Hilfe, sondern vor allem auch menschliche Zuwendung brauchen.

Man sollte sich jedoch darüber klar sein, daß einem Abbau der Staatstätigkeit im Bereich der sozialen Sicherheit durch die politischen Bedingungen einer Massendemokratie und die strukturellen Veränderungen in der Gesellschaft enge Grenzen gesetzt sind. Die Erfahrungen seit der Rezession 1973 haben gezeigt, daß in einem modernen demokratischen Sozialstaat, in dem die weit überwiegende Mehrheit der Bevölkerung von sozialen Leistungen des Staates profitiert, eine wirklich einschneidende Reduzierung von bisher gewährten Leistungen gegen die betroffenen Interessenten politisch kaum durchzusetzen ist. Es kommt hinzu, daß es in den modernen Industrieländern auch kein funktionierendes Äquivalent für viele der vom Staat und von öffentlichen Körperschaften erbrachten sozialen Leistungen gibt.[147]) Die Zunahme der Einnahmen privater Haushalte beruht ganz überwiegend auf Einkommen aus abhängiger Arbeit, so daß sie letztlich nur durch staatliche Systeme gegen den Verlust der Einkommen aufgrund von Arbeitslosigkeit, Invalidität, Krankheit und Alter geschützt werden können. Private Versicherungen können diese Absicherung zwar ergänzen, aber nicht ersetzen. Auch die Vorstellung, daß nichtmonetäre, soziale Hilfe in Notfällen zukünftig noch stärker als bisher ohne Mitwirkung öffentlicher Sicherungssysteme in privaten Haushalten erfolgen könnte, läuft der Tendenz der Entwicklung entgegen. Die Dienste von familienfremden Personen können kaum noch bezahlt werden, immer mehr alte Menschen leben allein, und immer mehr Frauen stehen wegen ihrer Berufstätigkeit für Aufgaben der Pflege nicht mehr zur Verfügung. Auch darf man nicht übersehen, daß für viele der Betroffenen die Verlagerung der Hilfe von staatlichen und kommunalen Instanzen, die an Rechtsvorschriften gebunden sind, auf die

[147]) Vgl. dazu *Jens Alber,* Continuities and Changes in the Idea of the Welfare State, in: Politics and Society 16, 1988, 451–468, bes. 464ff.

Nachbarschaft und die Familie mit einem Verlust von Freiheit und einer Zunahme sozialer Kontrolle verbunden sein kann.

Trotz dieser Entwicklungen ist es eine zentrale ständige Aufgabe des modernen Sozialstaates, im System der sozialen Sicherheit die jeweils richtige Mischung zwischen der Selbstverantwortung der Individuen und Familien, der Regelung durch gesellschaftliche Gruppen und Prozesse und der Grundverantwortung des Staates für das sozial Notwendige herbeizuführen. Angesichts seiner zunehmenden Ausdehnung, Komplexität und Verrechtlichung werden allerdings die Steuerung des Systems der sozialen Sicherheit und die Bewahrung der für sein Funktionieren notwendigen Flexibilität immer schwieriger.[148]) So sind beispielsweise Entscheidungen über die Weiterentwicklung des demokratischen Sozialstaates in starkem Maße von der Gewinnung parlamentarischer Mehrheiten abhängig. Es besteht daher die Tendenz, daß die wirklich Armen und Bedürftigen – wie z. B. viele kinderreiche Familien, alleinerziehende Frauen und Arbeitslose –, deren Interessen nicht von mächtigen Organisationen vertreten werden und die kein starkes Wählerpotential darstellen, gegenüber den Gruppen mit einer starken Interessenvertretung und dem mittleren Wählerspektrum, dessen Haltung meist den Ausgang von Wahlen bestimmt[149]), ungenügend berücksichtigt werden.

[148]) Nach *Franz-Xaver Kaufmann* ist es „eine Aufgabe sozialwissenschaftlicher Analyse und empirischer Forschung (insbesondere auch vergleichender Art), Kriterien zur Beurteilung der Effektivität, d. h. der Effizienz und Wirksamkeit unterschiedlicher institutioneller Arrangements und Organisationsformen zu entwickeln. Dabei scheint es a priori unwahrscheinlich, daß irgendeines der historisch gewordenen sozialpolitischen Systeme sich in jeglicher Hinsicht als überlegen erweisen wird. Die Anwendung der postulierten Kriterien wird vielmehr gerade auch den Umstand bestehender institutioneller Lösungen und das keineswegs nur negativ zu bewertende Gewicht bestimmter Traditionen mit berücksichtigen müssen." (Steuerungsprobleme der Sozialpolitik, in: Heinze (Hrsg.), Neue Subsidiarität, 39–63, bes. 46). Vgl. weiter *Franz-Xaver Kaufmann,* Sozialpolitisches Erkenntnisinteresse und Soziologie. Ein Beitrag zur Pragmatik der Sozialwissenschaften, in: Christian von Ferber/ders. (Hrsg.), Soziologie und Sozialpolitik. Opladen 1977, 35–75, bes. 62–70; *ders.,* Elemente einer soziologischen Theorie sozialpolitischer Intervention, in: ders. (Hrsg.), Staatliche Sozialpolitik, 49–86; *Detlev Zöllner,* Ausgaben für die Gesundheit – Steuerungsprobleme und Reformmöglichkeiten, in: Aus Politik und Zeitgeschichte, Beilage zur Wochenzeitung „Das Parlament", B 24–25/1987, 3–12.

[149]) Vgl. dazu *Zacher,* 40 Jahre Sozialstaat, 125.

Wie dieses Buch zeigen sollte, hat sich der Sozialstaat im Laufe seiner bisherigen Geschichte stark verändert. Während er zunächst nur die Armen vor dem Verhungern und Erfrieren schützen sollte, hat er sich schließlich immer mehr universalisiert und ausdifferenziert. So wurden sukzessive die Arbeiter, die Angestellten und später auch große Teile der Selbständigen, vor allem Handwerker und Bauern, sowie Sondergruppen wie Kriegsopfer und Behinderte, in manchen Ländern auch Studenten und Schüler, in das soziale Sicherungssystem einbezogen. Gleichzeitig wurden die von ihm erfaßten sozialen Risiken, zu denen zunächst nur Krankheit, Invalidität, Arbeitsunfälle und Alter gehörten, immer mehr ausgeweitet und außerdem immer mehr Formen von sozialer Benachteiligung einbezogen. Auch das Ziel erweiterte sich von einem Zuschuß zum dringendsten Lebensbedarf über die Sicherung eines Existenzminimums zum Streben nach weitgehender Erhaltung des gewohnten (oft hohen) Lebensstandards in Notlagen.

Im Zuge des Ausbaus des Sozialstaates wurde so die Sozialpolitik von einer peripheren Beschäftigung mit speziellen Problemen von Randgruppen zu einer umfassenden Gesellschaftspolitik, die die gesamte Bevölkerung in ihren Lebenschancen und Lebensverhältnissen wesentlich bestimmt. Der Sozialstaat hat die Ausdifferenzierung sozialer und wirtschaftlicher Interessen und ihre Organisation in mächtigen Verbänden entscheidend mitbewirkt und damit den Charakter moderner demokratischer Politik verändert. Er hat – wie sich besonders am Ausbau des Gesundheitswesens und der Sozialhilfe zeigen ließe – den Prozeß der Herausbildung der modernen Dienstleistungsgesellschaft gefördert.[150])

Insgesamt wird man dem demokratischen Sozialstaat – bei aller Verschiedenheit seiner Ausprägung in Ländern und Zeitepochen – bescheinigen können, daß er zur Hebung des Wohlstandes, zur besseren sozialen Absicherung des einzelnen Bürgers, zur Entschärfung sozialer Spannungen und zu mehr Gleichheit in der Gesellschaft beigetragen hat. Neben diesen Aktiva sind aber auch die Passiva nicht zu übersehen. So kann, wie unsere Betrachtung vor allem der Endphase der Weimarer Republik gezeigt hat, die Überforderung des Sozialstaates auch zur Verschärfung sozialer und politischer Konflikte führen und die Existenz einer Demokratie gefährden.

[150]) Vgl. *Hans Günter Hockerts,* Metamorphosen des Wohlfahrtsstaats, in: Martin Broszat (Hrsg.), Zäsuren nach 1945. Essays zur Periodisierung der deutschen Nachkriegsgeschichte. München 1990, 35–45, hier 35.

Auch hat der Mißbrauch des Gesundheitswesens durch die Nationalsozialisten deutlich gemacht, welche zutiefst inhumanen Folgen eine Fehlentwicklung des Sozialstaates haben kann. Weiterhin ist schließlich nicht zu übersehen, daß soziale Leistungen des Staates häufig auch bei der Legitimierung von autoritären oder totalitären Regimen eine bedeutende Rolle spielen.

Die Spannung von Freiheit und Gleichheit, von Freiheit und sozialer Sicherheit, von Selbstverantwortung der Individuen und Schutz durch den Staat kann letztlich nicht aufgehoben werden. Darin liegt auch die Ambivalenz des Sozialstaates, der einerseits durch die Befreiung von Not und sozialer Unsicherheit und durch die Reduzierung sozialer Abhängigkeit die reale Freiheit des einzelnen erhöht, andererseits den einzelnen aber auch diszipliniert und dem Einfluß mächtiger Bürokratien ausliefert.

Die Alternative der Abschaffung des Sozialstaates ist allerdings weder wünschenswert noch politisch durchsetzbar. Wir stehen daher vor der Aufgabe, dafür zu sorgen, daß die von uns geschaffenen, immer komplexeren Systeme der sozialen Sicherheit nicht zu starr werden und daß die Bürokratie, die sie verwaltet, nicht übermächtig wird, sondern Diener des Menschen bleibt. Nur so kann man verhindern, daß die sozialen Netze, die den einzelnen vor dem Absturz ins Elend bewahren und ihn nach Möglichkeit in seinem Lebensstandard sichern sollen, zu Netzen werden, in denen er sich verstrickt und seine Bewegungsfreiheit verliert.

Der demokratische Sozialstaat ist nicht das fertig abgeschlossene Produkt der Geschichte der letzten 150 Jahre. Er ist vielmehr, wie die parallelen Erscheinungen des Nationalstaates, des Verfassungsstaates und des Rechtsstaates, notwendig unvollendet. Sein Überleben wird davon abhängen, ob er fähig ist, sich dem Wandel von Wirtschaft, Gesellschaft und Politik anzupassen und die Spannung zwischen Freiheit und sozialer Sicherheit auszuhalten.

AUSWAHLBIBLIOGRAPHIE

Aaron, Henry, Social Security in an Expanding Economy. Ph. D. Harvard University 1963.

Abel, Wilhelm, Massenarmut und Hungerkrisen im vorindustriellen Europa. Versuch einer Synopsis. Hamburg/Berlin 1974.

Abel, Wilhelm, Agrarkrisen und Agrarkonjunktur. 3. Aufl. Hamburg/Berlin 1978.

Abelshauser, Werner, Die Weimarer Republik – ein Wohlfahrtsstaat?, in: ders. (Hrsg.), Die Weimarer Republik als Wohlfahrtsstaat. Zum Verhältnis von Wirtschafts- und Sozialpolitik in der Industriegesellschaft. Stuttgart 1987.

Abromeit, Heidrun/Bernhard Blanke (Hrsg.), Arbeitsmarkt, Arbeitsbeziehungen und Politik in den 80er Jahren. Opladen 1987.

Achinger, Hans, Sozialpolitik als Gesellschaftspolitik. Von der Arbeiterfrage zum Wohlfahrtsstaat. 2. Aufl. Frankfurt a.M. 1971.

Albeda, W. (Ed.), The Future of the Welfare State. Maastricht 1986.

Alber, Jens, Vom Armenhaus zum Wohlfahrtsstaat. Analysen zur Entwicklung der Sozialversicherung in Westeuropa. Frankfurt a.M./New York 1982.

Alber, Jens, Der Wohlfahrtsstaat in der Wirtschaftskrise. – Eine Bilanz der Sozialpolitik in der Bundesrepublik seit den frühen siebziger Jahren, in: Politische Vierteljahresschrift 27, 1986, 28–60.

Alber, Jens, Der Sozialstaat in der Bundesrepublik 1950–1980. Frankfurt/New York 1989.

Altmeyer, Arthur J., The Formative Years of Social Security. Madison etc. 1966.

Anton, Günther K., Geschichte der preußischen Fabrikgesetzgebung bis zu ihrer Aufnahme durch die Reichsgewerbeordnung. Neu hrsg. u. eingeleitet v. H. Bülter. Berlin 1953.

Ashford, Douglas E., British Dogmatism and French Pragmatism: Central-Local Policymaking in the Welfare State. London 1982.

Ashford, Douglas E., The Emergence of the Welfare States. Oxford 1986.

Ashford, Douglas E./E. W. Kelley (Eds.), Nationalizing Social Security in Europe and America. Greenwich, Conn./London 1986.

Ayusawa, Iwao F., A History of Labor in Modern Japan. Kingsport, Tenn. 1966.

Badura, Bernhard/Christian von Ferber (Hrsg.), Selbsthilfe und Selbstorganisation im Gesundheitswesen. Die Bedeutung nicht-professioneller Sozialsysteme für Krankheitsbewältigung, Gesundheitsvorsorge und die Kostenentwicklung im Gesundheitswesen. München/Wien 1981.

Bähr, Johannes, Staatliche Schlichtung in der Weimarer Republik. Tarifpolitik, Korporatismus und industrieller Konflikt zwischen Inflation und Deflation 1919–1932. Berlin 1989.

Baldwin, Peter Michael, The Social Bases of the European Welfare State. Class, Interest and the Debate over a Universalist Social Policy, 1875–1975. Ph. D. Harvard University 1986.

(Das in der Bibliographie folgende Buch von Baldwin entstand aus dessen Dissertation, die aber sehr viel umfangreicheres Material enthält und für einzelne Fragen weiter herangezogen werden muß.)

Baldwin, Peter, The Politics of Social Solidarity. Class Bases of the European Welfare State 1875–1975. Cambridge etc. 1990.

Barker, Ernest, The Development of Administration, Conscription, Taxation, Social Services and Education, in: Edward Eyre (Ed.), European Civilization. Its Origin and Development. Bd. 5: Economic History of Europe since the Reformation. London 1937, 994–1086.

Barnes, Denis/Eileen Reid, Government and Trade Unions. The British Experience, 1964–79. London 1980.

Baron, Rüdeger, Weder Zuckerbrot noch Peitsche. Historische Konstitutionsbedingungen des Sozialstaats in Deutschland, in: Gesellschaft: Beiträge zur Marxschen Theorie 12, Frankfurt a. M. 1979, 13–55.

Bartholomäi, Reinhart u. a. (Hrsg.), Sozialpolitik nach 1945. Geschichte und Analysen. Bonn-Bad Godesberg 1977.

Bartrip, P. W. J. /S. B. Burman, The Wounded Soldiers of Industry. Industrial Compensation Policy 1833–1897. Oxford 1973.

Bauer, Rudolf/Anna Maria Thränhardt (Hrsg.), Verbandliche Wohlfahrtspflege im internationalen Vergleich. Opladen 1987.

Bauer, Stephan, Arbeiterschutzgesetzgebung, in: Handwörterbuch der Staatswissenschaften. Hrsg. v. L[udwig] Elster u. a., 4. Aufl. Bd. 1. Jena 1923, 401–701.

Baum, Detlef, Bürokratie und Sozialpolitik. Zur Geschichte staatlicher Sozialpolitik im Spiegel der älteren deutschen Staatsverwaltungslehre. Ein Beitrag zu einer historisch-soziologischen Begründung der Bürokratisierung der Sozialpolitik. Berlin 1988.

Beier, A. L., Masterless Men. The Vagrancy Problem in England, 1560–1640. London/New York 1985.

Berger-Thimme, Dorothea, Wohnungsfrage und Sozialstaat. Untersuchungen zu den Anfängen staatlicher Wohnungspolitik in Deutschland (1873–1918). Frankfurt a. M./Bern 1976.

Berghahn, Volker R./Detlev Karsten, Industrial Relations in West Germany. Oxford etc. 1987.

Bergmann, Joachim/Tokunaga Shigeyoshi (Eds.), Economic and Social Aspects of Industrial Relations. A Comparison of the German and Japanese Systems. Frankfurt/New York 1987.

Berkowitz, Edward/Kim McQuaid, Businessman and Bureaucrat: The Evolution of the American Social Welfare System, 1900–1940, in: Journal of Economic History 38, 1978, 120–142.

Berlepsch, Hans-Jörg von, „Neuer Kurs" im Kaiserreich? Die Arbeiterpolitik des Freiherrn von Berlepsch 1890 bis 1896. Bonn 1987.

Bermbach, Udo/Bernhard Blanke/Carl Böhret (Hrsg.), Spaltungen der Gesellschaft und die Zukunft des Sozialstaates. Beiträge eines Symposiums aus Anlaß des 60. Geburtstages von Hans-Hermann Hartwich. Opladen 1990.

Bertram, Wilfried, Die Alterssicherung der selbständigen Landwirte unter besonderer Berücksichtigung des Strukturwandels in der Landwirtschaft der Bundesrepublik Deutschland. Wirtschafts- und sozialwissenschaftliche Diss. Köln 1970.

Bethusy-Huc, Viola Gräfin von, Das Sozialleistungssystem der Bundesrepublik Deutschland. 2. Aufl. Tübingen 1976.

Der Beveridgeplan. Sozialversicherung und verwandte Leistungen. Bericht von Sir William Beveridge. Dem Britischen Parlament überreicht im November 1942. Zürich/New York 1943.

Beyme, Klaus von, Gewerkschaften und Arbeitsbeziehungen in kapitalistischen Ländern. München/Zürich 1977.

Birke, Adolf, Pluralismus und Gewerkschaftsautonomie in England. Entwicklungsgeschichte einer politischen Theorie. Stuttgart 1978.

Birke, Adolf, Die englische Krankheit. Tarifautonomie als Verfassungsproblem in Geschichte und Gegenwart, in: Vierteljahrshefte für Zeitgeschichte 30, 1982, 621–645.

Birtsch, Günter (Hrsg.), Grund- und Freiheitsrechte im Wandel von Gesellschaft und Geschichte. Beiträge zur Geschichte der Grund- und Freiheitsrechte vom Ausgang des Mittelalters bis zur Revolution von 1848. Göttingen 1981.

Blaug, Mark, The Myth of the Old Poor Law and the Making of the New, in: Journal of Economic History 23, 1963, 151–184.

Blumenroth, Ulrich, Deutsche Wohnungspolitik seit der Reichsgründung. Darstellung und kritische Würdigung. Münster 1975.

Bogs, Walter, Die Sozialversicherung in der Weimarer Demokratie. München 1981.

Bohle, Thomas, Einheitliches Arbeitsrecht in der Weimarer Republik. Bemühungen um ein deutsches Arbeitsgesetzbuch. Tübingen 1990.

Born, Karl Erich, Staat und Sozialpolitik seit Bismarcks Sturz. Ein Beitrag zur Geschichte der innenpolitischen Entwicklung des Deutschen Reiches 1890–1914. Wiesbaden 1957.

Born, Karl Erich, Idee und Gestalt des sozialen Rechtsstaats in der deutschen Geschichte, in: Sozialer Rechtsstaat – Weg oder Irrweg? Vorträge und Ansprachen auf der 5. beamtenpolitischen Arbeitstagung des DBB vom 10. bis 12. Januar 1963 auf der Bühler Höhe. Bonn-Bad Godesberg 1963, 81–105.

Bosl, Karl, Potens und Pauper. Begriffsgeschichtliche Studien zur gesellschaftlichen Differenzierung im frühen Mittelalter und zum „Pauperismus" des Hochmittelalters, in: Alteuropa und die moderne Welt. Festschrift für Otto Brunner. Hrsg. vom Historischen Seminar der Universität Hamburg. Göttingen 1967, 60–87.

Bosl, Karl, Das Problem der Armut in der hochmittelalterlichen Gesellschaft. Wien 1974.

Bourquin, Irène, „Vie ouvrière" und Sozialpolitik: Die Einführung der „Retraites ouvrières“ in Frankreich um 1910. Ein Beitrag zur Geschichte der Sozialversicherung. Bern etc. 1977.

Brakelmann, Günter, Die soziale Frage des 19. Jahrhunderts, 6. Aufl. Bielefeld 1962.

Brakelmann, Günter, Kirche und Sozialismus im 19. Jahrhundert. Die Analyse des Sozialismus und Kommunismus bei Johann Hinrich Wichern und bei Rudolf Todt. Witten 1966.

Braun, Michael, Die luxemburgische Sozialversicherung bis zum Zweiten Weltkrieg. Entwicklung, Probleme und Bedeutung. Stuttgart 1982.

Bremme, Gabriele, Freiheit und soziale Sicherheit. Motive und Prinzipien sozialer Sicherung dargestellt an England und Frankreich. Stuttgart 1959.

Brentano, Lujo, Die Arbeitergilden der Gegenwart. 2 Bde. Leipzig 1871/72.

Briggs, Asa, The Welfare State in Historical Perspective, in: Archives Européennes de Sociologie 2, 1961, 221–258.

Briggs, Asa, Social Thought and Social Action: A Study of the Work of Seebohm Rowntree, 1871–1954. London 1961.

Brody, David, The Rise and Decline of Welfare Capitalism, in: ders., Workers in Industrial America: Essays on the Twentieth Century Struggle. New York/Oxford 1980, 48–81.

Bruce, Maurice, The Rise of the Welfare State: English Social Policy, 1601–1971. London 1973.

Bruch, Rüdiger vom, Wissenschaft, Politik und öffentliche Meinung. Gelehrtenpolitik im wilhelminischen Deutschland (1890–1914). Husum 1980.

Bruch, Rüdiger vom (Hrsg.), „Weder Kommunismus noch Kapitalismus“. Bürgerliche Sozialreform in Deutschland vom Vormärz bis zur Ära Adenauer. München 1985.

Brundage, Anthony, The Making of the New Poor Law. The Politics of Inquiry, Enactment and Implementation, 1832–39. London 1978.

Bülow, Adolf von, Die Höhe des Sozialaufwandes in Deutschland, in: Der wirtschaftliche Wert der Sozialpolitik. Eine Sammelschrift. Jena 1931.

Der Bundesminister für Arbeit und Sozialordnung, Sozialbericht 1986. Bonn 1986.

Chambre de Commerce de Paris, Les régimes sociaux des commerçants et industriels indépendants: Evolution et réforme. 2 Bde. Paris 1979.

Charles, Roger, The Development of Industrial Relations in Britain 1911–1939. Studies in the Evolution of Collective Bargaining at National and Industry Level. London etc. 1973.

Chubachi, Masayoshi/Koji Taira, Poverty in Modern Japan: Perceptions and Realities, in: Hugh Patrick (Ed.), Japanese Industrialization and its Social Consequences. Berkeley etc. 1976, 391–437.

Clegg, Hugh Armstrong, The System of Industrial Relations in Great Britain. 3. Aufl. Oxford 1976.

Conrad, Christoph, Die Entstehung des modernen Ruhestandes. Deutschland im internationalen Vergleich 1850–1960, in: Geschichte und Gesellschaft 14, 1988, 417–447.

Constantine, Stephen, Unemployment in Britain Between the Wars. London 1980.

Conze, Werner (Hrsg.), Staat und Gesellschaft im deutschen Vormärz, 1815–1849. 2. Aufl. Stuttgart 1970.

Conze, Werner, Zur Geschichte der Mitbestimmung in der Bundesrepublik Deutschland, in: Comité International des Sciences Historiques, XVe Congrès International des Sciences Historiques. Bucarest. 10–17 août 1980. Rapports II. Bucarest 1980, 713–725.

Conze, Werner/M. Rainer Lepsius (Hrsg.), Sozialgeschichte der Bundesrepublik Deutschland. Beiträge zum Kontinuitätsproblem. Stuttgart 1983.

Cooper, Michael H. (Ed.), Social Policy. A Survey of Recent Developments. Oxford 1973.

Coughlin, Richard M., Ideology, Public Opinion and Welfare Policy: Attitudes Towards Taxes and Spending in Industrialized Societies. Berkeley 1980.

Crew, David F., „Wohlfahrtsbrot ist bitteres Brot". The Elderly, the Disabled and the Local Welfare Authorities in the Weimar Republic 1924–1933, in: Archiv für Sozialgeschichte 30, 1990, 217–245.

Cromwell, Valerie, Revolution or Evolution. British Government in the Nineteenth Century. London 1977.

Crossman, R. H., The Politics of Pensions. Liverpool 1972.

Crouch, Colin, The Politics of Industrial Relations. Manchester 1979.

Crouch, Colin/Alessandro Pizzorno (Eds.), The Resurgence of Class Conflict in Western Europe since 1968. 2 Bde. London/Basingstoke 1978.

Crowther, M. A., The Workhouse System, 1834–1929: The History of an English Social Institution. London 1981.

Däubler, Wolfgang (Hrsg.), Arbeitskampfrecht, 2. Aufl. Baden-Baden 1987.

Däubler, Wolfgang u.a., Sozialstaat E.G.? Die andere Dimension des Binnenmarktes. Gütersloh 1989.

Dawson, William Harbutt, Social Insurance in Germany 1883–1911: Its History, Operation, Results. And a Comparison with the National Insurance Act 1911. New York 1911. Neudruck Westport 1979.

Dettmar, Wilhelm, Die Belastung des Arbeitseinkommens mit Lohnsteuer und sozialen Beiträgen vor dem Krieg und nach der Inflation. Wirtschafts- und sozialwiss. Diss. Frankfurt a.M. 1932, Grossauheim a. Main 1933.

Dewar, Margaret, Labour Policy in the USSR 1917–1928. London/New York 1956.

Dinges, Martin, Stadtarmut in Bordeaux 1525–1675. Alltag–Politik–Mentalitäten. Bonn 1988.

Dirlmeier, Ulf, Untersuchungen zu Einkommensverhältnissen und Lebenshaltungskosten in oberdeutschen Städten des Spätmittelalters (Mitte 14. bis Anfang 16. Jahrhundert). Heidelberg 1978.

Dixon, John (Ed.), Social Welfare in the Middle East. London etc. 1987.

Dixon, John (Ed.), Social Welfare in Africa. London etc. 1987.

Dixon, John/Hyung Shik Kim (Eds.), Social Welfare in Asia. London etc. 1985.

Dixon, John/Robert P. Scheurell (Eds.), Social Welfare in Developed Market Countries. London/New York 1989.

Dorfman, Gerald A., Government versus Trade Unionism in British Politics since 1968. London/Basingstoke 1979.

Dreher, Wolfgang, Die Entstehung der Arbeiterwitwenversicherung in Deutschland nach z.T. unveröffentlichten Quellen. Berlin 1978.

Dumont, Jean-Pierre, La Sécurité sociale toujours en chantier. Histoire, bilan, perspectives. Paris 1981.

Dupeyroux, Jean-Jacques, Droit de la Sécurité Sociale. 8. Aufl. Paris 1980.

Dupeyroux, Jean-Jacques, Evolution et tendances des systèmes de sécurité sociale de pays membres des communautés européennes et de la Grande-Bretagne. Luxembourg 1966.

Duvernell, Helmut (Hrsg.), Koalitionsfreiheit und Tarifautonomie als Probleme der modernen Demokratie. Berlin 1968.

Ebert, Kurt, Die Anfänge der modernen Sozialpolitik in Österreich. Die Taaffesche Sozialgesetzgebung für die Arbeiter im Rahmen der Gewerbeordnungsreform (1879–1885). Wien 1975.

Eckstein, O. (Ed.), Studies in the Economics of Income Maintenance, Washington D.C. 1967.

Eisenstadt, S. N./Ora Ahimeir (Eds.), The Welfare State and its Aftermath. London/Sidney 1985.

Elvander, Nils, The Role of the State in the Settlement of Labor Disputes in the Nordic Countries: A Comparative Analysis, in: European Journal of Political Research 2, 1974, 363–383.

Emy, H. V., Liberals, Radicals and Social Politics, 1892–1914. Cambridge 1973.

Engelhardt, Ulrich, „Nur vereinigt sind wir stark". Die Anfänge der deutschen Gewerkschaftsbewegung 1862/63 bis 1869/70. 2 Bde. Stuttgart 1977.

Engelhardt, Ulrich, Zum Begriff der Glückseligkeit in der kameralistischen Staatslehre des 18. Jahrhunderts (J. H. G. v. Justi), in: Zeitschrift für historische Forschung 8, 1981, 37–79.

Ernst, Angelika, Dauerbeschäftigung und Flexibilität in Japan. Beschäftigungspolitik japanischer Unternehmen in Rationalisierungs- und Krisenphasen. Frankfurt/New York 1989.

Esping-Andersen, Gösta, Social Class, Social Democracy, and State Policy. Kopenhagen 1980.

Esping-Andersen, Gösta/Walter Korpi, Social Policy as Class Politics in Post-War Capitalism: Scandinavia, Austria, and Germany, in: John H. Goldthorpe (Ed.), Order and Conflict in Contemporary Capitalism. Oxford 1984, 179–208.

Evans, Eric J. (Ed.), Social Policy, 1830–1914: Individualism, Collectivism and the Origins of the Welfare State. London 1978.

Evans, Richard J./Dick Geary (Eds.), The German Unemployed. Experiences and Consequences of Mass Unemployment from the Weimar Republic to the Third Reich. New York 1987.

Ewald, François, L'Etat Providence. Paris 1986.

Faust, Anselm, Arbeitsmarktpolitik im Deutschen Kaiserreich: Arbeitsvermittlung, Arbeitsbeschaffung und Arbeitslosenunterstützung 1890–1918. Stuttgart 1986.

Feige, Lothar, Sozialpolitische Analyse der Organisation von Interessen in der Gesetzlichen Krankenversicherung. Von den Anfängen sozialer Sicherung bis zur Notgesetzgebung 1932 in Deutschland. Wirtschafts- und sozialwissenschaftliche Diss. Köln 1980.

Feldman, Gerald D./Irmgard Steinisch, Industrie und Gewerkschaften 1918–1924. Die überforderte Zentralarbeitsgemeinschaft. Stuttgart 1985.

Feldman, Gerald D./Irmgard Steinisch, Die Weimarer Republik zwischen Sozial- und Wirtschaftsstaat. Die Entscheidung gegen den Achtstundentag, in: Archiv für Sozialgeschichte 18, 1978, 353–439.

Feldman, Gerald D./Irmgard Steinisch, Notwendigkeit und Grenzen sozialstaatlicher Intervention. Eine vergleichende Fallstudie des Ruhreisenstreits in Deutschland und des Generalstreiks in England, in: Archiv für Sozialgeschichte 20, 1980, 57–118.

Ferber, Christian von/Franz-Xaver Kaufmann (Hrsg.), Soziologie und Sozialpolitik, Opladen 1977.

Feuchtwanger, L., Geschichte der sozialen Politik und des Armenwesens im Zeitalter der Reformation, in: Jahrbuch für Gesetzgebung, Verwaltung und Volkswirtschaft im Deutschen Reich [= Schmollers Jahrbuch] NF. 32, 1908, 1423–1460; 33, 1909, 191–228.

Fine, Sidney, Laissez Faire and the General Welfare State. A Study of Conflict in American Thought 1865–1901. Ann Arbor/London 1956.

Fischer, Thomas, Städtische Armut und Armenfürsorge im 15. und 16. Jahrhundert. Sozialgeschichtliche Untersuchungen am Beispiel der Städte Basel, Freiburg i. Br. und Straßburg. Göttingen 1979.

Fischer, Wolfram, Armut in der Geschichte. Erscheinungsformen und Lösungsversuche der „Sozialen Frage" in Europa seit dem Mittelalter. Göttingen 1982.

Flanders, Allan/H. A. Clegg (Eds.), The System of Industrial Relations in Great Britain. Its History, Law and Institutions. Oxford 1964.

Flora, Peter/Jens Alber/Jürgen Kohl, Zur Entwicklung der westeuropäischen Wohlfahrtsstaaten, in: Politische Vierteljahresschrift 18, 1977, 707–772.

Flora, Peter/Arnold J. Heidenheimer (Eds.), The Development of Welfare States in Europe and America. New Brunswick/London 1981.

Flora, Peter u. a., State, Economy, and Society in Western Europe 1815–1975. A Data Handbook in Two Volumes. Vol. 1: The Growth of Mass Democracies and Welfare States. Frankfurt a. M./London 1983; Vol. 2: The Growth of Industrial Societies and Capitalist Economies. Frankfurt a. M./London/Chicago 1987.

Flora, Peter (Ed.), Growth to Limits. The Western European Welfare States Since World War II. (Von den geplanten fünf Bänden sind bisher die Bände 1, 2 und 4 Berlin/New York 1986/87 erschienen.)

Forrest, Alan, The French Revolution and the Poor. New York 1981.

Fournier, Jacques/Nicole Questiaux, Traité du Social. Situations, luttes, politiques, institutions. 2e édition, revue et mise à jour. Paris 1978.

Fraser, Derek, The Evolution of the British Welfare State. A History of Social Policy Since the Industrial Revolution. 2. Aufl. London 1984.

Freeden, Michael, The New Liberalism. An Ideology of Social Reform. Oxford 1978.

Freund, Richard, Armenpflege und Arbeiterversicherung. Prüfung der Frage, in welcher Weise die neuere soziale Gesetzgebung auf die Aufgaben der Armengesetzgebung und Armenpflege einwirkt. Leipzig 1895.

Frevert, Ute, Krankheit als politisches Problem 1770–1880. Soziale Unterschichten in Preußen zwischen medizinischer Polizei und staatlicher Sozialversicherung. Göttingen 1984.

Friedmann, Robert R./Neil Gilbert/Moshe Sherer (Eds.), Modern Welfare States. A Comparative View of Trends and Prospects. New York 1987.

Fröhlich, Sigrid, Die soziale Sicherung bei Zünften und Gesellenverbänden. Darstellung, Analyse, Vergleich. Berlin 1976.

Führer, Karl Christian, Arbeitslosigkeit und die Entstehung der Arbeitslosenversicherung in Deutschland 1902–1927. Berlin 1990.

Führer, Karl Christian, Für das Wirtschaftsleben ‚mehr oder weniger wertlose Personen'. Zur Lage von Invaliden- und Kleinrentnern in den Inflationsjahren 1918–1924, in: Archiv für Sozialgeschichte 30, 1990, 145–180.

Furniss, Norman/Timothy Tilton, The Case for the Welfare State. From Social Security to Social Equality. Bloomington/London 1977.

Galant, Henry C., Histoire Politique de la Sécurité Sociale Française 1945–1952. Paris 1955.

Gall, Lothar, Zu Ausbildung und Charakter des Interventionsstaates, in: Werner Pöls (Hrsg.), Staat und Gesellschaft im politischen Wandel. Beiträge zur Geschichte der modernen Welt. Stuttgart 1979, 1–16.

Gamillscheg, F., u.a. (Hrsg.), In Memoriam Sir Otto Kahn-Freund. München 1980.

George, V., Social Security: Beveridge and After. London 1968.

George, Vic/Nick Manning, Socialism, Social Welfare and the Soviet Union. London etc. 1980.

Geremek, Bronislaw, Geschichte der Armut. Elend und Barmherzigkeit in Europa. München/Zürich 1988.

Geyer, Martin H., Die Reichsknappschaft. Versicherungsformen und Sozialpolitik im Bergbau 1900–1945. München 1987.

Geyer, Michael, Ein Vorbote des Wohlfahrtsstaates. Die Kriegsopferversorgung in Frankreich, Deutschland und Großbritannien nach dem Ersten Weltkrieg, in: Geschichte und Gesellschaft 9, 1983, 230–277.

Gilbert, Bentley B., The Evolution of National Insurance in Great Britain. The Origins of the Welfare State. London 1966.

Gilbert, Bentley B., British Social Policy 1914–1939. London 1973.

Gladen, Albin, Geschichte der Sozialpolitik in Deutschland. Eine Analyse ihrer Bedingungen, Formen, Zielsetzungen und Auswirkungen. Wiesbaden 1974.

Gomez Molleda, Maria Dolores (Hrsg.), Los Seguros Sociales en la Espana del Siglo XX, Bd. I: *Feliciano Montero Garcia,* Origenes y Antecedentes de la Prevision Social; Bd. II: *Josefina Cuesta Bustillo,* Hacia los Seguros Sociales Obligatorios. La crisis de la Restauracion; Bd. III: *Mercedes Samaniego Boneu,* La Unificacion de los Seguros Sociales a Debate. La segunda Republica. Madrid 1988.

Gordon, Andrew, The Evolution of Labor Relations in Japan. Heavy Industry, 1853–1955. Cambridge, Mass./London 1985.

Gorges, Irmela, Sozialforschung in Deutschland 1872–1914. Gesellschaftliche Einflüsse auf Themen- und Methodenwahl des Vereins für Socialpolitik. Königstein/Ts. 1980.

Gosden, P. H. J. H., The Friendly Societies in England 1815–1875. Manchester 1961.

Gosden, P. H. J. H., Self-Help. Voluntary Associations in the 19th Century. London 1973.

Guderjahn, Klaus, Die Frage des sozialen Versicherungsschutzes für selbständig Erwerbstätige vom Entstehen der deutschen Sozialversicherung bis zur Gegenwart, Bonn-Bad Godesberg 1971.

Hahn, Dierk, Die öffentlich-rechtliche Alterssicherung der verkammerten freien Berufe. Berlin 1974.

Hannah, Leslie, Inventing Retirement. The Development of Occupational Pensions in Britain. Cambridge 1986.

Harris, José, Unemployment and Politics. A Study in British Social Politics 1886–1914, Oxford 1972.

Harris, José, William Beveridge. A Biography. Oxford 1977.

Hartwich, Hans-Hermann, Sozialstaatspostulat und gesellschaftlicher status quo. 3. Aufl. Opladen 1978.

Hartwich, Hans-Hermann, Weimar und Bonn – Gewerkschaften und die Entwicklung des Sozialstaates, in: Heinz Oskar Vetter (Hrsg.), Aus der Geschichte lernen – die Zukunft gestalten. 30 Jahre DGB. Köln 1980, 209–223.

Hatzfeld, Henri, Du paupérisme à la sécurité sociale. Essais sur les origines de la sécurité sociale en France 1850–1940. Paris 1971.

Hay, J. R., Origins of the Liberal Welfare Reforms, 1906–14. London/Basingstoke 1975.

Heclo, Hugh, Modern Social Politics in Britain and Sweden. From Relief to Income Maintenance. New Haven/London 1974.

Hedges, R. Y./Allan Winterbottom, The Legal History of Trade Unionism. London etc. 1930.

Heimann, Eduard, Soziale Theorie des Kapitalismus. Theorie der Sozialpolitik. Tübingen 1929.

Heinze, Rolf G. (Hrsg.), Neue Subsidiarität: Leitidee für eine zukünftige Sozialpolitik? Opladen 1986.

Henningsen, Bernd, Der Wohlfahrtsstaat Schweden. Baden-Baden 1986.

Hennock, E. P., British Social Reform and German Precedents. The Case of Social Insurance 1880–1914. Oxford 1987.

Hennock, E. P., Poverty and Social Theory in England. The Experience of the Eighteen-Eighties, in: Social History 2, 1977, 67–91.

Henriques, Ursula, Before the Welfare State. Social Administration in Early Industrial Britain. London 1979.

Hentschel, Volker, Das System der sozialen Sicherung in historischer Sicht 1880 bis 1975, in: Archiv für Sozialgeschichte 18, 1978, 307–352.

Hentschel, Volker, Geschichte der deutschen Sozialpolitik (1880–1980). Soziale Sicherung und kollektives Arbeitsrecht. Frankfurt a. M. 1983.

Heyn, Walter, Die Handwerkerversicherung in den westlichen Zonen Deutschlands. 2. Aufl. Bremen-Horn 1949.

Heyn, Walter, Der Wandel der Handwerkerversicherung bis zum Gesetz vom 8. September 1960. Ein Beitrag zur Versicherungspflicht von Selbständigen; in: Zeitschrift für die gesamte Versicherungswissenschaft 49, 1960, 303–397.

Himmelfarb, Gertrude, The Idea of Poverty. England in the Early Industrial Age. New York 1984.

Hinrichs, Carl, Preußentum und Pietismus. Göttingen 1971.

Hinton, James, The First Shop Stewards' Movement. London 1973. A History of British Trade Unions since 1889. Bd. I: 1889–1910 von *H. A. Clegg, Alan Fox* und *A. F. Thompson.* Oxford 1964; Bd. II: 1911–1931 von *Hugh Armstrong Clegg.* Oxford 1985.

Hockerts, Hans Günter, Sozialpolitische Entscheidungen im Nachkriegsdeutschland. Alliierte und deutsche Sozialversicherungspolitik 1945 bis 1957. Stuttgart 1980.

Hockerts, Hans Günter, Hundert Jahre Sozialversicherung in Deutschland. Ein Bericht über die neuere Forschung, in: Historische Zeitschrift 237, 1983, 361–384.

Hofmann, Wolfgang, Aufgaben und Struktur der kommunalen Selbstverwaltung in der Zeit der Hochindustrialisierung, in: Kurt G. A. Jeserich/Hans Pohl/Georg Christoph von Unruh (Hrsg.), Deutsche Verwaltungsgeschichte. Bd. 3: Das Deutsche Reich bis zum Ende der Monarchie. Stuttgart 1984, 578–644.

Hofmeister, Herbert, Ein Jahrhundert Sozialversicherung in Österreich. Berlin 1981.

Hofstadter, Richard, Social Darwinism in American Thought 1860–1915. Third Printing. Philadelphia 1948.

Homburg, Heidrun, Vom Arbeitslosen zum Zwangsarbeiter. Arbeitslosenpolitik und Fraktionierung der Arbeiterschaft in Deutschland 1930–1933 am Beispiel der Wohlfahrtserwerbslosen und der kommunalen Wohlfahrtshilfe, in: Archiv für Sozialgeschichte 25, 1985, 251–298.

Huber, Ernst Rudolf, Rechtsstaat und Sozialstaat in der modernen Industriegesellschaft, in: ders., Nationalstaat und Verfassungsstaat. Studien zur Geschichte der modernen Staatsidee. Stuttgart 1965, 249–272.

Huber, Ernst Rudolf, Lorenz von Stein und die Grundlegung der Idee des Sozialstaates, in: Ernst Forsthoff (Hrsg.), Lorenz von Stein. Gesellschaft – Staat – Recht. Berlin 1972, 495–512.

Huber, Ernst Rudolf, Vorsorge für das Dasein. Ein Grundbegriff der Staatslehre Hegels und Lorenz von Steins, in: Roman Schnur (Hrsg.), Festschrift für Ernst Forsthoff zum 70. Geburtstag. München 1972, 139–163.

Hudemann, Rainer, Sozialpolitik im deutschen Südwesten zwischen Tradition und Neuordnung 1945–1953. Sozialversicherung und Kriegsopferversorgung im Rahmen französischer Besatzungspolitik. Mainz 1988.

Igl, Gerhard/Bernd Schulte/Thomas Simons, Einführung in das Recht der sozialen Sicherheit von Frankreich, Großbritannien und Italien. Berlin 1978.

Inglis, Fred, Radical Earnestness. English Social Theory 1880–1980. Oxford 1982.

International Labour Office, The cost of social security, 1949–1954. Geneva 1958.

International Labour Office, The cost of social security. Eleventh international inquiry, 1978–1980. Geneva 1985.

International Labour Office, The cost of social security. Twelfth international inquiry, 1981–1983. Geneva 1988.

Internationales Arbeitsamt Genf, Der Einfluß der Übereinkommen und Empfehlungen der Internationalen Arbeitsorganisation. Genf 1977.

Iserloh, Erwin, Die soziale Aktivität der Katholiken im Übergang von caritativer Fürsorge zu Sozialreform und Sozialpolitik, dargestellt an den Schriften Wilhelm Emmanuel von Kettelers. Mainz 1975.

Jacobi, Otto/Hans Kastendiek (Hrsg.), Staat und industrielle Beziehungen in Großbritannien. Frankfurt a.M./New York 1985.

Jantke, Carl/Dietrich Hilger (Hrsg.), Die Eigentumslosen. Der deutsche Pauperismus und die Emanzipationskrise in Darstellungen und Deutungen der zeitgenössischen Literatur. Freiburg/München 1965.

Jenkins, Shirley (Ed.), Social Security in International Perspective. Essays in Honor of Eveline M. Burns. New York/London 1969.

Johnson, Paul Barton, Land Fit for Heroes. The Planning of British Reconstruction 1916–1919. Chicago/London 1968.

Jordan, W. K., Philanthropy in England 1480–1660. A Study of the Changing Pattern of English Social Aspirations. London 1959, Reprint Westport, Conn. 1978.

Jütte, Robert, Poor Relief and Social Discipline in Sixteenth-Century Europe, in: European Studies Review 11, 1981, 25–52.

Jütte, Robert, Obrigkeitliche Armenfürsorge in deutschen Reichsstädten der frühen Neuzeit. Städtisches Armenwesen in Frankfurt am Main und Köln. Köln 1984.

Kaelble, Hartmut, Auf dem Weg zu einer europäischen Gesellschaft. Eine Sozialgeschichte Westeuropas 1880–1980. München 1987.

Kahn-Freund, Otto, Labour and the Law. 2. Aufl. London 1977.

Kahn-Freund, Otto, Labour Relations. Heritage and Adjustment. Oxford 1979.

Kaiser, Jochen-Christoph, Sozialer Protestantismus im 20. Jahrhundert. Beiträge zur Geschichte der Inneren Mission 1914–1945. München 1989.

Kassalow, Everett M., Trade Unions and Industrial Relations. An International Comparison. New York 1969.

Kaufmann, Franz-Xaver, Sicherheit als soziologisches und sozialpolitisches Problem. Untersuchungen zu einer Wertideee hochdifferenzierter Gesellschaften. Stuttgart 1970.

Kaufmann, Franz-Xaver (Hrsg.), Staatliche Sozialpolitik und Familie. München/Wien 1983.

Kaufmann, Franz-Xaver, Christentum und Wohlfahrtsstaat, in: Zeitschrift für Sozialreform 34, 1988, 65–88.

Kellogg, Paul U./Arthur Gleason, British Labor and the War. Reconstructors for a New World. Neudruck New York/London 1972 (Erstauflage 1919).

Kleeis, Friedrich, Die Geschichte der sozialen Versicherung in Deutschland (1928). Neudruck hrsg. v. Dieter Dowe mit einer Einleitung von Florian Tennstedt. Berlin/Bonn 1981.

Köhler, Peter A., Sozialpolitische und sozialrechtliche Aktivitäten in den Vereinten Nationen. Baden-Baden 1987.

Köhler, Peter A./Hans F. Zacher (Hrsg.), Ein Jahrhundert Sozialversicherung in der Bundesrepublik Deutschland, Frankreich, Großbritannien, Österreich und der Schweiz. Berlin 1981.

Köhler, Peter A./Hans F. Zacher (Hrsg.), Beiträge zu Geschichte und aktueller Situation der Sozialversicherung. Colloquium des Max-Planck-Instituts für ausländisches und internationales Sozialrecht. Berlin 1983.

Könke, Günter, Organisierter Kapitalismus, Sozialdemokratie und Staat. Eine Studie zur Ideologie der Sozialdemokratischen Arbeiterbewegung in der Weimarer Republik (1924–1932). Stuttgart 1987.

Kohl, Jürgen, Staatsausgaben in Westeuropa. Analysen zur langfristigen Entwicklung der öffentlichen Finanzen. Frankfurt a. M./New York 1985.

Kolb, Karl, Kapitalbildung und Kapitalanlage in der deutschen Sozialversicherung (in den Zeiträumen 1910–1913, 1914–1917, 1924–1926). Rechts- und Staatswissenschaftliche Diss. Halle-Wittenberg 1928, Borna-Leipzig 1929.

Koselleck, Reinhart, Preußen zwischen Reform und Revolution. Allgemeines Landrecht, Verwaltung und soziale Bewegung von 1791 bis 1848. 3. Aufl. Stuttgart 1987.

Koslowski, Peter/Philipp Kreuzer/Reinhard Löw (Hrsg.), Chancen und Grenzen des Sozialstaats. Staatstheorie – Politische Ökonomie – Politik. Tübingen 1983.

Koslowski, Stefan, Die Geburt des Sozialstaats aus dem Geist des Deutschen Idealismus. Person und Gemeinschaft bei Lorenz von Stein. Weinheim 1989.

Kouri, E. I., Der deutsche Protestantismus und die soziale Frage 1870–1919. Zur Sozialpolitik im Bildungsbürgertum. Berlin/New York 1984.

Krabbe, Wolfgang R., Kommunalpolitik und Industrialisierung. Die Entfaltung der städtischen Leistungsverwaltung im 19. und frühen 20. Jahrhundert. Fallstudien zu Dortmund und Münster. Stuttgart etc. 1985.

Kranig, Andreas, Lockung und Zwang. Zur Arbeitsverfassung im Dritten Reich. Stuttgart 1983.

Kruedener, Jürgen von, Die Überforderung der Weimarer Republik als Sozialstaat, in: Geschichte und Gesellschaft 11, 1985, 358–376.

Kuhnle, Stein, The Beginnings of the Nordic Welfare States: Similarities and Differences, in: Acta Sociologica. Special Congress Issue: The Nordic Welfare States 21, 1978, 9–35.

Kuromiya, Hiroaki, Stalin's Industrial Revolution: Politics and Workers, 1928–1932. Cambridge etc. 1988.

Labisch, Alfons, Gemeinde und Gesundheit. Zur historischen Soziologie des kommunalen Gesundheitswesens, in: Bernhard Blanke u. a. (Hrsg.), Die Zweite Stadt. Neue Formen lokaler Arbeits- und Sozialpolitik. Opladen 1976, 275–305.

Labisch, Alfons/Florian Tennstedt, Der Weg zum „Gesetz über die Vereinheitlichung des Gesundheitswesens" vom 3. Juli 1934. Entwicklungslinien und -momente des staatlichen und kommunalen Gesundheitswesens in Deutschland. Teil 1. Düsseldorf 1985.

Lampert, Heinz, Sozialpolitik. Berlin etc. 1980.

Landwehr, Rolf/Rüdeger Baron (Hrsg.), Geschichte der Sozialarbeit. Hauptlinien ihrer Entwicklung im 19. und 20. Jahrhundert. Weinheim/Basel 1983.

Lawson, Roger, Gegensätzliche Tendenzen in der Sozialen Sicherheit: Ein Vergleich zwischen Großbritannien und Schweden, in: Zeitschrift für ausländisches und internationales Arbeits- und Sozialrecht 1, 1987, 23–44.

Lederer, Emil, Die Pensionsversicherung der Angestellten, in: Archiv für Sozialwissenschaft und Sozialpolitik 33, 1911, 780–841.

Lederer, Max, Grundriß des österreichischen Sozialrechts. 2. Aufl. Wien 1932.

Leibfried, Stephan/Florian Tennstedt, Berufsverbote und Sozialpolitik 1933. Die Auswirkungen der nationalsozialistischen Machtergreifung auf die Krankenkassenverwaltung und die Kassenärzte. Analyse. Materialien zu Angriff und Selbsthilfe. Erinnerungen. 2. Aufl. Bremen 1980.

Leibfried Stephan/Florian Tennstedt (Hrsg.), Politik der Armut und die Spaltung des Sozialstaates. Frankfurt a. M. 1985.

Leonard, E. M., The Early History of English Poor Relief. Cambridge 1900, Reprint London 1965.

Levine, Daniel, Conservatism and Tradition in Danish Social Welfare Legislation, 1890–1933: A Comparative View, in: Comparative Studies in Society and History, 20, 1978, 54–69.

Levine, Daniel, Poverty and Society. The Growth of the American Welfare State in International Comparison. New Brunswick/London 1988.

Lichtenberg, Hagen (Hrsg.), Sozialpolitik in der EG. Baden-Baden 1986.

Lindenlaub, Dieter, Richtungskämpfe im Verein für Sozialpolitik. Wissenschaft und Sozialpolitik im Kaiserreich, vornehmlich vom Beginn des „Neuen Kurses" bis zum Ausbruch des I. Weltkrieges (1890–1914). 2 Bde. Wiesbaden 1967.

Lohmann, Theodor (Hrsg.), Die Fabriken-Gesetzgebung der Staaten des europäischen Kontinents. Berlin 1878.

Lotmar, Philipp, Der Arbeitsvertrag nach dem Privatrecht des Deutschen Reiches. 2 Bde. Leipzig 1902/08.

Lubove, Roy, The Struggle for Social Security 1900–1935. Cambridge, Mass. 1968.

MacDonagh, Oliver, The Nineteenth-Century Revolution in Government: A Reappraisal, in: The Historical Journal 1, 1958, 52–67.

MacGregor, Susanne, The Politics of Poverty. London 1981.

Mackenroth, Gerhard, Die Reform der Sozialpolitik durch einen deutschen Sozialplan, zuerst in: Schriften des Vereins für Socialpolitik, N. F. Bd. 4, Berlin 1952, 39–76.

Macnicol, John, The Movement for Family Allowances, 1918–1945. London 1980.

Maier, Hans, Die ältere deutsche Staats- und Verwaltungslehre. 2. Aufl. München 1980.

Marmor, Theodore R., The Politics of Medicare. Rev. American Ed. Chicago 1973.

Marshall, J. M., The Old Poor Law, 1795–1834. Studies in Economic History. London 1968.

Marshall, T. H., Class, Citizenship and Social Development. With an Introduction by Seymour Martin Lipset. Westport, Conn. 1973.

Martin, Benjamin/Everett M. Kassalow (Eds.), Labor Relations in Advanced Industrial Societies. Issues and Problems. Washington/New York 1980.

Martin E. W. (Ed.), Comparative Development in Social Welfare. London 1972.

Martiny, Martin, Integration oder Konfrontation? Studien zur Geschichte der sozialdemokratischen Rechts- und Verfassungspolitik. Bonn-Bad Godesberg 1976.

Maschke, Erich/Jürgen Sydow (Hrsg.), Gesellschaftliche Unterschichten in den südwestdeutschen Städten. Stuttgart 1967.

Mason, Timothy W., Sozialpolitik im Dritten Reich. Arbeiterklasse und Volksgemeinschaft. 3. Aufl. Opladen 1978.

Matthes, Joachim (Hrsg.), Sozialer Wandel in Westeuropa: Verhandlungen des 19. Deutschen Soziologentages 17.–20. April 1979 im Internationalen Congress Centrum (ICC) in Berlin. Frankfurt a. M./New York 1979.

Matthes, Joachim (Hrsg.), Krise der Arbeitsgesellschaft? Verhandlungen des 21. Deutschen Soziologentages in Bamberg 1982. Frankfurt a. M./New York 1983.

Maydell, Bernd von, Das Recht der Europäischen Gemeinschaften und die Sozialversicherung. Supranationales Sozialversicherungsrecht und Auswirkungen des EG-Rechts auf die nationale Sozialversicherung, in: Zeitschrift für die gesamte Versicherungswissenschaft 112, 1989, 1–24.

Mesa-Lago, Carmelo, Social Security in Latin America. Pressure Groups, Stratification and Inequality. Pittsburgh, Pa. 1978.

Metz, Karl H., Staatsraison und Menschenfreundlichkeit. Formen und Wandlungen der Armenpflege im Ancien Régime Frankreichs, Deutschlands und Großbritanniens, in: Vierteljahrschrift für Sozial- und Wirtschaftsgeschichte 72, 1985, 1–26.

Metz, Karl H., Industrialisierung und Sozialpolitik. Das Problem der sozialen Sicherheit in Großbritannien 1795–1911. Göttingen/Zürich 1988.

Mollat, Michel (Hrsg.), Études sur l'Histoire de la Pauvreté. 2 Bde. Paris 1974.

Mollat, Michel, Die Armen im Mittelalter. München 1984.

Mommsen, Wolfgang J. in Zusammenarbeit mit *Wolfgang Mock* (Hrsg.), Die Entstehung des Wohlfahrtsstaates in Großbritannien und Deutschland 1850–1950. Stuttgart 1982.

Mommsen, Wolfgang J./Hans-Gerhard Husung (Hrsg.), Auf dem Wege zur Massengewerkschaft. Die Entwicklung der Gewerkschaften in Deutschland und Großbritannien 1880–1914. Stuttgart 1984.

Moritz, Werner, Die bürgerlichen Fürsorgeanstalten der Reichsstadt Frankfurt im späten Mittelalter. Frankfurt a. M. 1981.

Müller-Jentsch, Walther, Soziologie der industriellen Beziehungen. Eine Einführung. Frankfurt/New York 1986.

Müller-List, Gabriele (Bearb.), Montanmitbestimmung. Das Gesetz über die Mitbestimmung der Arbeitnehmer in den Aufsichtsräten und Vorständen der Unternehmen des Bergbaus und der Eisen und Stahl erzeugenden Industrie vom 21. Mai 1951. Düsseldorf 1984.

Naphtali, Fritz, Wirtschaftsdemokratie. Ihr Wesen, Weg und Ziel. Hrsg. u. eingel. v. Rudolf F. Kuda. 4. Aufl. Frankfurt a.M./Köln 1977 [Erstdruck 1928].

Nelson, Daniel, Unemployment Insurance: The American Experience, 1915–1935. Madison/London 1969.

Neuloh, Otto (Bearb.), Hundert Jahre staatliche Sozialpolitik 1839–1939. Aus dem Nachlaß von Friedrich Syrup. Stuttgart 1957.

Niethammer, Lutz (Hrsg.), Wohnen im Wandel. Beiträge zur Geschichte des Alltags in der bürgerlichen Gesellschaft. Wuppertal 1979.

Ofner, Julius, Studien sozialer Jurisprudenz. Wien 1894.

O'Shanahan, William, Der deutsche Protestantismus vor der sozialen Frage 1815–1871. München 1962.

Otruba, Gustav, Privatbeamten-, Handlungsgehilfen- und Angestelltenorganisationen. Ihr Beitrag zur Entstehung des österreichischen Angestelltenpensionsversicherungsgesetzes 1906, in: Jürgen Kocka (Hrsg.), Angestellte im europäischen Vergleich. Die Herausbildung angestellter Mittelschichten seit dem späten 19. Jahrhundert. Göttingen 1981, 240–256.

Øyen, Else (Ed.), Comparing Welfare States and Their Futures. Cambridge 1986.

Pankoke, Eckart, Sociale Bewegung – Sociale Frage – Sociale Politik. Grundfragen der Deutschen „Socialwissenschaft" im 19. Jahrhundert. Stuttgart 1970.

Parris, Henry, The Nineteenth Century Revolution in Government: A Reappraisal Reappraised, in: The Historical Journal 3, 1960, 17–37.

Pellar, Brigitte, Staatliche Institutionen und gesellschaftliche Interessengruppen in der Auseinandersetzung um den Stellenwert der Sozialpolitik und um ihre Gestaltung. Das k.k. arbeitsstatistische Amt im Handelsministerium und sein ständiger Arbeitsbeirat 1898–1917. 3 Bde. Phil. Diss. Wien 1982.

Perrin, Guy, Reflections on Fifty Years of Social Security, in: International Labour Review 99, 1969, 249–292.

Perrin, Guy, Die Ursprünge des internationalen Rechts der sozialen Sicherheit. München 1983.

Peschke, Paul, Geschichte der deutschen Sozialversicherung. Der Kampf der unterdrückten Klassen um soziale Sicherung. Berlin (Ost) 1962.

Peters, Horst, Die Geschichte der sozialen Versicherung. 3. Aufl. Sankt Augustin 1978.

Petersen, Jørn Henrik, The Development of the Danish Welfare State and its Present Status. Presented to the International Economic History Conference in Edinburgh, August 1978. Odense 1978.

Peukert, Detlev J. K., Grenzen der Sozialdisziplinierung. Aufstieg und Krise der deutschen Jugendfürsorge von 1878 bis 1932. Köln 1986.

Pohl, Hans (Hrsg.), Die Entwicklung des Arbeitskampfrechts in Deutschland und in den westlichen Nachbarstaaten. Referate und Diskussionsbeiträge des 4. wissenschaftlichen Symposiums der Gesellschaft für Unternehmensgeschichte e.V. am 7. Dezember 1979 in Hannover. Wiesbaden 1980.

Pollmann, Klaus Erich, Landesherrliches Kirchenregiment und soziale Frage. Der evangelische Oberkirchenrat der altpreußischen Landeskirche und die sozial-politische Bewegung der Geistlichen nach 1890. Berlin 1973.

Poynter, J. R., Society and Pauperism. English Ideas on Poor Relief 1795–1834. London/Toronto 1969.

Preller, Ludwig, Sozialpolitik in der Weimarer Republik. Nachdruck Kronberg. Ts./Düsseldorf 1978.

Pribram, Karl, Die Wandlungen des Begriffs der Sozialpolitik, in: Die Wirtschaftswissenschaften nach dem Kriege. Festgabe für Lujo Brentano zum 80. Geburtstag. Bd. 2. München/Leipzig 1925, 227–267.

Price, Roger, Poor Relief and Social Crisis in Mid-Nineteenth-Century France, in: European Studies Review 13, 1983, 423–454.

Prinz, Michael, Vom neuen Mittelstand zum Volksgenossen. Die Entwicklung des sozialen Status der Angestellten von der Weimarer Republik bis zum Ende der NS-Zeit. München 1986.

Quadagno, Jill, The Transformation of Old Age Security. Class and Politics in the American Welfare State. Chicago/London 1988.

Quarck, Max, Die erste deutsche Arbeiterbewegung. Geschichte der Arbeiterverbrüderung 1848/49. Ein Beitrag zur Theorie und Praxis des Marxismus. Neudruck Glashütten i. T. 1970.

Ramm, Thilo (Hrsg.), Arbeitsrecht und Politik. Quellentexte 1918–1933. Neuwied/Berlin-Spandau 1966.

Ramson, Roger L., In Search of Security: The Growth of Government Spending in the United States, 1902–1970, in: Roger L. Ramson u.a. (Eds.), Explorations in the New Economic History. Essays in Honor of Douglas C. North. New York etc. 1982.

Rassow, Peter/Karl Erich Born (Hrsg.), Akten zur staatlichen Sozialpolitik in Deutschland 1890–1914. Wiesbaden 1959.

Ratz, Ursula, Sozialreform und Arbeiterschaft. Die „Gesellschaft für Soziale Reform“ und die sozialdemokratische Arbeiterbewegung von der Jahrhundertwende bis zum Ausbruch des Ersten Weltkrieges. Berlin 1980.

Recker, Marie-Luise, Nationalsozialistische Sozialpolitik im Zweiten Weltkrieg. München 1985.

Reidegeld, Eckart, Die Sozialversicherung zwischen Neuordnung und Restauration. Soziale Kräfte, Reformen und Reformpläne unter besonderer Berücksichtigung der Versicherungsanstalt Berlin (VAB). Frankfurt a.M. 1982.

Reif, Heinz, Soziale Lage und Erfahrungen des alternden Fabrikarbeiters in der Schwerindustrie des westlichen Ruhrgebietes während der Hochindustrialisierung, in: Archiv für Sozialgeschichte 22, 1982, 1–94.

Reis, Claus/Manfred Wienand u.a., Zur sozialen Dimension des EG-Binnenmarktes, Frankfurt 1990.

Reulecke, Jürgen, Sozialer Frieden durch soziale Reform. Der Centralverein für das Wohl der arbeitenden Klassen in der Frühindustrialisierung. Wuppertal 1983.

Rimlinger, Gaston V., Welfare Policy and Industrialization in Europe, America and Russia. New York etc. 1971.

Ritter, Gerhard A., Staat, Arbeiterschaft und Arbeiterbewegung in Deutschland. Vom Vormärz bis zum Ende der Weimarer Republik. Berlin/Bonn 1980.

Ritter, Gerhard A., Sozialversicherung in Deutschland und England. Entstehung und Grundzüge im Vergleich. München 1983. Erw. englische Fassung

unter dem Titel: Social Welfare in Germany and Britain. Origins and Development. Leamington Spa/New York 1986.
Ritter, Gerhard A., Zur Geschichte der sozialen Ideen im 19. und frühen 20. Jahrhundert, in: Bernd von Maydell/Walter Kannengießer (Hrsg.), Handbuch Sozialpolitik. Pfullingen 1988, 12–63.
Roberts, Benjamin C. (Ed.), Towards Industrial Democracy. Europe, Japan and the United States. Montclair, New Jersey 1979.
Roberts, David, Victorian Origins of the British Welfare State. New Haven 1960.
Rohr, Donald G., The Origins of Social Liberalism in Germany. Chicago/London 1963.
Rose, Michael E. (Ed.), The English Poor Law, 1780–1930. Newton Abbot 1971.
Rose, Richard/Rei Shiratori (Eds.), The Welfare State East and West. New York/Oxford 1986.
Rosenberg, Hans, Große Depression und Bismarckzeit. Wirtschaftsablauf, Gesellschaft und Politik in Mitteleuropa. Berlin 1967.
Rothfels, Hans, Theodor Lohmann und die Kampfjahre der staatlichen Sozialpolitik (1871–1905). Nach ungedruckten Quellen. Berlin 1927.
Rotondi, M./G. Levi, The strike – lo sciopero – la grève – la huelga – der Arbeitskampf – a greve. Milano 1987.
Rowntree, B. Seebohm, Poverty. A Study of Town Life. 1. Aufl. London 1901. Neudruck der Auflage von 1922. New York 1971.
Royal Commission on Trade Unions and Employers' Associations 1965–1968. Report. British Parliamentary Papers, Cmnd. 3623, 1968.
Rubinow, J. M., Social Insurance with Special Reference to American Conditions. New York 1913.
Sachße, Christoph, Mütterlichkeit als Beruf. Sozialarbeit, Sozialreform und Frauenbewegung 1871–1929. Frankfurt a.M. 1986.
Sachße, Christoph/Florian Tennstedt, Geschichte der Armenfürsorge in Deutschland. [Bd. 1:] Vom Spätmittelalter bis zum Ersten Weltkrieg. Stuttgart etc. 1980; Bd. 2: Fürsorge und Wohlfahrtspflege 1871–1929. Stuttgart etc. 1988.
Sachße, Christoph/Florian Tennstedt (Hrsg.), Soziale Sicherheit und soziale Disziplinierung. Beiträge zu einer historischen Theorie der Sozialpolitik, Frankfurt a.M. 1986.
Saile, Wolfgang, Hermann Wagener und sein Verhältnis zu Bismarck. Ein Beitrag zur Geschichte des konservativen Sozialismus. Tübingen 1958.
Saul, Klaus, Staat, Industrie, Arbeiterbewegung im Kaiserreich. Zur Innen- und Außenpolitik (gemeint: Sozialpolitik) des Wilhelminischen Deutschland 1903–1914. Düsseldorf 1974.
Scharpff, Rudolf (Hrsg.), Handbuch des Armenrechts. Eine mit Erläuterungen versehene Zusammenstellung der reichs- und württembergischen landesgesetzlichen Bestimmungen über das Armenwesen. 2. Aufl. bearb. v. Friedrich Haller. Stuttgart 1909.
Scheuner, Ulrich, Der Rechtsstaat und die soziale Verantwortung des Staates. Das wissenschaftliche Lebenswerk von Robert von Mohl, in: Der Staat 18, 1979, 1–30.

Scheuner, Ulrich, Staatstheorie und Staatsrecht. Gesammelte Schriften. Hrsg. v. Joseph Listl u. Wolfgang Rüfner. Berlin 1978.

Scheur, Wolfgang, Einrichtungen und Maßnahmen der sozialen Sicherheit in der Zeit des Nationalsozialismus. Wirtschafts- und sozialwissenschaftliche Diss. Köln 1967.

Schluchter, Wolfgang, Entscheidung für den sozialen Rechtsstaat. Hermann Heller und die staatstheoretische Diskussion in der Weimarer Republik. Köln/Berlin 1968.

Schmid, Felix, Sozialrecht und Recht der sozialen Sicherheit. Die Begriffsbildung in Deutschland, Frankreich und der Schweiz. Berlin 1981.

Schmidt, Gustav (Hrsg.), „Industrial Relations" und „Industrial Democracy" in Großbritannien. Bochum 1984.

Schmidt, Manfred G., Wohlfahrtsstaatliche Politik unter bürgerlichen und sozialdemokratischen Regierungen. Ein internationaler Vergleich. Frankfurt a.M./New York 1982.

Schmidt, Manfred G., Sozialpolitik. Historische Entwicklung und internationaler Vergleich. Opladen 1988.

Schmoller, Gustav, Entstehung, Wesen und Bedeutung der neueren Armenpflege, in: Sitzungsberichte der Königlich Preußischen Akademie der Wissenschaften zu Berlin 1902, XXXIX, 915–925.

Schmuhl, Hans-Walter, Rassenhygiene, Nationalsozialismus, Euthanasie. Von der Verhütung zur Vernichtung ‚lebensunwerten Lebens' 1890–1945. Göttingen 1987.

Schneider, Michael, Kirche und soziale Frage im 19. und 20. Jahrhundert, unter besonderer Berücksichtigung des Katholizismus, in: Archiv für Sozialgeschichte 21, 1981, 533–553.

Schockenhoff, Volker, Wirtschaftsverfassung und Grundgesetz. Die Auseinandersetzungen in den Verfassungsberatungen 1945–1949. Frankfurt a.M./New York 1986.

Schoen, Paul, Armenfürsorge im Nationalsozialismus. Die Wohlfahrtspflege in Preußen zwischen 1933 und 1939 am Beispiel der Wirtschaftsfürsorge. Weinheim/Basel 1985.

Schönhoven, Klaus, Selbsthilfe als Form der Solidarität. Das gewerkschaftliche Unterstützungswesen im Deutschen Kaiserreich bis 1914, in: Archiv für Sozialgeschichte 20, 1980, 147–193.

Schoeps, Hans-Joachim, Hermann Wagener – Ein konservativer Sozialist. Ein Beitrag zur Ideengeschichte des Sozialismus, in: Zeitschrift für Religions- und Geistesgeschichte 8, 1956, 193–217.

Schulte, Bernd, Alterssicherung in Großbritannien, in: Zeitschrift für ausländisches und internationales Arbeits- und Sozialrecht 1, 1987, 93–158.

Schulte, Bernd, Reformen der sozialen Sicherheit in Westeuropa 1965–1980, in: Vierteljahresschrift für Sozialrecht 8, 1980, 323–361.

Schultze, Werner, Öffentliches Vereinigungsrecht im Kaiserreich 1871–1908. Ein Beitrag zur Handhabung des Vereins-, Versammlungs- und Koalitionsrechts gegenüber sozialdemokratischen Arbeitervereinigungen. Rechtswissenschaftliche Diss. Frankfurt a.M. 1973.

Schulz, Joachim, Armut und Sozialhilfe. Stuttgart etc. 1989.

Schwarz, Solomon M., Labor in the Soviet Union. New York 1951.

Schwartz, Bonnie Fox, The Civil Works Administration 1933–1934. The Business of Emergency Employment in the New Deal. Princeton 1984.
Schwartz, Robert M., Policing the Poor in Eighteenth-Century France. Chapel Hill 1988.
Searle, G. R., The Quest for National Efficiency: A Study in British Politics and Political Thought, 1899–1914, Oxford 1971.
Seidel, Michael, Die Anfänge der katholischen und protestantischen sozialen Bewegung im Vormärz mit besonderer Berücksichtigung Preußens und des Mittelrheins. Eine vergleichende Studie. Diss. phil. Hamburg 1970.
Seip, Anne-Lise, Motive Forces behind the New Social Policy after 1870: Norway on the European Scene, in: Scandinavian Journal of History 9, 1984, 329–341.
Sellin, Volker, Die Anfänge staatlicher Sozialreform im liberalen Italien. Stuttgart 1971.
Shorter, Edward/Charles Tilly, Strikes in France 1830–1968. Cambridge 1974.
Shotwell, James T. (Ed.), The Origins of the International Labor Organization. 2 Vol. New York 1934.
Simitis, Spiros, Zur Verrechtlichung der Arbeitsbeziehungen, in: Friedrich Kübler (Hrsg.), Verrechtlichung von Wirtschaft, Arbeit und sozialer Solidarität. Vergleichende Analysen. Baden-Baden 1984, 73–165.
Sinzheimer, Hugo, Der korporative Arbeitsnormenvertrag. Eine privatrechtliche Untersuchung. 2 Teile. Leipzig 1907/08.
Sinzheimer, Hugo, Über den Grundgedanken und die Möglichkeit eines einheitlichen Arbeitsrechts für Deutschland. Berlin 1914.
Sinzheimer, Hugo, Ein Arbeitstarifgesetz. Die Idee der sozialen Selbstbestimmung im Recht. 2. Aufl. Berlin 1977 [Erstveröffentlichung 1916].
Sinzheimer, Hugo, Arbeitsrecht und Rechtssoziologie. Gesammelte Aufsätze und Reden. Hrsg. v. Otto Kahn-Freund u. Thilo Ramm. M. e. Einl. v. Otto Kahn-Freund. 2 Bde. Frankfurt a. M./Köln 1976.
Slack, Paul, Poverty and Policy in Tudor and Stuart England. London/New York 1988.
Social Security in The Netherlands, in: International Social Security Review 23, 1970, 3–61.
Sommer, Jürg H., Das Ringen um die soziale Sicherheit in der Schweiz. Eine politisch-ökonomische Analyse der Ursprünge, Entwicklungen und Perspektiven sozialer Sicherung im Widerstreit zwischen Gruppeninteressen und volkswirtschaftlicher Tragbarkeit. Diessenhofen 1978.
Soziale Sicherung in der Bundesrepublik Deutschland. Bericht der Sozialenquête-Kommission. Stuttgart etc. 1966.
Spieker, Manfred, Legitimationsprobleme des Sozialstaats. Konkurrierende Sozialstaatskonzeptionen in der Bundesrepublik Deutschland. Bern/Stuttgart 1986.
Spree, Reinhard, Soziale Ungleichheit vor Krankheit und Tod. Zur Sozialgeschichte des Gesundheitsbereichs im Deutschen Kaiserreich. Göttingen 1981.
Stein, Lorenz von, Gegenwart und Zukunft der Rechts- und Staatswissenschaften Deutschlands, Stuttgart 1876.

Stein, Lorenz von, Geschichte der sozialen Bewegung in Frankreich von 1789 bis auf unsere Tage. 3 Bde. Hrsg. v. Gottfried Salomon. München 1921.

Stein, Lorenz von, Die Verwaltungslehre. Neudruck der 1.–2. Aufl. 1866–1884. 8 Teile in 10 Bänden. Aalen 1962.

Steindl, Harald (Hrsg.), Wege zur Arbeitsrechtsgeschichte. Frankfurt a.M. 1984.

Stolleis, Michael, Quellen zur Geschichte des Sozialrechts. Göttingen etc. 1976.

Stolleis, Michael, Hundert Jahre Sozialversicherung in Deutschland. Rechtsgeschichtliche Entwicklung, in: Zeitschrift für die gesamte Versicherungswissenschaft 69, 1980, 155–175.

Stone, Judith F., The Search for Social Peace: Reform Legislation in France, 1890–1914. Albany 1985.

Stourzh, Gerald/Margarete Grandner (Hrsg.), Historische Wurzeln der Sozialpartnerschaft. München 1986.

Summers, Clyde W., Industrial Democracy: America's Unfulfilled Promise, in: Cleveland State Law Review 28, 1979, 25–49.

Talos, Emmerich, Staatliche Sozialpolitik in Österreich. Rekonstruktion und Analyse. 2. Aufl. Wien 1981.

Tennstedt, Florian, Sozialgeschichte der Sozialversicherung, in: Maria Blohmke (Hrsg.), Handbuch der Sozialmedizin. Bd. 3. Stuttgart 1976, 385–492.

Tennstedt, Florian, Soziale Selbstverwaltung. Geschichte der Selbstverwaltung in der Krankenversicherung von der Mitte des 19. Jahrhunderts bis zur Gründung der Bundesrepublik Deutschland. Bd. 2. Bonn 1977.

Tennstedt, Florian, Sozialgeschichte der Sozialpolitik in Deutschland. Vom 18. Jahrhundert bis zum Ersten Weltkrieg. Göttingen 1981.

Tennstedt, Florian, Vorgeschichte und Entstehung der Kaiserlichen Botschaft vom 17. November 1881, in: Zeitschrift für Sozialreform 27, 1981, 663–710.

Tennstedt, Florian, Vom Proleten zum Industriearbeiter. Arbeiterbewegung und Sozialpolitik in Deutschland 1800 bis 1914. Köln 1983.

Teppe, Karl, Zur Sozialpolitik des Dritten Reiches am Beispiel der Sozialversicherung, in: Archiv für Sozialgeschichte 17, 1977, 195–250.

Teuteberg, Hans-Jürgen, Geschichte der industriellen Mitbestimmung in Deutschland. Ursprünge und Entwicklung ihrer Vorläufer im Denken und in der Wirklichkeit des 19. Jahrhunderts. Tübingen 1961.

Teuteberg, Hans-Jürgen, Ursprünge und Entwicklung der Mitbestimmung in Deutschland, in: Hans Pohl (Hrsg.), Mitbestimmung. Ursprünge und Entwicklung. Wiesbaden 1981, 7–73.

Thane, Pat, The Foundations of the Welfare State. London/New York 1982.

Titmuss, Richard M., Problems of Social Policy. London 1950.

Titmuss, Richard M., War and Social Policy, in: ders., Essays on „The Welfare State". London 1958, 75–87.

Tomasson, Richard F. (Ed.), The Welfare State, 1883–1983, in: Comparative Social Research 6, 1983.

Tomlins, Christopher L., The State and the Unions: Labor Relations, Law

and the Organized Labor Movement in America, 1880–1960. New York 1985.
Treble, James H., The Attitude of Friendly Societies towards the Movement in Great Britain for State Pensions, 1878–1908, in: International Review of Social History 15, 1970, 266–299.
Uhlhorn, Dr./E. Münsterberg, Geschichte der öffentlichen Armenpflege, in: Handwörterbuch der Staatswissenschaften. 3. Aufl. Bd. 2, Jena 1909, 6–30.
Ullmann, Peter, Tarifverträge und Tarifpolitik in Deutschland bis 1914. Entstehung und Entwicklung, interessenpolitische Bedingungen und Bedeutung des Tarifvertragswesens für die sozialistischen Gewerkschaften. Frankfurt a.M. etc. 1977.
US Department of Health, Education, and Welfare, Social Security Administration, Office of Research and Statistics, Social Security Programs Throughout the World, 1975. Research Report No. 48.
Vilmar, Fritz/Brigitte Runge, Auf dem Weg zur Selbsthilfegesellschaft? 40000 Selbsthilfegruppen: Gesamtüberblick. Politische Theorie und Handlungsvorschläge. Essen 1986.
Vittoz, Stanley, New Deal Labor Policy and the American Industrial Economy. Chapel Hill/London 1987.
Vogel, Walter, Bismarcks Arbeiterversicherung. Ihre Entstehung im Kräftespiel der Zeit. Braunschweig 1951.
Vorländer, Herwart, Die NSV. Darstellung und Dokumentation einer nationalsozialistischen Organisation. Boppard am Rhein 1988.
Wagner, Adolph, Allgemeine oder theoretische Volkswirthschaftslehre. Erster Theil. Grundlegung. Zweite, vielfach verbesserte und stark vermehrte Ausgabe. Leipzig/Heidelberg 1879.
Wagner, Adolph, Der Staat und das Versicherungswesen. Principielle Erörterungen über die Frage der gemeinwirthschaftlichen oder privatwirthschaftlichen Organisation dieses wirthschaftlichen Gebiets im Allgemeinen, in: Zeitschrift für die gesammte Staatswissenschaft 37, 1881, 102–172.
Waschke, Hildegard, Arbeitsbeziehungen und politische Strukturen im westlichen Ausland. Ein Überblick über Parteipräferenzen und Staatseinfluß in den kollektiven Arbeitsbeziehungen von: Belgien, Dänemark, Frankreich, Großbritannien, Italien, den Niederlanden, Norwegen, Österreich, Schweden, der Schweiz und den Vereinigten Staaten. Köln 1984.
Webb, Sidney und Beatrice, English Poor Law History. Reprint. London 1963.
Webb, Sidney und Beatrice, The History of Trade Unionism. 2. Aufl. London 1920.
Webster, Charles, The Health Services Since the War. Bd. I: Problems of Health Care. The National Health Service before 1957. London 1988.
Weihnacht, Paul-Ludwig, Staat. Studien zur Bedeutungsgeschichte des Wortes von den Anfängen bis ins 19. Jahrhundert. Berlin 1968.
Weingart, Peter/Jürgen Kroll/Kurt Bayertz, Rasse, Blut, Gene. Geschichte der Eugenik und Rassenhygiene in Deutschland. Frankfurt 1988.
Weller, Bernhard, Arbeitslosigkeit und Arbeitsrecht. Untersuchung der Möglichkeiten der Bekämpfung der Arbeitslosigkeit unter Einbeziehung der Geschichte des Arbeits- und Sozialrechts. Stuttgart 1969.

Wendt, Bernd-Jürgen, Industrial Democracy. Zur Struktur der englischen Sozialbeziehungen, in: Aus Politik und Zeitgeschichte. Beilage zur Wochenzeitung „Das Parlament", B 46/1975, 3–47.

Wendt, Bernd-Jürgen, Whitleyism – Versuch einer Institutionalisierung des Sozialkonflikts in England am Ausgang des Ersten Weltkrieges, in: Dirk Stegmann u.a. (Hrsg.), Industrielle Gesellschaft und politisches System. Beiträge zur politischen Sozialgeschichte. Festschrift für Fritz Fischer zum siebzigsten Geburtstag. Bonn 1978, 337–353.

Wendt, Wolf Rainer, Geschichte der sozialen Arbeit. Von der Aufklärung bis zu den Alternativen und darüber hinaus. 3. Aufl. Stuttgart 1990.

Werner, Ernst, Pauperes Christi. Studien zu sozial-religiösen Bewegungen im Zeitalter des Reformpapsttums. Leipzig 1956.

Whalen, Robert Weldon, Bitter Wounds. German Victims of the Great War, 1914–1939. Ph. D. Cornell University 1982.

Wilensky, Harold L., The Welfare State and Equality. Structural and Ideological Roots of Public Expenditure. Berkeley/Los Angeles/London 1975.

Williams, Karel, From Pauperism to Poverty. London etc. 1981.

Winkler, Arnold, Die Entstehung des „Kommunistischen Manifestes". Eine Untersuchung, Kritik und Klärung. Wien 1936.

Winkler, Gunnar (Hrsg.), Geschichte der Sozialpolitik der DDR 1945–1985. Berlin (O) 1989.

Winkler, Heinrich-August, Arbeiter und Arbeiterbewegung in der Weimarer Republik. 3 Bde. Berlin/Bonn 1985–1987.

Witte, Edwin E., The Development of the Social Security Act. Madison, Wisc. 1963.

Witte, Edwin E., Organized Labor and Social Security, in: Milton Derber/Edwin Young (Eds.), Labor and the New Deal, Reprint New York 1972, 239–274.

Woolf, Stuart, The Poor in Western Europe in the Eighteenth and Nineteenth Centuries. London/New York 1986.

Wrigley, Chris (Ed.), A History of British Industrial Relations. Bd. I: 1875–1914; Bd. II: 1914–1939. Brighton 1984/87.

Zacher, G[eorg] (Bearb.), Die Arbeiter-Versicherung im Auslande. 5 Bde. Berlin 1900–1908.

Zacher, Hans F., Artikel „Sozialstaatsprinzip", in: Handwörterbuch der Wirtschaftswissenschaft. Bd. 7. Stuttgart etc. 1977, 152–160.

Zacher, Hans F. (Hrsg.), Bedingungen für die Entstehung und Entwicklung von Sozialversicherung. Colloquium der Projektgruppe für Internationales und Vergleichendes Sozialrecht der Max-Planck-Gesellschaft. Berlin 1979.

Zacher, Hans F., Sozialpolitik und Verfassung im ersten Jahrzehnt der Bundesrepublik Deutschland. Berlin 1980.

Zacher, Hans F., Das soziale Staatsziel, in: Josef Isensee/Paul Kirchhof (Hrsg.), Handbuch des Staatsrechts der Bundesrepublik Deutschland. Bd. 1. Heidelberg 1987, 1045–1111.

Zacher, Hans F., Vierzig Jahre Sozialstaat. – Schwerpunkte der rechtlichen Ordnung, in: Norbert Blüm/Hans F. Zacher (Hrsg.), 40 Jahre Sozialstaat Bundesrepublik Deutschland. Baden-Baden 1989, 19–129.

Zahavi, Gerald, Workers, Managers, and Welfare Capitalism: The Shoeworkers and Tanners of Endicott Johnson, 1890–1950. Champaign 1988.
Zöllner, Detlev, Öffentliche Sozialleistungen und wirtschaftliche Entwicklung. Ein zeitlicher und internationaler Vergleich. Berlin 1963.
Zöllner, Detlev, Vergleich von Sozialversicherungssystemen verschiedener Länder in ihrer geschichtlichen Entwicklung, in: Zeitschrift für die gesamte Versicherungswissenschaft 69, 1980, 215–224.
Zöllner, Detlev, Soziale Sicherung in der Rezession heute und vor fünfzig Jahren, in: Sozialer Fortschritt 32, 1983, 49–59.
Zolling, Peter, Zwischen Integration und Segregation. Sozialpolitik im „Dritten Reich" am Beispiel der „Nationalsozialistischen Volkswohlfahrt" (NSV) in Hamburg. Frankfurt a. M. 1986.

Personen- und Sachregister

(Die Angaben in Klammern beziehen sich auf Anmerkungen.)